1. 为书写自己的《战争回忆录》，戴维 · 劳合 · 乔治（David Lloyd George，可简称劳合 · 乔治）打破了官方的保密规则。

2. 为支持劳合 · 乔治的写书计划，阿尔伯特 · 詹姆斯 · 西尔维斯特不知疲倦地工作，甚至夜以继日地在白厅的秘密档案中寻找原始材料。

3. 内阁秘书长（Cabinet Secretary）莫里斯·汉基（Maurice Hankey，左）与西尔维斯特的合影。后来，汉基建立了出版政治回忆录的规则。退休后，当汉基想出版自己的回忆录时，他亦被同样的规则约束。

4. 查普曼·平彻（Chapman Pincher），卓越的情报搜集者。

5. 为获取秘密而进行社交：查普曼·平彻同前工党政客哈特利·肖克罗斯勋爵（右）在一场派对上。

6. 查普曼·平彻同《每日快报》持有者比弗布鲁克勋爵（右）在后者的家中——位于萨里郡的切克利院。

7. 1947 年莱昂内尔·“伯斯特”·克拉布（(Lionel “Buster” Crabb，中）在以色列海港城市海法与皇家海军潜水员的合影。媒体对其神秘失踪的新闻报道将迫使情报界受到前所未有的关注，成为公众关注的中心。

8. 新闻采编全球化：查普曼·平彻与他的两位美国联络人——前中央情报局官员菲利普·阿吉（左）和迈尔斯·小科普兰（右）。

9. 查普曼·平彻和保守党政治家邓肯·桑蒂斯（Duncan Sandys，右）。作为国防大臣，桑蒂斯拒绝了其同事要求安全当局“监视查普曼·平彻行动”的呼声。

10.“哈罗德的拉斯普京”：作为哈罗德·威尔逊(Harold Wilson) 第一任工党政府的主计大臣 (Paymaster General)，乔治·威格的任务是减少泄密，然而他的所作所为只是给首相的偏执火上浇油。

11. 哈罗德·威尔逊（右）为泄密问题深深困扰。对这个问题并不陌生的美国总统理查德·尼克松（Richard Nixon），在 1969 年 2 月 25 日拜访唐宁街时，正以同情的心态倾听，与威尔逊进行交流。

12. 在国防机密通知事件的关键阶段，关键人物喝得酩酊大醉。其中主要犯事者之一，外交大臣乔治·布朗（右）正在参加一场派对，看起来似乎是清醒的。

13. 在美国，理查德·尼克松总统被揭露黑幕的记者们毁了，但是在照片中，他与英国最著名的调查记者查普曼·平彻（右）相谈甚欢。

14. 作为《星期日泰晤士报》的主编，哈罗德·埃文斯（Harold Evans）爵士出版了一些有关菲尔比事件的著作，震惊世人。他也在《克罗斯曼日记》的出版过程中发挥了重要作用。

15. ABC 审判：激进记者邓肯·坎贝尔（Duncan Campbell，左）、克里斯平·奥布里（中）与前信号情报操作人员约翰·贝里被指控违反《官方保密法》(Official Secrets Act)，现身于托特纳姆地方法院。

16. 作为一名典型官僚，爱德华·布里奇斯爵士强烈反对公职人员撰写回忆录。

17. 1954 年 9 月 18 日，美国国务卿约翰·福斯特·杜勒斯（左）与英国首相安东尼·艾登（Anthony Eden）。不久后艾登在为苏伊士运河事件辩解时批评杜勒斯，让英国官员大惊失色，担心此举会损害“英美特殊关系”。

18. 在理查德·克罗斯曼去世后出版的《克罗斯曼日记》令他在信息开放方面获得了巨大胜利。

19. 约翰·马斯特曼爵士。他在1972年出版了关于“双十字计划”的著作，为包括“超级机密”在内的更宏大事件的曝光掀开了帷幕。

20. 戴维·卡恩创作了具有里程碑意义的著作《破译者：人类密码史》(*The Codebreakers*)。他是在 1974 年“超级机密”(Ultra) 最终解密前接近其真相的作家之一。

21.“超级机密”最终被弗雷德里克·温特博瑟姆上校（左）揭开。照片中（1936 年）他与秘密情报局（SIS，即军情六处）特工巴伦·德罗普站在东普鲁士波罗的海海岸。

22. 军情五处处长珀西·西利托爵士退休后撰写了一本回忆录，此举震惊了军情五处。

23.《特别行动处在法国》(*SOE in France*) 一书作者 M. R. D. 富特。

24. 伯克·特伦德爵士（左）与哈罗德·威尔逊一起在美国首都华盛顿会见林登·约翰逊总统。作为内阁秘书长，特伦德积极推进编撰英国二战期间情报工作的官方史。

25. 1987 年，在讽刺性电视节目《一模一样》中使用的以首相玛格丽特·撒切尔形象为模型的木偶。撒切尔没能阻止彼得·赖特《抓间谍的人》(*Spy Catcher*) 的出版，反而招致世人对官方保密制度的嘲讽，并引发对信息控制政策的反思。

国家安全译丛
NATIONAL SECURITY

第二辑

现代英国保密史

国家秘密与国家治理

CLASSIFIED

Secrecy and the State in Modern Britain

[英] 克里斯托弗·莫兰 著
Christopher Moran
孟宇鸿 刘畅 刘煜 译

金城出版社
GOLD WALL PRESS
·北京·

图书在版编目（CIP）数据

现代英国保密史：国家秘密与国家治理 /（英）克里斯托弗·莫兰（Christopher Moran）著；孟宇鸿，刘畅，刘煜译 . —北京：金城出版社有限公司，2022.9
（国家安全译丛 / 朱策英主编 . 第二辑）
书名原文：Classified: Secrecy and the State in Modern Britain
ISBN 978-7-5155-2145-9

Ⅰ. ①现… Ⅱ. ①克… ②孟… ③刘… ④刘… Ⅲ. ①国家行政机关—保密—工作—历史—英国 Ⅳ. ① D756.135

中国版本图书馆 CIP 数据核字（2021）第 006469 号

现代英国保密史：国家秘密与国家治理
XIANDAI YINGGUO BAOMISHI GUOJIA MIMI YU GUOJIA ZHILI

作　　者　[英] 克里斯托弗·莫兰
译　　者　孟宇鸿　刘　畅　刘　煜
策划编辑　朱策英
责任编辑　李晓凌
责任校对　蔡传聪
责任印制　李仕杰
开　　本　710毫米×1000毫米　1/16
印　　张　30
字　　数　461千字
版　　次　2022年9月第1版
印　　次　2022年9月第1次印刷
印　　刷　天津旭丰源印刷有限公司
书　　号　ISBN 978-7-5155-2145-9
定　　价　98.00元

出版发行　**金城出版社有限公司**　北京市朝阳区利泽东二路3号　邮编：100102
发 行 部　(010) 84254364
编 辑 部　(010) 64222699
投稿邮箱　gwpbooks@foxmail.com
总 编 室　(010) 64228516
网　　址　http://www.jccb.com.cn
电子邮箱　jinchengchuban@163.com
法律顾问　北京市安理律师事务所　(电话)18911105819

序　言

查普曼·平彻[1]

在我65年从事调查写作的生涯中（其中34年是舰队街[2]的新闻记者），我感觉到白厅[3]多次对我启用过“泄密程序”（Leak Procedure），即白厅为挖出我的消息来源所进行的系统性调查。我也推断这些调查都无果而终，但直到2007年本书作者就其博士论文的有关问题向我咨询时，我才从他研究的解密官方文件中第一次看到政府调查我的证据。他设法得到解密的内阁文件，以及其他记载了有关我的“泄密程序”细节的文件，令人欣慰的是，这些调查都失败了。本书作者通过其严谨而又不失文采的笔锋，佐以大量的史实，向世人展示英国保密当局一直试图迫害像我这样调查政府活动并向公众揭露被隐瞒信息的人士。政府这样做并不是为了国家安全，而仅是为了避免让自己陷入政治和舆论上的被动。

---

[1]　译注：查普曼·平彻（1914—2014），英国记者、历史学家和小说家，其著作主要关注间谍及相关问题，代表作有《叛国者》。

[2]　译注：舰队街（Fleet Street）是英国伦敦市内一条著名的街道，以邻近的舰队河命名；后来成为英国的报业中心，几家深有影响的大报报馆都设在这条街上，被称为英国报纸的老家。今日舰队街依旧是英国媒体的代名词。

[3]　译注：白厅（Whitehall）是英国伦敦市内的一条街，连接了议会大厦和唐宁街。国防部、外交部、内政部、海军部等一些英皇政府机关设在这条街及其附近，因此人们常用白厅代称英国行政部门。

我曾经亲眼见识过政府密级分类的荒诞。那是在 1942 年，战事胶着，我所在的连队当时驻扎在纽瓦克附近。在一个大雨瓢泼的晚上，一名浑身湿透的传令兵送来一封贴有“机密”（Secret）字样的信件。作为负责签收的值日官，我打开信封，看到里面写着：“罐装香肠现已准备完毕”。由于我们的防区紧靠盟军轰炸机司令部，之前就有情报警告纳粹伞兵有可能在此处空降，所以我猜想这封密信很可能是一个紧急行动的暗号。于是，我立即向有关部门打电话进行询问，结果发现这句话的意思和字面上说的一样——我们部队的补给到了。

鉴于这段经历，我对白厅的保密政策一直嗤之以鼻。在我 1946 年当上舰队街的军事记者后，一位官员曾傲慢地告知我，“任何没有正式发布的官方信息”都属于政府秘密。这当然会阻碍我的调查工作，因为我曾在《名人录》（*Who's Who*）中提到过我的爱好是“钓鱼、射击、挖掘白厅内部信息以及调查政客”。

当然，我非常清楚保密的重要性，因为我深切感受到苏联间谍活动对我们国家构成的安全威胁。因此，我的调查有一项基本原则，那就是永远不要接触任何机密文件。现在，通过莫兰博士的努力，我很欣喜地看到其中很多文件已被解密。其中就有文件记录我 1953 年前往澳大利亚沙漠观察英国第一枚原子弹试爆的事情。当时，我看到陆军供应部一位高级官员的文件夹上写着“图腾”（TOTEM）这个单词。显然，它就是这次核试验行动的代号。我在报道爆炸成功时使用了这个词。这篇报道在英国和澳大利亚政府中引起了轩然大波，他们立即着手调查这次泄密的源头。这次调查大费周章，但无功而返。另一份解密的文件显示，早在 1958 年，国防部常务大臣就建议国防大臣，不要再对我进行徒劳无功的“政治迫害”（包括对我的监视）。那位大臣说道：“我想我们将和他共存并应充分利用他。尽管他的文章时常令白厅政府尴尬，但至少迄今为止还没有披露出任何苏联情报部门尚未知晓的信息。”但遗憾的是，这一明智的建议没被采纳，安全部门的高官们仍坚持要继续他们枯燥无味的调查，就像英国电视喜剧《是，大臣》（*Yes*, *Minister*）里一样。

另外，莫兰博士的一些研究成果让我倒吸一口冷气。根据他的研究，一些安全官员曾严肃地认为，我伪装自己使用假名混进了秘密机构。他们天马行空的想象力让我难以置信。

作为本书所述许多事件的亲历者和参与者（在我厚厚的40卷剪报中对其中大部分事件进行了完整的、可速查的记录），我在此衷心祝贺莫兰博士完成这本大作。它不仅精准生动地描述了类似国防机密通知事件（D-Notice Affair）等跌宕离奇的历史事件，也为后人研究英国历史提供了宝贵的参考。

目 录

前　言

2010 年，美国政府的保密战线迎来了新的敌人——由澳大利亚黑客朱利安·阿桑奇设立的维基解密网站[1]。这个曾经处于互联网边缘地带的揭秘网站，凭借一系列里程碑式的“大规模文件披露”（document dumps）事件而闻名世界，该事件被称为历史上最大的政府秘密泄露事件。2010 年 4 月，这个完全反对国家隐瞒事实真相的互联网监管组织首次登上了头条新闻。当时，它发布了美国阿帕奇直升机飞行员于 2007 年在伊拉克首都巴格达杀死十几名男子的视频，死难者中包括路透社的 2 名非武装员工，视频中的场面令人悲恸。时至 7 月，维基解密又发布了来自美国驻阿富汗部队的 75000 份战场报告，时间跨度长达 6 年。这些海量机密文件被提供给《卫报》《明镜周刊》《纽约时报》，系统地向公众展示了阿富汗战争令人沮丧的全貌。这些报告披露出战争中被官方刻意隐瞒的大规模平民伤亡情况和层出不穷的塔利班恐怖袭击事件，以及北约军事指挥官对伊朗和巴基斯坦正在协助暴乱的担忧和恐惧。3 个月后，维基解密又发布了 40 万份伊拉克战争日志，全世界各大报纸杂志也进行了同步报道。这些文件详细揭露了数千名伊拉克平民的非正常死亡事件，同时还揭露了伊拉克安全部队对可疑的暴乱分子实施了非人道酷刑，且暗示美国军方对这些安全部队行刑的证据视而不见。白宫对维基解密网站进行了谴责，美国国务卿希拉里 · 克林顿声称这些文件的泄露将破坏联军的工作，甚至将联军将士的生

[1]　译注：维基解密（WikiLeaks）网站因大量发布机密文件而饱受争议。

命置于危险之中。美国鹰派人士将阿桑奇称为“网络恐怖分子”，并呼吁将他逮捕，进行审判并处决。11 月下旬，毫不屈服的阿桑奇开始公布美国驻世界各地大使馆和领事馆发出的 25 万余条外交电报。这些电报使得公众能够从一个全新的视角来窥视隐藏在幕后的国际关系。这些材料包含了对外国政治家粗鲁直白的评价，而评价内容往往不那么令人愉悦，甚至连英国的官员们也位列其中。电报揭露出，美国总统奥巴马在 2008 年和英国首相戴维·卡梅伦（当时是在野党）首次会面后，认为卡梅伦是一位“政治上的轻量级选手”。[1]

在这个旋涡中心，维基解密、政府、机构和个人四者分别对外交政策、言论自由、信息保密和信息公开有着不同的标准。辩论的核心围绕着一个亘古以来的问题：“公共利益”由什么构成？维基解密拨动了所有民主制度中紧绷着的那根相互制约制衡的根本之弦——政府的保密需要与民众的“知情权”（民众了解和批评以其之名实施的政策的权利）之间的角力。支持者认为，通过揭露官员们真正所知、私下所谈和准备好告诉公众的官方发言之间的矛盾，可以保障公共利益。关于伊拉克和阿富汗这两场代价高昂的战争的解密尤其能说明这一点。因此，阿桑奇得到了认可和崇拜，维基解密也被誉为谱写了信息自由历史上光辉篇章的先驱。

批评者则持不同看法。美国官方坚称这些文件的披露不仅危及政府派驻海外人员的生命安全，也威胁到美国政府在海外的行动；甚至破坏了美国与其他盟友之间的合作，如今盟友们在与美国合作打击恐怖主义时会更加小心谨慎。对维基解密进行批评的，绝非只有对维基解密颇感恼怒的美国政府。挑剔的评论家们质疑：对内容不加审视便随意将海量文件一股脑儿披露上网的这种行为，真的合理吗？披露某位美国外交官将俄罗斯总理弗拉基米尔·普京和俄罗斯总统德米特里·梅德韦杰夫比作“蝙蝠侠和罗宾”，或者披露美国国务院某位初级官员尤为震惊地发现意大利总理西

[1] 原注：有关维基解密披露的细节和负责人，参见 D. Leigh and L. Harding, *Wikileaks: Inside Julian Assange's War on Secrecy* (London: Guardian Books, 2011)。

尔维奥·贝卢斯科尼喜欢“熬夜”和“酷爱派对”，是否真的有利于公共利益？弗兰克·弗雷迪教授指出，无论阿桑奇或自视甚高的报纸如何声称，这种脱离情境的、恶俗的信息碎片与窥淫癖别无二致，并不是优质新闻。[1] 遵循意外后果法则，维基解密带来的最终结果可能是更多的信息被保密，而不是信息透明化。如果政府官员们认为阿桑奇或其他像他这样的人不久后将在网上兜售他们的隐私，他们将违背公众的利益，采取更严苛的保密措施。以往在正常通信中交流的内容将会被小声低语传达；以往被小声低语传达的内容则会被他们烂在肚子里。对于未来的历史学家来说，政府内部非公开领域的终结将是一场灾难，因为他们会发现档案中明显缺乏纪实的文献资料。

本书的主题并不是维基解密，但维基解密确实是一枚有效的试金石，通过它可以引出本研究的根本性问题——信息管控。社会学家理查德·威尔斯纳克将信息管控定义为，“过去在特定时间段内，控制特定人群是否能够获取特定信息的手段”。[2] 维基解密标志着美国政府在管控保密信息方面令人惊讶地吃了败仗。尽管美国政府有强大的能力和广泛的影响力，华盛顿官方还是败给了一名军队情报分析师布拉德利·曼宁。据说他已经将军队服务器中的数千份文件复制到空白的 CD 上。为了避免被检测到，这名地位低下的一等兵把这些 CD 标记成美国流行歌手“Lady Gaga”的唱片，还边下载信息边假装哼唱她的歌曲。显而易见，美国政府吃了技术的亏。阿桑奇的技能是用技术开发出一个揭秘系统，至少从现在看来，世界上最强大的国家似乎也不能对它加以控制。作为一个真正的跨国机构，维基解密的总部并非设在一个国家，而是在互联网上，从而使其免受大多数国家的法律约束。维基解密网站作为一个“数字资料投放箱”（digital drop box），允许任何人匿名发布敏感信息。[3] 此外，因为互联网上信息传播的

[1] 原注：F. Furedi, ‘Wikileaks: This Isn’t Journalism – It’s Voyeurism’, www.spikedonline.com.

[2] 原注：R. W. Wilsnack, ‘Information Control: A Conceptual Framework for Sociological Analysis’, *Urban Life*, 8:4 (January 1980), 468.

[3] 原注：网站实际上是在瑞典建立的，因而网络检举人获得了额外的保护，因为在瑞典，匿名是受严格的立法支持的。

速度是如此之快，所以想要删除已被泄露的信息几乎是不太可能的。尽管美国政府有网络压制的打算，例如由赞同美国政府做法的亚马逊或万事达等公司或者中介机构来进行法外金融封锁，但现阶段美国政府能重新控制网络的可能性微乎其微。

目前，美国政府面临的核心问题是如何确保敏感资料不会泄露到公共领域，这也是英国政府官员们在过去 100 年左右的时间里一直努力解决的问题，并且取得了一定的成果。在 1945 年第二次世界大战结束后的时期内，这个问题变成了一个令人困扰的问题。到 1945 年末，随着第二次世界大战演变成不稳定的和平，承诺推进社会福利改革的工党执政英国。新首相克莱门特·艾德礼[1]上任伊始就把如何解决敏感资料外泄问题作为首要工作和重点工作，列入政府工作计划。新首相在给下属的一份私人指示中专门强调："不能保守秘密的政府不可能是成功的政府。"[2]根据著名情报历史学家理查德·奥尔德里奇（Richard J. Aldrich）的说法，1945 年后，英国经历了两场"帝国主义"战争：一场战争用来保卫其麾下的殖民地和保护国，另一场战争用来守护"帝国的秘密"。[3]本书重点研究帝国的秘密是如何被守护的。这是一个充满了纠结与坎坷的故事，恰如 1945 年之后，英国为了不丢失其海外殖民地而做出的激烈斗争和苦涩的防守行动。本书重点研究了以下几个关键性问题：如果有秘密被泄露了，是哪些秘密被泄露了？又是被谁泄露了？借用奥尔德里奇的说法：谁是缩小了保密战线最有效的"突击部队"？存在什么样的机制可以有效地防止信息被泄露？这些机制有多成功？此外，随着时间的推移，这些机制是如何发展的？多年以来，英国政府执意将其工作内容隔绝在公众监督之外。本书回

[1] 译注：克莱门特·艾德礼（Clement Richard Attlee，1883—1967），英国工党政治家，1945—1951 年任首相。

[2] 原注：'Secrecy of Cabinet Proceedings', Note by the Prime Minister, CP (45) 282, 9 November 1945, The National Archives (hereafter TNA) PREM 8/436.

[3] 原注：R. J. Aldrich, 'Policing the Past: Official History, Secrecy and British Intelligence since 1945', *English Historical Review*, 119, 483 (September 2004), 922–53.

溯了英国政府这一保密机制的发展历程，并从长远角度审视了当今在秘密信息持有者、电子媒体和数字举报者之间的斗争。

本书的中心论点有两个。首先，英国政府通常不愿通过将罪犯送上法庭来保守秘密，而是倾向于使用非正式的控制机制来保守秘密。正如首相艾德礼在 1945 年所解释的那样，“保密问题无法通过规章制度来解决，不管这些规章制度制定得多么细致”。[1] 当有人威胁到涉密信息安全的时候，英国处理这类问题的典型模式是与威胁者达成交易，以及在幕后设计务实的解决方案。在大多数情况下，政府希望通过唤醒个人的荣誉感和道德心来约束国民。例如，1963 年，英皇政府[2] 发现，当时尚未受到争议的历史学家戴维·欧文即将出版的著作《无稽之谈》(*The Mare's Nest*) 中，有一章节内含一条惊人的“独家新闻”：首次向公众披露了二战期间英国密码破译人员对德国通信密码进行了成功破译这一“超级机密”[3]。英皇政府担心这一“超级机密”的外泄会破坏和平时期的信号情报（signals intelligence，SIGINT），所以官员们把欧文邀请到内阁办公室[4]，提出了政府的顾虑，希望欧文能够考虑国家利益，秉持“英国绅士”的精神，对其即将出版的著作内容再次进行审查和修改。欧文按照政府的要求对著作进行了删改，最终这一“超级机密”直到 1974 年才被公众所知。[5] 人们相信以情动人比法律之锤更行之有效。人们认为，当爱国主义和绅士精神被唤起时，大多数人都愿意为了更大的国家利益而主动牺牲自己的个人利益。当然，这并不是说从未采取过立法行动。在玛格丽特·撒切尔担任英国首

[1] 原注：'Secrecy of Cabinet Proceedings', TNA PREM 8/436.

[2] 译注：英皇政府，全称女王陛下政府（Her Majesty's Government），是英政府的官方名称，简称 HMG。政府官员经常使用缩写 HMG 来指代英国内阁的成员和各政府部门的高级文官。

[3] 译注：英国在布莱切利庄园成功解密了德军密码，但为了继续麻痹德军方面，英国人决定对这个消息进行严密封锁，他们把这项破译计划称为“超级机密”。

[4] 译注：英国内阁办公室（Cabinet Office）是支持英国首相和内阁的政府部门。

[5] 原注：D. Irving, 'The Scoop', www.fpp.co.uk/online/08/03/Enigma_memoirs.html.

相的头5年里,《官方保密法》[1]第二款被赋予了绝对的权利,政府每18周启动一次安全保密审查。[2]然而，公开审查制度的实施通常是像撒切尔这样铁腕政治家的选择，而不是英国执政体系的一贯做法。简而言之，使用法律并不是白厅处理保密问题的方式。

其次，到20世纪60年代，英国政府已经得出结论，对某些工作绝对保密不仅是不可能的，而且会适得其反。尽管非正式的控制手段在许多情况下是有效的，但这种信息控制远非完美，失去掌控的信息泄露具有很强的负面影响，因为这些被断章取义地泄露出来的信息往往耸人听闻、令人曲解。为预防这种情况，英国开始逐渐采取带有“进攻性”的信息管理方式，即按照自己的方式将“秘密”在社会上进行一定程度的公开。人们认为传统的那种什么也不说、什么也不公之于众的“防御性”保密手段过于死板，而政府信息保密需要的是灵活性。在安全策略的转变下，政府开始编纂官方情报历史材料，这些都是参考机密材料写就的；同时，政府还批准了一批可信赖的退伍老兵出版回忆录。为避免出现不合适的内容损害国家安全或造成政府在政治上陷入被动的局面，这些出版作品由政府部门进行直接管理和调控。其目的是抵消秘密信息泄露造成的损害，同时也是为了先发制人，防止政府几乎或根本无法控制的个人在未来肆无忌惮地泄露秘密信息。由于出版物被认为是自由化提升的表征，这些经过仔细审查的出版物使政府的地位、形象在公众眼中获得了提升。此外，它们防止了民众向政府提出范围更深、更广、更激进的公开要求。本书的论点建立在彼

[1] 译注：英国《官方保密法》或译《公务秘密法案》，制定于1911年，1989年进行了修订，重点缩小了国家秘密的范围，并将部分违法行为修改为内部处理。现行《官方保密法》规定的国家秘密有四类：一是涉及国家安全和情报的信息；二是涉及国防的信息；三是涉及国际关系和从外国或国际机构取得的保密信息；四是披露后可能引起犯罪或干扰正在进行调查的信息。

[2] 原注：D. Vincent, *The Culture of Secrecy: Britain 1832–1998* (Oxford University Press, 1997), p. 262.

得·吉尔[1]一篇优秀文章的基础上。吉尔在对20世纪90年代以来，英国情报机构监管模式发生的改变进行调研后，认为这些变化并不意味着政府对保密工作有所放松，而是其保密策略从保密转变为“说服”。[2]本书与吉尔观点的不同之处在于，本书认为英国政府从更早之前就开始进行这种转变了。

那么，是谁让这个国家的保密工作变得如此难做，以至于让国家觉得有必要对信息泄露进行反击？有人提出，在网络时代出现之前，政府机密最大的挑战来自“内部人士”和他们的回忆录。在20世纪，特别是1945年以后，越来越多已退休的公职人员想要通过出版回忆录来给自己的职业生涯留下记录。我们将在书中看到，这些人写回忆录的动机往往是俗套的出于个人野心和经济收益。在这回忆录出版大潮中，政客是主力军，但文官[3]甚至退休的情报官员们也参与其中。由于职务之便，这些人掌握着普通人无法获得的内部信息，甚至还有很多关键细节。如果这些细节信息能使他们的个人声誉得到提升或者能解释一些历史上疑案的话，他们中的大部分人将非常愿意在自己的回忆录中对这些细节进行详细描述。此外，由于出版商和报纸乐于花巨资购买政府秘闻和高官间的八卦，这些作者当然也就有了进一步的动机去泄露那些本不该泄露的信息。但是，官方对这些人基本无可奈何，因为这些人大多身份显赫，不是政府能够控制的对象。这些人大多在体制内身居高位且拥有无可挑剔的任职记录，甚至可以提高他们曾经就读学校的声望。是这些人（不，是“伟大的英国人”）担任英国政府首脑，是这些人成功地领导这个国家打赢了两场决定性的现代战争。如此杰出的人物赢得了他们继任者的极大尊重，但这些继任者却是应

[1]　译注：彼得·吉尔（Peter Gill），英国知名政治学家。

[2]　原注：P. Gill, ‘Reasserting Control: Recent Changes in the Oversight of the UK Intelligence Community’, *Intelligence and National Security*, 11:2 (1996), 313–31.

[3]　译注：在英国，文官（Civil Servance/Servant）并不包括组成内阁的大臣，即与内阁共进退的“政务官”，而仅指“事务官”，其职责是执行当时政府的政策，而非参与政党活动。

该对他们的著作进行审核的人。出于这个显而易见的原因，继任的官员们不愿意对先前这些“伟大的英国人”履行应有的监管职责。同时这些“伟大的英国人”也希望按自己的方式著书，他们固执己见，不愿意接受监管，同时也不容易被所谓的政府吓到。他们表现出来的状态好像相关的法律条文和规章制度对他们不适用似的，因为他们知道没人有勇气对他们采取更严厉的行动。

还有一群人反对英皇政府执行严格保密政策，他们就是英国的调查记者。与这一时期英国新闻界保存的文献资料所描述的不同，我认为舰队街对秘密国家的威胁远比多数人所认为的大得多。英国工党传奇外交大臣欧内斯特·贝文[1]曾这样描述英国记者：“何必费心给羊戴上辔头？”人们广泛认同这句话，普遍认为媒体处于信息管控之下。[2]证据之一就是媒体对于备案审查制度——国防机密通知（Defence Notice，通常简写为D-Notice）制度[3]的配合。根据该协议，在发表涉及国家安全的报道前，记者要自愿接受政府的监管，审查内容是否适合发表。批评人士称，这个有着百年历史的制度等同于“后门”审查制度，与新闻自由理念是背道而驰的。《华盛顿邮报》前主编伦纳德·唐尼认为，“这样的制度在美国是不会被容忍的，而且这也是违反美国宪法的”。[4]在学术界还确立了这样一种观点，即英国记者既顺从权威，又因政府的控制而软弱无力，所以他们在侦查技巧和挖掘故事能力方面一直难以与能够揭发政治黑幕的美国同行相提

[1] 译注：欧内斯特·贝文（Ernest Bevin），英国政治家、工会领袖。在丘吉尔战时内阁中担任劳工和国民事务大臣，在战后的工党政府中任外交大臣（1945—1951），为战后欧洲经济的复苏和北大西洋公约组织的形成做出了贡献。

[2] 原注：参见 A. Rogers, *Secrecy and Power in the British State: A History of the Official Secrets Act* (London: Pluto Press, 1997); E. Shils, *The Torment of Secrecy: The Background and Consequences of American Security Policies* (London: Heinemann, 1956)。

[3] 译注：国防机密通知制度，或译国防咨询通知制度，是英政府阻止媒体发表某些安全信息，而对其下发通知进行指示的制度。该制度现仍在英国使用。

[4] 原注：*Third Report from the Defence Committee, Session 1979–80, The D-Notice System,* HC 773 (August 1980).

并论。用现代英国著名分析家安东尼·桑普森的话来说："他们发现自己能披露的信息范围受到严格限制；部分原因是商业上的限制，但更重要的是，想从政府内部获取重要信息的难度变得越来越大。"[1]

接下来，我们在信息保密方面重新评估媒体与国家之间的关系。有人会说，1945 年后，英国媒体让白厅的官员们度过了一段艰难的时光。先前调查者们不能调阅的政府文件，现如今可以从国家档案馆[2]中查到。从这些文件中可以看出，当时政府机构在阻止主流媒体记者探寻敏感信息和报道引人瞩目的头条新闻方面显得束手无策。在这段时间里，记者们想出了各种方法来绕过法律去挖掘那些应该被管控的涉密信息。记者们精心找寻的消息来源身居高位、身份显赫，以至于政府不敢去审查这些消息来源，唯恐引发政治丑闻。随着航空产业的发展和通信技术的进步，记者们可以想方设法地从海外的联系人、图书馆中获取信息。政治氛围历来自由开放的美国就是一个极佳的消息来源地。一些受过科学教育和训练的记者能够用搜集到的信息拼凑还原出绝密等级消息的故事脉络，比如原子弹研制的进展、信号情报等。很多知名的近代美国新闻调查记者都被当成英雄来崇拜，例如：鲍勃·伍德沃德、卡尔·伯恩斯坦和西摩·赫什。而他们的消息来源则是一个个传奇故事，比如住在车库里的臭名昭著的"深喉"[3]。在大西洋另一端的英国也有值得称颂的先驱，他们是——查普曼·平彻、邓肯·坎贝尔[4]和哈罗德·埃文斯[5]爵士。在政府的百般阻挠下，即使不像美国同行一样受着宪法的保护，他们仍然取得了非凡的成就，应当被人称颂。

---

[1] 原注：A. Sampson, *The New Anatomy of Modern Britain* (London: Hodder & Stoughton, 1971), p. 379.

[2] 译注：(英国) 国家档案馆 (National Archives)，位于伦敦泰晤士河南岸。

[3] 译注："深喉" (Deep Throat)，最初是指在水门事件中为记者提供重要资料的人，后来泛指内部消息人士。

[4] 译注：邓肯·坎贝尔，英国记者，最先揭露西方情报机构监听各国通信。

[5] 译注：哈罗德·埃文斯，英国著名的历史学家和报人。

秘密英国：关于英国保密历史的思考

这本书是一部成熟的文学作品，试图找出是什么让英国如此神秘，在许多方面有别于西方民主国家。按照传统，这类著作的灵感来自德国社会学家马克斯·韦伯。韦伯认为保密是所有行政机构的通病。他声称："官僚阶层试图通过垄断知识和保密意图来提高专业人士的优势。"[1] 在这种模式下，通过保密手段，官员们可以免受批评，能够在没有外部压力的情况下做出决策。不管是为了私利而利用信息的个体，还是轻描淡写地描述信息的新闻工作者，都不能向其施压。用韦伯的话来说："官僚式的行政部门往往会变成'秘密会议'式的执政政府：在其力所能及的范围内，将知识和行动彻底隐藏起来，从而保证自己不会受到批评。"[2] 这种"制度性"的方法赢得了许多选民的支持。彼得·凯尔纳和克劳瑟-亨特勋爵在他们关于文官制度具有开创意义的著作中总结道："支持封闭式政府这一论点的不言而喻的核心是，文官和大臣之间的私下辩论能产生更理性的政策。如果不受政治市场的喧嚣影响，那些默默思考国家问题的智者将会给出正确的答案。"[3] 对现代政府颇为挑剔的评论家彼得·亨尼斯在其著作《白厅》一书中，将保密称为"英国政策制定者骨头里的钙"。[4]

在过去的四分之一个世纪里，英国政府的保密工作得到了极大发展，其中大部分都是按照韦伯的原始理论框架建设的。韦伯后来承认，他的理论框架中并没有限定在特定的国家背景下，没有提及为什么要进行保密工作和应采用什么样的模式开展保密工作。同时，他的方法缺乏

[1] 原注："官僚阶层"一词，出自 *Max Weber: Essays in Sociology*, 由 H. H. Gerth 和 C.W. Mills 翻译及编辑 (London: Routledge, 1991), pp. 233–4。

[2] 原注："官僚阶层"一词，出自 *Max Weber: Essays in Sociology*, 由 H. H. Gerth 和 C.W. Mills 翻译及编辑 (London: Routledge, 1991), pp. 233–4。

[3] 原注：P. Kellner and Lord Crowther-Hunt, *The Civil Servants: An Inquiry into Britain's Ruling Class* (London: Macdonald, 1980), p. 275.

[4] 原注：P. Hennessy, *Whitehall* (London: Secker & Warburg, 1989), p. 346.

历史特异性，也高估了不同官僚体系之间的同质性。20 世纪 80 年代，在玛格丽特·撒切尔首相执政时期，英国政府试图采取包括司法途径在内的多种方式，阻止军情五处[1]叛徒彼得·赖特的回忆录《抓间谍的人》在英国出版，但最终失败。在这样的背景下，当时的学者们普遍开始把保密视为立法的结果。代替韦伯及其追随者所信仰的“理想型”构想，本书探讨了将非法泄露涉密信息定为犯罪的多种立法限制。这其中最重要的就是《官方保密法》第二款的严厉规定。根据规定，只要存在未经授权传播政府文件的行为都属于非法，哪怕该文件已颇有年头或微不足道。[2]人们一致认为，《官方保密法》第二款的影响力之大，不能只从该条款在法庭上被使用的次数来衡量（事实上自 1911 年以来该条款平均每年使用不到一次）[3]，它的威力体现在对政府雇员行为的抑制效应。在《保密战线的前沿》（*The Frontiers of Secrecy*）一书中，戴维·林奇认为《官方保密法》第二款的作用在于它的威慑力和恐吓效应，“被恐惧控制的官员”会形成“主动撇清嫌疑的心态”：“除非得到授权，否则最好不要泄露任何内容”。[4]1972 年，时任内阁秘书长伯克·特伦德在面见弗兰克斯勋爵时，也描绘了类似的画面。他说：“虽然人们不会喃喃自语地问自己——‘我对某人说过的这些内容会触犯《官方保密法》吗？’，但是大家清楚地知道，自己每日一言一行的背后都有一张巨大的处罚网。”[5]简而

[1] 译注：军情五处（MI5），主要负责英国国内的安全工作。

[2] 原注：T. Bunyan, *Political Police in Britain* (London: Quartet Books, 1976); D. C. Rowat (ed.), *Administrative Secrecy in Developed Countries* (New York: Columbia University Press, 1979); D. Leigh, *The Frontiers of Secrecy* (London: Junction Books, 1980); D. Hooper, *Official Secrets: The Use and Abuse of the Act* (London: Secker & Warburg, 1987); R. M. Thomas, *Espionage and Secrecy: The Official Secrets Act 1911–1989 of the United Kingdom* (London: Routledge, 1991); R. Thurlow, T*he Secret State: British Internal Security in the Twentieth Century* (Oxford: Wiley-Blackwell, 1994).

[3] 原注：*Departmental Committee on Section 2 of the Official Secrets Act 1911* (London: HMSO, September 1972), Cmnd. 5104, Volume I, pp. 17, 116–18.

[4] 原注：Leigh, *Frontiers of Secrecy,* p. 52.

[5] 原注：*Departmental Committee on Section 2 of the Official Secrets Act*, Volume III, p. 320.

言之,《官方保密法》第二款让官员们对于保密形成了下意识的反射，大家心照不宣的准则是 :“拿不准时，缄口不言。”

当然，宣称自己不知道《官方保密法》并不能作为英国政客们的借口，因为所有新入职者到岗后，要做的第一件事就是在《官方保密法》上签名。这是一项具有重大象征意义的举措，但没有法律效力，因为无论他们是否签字，都要受到该法的约束。[1] 正如凯尔纳和克劳瑟 - 亨特所说 :“每年有数万人在该法案上签名，但这与国家安全几乎没有任何关系,这么做的目的是让文官们了解政府的封闭文化。”[2] 为了突出《官方保密法》的要点，英国政府在二战时期推出了用尽可能简洁的语言写就的《保密誓言书》(*Estasecret*)。1944 年 11 月，战争办公室的一位官员承认道 :“即使对一位有经验的人来说，理解《官方保密法》第二款的意义也需要花费好一番功夫，更别提那些等着在合同条款上签字的新任职者了。除非这些人做过律师，即使给他们一份副本让其闲暇时仔细阅读，他可能也很难正确理解这些条款的具体意义。”[3] 这位官员的评价显然不能鼓舞士气。

通过海报宣传,《官方保密法》第二款也起到了威慑作用。在政府各个部门的大楼内，尤其是在库房、工作室和大量工业人员所在的仓库内，张贴了很多详细介绍该法案主要条款的海报。[4] 英国军情五处认为海报的张贴可以“助力保密工作”。到了 20 世纪 50 年代，政府意识到海报在“助力保密工作”上的重要性后，专门成立了一个工作小组来处理包括海报的设计排版、配色方案等方方面面的工作。[5] 如此一来，政府的

[1] 原注 : 在法庭上，嫌犯是否被定罪并不取决于其是否知晓或被告知法律法条。

[2] 原注 : Kellner and Crowther-Hunt, *Civil Servants*, p. 265.

[3] 原注 : ‘Signing of the Official Secrets Act Declarations by Government Employees’, C2 to MI11, November 1944, TNA WO 32/19030.

[4] 原注 : Woolwich Arsenal Memorandum, 16 May 1923, TNA WO 32/17602.

[5] 原注 : G. Mitchell to R. Hewison, 18 September 1952, TNA CAB 21/4522; ‘Record of Meeting at Treasury’, 10 November 1952, TNA CAB 21/4522.

保密宣传海报变得“更加简洁，更加引人注目”。在代表性的海报上，有纪律监察员伸出一根手指的形象，或做出像交通指挥员一样的姿势。[1] 还有的海报上写着这样的话：“《官方保密法》影响着每个人。除非获得授权，否则您不能谈论或外泄和您工作有关的信息。除非工作需要，您不得保留或复制任何图纸或文件。您不能丢失任何图纸或文件。完成工作后，您必须将图纸和文件物归原主。如若违反规定，必有重罚。”[2]

就英国保密工作来说，从历史的角度进行研究远比单纯研究《官方保密法》要强得多，因为《官方保密法》的颁布并不是英国保密工作的开端，而只是其中的一种表现形式。在一本重要的入门著作中，加文·德鲁里和托尼·布彻认为，“立法只是英国保密工作中的一部分，其余的内容则牵涉英国政治文化、宪法惯例以及文官对这项工作的理解和行为习惯”。[3] 调查研究的重点从法律上移开后，大多数在这一领域辛勤工作的学者普遍开始以“保密文化”的角度来思考和探讨这项研究。前文官克莱夫·庞廷 1985 年差点被起诉违反了《官方保密法》，他的看法既锐利又具有相当的深度，提供了一个全新的思辨角度：“英国的保密文化影响力很强且传承已久，其秉承原则为：好的政府就是封闭的政府，而且只能由政府决定公众应该知道什么。这种文化从 19 世纪开始一直延续到 20 世纪，并最终在 20 世纪英国保密法律的支持下得到完善。”[4] 庞廷对《官方保密法》第二款着墨不多，他提及了许多其他的官方机构，试图了解或者说“诊断”英国保密文化，包括颁发禁令、制定保密规章制度、赋予警方搜查与扣押的权利、制定蔑视法庭的法律。

从此，学者们开始把研究的方向对准文官队伍。文官队伍是一个与

[1] 原注：G. Mitchell to R. Hewison, 18 September 1952, TNA CAB 21/4522; ‘Record of Meeting at Treasury’, 10 November 1952, TNA CAB 21/4522.

[2] 原注：海报存放于 TNA CAB 21/4522。

[3] 原注：G. Drewry and T. Butcher, *The Civil Service Today* (Oxford: Wiley-Blackwell, 1988), p. 175.

[4] 原注：C. Ponting, *Secrecy in Britain* (Oxford: Wiley-Blackwell, 1990), p. 1.

文化紧密相关的组织，这种文化以看不见的力量从方方面面影响着文官的价值观和行为准则。但在这些文化之中，保密被广泛认为是好政府的一个基本特点。许多学者都认为，根据宪政理论的标准规范，白厅的保密根源在于政治体制，尤其是大臣负责制，即只有大臣承担解释政策的责任，文官们无须公开认同其部门的工作，而且当需要被问责时也无须对其行为负责。就好像医生一样，他们有义务保证永远不泄露患者的秘密，他们也被患者委托保守秘密。更为激进的是，有人试图将封闭政府的偏好与整个社会构成联系起来。用休·赫克罗和亚伦·威尔达维斯基的话说，白厅就像一个“乡村社区”一样，具有私密和关系盘根错节的特点，所有居民（文官）的社会关系和教育背景都非常接近，即都来自公立学校或者牛津、剑桥之类的名校。[1] 在这个与世隔绝的世界里，人们通过尊重和遵守保密的准则来发展自己的事业。正如弗兰克斯勋爵所解释的：“如果一个文官倾向于随意交谈越界内容，他将被认为不可靠，从而很难获得晋升的机会，甚至会被安排到不重要且不具备吸引力的岗位上。而一个具备足够判断力的文官则会获得让人羡慕的职业生涯。”[2] 简而言之，泄密不仅不恰当，而且不礼貌。

无论以何种标准衡量，1997 年戴维·文森特出版的《保密文化》（*The Culture of Secrecy*），都是把争论的焦点从《官方保密法》第二款转移到其他方面的最好书籍。[3] 这本书是迄今为止对英国保密工作研究最全面的资料。在书中，文森特阐述的内容远远超出了政府的范畴，他调查了多个公共生活领域的保密情况。文森特通过冷静的观察，探索了许多之前没有人在意的领域，并用其生动的笔法记录下来，例如在医学界、慈善组织、银行界及日常家庭生活中的保密手段。文森特的研究非常重要，具有历史性的突破意义，他揭示出：在 19 世纪中叶，英国政府保

[1] 原注：H. Heclo and A. Wildavsky, *The Private Government of Public Money* (Basingstoke: Palgrave, 1981).

[2] 原注：*Departmental Committee on Section 2 of the Official Secrets Act*, Volume I, para 58.

[3] 原注：Vincent, *Culture of Secrecy*.

密政策的日益严苛，与社会上职业保密要求的提高有着密切的联系。因为随着工业化的发展，英国社会也发生了深刻的经济转型和社会变革，导致诸如医生、社会工作者和律师等行业群体决定通过采取保密手段来巩固自己的权利。令人讽刺的是，随着英国变得更加民主，这个国家也变得更加“神秘”。在更广泛地审视政府保密的文化背景，研究“现代”和“机密”这两个相互联系、相伴而生的关键词时，文森特强调了亨尼斯早期的论点，即保密根植于英国人民的民族性格之中，贯穿和超越了国家的体系，渗透到社会的方方面面，是这个国家的整体特征。亨尼斯说：“保密就像科茨沃尔德一样，是英国风景的一部分，这与我们社会的风气是一致的。保密在英国社会一直存在，减轻保密程度将是反常的。白厅只是最伟大的，却不是唯一的灯塔。”[1]

文森特的论点受到学术界一些最有见识和最有洞察力的评论员的普遍欢迎，但还是招致了一些中肯批评。著名剑桥历史学家彼得·曼德勒认为，用“一揽子的方法”来处理和保密相关的方方面面其实偏离了核心叙述。[2] 通过将政府官员的经验和民间的经验混为一谈，文森特的行为难道不是一种学术机会主义？他所做的研究实际上就是在熬制一种“文化乱炖”。冷战期间的政府就是一个典型的保密政府，在这一时期，政府各部门都在狂热地保护自己的秘密，有时甚至是相互保密。但关于冷战期间政府保密行为的研究，文森特只在著作中列出两章进行讨论。文森特坦率地承认，他关心的只是信息控制的过程和相互关系，但这意味着读者无从知晓究竟哪些信息被当作秘密保护起来。[3] 简而言之，文森特研究的是一段保密的历史，但没有涉及保密的内容。一些批评家还指出“文化”这个词问题显著，概念不清。和“阶级、社区、社会”等其他

[1] 原注：Hennessy, *Whitehall*, p. 347.

[2] 原注：P. Mandler, ‘Reviewed Work: *The Culture of Secrecy: Britain 1832–1998* by D. Vincent’, *American Historical Review*, 105:3 (June 2000), 1,013–14.

[3] 原注：Vincent, *Culture of Secrecy*, pp. viii, 16.

重要的历史分析概念一样，文化这个概念也难以界定。因为它们往往意义重大，根植于现代语境之中，与其过去相对应表达并无关联。[1] 历史上比较知名的是爱德华·帕尔默·汤普森 [2] 用“笨拙的术语”一词来定义这种意义不明的概念，而最近的研究则将其称为“垃圾箱”概念，指那些解释得不够充分，什么都说了却相当于什么都没说的术语。[3]

从许多方面来说，我的书可以说是文森特著作的续集。我的书试图通过纠正上述一些问题，来加深我们对英国“保密文化”的理解。我不愿意抛弃“文化”这个术语，因为我并不相信如“习俗”“仪式”“习惯”等从人类学角度来讲更为中立的术语，有更好的解释力。同时，本书将调查范围局限于中央政府，并将大部分的章节用于分析二战以后的时期。文森特的书中并未谈及回忆录审查制度，特别是内阁秘书长在与回忆录作者进行谈判和审查出版物涉密情况时的角色。在“历史书籍”的分类下，戴维·雷诺兹和安德鲁·苏蒂最近对温斯顿·丘吉尔 [4] 和戴维·劳合·乔治 [5] 所著战争回忆录来源的考据表明，对回忆录的研究是学者研究保密工作时的“沃土”。[6] 约翰·内勒在为英国传奇内阁秘书长莫里斯·汉基爵

[1] 原注：参见 M. Rubin, ‘What Is Cultural History Now?’ in D. Cannadine (ed.), *What Is History Now?* (London: Palgrave, 2002), pp. 80–94; F. Inglis, *Culture* (London: Polity Press, 2004); P. Burke, *What Is Cultural History* (London: Polity Press, 2004)。

[2] 译注：爱德华·帕尔默·汤普森（Edward Palmer Thompson，1924—1993），英国著名的历史学家、作家、社会主义者、和平活动家。

[3] 原注：E. P. Thompson, *Customs in Common* (New York: New Press, 1993), p. 13. D. Marsh, D. Richards and M. J. Smith, *Changing Patterns of Governance in the United Kingdom: Reinventing Whitehall?* (London: Palgrave, 2001), p. 15.

[4] 译注：温斯顿·丘吉尔（Winston Churchill，1874—1965），英国政治家、历史学家，1940 至 1945 年、1951 至 1955 年两度出任英国首相。

[5] 译注：戴维·劳合·乔治（1863—1945），英国自由党政治家，1916 至 1922 年领导战时内阁，1926 至 1931 年担任自由党党魁。

[6] 原注：D. Reynolds, *In Command of History: Churchill Writing and Fighting the Second World War* (London: Penguin, 2005); A. Suttie, *Rewriting the First World War: Lloyd George, Politics and Strategy* (Basingstoke: Palgrave Macmillan, 2005).

士撰写的开创性传记中，提供了一些引人入胜的有趣细节。他讲述了在两次世界大战之间的那些年里，内阁秘书长的工作是如何从“国家机器维护者”（负责对政府事务进行校准和调整的人）演变为官方机密的非正式保管者。[1] 很明显，我们应该对这个问题进行更系统地阐述，并对相关来源（尤其是 1945 年之后的时期）进行更广泛地研究。

为了加深我们对英国保密文化的理解，这本书比以往更加关注国防机密通知委员会（D-Notice Committee）的日常工作。除了尼古拉斯·威尔金森最近出版的官方历史书籍《保密和媒体》（*Secrecy and the Media*）之外，关于英国新闻审查制度的著作，着眼点大多集中在一些引人注目的事件，比如记者触犯了法律这类事情上。[2] 然而，重要的是要看到更深层次的内容，而不是这些表面事件。1945 至 1971 年期间，英国法庭使用《官方保密法》第二款条款进行的诉讼共 23 起，其中只有 2 起涉及新闻工作者。[3] 保密文化在英国普遍存在，体现在国防机密通知委员会常常向舰队街提供建议，希望促进编辑进行自我审查。令人惊讶的是，学者们详细探究过诸如英国电影审查委员会的其他志愿审查机构，至今却尚未对国防机密通知制度进行太多探究。国防机密通知即送至媒体的警告信，这些警告信都以“秘密”（Confidential）二字开头，并被收件人以涉密信息对待，这种情况一直持续到 1982 年 1 月。这就不难理解，为什么伟大的宪法思想家杰弗里·马歇尔在 1961 年把国防机密通知制度称为“（英国）政府未载入史册的工具”。[4]

在大多数作品中，保密是一个肮脏的字眼。以反对中央集权或以坚

---

[1] 原注：J. Naylor, *A Man and an Institution: Sir Maurice Hankey and the Cabinet Secretariat* (Cambridge University Press, 1984).

[2] 原注：N. Wilkinson, *Secrecy and the Media: The Official History of the D-Notice System* (London: Routledge, 2009).

[3] 原注：*Departmental Committee on Section 2 of the Official Secrets Act*, Volume I, p. 17.

[4] 原注：Marshall, 引自 D. G. T. Williams, ‘Official Secrecy in England’, *Federal Law Review*, 3 (1968–9), 23。

持自由主义著称的评论员们对各种形式的保密政策都持怀疑态度，认为保密是低效的、违法的，还是政治困境产生的源头。另一些批评者则认为，政府将工作内容进行保密的执念过强，保密工作无处不在时，保密行为本身就成了目的。也就是说，政府忽视了保密行为的目的，变成为保密而保密，几乎不考虑是否真的存在为保密而立法的必要性。[1] 有趣的是，最严厉的批评并不总是来自媒体或学术界。1971 年，工党的叛乱煽动者理查德·克罗斯曼在为《新政治家》[2] 撰文时，将英国的保密工作描述为“真正的英国病，并且是专属于英国政府的慢性病”。[3] 在一封私人信件中，军人出身的军事理论家上尉巴兹尔·利德尔·哈特 [4] 爵士暗示，英国的保密制度有一种“官僚主义的荒谬，英政府向议会和新闻界隐瞒信息，而这些信息其实任何外国情报机构都可以轻而易举地获取”。[5]

从根本上说，政府在默认的状态下应该是开放的，只有在必要时才实行保密政策。在合理的范围内，政府有义务把国家重大信息尽可能多地提供给民众。政府应该把他们的工作如实告知民众，内容应该包括正在做什么、为什么要做以及通过什么方式做，即使这不能总是在实时的基础上实现。正如美国国务院历史咨询委员会（US State Department Historical Advisory Committee）前主席沃伦·金伯尔所言：“在某些情况下，常识可能需要更久的等待……但无论是等 10 年、20 年还是 30 年，问责制度都应被优先考虑。”[6] 透明度让公众可以对民主选举出来的官员进行评判监督，并让官员们对自己的行为负责。这有助于确保严重的不法行为无处遁形，

[1] 原注：参见 D. P. Moynihan, *Secrecy: The American Experience* (New Haven: Yale University Press, 1999)。

[2] 译注：《新政治家》(*New Statesman*)，英国政治和文化杂志，成立于 1913 年 4 月。

[3] 原注：R. Crossman, ‘The Real English Disease’, *New Statesman*, 24 September 1971, p. 1.

[4] 译注：巴兹尔·利德尔·哈特（Basil Liddell Hart，1895—1970），英国军事理论家、战略家。

[5] 原注：B. Liddell Hart to J. Amery, KCLMA Amery, GB 099 Papers, Liddell Hart Centre for Military Archives, King’s College London.

[6] 原注：W. F. Kimball, ‘Openness and the CIA’, *Studies in Intelligence*, 44:2 (2000), 63–7.

并确保民众的基本权利不会受到无制约权力的损害。公正地说，这是民主的一个基本特征。此外，开诚布公有助于建立公众对政府及其工作方案的信任。保密自身通常麻烦颇多，由它带来的问题可能比它能防止的更多。由于隐藏在保密这层面纱的后面，政府的工作可能被误解和无知所掩盖；阴谋论也会变为事实。克罗斯曼认识到这一点："这种保密的结果之一是，英国选民感到自己被故意蒙蔽，从而对英国的统治者愈加不信任，甚至开始有了最坏的揣测。"[1]

读完本书，大家可以发现，英国的保密政策并不总是遵循必要性的逻辑。"国家安全"这个借口经常被滥用，以掩盖可能会导致政治困境的信息。正如查普曼·平彻在1971年向弗兰克斯委员会[2]提供证据时所观察到的，在保密分类法中，"那些可能导致政治困境的信息，它们的安全分类等级比绝密还要高"。[3]时任影子外交大臣的詹姆斯·卡拉汉在与弗兰克斯勋爵谈话时也承认："对于会让我们名誉扫地的事情，我们只能告诉你我们能讲的那部分内容，多一点也不会说。"[4]特别是在冷战初期，人们需要同时应对可能发生的国外敌对势力进攻和内部政权颠覆，处于高度紧张和焦虑之中。在那时"国家安全"一词重于泰山，为各国政府提供了一张逾越民众知情权的王牌。然而，最终由于查普曼·平彻等知名人士泄露了这个政策，政府很难再仅仅依靠国家安全这一个理由来掩盖其在政治和行政上的错误。

然而，本书的目的并不是让读者完全反对官方的保密政策，因为在审查任何权力机构时，进行批评当然是有益的。然而，沃尔特·巴杰

[1] 原注：Crossman, 'Real English Disease', p. 1.

[2] 译注：弗兰克斯委员会（Franks Committee），是1955年英政府任命的以弗兰克斯为首的委员会，目的是调查行政裁判所和公开调查一些问题。

[3] 原注：'Transcript of Oral Evidence Given on 14 December 1971 by Mr Chapman Pincher', TNA HO 292/22.

[4] 原注：引自 K. Theakston, *The Labour Party and Whitehall* (London: Routledge, 1992), p. 159。

特[1]在其关于英国宪法的经典研究中曾说："没有什么比对一个特定的体制提出批评更容易的事了，只需要着重强调、夸大其不可避免的错误就可以了。"[2]在某些领域，在某些时候，保密是必不可少的。有时人们会忘记，开放既能向公众传递信息，也能向敌人传递信息。在本书中分情况进行了讨论，有些情况下，命令官员们严格保密，把信息隔绝在公众视线之外是正确且合理的。例如，几乎没有人会质疑是否有必要对现有情报机构特工或与其联系的线人的身份进行保密；更鲜有人质疑应该保护搜集机密的公民的隐私。历届英国政府的失败之处在于，他们只考虑极端的情况。特别是在情报和国防领域，官员们很长一段时间以来坚持认为，只能要么完全保密要么完全公开，不存在折中的办法。不管政府如何变化，人员如何更替，或是技术和方法变得过时，这种陈旧的思维模式完全不受时代的影响，一成不变。这本书的主题之一是，在发布敏感信息方面，政府如何逐渐地由决策"是否"发布信息转向"何时"发布信息（当然这个发展过程中也存在一些摇摆和反复），万幸像"从不""永远""不确定"这样的词汇慢慢地退出了历史舞台，不再被政府使用。

方法论

下面简单聊一聊本书的方法论和资料来源。英国政府的保密工作档案资料主要成型于 20 世纪 80 年代，当时政府各部门自发地把最重要的档

[1] 译注：沃尔特·巴杰特（Walter Bagehot，1826—1877），中文译名还有白芝霍特、白芝浩、白哲特等。英国经济学家、政论家，曾任《经济学家》杂志主编，其所著《英国宪法》一书对英国政体做出经典性阐释，至今仍广为传诵。

[2] 原注：Bagehot，引自 B. Emmott, 'Foreword', in B. Emmott (ed.), *Changing Times: Leading Perspectives on the Civil Service in the 21st Century and Its Enduring Values* (London: Palgrave, 1999)。

案资料全都很好地保管了起来。另外，英国政府的档案管理机制中有一项“30年规则”，即政府自己保管档案满30年后才移交给位于伦敦邱园（Kew）的公共档案馆（现在是国家档案馆）。这条规定使得学术界对二战后英国保密工作的研究极其困难，因为学术界难以获得与情报部门有关的档案资料。无论这些资料多么陈旧或者敏感，大部分和情报相关的档案资料都被无限期地隔离在公众视线之外，不可触及。[1]《公共档案法》(Public Records Act，1958、1967年）第3（4）条，又称“全面豁免法”，赋予了英国大法官隐瞒任何与情报机构有关文件的自由裁量权。1983年，英国下议院教育、科学和艺术特别委员会特别揭露了一些被荒谬封存的资料，其中包括：18世纪从邮政系统截获的邮件；滑铁卢战役的情报公报；以及军情六处第一任处长曼斯菲尔德·卡明的日记，上面记录了他在国外旅行时为隐蔽身份最喜欢使用的伪装。[2]总的来说，保密学者们面临的艰难处境可以用拉德克利夫勋爵在1975年12月的话语来概括，即“政府的运作不应以历史为目的；公共管理和治国之道的错综复杂注定了，历史学家们面对的必然不是一条平坦的康庄大道”。[3]

然而，近年来，这种现象得到了改善。1989年，随着苏联帝国的崩溃和冷战的结束，在这场划时代的冲突之后，各国政府逐渐展开各种开放举措。1992年2月21日，美国中央情报局[4]局长罗伯特·盖茨在俄克拉荷马州新闻协会的一次演讲中，为中情局长期以来执行的保密政策进行了

[1] 原注：W. Wark, ‘In Never-Never Land? The British Archives on Intelligence’, *Historical Journal*, 35:1 (March 1992), 195–203. 亦参见 R. J. Aldrich, ‘Never-Never Land and Wonderland? British and American Policy on Intelligence Archive’, *Contemporary Record*, 8:1 (Summer 1994), 132–50。

[2] 原注：Wark, ‘In Never-Never Land?’

[3] 原注：*Report of the Committee of Privy Councillors on Ministerial Memoirs*, Cmnd. 6386 (London: HMSO, December 1975), p. 31.

[4] 译注：中央情报局（Central Intelligence Agency，CIA)，简称中情局。总部位于美国弗吉尼亚州的兰利。与苏联国家安全委员会（克格勃)、英国军情六处和以色列摩萨德，并称为“世界四大情报机构”。

道歉，并充满热情地谈及这个“无比适合变革的时刻”。[1] 在随后的几个月里，罗伯特·盖茨主导了以下几项工作：(1) 中情局内部期刊《情报研究》刊出了数篇机密文章；(2) 下令对保管年份超过30年的档案资料进行分类审查；(3) 支持国会通过立法，要求公布和肯尼迪总统被刺杀事件相关的文件。随着俄罗斯新成立的政府在莫斯科公开了共产党的档案，以及苏联情报机构克格勃[2] 允许电视台到其前总部进行参观，东方集团国家[3] 的政府也开始愈加透明开放。[4] 这一开放透明的新时代有一个建筑上的隐喻：柏林墙。不管是从字面上还是象征意义上，柏林墙都标志着冷战正处于非常紧张的局势中，尤其是非常神秘但又无处不在的间谍活动；到20世纪90年代初柏林墙方被拆毁。

英国不应该错过这一次世界范围内的政务公开浪潮。约翰·梅杰[5] 担任首相期间，时任兰开斯特公国大臣兼政府政务公开大臣威廉·瓦德格雷夫，于1992年6月25日在英国广播公司第四频道的政治分析节目上承诺，他将让冷战时期实行的过度保密政策成为历史。为实现这一承诺，瓦德格雷夫于1993年7月代表政府发布了一份关于“政务公开”的白皮书。根据白皮书的规定，历史学家们有机会协助制定信息公开政策，参与决定哪些信息应该被公开。瓦德格雷夫早些时候曾起誓：“我想邀请严肃的历史学家给我写信……那些想写严肃历史著作的学者可能比我们更清楚哪些档案需要公开，我们可以考虑公开一些对他们有帮助的档案资料。”[6] 瓦德格雷夫鼓励历史学者编写“政府档案需求清单”，这种举措对于一个追求“双重保密”

[1] 原注：‘CIA and Openness: Speech by Dr Robert M. Gates: Director of the CIA, Oklahoma Press Association, 21 Feb 1992’, Norman Mailer Papers, 706.2, Harry Ransom Center, Austin, Texas.

[2] 译注：克格勃（KGB），也称苏联国家安全委员会，是苏联的主要安全机构。

[3] 译注：东方集团国家，指的是冷战期间的社会主义国家。

[4] 原注：N. Cullather, *Secret History: The CIA's Classified Account of Its Operations in Guatemala, 1952–54* (Stanford University Press, 1999), p. vii.

[5] 译注：约翰·梅杰（John Major），1990至1997年出任英国首相。

[6] 原注：P. Lashmar, ‘Mr Waldegrave's Need to Know’, *History Today*, 44 (August 1994).

的政府来说，是一个非常大的进步。“双重保密”的意思是，一是不承认有哪些机密处于保密状态，二是拒绝承认有秘密文件存在这件事。瓦德格雷夫的政务公开政策导致一批曾经非常敏感的材料被审查和公开，其中包括一批解禁期超过30年的政府档案文件，甚至还公开了政府情报部门的工作记录，这是历史上的第一次。到2000年，大约有10万份文件被公开，其中甚至有原子弹、安全审查、特殊行动执行局（Special Operations Executive[SOE]，也称特别行动处）以及军情五处成型期的信息。这些劲爆的内容不可避免地占据了当时的新闻头条。但同样有价值的，还有财政部、外交部和国防部等主流政府部门工作档案的公开。亨尼斯在他的著作《秘密国家：白厅和冷战》中所引用的大量文献记录，也许就是档案公开程度的最好证明。[1]

本书很大程度上是在瓦德格雷夫政务公开提案后被公开的海量材料的基础上产生的。而最近政府又公开了一批内阁办公室和首相办公室的档案资料，这意味着学术界又多了一处可供学者们挖掘的丰富史料矿，学者们可据此寻找国家政府对于回忆录书写者的态度和政策。政府部门的档案记录也同样值得挖掘，因为回忆录的草稿经常被送往上下议院进行审查，并委派相关部门对那些有异议的段落内容进行风险标注。在某些档案资料中，会存在多个版本的稿件，审查员会在页面边缘或者标记删除的句子旁边批示一些警示性的审查意见。幸好，瓦德格雷夫的政策使得大量与新闻审查有关的档案资料被解密。例如，现在可以从国防部的档案中查到1912—1971年间下发的各个版本的《国防机密通知》。更重要的是，国防部的档案中还有会议纪要以及和国防机密通知机要秘书（D-Notice Secretary）日常工作相关的通信记录。这些档案为审视那些被白厅试图压制、编排或修改的文章提供了独特的见解。

当然，本书不可能仅仅靠参照国家档案写就。政府各层机构记录下来的文件可以揭示出一些问题，但不能展现事情的全貌。内阁文件的目的只

[1] 原注：P. Hennessy, *The Secret State: Whitehall and the Cold War* (London: Penguin,2003).

是单纯地记录领导们所做的决定，因此无法从中读出相关人物的想法、预先制定的战略和他们下意识的感受。哈罗德·威尔逊[1]领导的第一届工党政府的内阁大臣帕特里克·戈登·沃克[2]曾写道："内阁文件不会记录观点被提出的先后顺序，这些观点通常是按照赞成和反对两方面分别进行整理归档，并非所有在辩论中提出的观点都会被记录下来，官员们在辩论中的语气和情绪则不在记录之列。"[3]理查德·奥尔德里奇警告学者们不要将国家档案馆的文件作为"真实的历史"去解读，他指出这些文件在向公众解密之前，都经过了政府机构的精心筛选、清理和处理。奥尔德里奇认为，这种行为的危险在于，纯粹凭借这些资料写出的作品好似从"加工过的食品中汲取营养"，它们将和"官方历史"如出一辙。但哪怕是这样的作品，政府也曾经封禁过。[4]因此，本书提出了一种方法论，研究上倾向于将个人著作的分量提高到和国家官方记录同等的水平。这些个人著作中，那些爱写回忆录的政治家的文集就具有特别的价值。人们通常可以在这些著名政治家的自传中发现大量的文件，丰富且充实了其回忆录策划、制作和发行的各个阶段。其中最引人入胜的内容，莫过于回忆录作者与政府之间的通信记录，但与之同样重要的还有与朋友、前同事、律师、文稿代理人和出版商之间的信件。在这一部分，作者们都会表现出自己是"有感情、懂反思的人"[5]，他们满怀激情地谈论自己在国家审查机构中遭受的待遇，滔滔不绝。

[1] 译注：哈罗德·威尔逊，英国工党政治家，1964 至 1970 年、1974 至 1976 年担任英国首相。

[2] 译注：帕特里克·戈登·沃克（Patrick Gordon Walker），英国工党政治家。担任议会议员近 30 年，曾两次担任内阁大臣。

[3] 原注：引自 G. Warber, '"Collusion" and the Suez Crisis of 1956', *International Affairs* (April 1979), 226。

[4] 原注：R. J. Aldrich, *The Hidden Hand: Britain, America and Cold War Secret Intelligence* (London: Overlook Press, 2002).

[5] 原注：这个短语出自 M. Spufford, *Contrasting Communities: English Villagers in the Sixteenth and Seventeenth Centuries* (Cambridge University Press, 1974), p. xxiii。

本书中用到的最佳文献资料一部分来自美国，那里的档案工作者证实，美国国务院与英国政府之间存在一项长期协议，该协议允许英国官员提出从美国的文件中删除涉及英国某些特定内容的要求。目光敏锐的研究人员发现，美国某些文件的记录中提及"附加"的英国报告，很明显这些附加报告应该是原始资料的一部分，但却被移除了。尽管如此，对于热衷研究英国信息管控的学者来说，美国的馆藏就是一个巨大宝藏，赴美护照的珍贵价值，堪比进入邱园（英国国家档案馆所在地）的门票。无可否认的是，这些材料的大部分并非来自官方的资料库，而是来自逃过了政府审查利爪的个人私藏。在大西洋对岸，就有一些英国人的私人文件，它们主人的职业生涯一定程度上都与英国这个秘密国家有过交集。例如，存放在位于美国波士顿的霍华德·戈特利布档案研究中心，战后媒体大亨、镜报集团的老板塞西尔·哈姆斯沃斯·金的私人文件中，包含有关英政府进行新闻审查事项的备忘录。存放在斯坦福大学胡佛研究所，神通广大但也有点可疑的《情报文摘》出版商肯尼斯·德库西的私人文件，记录了英国高级官员的来信，涉及英政府对剑桥间谍盖伊·伯吉斯[1]和唐纳德·麦克林[2]失踪事件的回应。另外，那些与英国官员和政界精英保持良好私人关系的人士也会保存一些私人文件，从那里也可以收获一些有价值的内容。例如，匈牙利裔军事历史学家拉迪斯拉斯·法拉戈在波士顿大学的藏书中，详尽地阐述了白厅对出版间谍回忆录的政策。这位法拉戈先生与"双十字计划"[3]主席约翰·马斯特曼一直保持着联系。20纪70年代初，由于官方对马斯特曼先生研究"双十字计划"百般阻挠，马斯特曼一气之下，把他所知道的一切都告诉了法拉戈。英国著名历史学家路易斯·纳米尔曾经说过，要想了解现代英国，

[1]　译注：盖伊·伯吉斯（Guy Burgess），英国广播制作人、情报官员、外交部官员。

[2]　译注：伯吉斯和麦克林（Donald Maclean）都是英国剑桥大学高才生，后来都成为苏联间谍。

[3]　译注："双十字计划"由二战期间英国情报机构策划，旨在通过双面间谍向德国传递虚假情报。

那就必须完成“跨越国界的文件搜集”，通过多种渠道来搜集资料，直到拼凑出事情的全貌。作为一部英国近代史著作，本书在很大程度上证明了这一方法是适用的，不过这场“文件搜集游戏”不仅仅跨越了国界，还涉及英国国内的各个角落。

第一部分

1889—1945年

第 1 章

奠定信息控制的基础

长期以来，政府一直希望为保密工作立法；为此，政府精心筹备了许多年。

1911 年版《官方保密法》第二款修订委员会，

1972 年 [1]

1911 年夏，议会通过了《官方保密法》修订版（该法案的原版于 1889 年实施）。长期以来，英国一直是自由和民主的“火炬手”，但这次议会通过的《官方保密法》却是该国有史以来制定过的法律中，最不“自由”的法律之一。几年后，《华盛顿邮报》记者阿尔弗雷德·弗兰德利将该法案称作“合法的怪胎”。他说：“一直以来，英国以本国法律和司法程序的卓越性和公平性为傲，而这部法律简直是英国法典中的跳梁小丑。”[2] 这部法律的第一款，被戏称为“间谍活动条款”。它规定：任何人，出于“对国家安全、国家利益可能造成损害的目的”，主动搜集、传播、公布任何含有国家官方情报的计划、图纸或其他项目信息，提供给敌方，都属

[1] 原注：*Departmental Committee on Section 2 of the Official Secrets Act 1911*, Cmnd.5104, Volume I, p. 25.

[2] 原注：A. Friendly, ‘British Legal Monstrosity is Stirring New Controversy’, *Washington Post*, 21 March 1970.

于刑事犯罪。[1] 被告没有“沉默权”，且审判可以公开进行。该法案的第二款针对文官、政治家和记者，在未经授权的情况下，不管是传播还是接收官方情报的行为都被定为重罪。这条法律适用范围很广，一视同仁地囊括了所有类型的资料。例如：内政部一名兼职文员如果对自己的配偶谈到部里的卫生纸不够用了，这种情况就属于违法；一名普通的英国公民向德国人泄露了关键的海军计划，也属于违法。该法案和英国的其他法律大相径庭：一般情况下，英国法律规定检方负有举证责任；但该法案却反过来要求被告人有责任提供自己的无罪证据。简而言之，基于该法案的措辞，断定一个人是否有罪不需要证明被告泄露的秘密造成了何种损害，只依据嫌疑人的行为或性格就可以简单地推断其是否有罪。[2] 在这种情况下，依据该法案第二款，能够判定超过 2000 种违法行为。[3]

议会审议通过该法案的速度之快也令人吃惊。该法案于 1911 年 7 月 17 日在上议院提出时，只有两名议员进行了讨论。实际上，当时大多数议员的关注点都聚焦在即将出台的庇护官员退休金法案。《官方保密法》于 8 月 17 日被提交下议院时，几乎没有产生任何争议，只有威廉·拜尔斯爵士提出了唯一的质疑，他认为该法案可能会破坏《大宪章》[4]。第二天下午，在众议院几乎空无一人的情况下，在一小时内匆匆通过了对法案的第二次和第三次审议，而主要负责审议该法案的大臣——内政大臣温斯顿·丘吉尔自始至终一句话也没说。当时战争事务副大臣杰克·赛利尔上校回忆道：“有两人进行了发言，但他们说了几句话后，都被旁边人强行拦了下来。”[5] 鉴于事件进展

[1] 原注：‘Cabinet Committee on the Official Secrets Act’, Attorney General to Law Officer’s Department, November 1938, TNA CAB 21/4705.

[2] 原注：D. Stafford, *Churchill and Secret Service* (London: Abacus, 1997), p. 41.

[3] 原注：*Departmental Committee on Section 2 of the Official Secrets Act*, Volume I, p. 14.

[4] 译注：《大宪章》(Magna Carta)，也称《自由大宪章》，是英国封建时期重要的宪法性文件之一。

[5] 原注：引自 D. Wilson, ‘Information Is Power: The Causes of Secrecy’, in D. Wilson(ed.), *Secrets File: The Case for Freedom of Information in Britain Today* (London: Heinemann, 1984), p. 13。

的速度之快，一些政府部门甚至不清楚发生了什么。同年9月，殖民地办公室常务副大臣约翰·安德森爵士抱怨说："我们没有任何与该法案相关的函件。"[1]

对于议员们来说，能够如此迅速地在议会通过这种充满压迫性的法案是非常了不起的。在此之前，英国的官方保密工作不仅受到严格法律规定的制约，也必须遵守一些惯例。大多数历史学家都认为议员们这样做是一时冲动，因为当时国家正处于紧急状态，人们普遍认为英国将很快与德国开战。当该法案在议会辩论（或者说根本就没辩论）时，恰逢第二次摩洛哥危机[2]。当时的德皇高调地展示了他强硬的战舰外交手段，将"豹"号战舰（SMS Panther）派往摩洛哥西南部的阿加迪尔港口。在那时的英国，人们也对无处不在的德国间谍感到歇斯底里，据说有德国间谍正在侦查可能的入侵地点，并伺机窃取海军的机密情报。有人认为，在这种背景下，该法案被仓促制定出来。熟悉英国历史的人无疑会认识到这种解释是彼得·亨尼斯的主要观点："对德国间谍活动的恐惧，才是真正推动爱德华时期采取更加严格保密措施的原因。"[3]然而，其他学者对这个问题提出了不同的见解。来自朗格·杜尔学派（一个法国历史学派）的肯·罗伯森从19世纪的政治、信仰和社会结构中找到了更深层次的原因。罗伯森认为，虽然国家立法是针对外部威胁合理采取的紧急措施，但诉诸法律条文这种手段与时下的战争狂热没有太大关系，而是代表了统治阶级一场长期运动的高潮，其目的是抑制某些文官在未经允许的情况下披露信息。[4]罗伯森的研究赢得了支持。戴维·文森特展示了，在新民主时代，比之先前，社会更加多元化，文官更加不容易管理；该法案通过的目的就是为了应对那

---

[1]　原注：J. Anderson to R. H. Brade, 12 September 1911, TNA WO 32/13732.

[2]　译注：第二次摩洛哥危机（Second Moroccan Crisis），又称阿加迪尔危机（Agadir crisis），是1911年发生在摩洛哥港口阿加迪尔的一宗国际危机。

[3]　原注：Hennessy, *Whitehall*, p. 352.

[4]　原注：K. G. Robertson, *Public Secrets: A Study in the Development of Government Secrecy* (London: Macmillan, 1982), p. 58. 亦参见 Bunyan, *Political Police in Britain*。

些难以用绅士准则进行自我约束的文官们。文森特断言："官方保密法案设立的很大一部分原因来自政府部门不断增长的用人需求，政府部门不得不聘用一些出身、教育背景和薪酬水平都达不到绅士阶级的人。"[1] 最近，尼古拉斯·威尔金森声称，政府故意将该法案包装成一个关键的国防问题，但其实际目的是为了阻止散漫的商业媒体的无原则行为。[2]

本章将重新审视该法案产生的环境。可以看出，在很长一段时间内，人们认为政府将保密行为进行合法化的行动冒犯了英政府的良政理念，而且破坏了现代民主社会的公共利益。因此，尽管保密行为是一直存在的，但它只体现在行政结构、规章制度和官员的心态之中。然而，到 19 世纪末，白厅开始为保密行为寻求庇护，解决问题的灵丹妙药就是立法。这样做的理由是，人们对未经授权的信息披露越来越感到不安。尽管政府在公众场合大肆渲染战争恐慌和德国间谍带来的威胁，但实际上这只不过是一个"战略花招"[3]，是为该法案能在议会顺利通过创造条件。随着国家行政机构的发展，大批社会下层人员涌入政府工作，他们不接受那些由高贵的先辈们制定的属于上层绅士的规矩。这些人大都出身底层工厂，而且他们之间有着类似于校友关系那样的工会背景，很难仅仅通过道德对这些蓝领员工和临时工进行约束。此外，好奇心强的大众媒体开始涌现，他们不受政府的控制和补贴限制，为任何愿意泄露信息的人提供了一个渠道。

历史学家没有承认的另一个问题是，新兴的回忆录产业正在兴起。在维多利亚时代，皇室的文官们一般不写回忆录。少数能看到的读者则只限于学术团体和一小群对政府内幕有兴趣，且与作者有着同样的阶级和职业的爱好者。在某种程度上，不写回忆录是因为当时的文官们秉持着一种根

[1] 原注：Vincent, *Culture of Secrecy*, p. 91. 亦参见 D. Vincent, 'The Origins of Public Secrecy in Britain', *Transactions of the Royal Historical Society*, 6th series, 1(1991), 229–48。

[2] 原注：Wilkinson, *Secrecy and the Media*.

[3] 原注：Stafford, *Churchill and Secret Service*, p. 41.

深蒂固的信念，即在政府工作方面，沉默是金。乔治·埃格顿说，有许多可以写回忆录的名流，他们的写作进程因为当时社会上流行的潜规则而搁置，这些潜规则不赞成个人对政治进行辩驳。埃格顿还推测，之所以很少有皇家公仆撰写回忆录，很大程度上是出于对政治体制的敬畏。[1] 本章将说明，到 20 世纪初，这种不愿意写回忆录的情况已经开始消解了。对许多人来说，重温大英帝国时代的故事实在是令人无法拒绝的好事。人们对南非战争 [2] 时期的故事尤其感兴趣，也因此促成了一系列创作的出现。尽管最终英国人取得了南非战争的胜利，但许多英国人仍想知道，一支近 50 万名士兵的军队是如何用了近 3 年时间才打败一支仅有 6 万人的游击队。在举国反省的气氛中，这场战争的几位主角或是选择写回忆录，或是接受媒体采访，他们这么做的主要目的都是粉饰自己，指责他人。有大量的读者喜欢看这些披露出来的信息。公共教育的发展和识字率的提高有助于提升公众对国家事务的认识。此外，正如蒸汽机印刷使大量廉价的报纸得以生产一样，这也意味着现在可以用更低的成本来生产书籍。在这种背景下，白厅需要一种机制来规范作者可以披露什么，不可以披露什么；这个机制就是《官方保密法》。

> 为一个无法自己保守秘密的政府保守秘密，不是报纸的职责。
>
> 《泰晤士报》头条，1858 年 11 月 29 日 [3]

在维多利亚时代，英国为自己是最“开放”的民主国家而自豪。无论政治立场如何，政治家们都公开谈论公开透明的好处。他们声称，这是进步的标志，是防止权力被滥用的壁垒。英国法学家杰里米·边沁主张：

[1]　原注：G. Egerton, ‘The Lloyd George “War Memoirs”: A Study in the Politics of Memory’, *Journal of Modern History*, 60:1 (March 1988), 67.

[2]　译注：南非战争（The South African War, 1899—1902），也叫第二次布尔战争、第二次英布战争，是英国与两个布尔国家为争夺南非领土和资源而进行的一场战争。

[3]　原注：‘The Ionian Mystery is Solved’, *The Times*, 29 November 1858.

“公开是确保公众信心的最佳法律。”[1] 边沁或许以支持功利主义而闻名，但他普及了保密是一种“阴谋工具”（instrument of conspiracy）的概念，它为“地痞、流氓和小丑”所利用，服务于落后的欧洲大陆独裁主义。[2] 边沁在他产生了巨大影响力的文章《论公开》中提出，甚至仅仅“保密”这一个词语就会让人们联想到一些卑鄙的事务。

在承诺保障信息自由流动方面，英政府主要强调了几点内容。1838年，通过《公共档案馆法》（Public Record Office Act），在法律上明确了搜集、保存和提供政府运营记录是国家的义务。作为一种重要的象征，该法案将公共档案更名为“人民的证据”；直到现在，公共档案还被称为“帝国的契据”。[3] 该法案还规定，公共档案应集中存放在伦敦法院街的一个独立仓库中。该设施于1858年建成，公共阅览室自1866年起开放。

支持媒体在言论自由的情况下发展，是维多利亚时期政府政策的一个重要组成部分。从19世纪30年代起，议会改革稳步废除了新闻税（包括1855年的报纸印花税和1861年的纸张消费税），为相对便宜的报纸和政治文化的“大众化”铺平了道路。这项改革与蒸汽印刷机和报纸印刷技术的发明同步发生。受教育人口的增长也与英国的自由主义模式紧密相关。到1876年，教育法案促成大约5000所新学校的建立。1891年，《教育补贴法案》使免费基础教育得到了保障。因此，到1900年，基本识字的人口比例已增长到97%。[4] 此外，政府各部门均采取措施，确保公众更多地参与到政治中来。1838年，《英国国会议事录》[5] 第一次被公开出售，并且议

[1] 原注：Jeremy Bentham, 引自 Vincent, *Culture of Secrecy*, p. 3。

[2] 原注：Jeremy Bentham, 引自 Vincent, *Culture of Secrecy*, p. 3。

[3] 原注：‘Extract from a Guide for Departmental Record Officers: Note by the Keeper of Public Records’, 29 April 1963, TNA CAB 21/5230.

[4] 原注：Wilkinson, *Secrecy and the Media*, p. 6.

[5] 译注：《英国国会议事录》（*Hansard*）亦称《汉萨德英国国会议事录》，是逐字逐句记录英国议会辩论的官方报告，因为在相当长历史时期内为汉萨德家族所编辑而得名。

会开始设立旁听席。

当然，政府从来没有像公开言论所暗示的那样开放。对维多利亚时代政治生活颇有研究的伟大政论家沃尔特·巴杰特在其代表作《英国宪法》（*The English Constitution*，写于 1867 年）中冷冷地评论道："如果你让一个出租车司机开车去唐宁街，他很可能从未听说过这个地名，而且一点也不知道该把你带到哪里去。"[1] 内阁会议的细节从未公开过，甚至连正式的会议记录都是严格禁止的。事实上，在 1916 年内阁秘书处[2] 成立之前，内阁会议从未留下任何正式的记录。《枢密院议员宣誓书》（Privy Councillor's Oath）起始于 1250 年，要求大臣们宣誓保守秘密：

> 在议会中所有需要商讨、处理和辩论的事情上，你将根据你的道德和良心，忠实地、真实地发表你的感想和意见；并且对所知道的一切事务保守秘密。对于处在商讨中的协定和决策涉及的任何人员，你不会向其泄露任何信息；除非是得到国王陛下或是枢密院的允准，所有机密一概不得外宣……愿上帝保佑你。[3]

大臣们直到今天仍然被要求宣誓效忠国王，《枢密院议员宣誓书》规定大臣们的建议是君主的财产。换句话说，只有得到国王或王后的同意，这些建议才能被公开。近年来，人们普遍将《枢密院议员宣誓书》视作宪法的遗风，它的存在是为了保持庄严和传统。理查德·克罗斯曼不喜欢跪在国王面前的宣誓仪式，他认为这只是一场"为了掩盖陈腐的王室权威"

---

[1]　原注：W. Bagehot, *The English Constitution* (3rd edn, London, 1882), p. 92.

[2]　译注：1916 年以前，内阁会议没有系统的组织工作，内阁成员对内阁的决定自行记录，首相也要自己准备向英王汇报的记录。1916 年，为使战时的内阁工作更有效率，在内阁设立了内阁秘书处（Cabinet Secretariat），负责准备内阁会议议程，记录内阁和内阁委员会的决定。后演变为内阁办公厅。

[3]　原注：'Transcript of the Oath of the Privy Councillor', 1250, TNA CAB 21/2678.

而设计的闹剧。[1] 托尼·本恩 [2] 倡议废止这个仪式却屡屡受阻。他认为这个仪式无异于君主专制，将“种族的魔咒和个人忠诚强加于那些真正对选民负有责任的人”。[3] 然而，在19世纪，议员们欣然接受着《枢密院议员宣誓书》，似乎它“一半是竞选的丝带，一半是皇权的束缚”。他们明白，违背该誓言有可能会被视为叛国。[4] 彼得·亨尼斯有句名言，他把《枢密院议员宣誓书》比作“黑手党的暗号——只有坟墓才能带来解脱”。[5]

保密是维多利亚时期文官制度的重要组成部分。除了个别例外，文官们通常都行事低调，而且在政治圈之外很少提及他们的身份。文官制度中的保密性，在很大程度上来源于政治体制的结构和所谓的“隐形联系”[6]（hidden wiring，指非选举产生的官员和内阁大臣级官员之间的关系）。19世纪上半叶，大臣及其顾问们达成了一项协议，即现在所说的“大臣责任制”。这项协议规定，解释政府工作的责任由且仅由大臣承担。

根据此项原则，大臣在职责范围内要做两件事：第一，他必须向众议院解释自己部门的工作；第二，他不仅要为自己的行为负责，还要为以自己名义做出的每一项决定或政策负责。换言之，他有责任“扛起罐子”（肩负责任），要为他所在部门受到的所有批评间接承担责任。而普通文官既不必公开认同其部门的工作，也不必在部门遭受谴责时承担责任。正如加文·德鲁里和托尼·布彻解释的那样，匿名这块盾牌在一定程度上是正当的，目的是维护规则。所有的政府行为都是明确地以大臣的名义进行的，部分原因是如果文官对特定政府政策的公开表示认同，可能导致未来

[1] 原注：Interview with Mrs Anne Crossman, 19 December 2005.

[2] 译注：托尼·本恩（Tony Benn，1925—2014），英国政治家，工党左翼领袖。

[3] 原注：T. Benn, ‘Labour’s Oaths of Loyalty: Extracts from the Political Diaries of Tony Benn, 1963–72’, *Guardian*, 10 April 2001.

[4] 原注：R. Hattersley, ‘The Republic: Let’s Abolish This Absurdity’, *Guardian*, 14 December 2000.

[5] 原注：Hennessy, *Whitehall*, p. 349.

[6] 原注：P. Hennessy, *The Hidden Wiring: Unearthing the British Constitution* (London: Weidenfeld & Nicolson, 1995).

来自不同政党的政府执政时，拒绝与这些文官合作的情况发生。[1]

在维多利亚时代早期到中期，大臣的职责之一就是保密，而这份职责又被特定的互惠体系（掌权者给予提挈以换取支持的互惠互利）所巩固。那时候，学历一文不值；而地位则意味着一切。因此，只有品德最好的人才能得到信任。因为没有任何职位能保证该岗位的人员受聘终身，所以从理论上讲，该岗位人员的职位是由掌权者决定的。因此，如果某个文官不服从命令，他的领导就有权利解雇他。根据戴维・文森特的说法，文官们逐渐接受了保密行为，好像保密就是绅士必备的素质之一。在他们看来，只有绅士才具有保守秘密的能力，因为他们有着优越的出身、教养和教育背景。有趣的是，文官很少把这种能力称为“保密”，他们更喜欢采用诸如“谨慎”“沉默”“保守”等道德上不那么令人反感的说法。例如，1841 年高级官员詹姆斯・斯蒂芬爵士写给妻子的一封信中，描述了他所在部门签署的规章，写道：“有一种基督教美德，是我之前在讲坛上未曾听到过的……那就是保持沉默的责任。”[2] 他接着说，“仅仅是为了说话而说话，脱口而出的那些轻浮话语是我们这一代人最苦恼的罪恶之一。”[3] 这种难以定义的基督教美德被文森特称为“光荣的秘密”，这也许是对这种美德最好的阐释了。

到 19 世纪中叶，民主政治文化的迅速发展开始给英国保密人员造成困扰。在经历了几个世纪的缓慢发展后，由于受政府财政控制的束缚，媒体在较短时间内发生了剧变。许多报纸企业不满足于仅仅作为“严肃的机构”，而是认识到社会在政治上并不与资产阶级术语所暗示的相同，因而开始向党政角色转型。[4] 正如基思・罗宾斯所说，虽然一些记者大肆宣称

[1]　原注：Drewry and Butcher, *Civil Service Today*, p. 151.

[2]　原注：Sir James Stephen, 引自 Vincent, *Culture of Secrecy*, p. 44。

[3]　原注：Sir James Stephen, 引自 Vincent, *Culture of Secrecy*, p. 44。

[4]　原注：K. Robbins, *Politicians, Diplomacy and War in Modern British History* (London: Hambledon Continuum, 1994), p. 88; M. Conboy, *The Press and Popular Culture* (Gateshead: Sage, 2001), pp. 89, 136.

他们支持某个政治家或政党，但也有一些记者避免“在社论的立场中呈现带有自己（意识形态）色彩的语言”，而满足于“下午写一篇保守党的文章，晚上再写一篇自由党的文章”。[1]19 世纪 70 年代，报纸业为了生存把报纸卖给富有的赞助商，其中许多赞助商的动机是为其政治事业拉票。报纸日益变为表达政治观点的工具，成为一种政治力量，这一点在《泰晤士报》上得到充分证明。这份公认的报纸大胆地宣称，它可以造就政府，也可以毁掉政府。1834 年，林德赫斯特勋爵[2]将《泰晤士报》当时的主编称为“全国最有权势的人”。[3]另一个同等重要的变化是，大众媒体渐渐走向低端市场。尽管与 21 世纪那些“通俗”的小报相去甚远，但“大众”日报变得越发强调独家新闻、追求轰动效应，并迎合人们对贵族出身的精英和外国人的偏见。[4]“特别的消息，特别地呈现”，成了舰队街上越来越流行的口头禅。

无论是大众化报纸还是贵族的报纸，“新新闻”的一个关键特征，就像历史学家所说的那样，随时准备揭露高度机密的事件。即使普遍被认为是政府喉舌的《泰晤士报》，也不反对报道敏感信息。1852 年，该报纸宣称：“新闻界靠揭露事实为生，我们不应庇护不公正和压迫的行为，而应立即把它们交给世界来评判。”[5]“对我们来说，宣传和真理是我们存在的空气和阳光。”[6]记者们不满足于从《英国国会议事录》中获取新闻，他们不断在政府部门间奔走，询问有关政策的问题，以及官员们的“非官方”评论。记者们开始提及“公众权利”，即我们现在所说的“公众利益”的前身。例如，1847 年，《泰晤士报》以保护“公众权利”为由，

[1] 原注：Robbins, *Politicians, Diplomacy and War*, p. 98.

[2] 译注：林德赫斯特勋爵（Lord Lyndhurst），英国保守党，上议院大法官。

[3] 原注：Lord Lyndhurst, 引自 G. A. Cranfield, *The Press and Society: From Caxton to Northcliffe* (London: Longman, 1978), p. 225。

[4] 原注：R. Boston, 'From Inkwells to Computers', *British Journalism Review*, 5:63 (1994), 63–5.

[5] 原注：*The Times*, 6 February 1852, p. 4.

[6] 原注：*The Times*, 6 February 1852, p. 4.

拒绝了政府强制审查的意图，并披露了卡斯特雷勋爵 1815 年在维也纳会议 [1] 上的信件。[2]

比市场竞争对手“抢先报道”的需求，意味着记者在追求新闻报道时变得越来越不道德。报纸愿意为耸人听闻的新闻支付巨额费用，富有的报业大亨们提供了其中大部分赏金。为了进一步鼓励举报者泄露雇主的机密，记者们承诺不透露泄密者的姓名，最常见的署名是“匿名消息源”或化名。《周六评论》曾吹嘘说，匿名作者是“飓风中心的平静区”。[3] 在白厅，人们对“新新闻”的原则感到非常焦虑。许多官员承认，新闻业发展前没有做到深思熟虑。首相德比勋爵和他在政府的大多数同事不同，他仍然保持着冷静。从理论上讲，作为记者们对现在所享有自由的交换，他们与国家签订了一项合同，政府要求记者们接受一定的限制并放弃特权。德比认为：“媒体的首要职责是维护国家利益，如果英国媒体渴望获得政治家的影响力，那么它也（将）分担政治家的责任。”[4] 然而，这种乐观态度是错误的。

行政系统的日益官僚化给保密人员造成了进一步困扰。在维多利亚时代，国家大规模扩张，迫使行政部门间产生了更多的信件往来。书面通信对于维护公职人员的公正性至关重要，而民主进程要求议会有权问询政府采取的任何行动。文官们忙着“纸上谈兵”的程度显而易见。颇具影响力的自由主义思想家约翰·斯图尔特·穆勒曾在东印度公司担任管理人员，他回忆道：“政府所有下达的命令都是以书面形式进行的，行政人员的所有行为也都以书面形式进行汇报。”[5] 诺曼·切斯特爵士对维多利亚时代的政府机器进行了详尽的研究，他计算出，在 1783 至 1793 年，英国财政部登记的文件数量平均每年在 2500 至 3000 份之间；到 1800 年，这个数字

[1] 译注：维也纳会议（Congress of Vienna）是 1814—1815 年在奥地利维也纳召开的一次欧洲列强的外交会议，目的在于重划拿破仑战败后的欧洲政治地图。

[2] 原注：*Departmental Committee on Section 2*, Volume I, p. 120.

[3] 原注：引自 Vincent, *Culture of Secrecy*, p. 65。

[4] 原注：*The Times*, 6 February 1852, p. 4.

[5] 原注：John Stuart Mill, 引自 Vincent, *Culture of Secrecy*, p. 30。

是 4812 份；到 1820 年，是 22288 份；到 1849 年，是 29914 份。[1] 政府事务的迅速累积使各部门设立了登记处，以处理不断增加的文书工作。官员们改进了归档、索引和登记的科学方法，并率先使用了内部备忘录和程序手册等行政辅助手段。文书工作量的增加需要聘用新的工作人员，特别是秘书和底层工作人员。与他们的上级不同，这些人不是在乡间别墅长大的，也没有在公立学校和牛津剑桥接受过教育。因此，人们严重怀疑他们是否值得信任，不确定他们是否能对自己的工作缄默不语。

针对更高级别的改革，加剧了精英阶层对文官队伍社会构成不断演变的担忧。1853 年 11 月 23 日提交给议会的《诺斯科特—杜威廉报告》[2] 将白厅描述为"缺乏雄心、懒惰无能的人"的避难所，并将"业余主义、效率低下和奢侈浪费"视为裙带关系网带来的不可避免后果。[3] 这份浸透着自由、功利主义色彩的报告谴责了由来已久的裙带关系，并呼吁对文官进行竞争性的文学考试，由一个文官委员会（Civil Service Commission）监督，以"测试他们的智力以及造诣"。起初，报告执行得很缓慢，但在 1868 年 12 月罗伯特·劳被任命为财政大臣后，执行的步调加快了。罗伯特·劳坚信，根据社会地位进行招聘会损害行政绩效。在他的领导下，财政部成为第一个被置于"公开竞争"境地的部门。1870 年 6 月 4 日，他在议会强行通过了一项"文官令"，给予了财政部控制各部门招聘政策的权利。将精英"血统"纳入行政阶层的意向一直是几项定量调查的焦点。亨利·罗斯维尔对财政部高层的调查显示，除了 1870—1913 年任命的前三名官员外（他们赶上了提名制度的末班车），其余 58 名任命者中有 57 人

[1] 原注：N. Chester, *The Administrative System 1780–1870* (Oxford University Press, 1981), p. 282.

[2] 译注：英国于 1854 年通过了《诺斯科特—杜威廉报告》(Northcote–Trevelyan Report)，该报告提倡构建一种基于绩效的行政部门，使之免受裙带关系和党派之争的影响。

[3] 原注：*The Northcote–Trevelyan Report*, Parliamentary Papers, 27 (1854)，引自 *The Civil Service, Report of the Committee 1966–68*, Cmnd. 3638 (London, 1968), Volume I, Appendix B。

是大学毕业生。[1]

诺斯科特—杜威廉改革对白厅的老贵族来说是一种诅咒，他们自然在现行的赞助和工作制度中有既得利益。整合二等官僚——将其势利地称为“地里的蔬菜”[2]，被视为是对既定秩序的攻击，尤其是对政府中贵族的攻击。“从下层阶级中招募的文官越多，文官就越不受贵族欢迎，直到最终与贵族阶层彻底脱离关系。”英国第二大法官、现任案卷主事官（Master of the Rolls）罗米利勋爵如此认为。[3] 传统的精英阶层担心，向上流动的社会群体的招募将打破这种绅士所共有的审慎精神。迄今为止，这种精神之所以成功，是因为那些被委以大权的人具有共同的先天特征。在他们看来，体面地保守秘密对那些出身不高贵、没有上过公立学校的人来说毫无意义。在与诺斯科特—杜威廉改革相伴而来的辩论中，时任《爱丁堡评论》主编、后来出任内政大臣的乔治·科沃尔·刘易斯爵士强调，对于担任常任职务的固定员工来说，品格远比教育更有价值：“我们上级办事机构的职员一向以能够保守秘密著称，他们从不向有关各方透露消息，这一点真是再好不过了。但这种谨慎的保密行为是由个人品质决定的，而这些品质是不能由中央委员会来审查的，也不能用试卷的分数来表示。”[4] 许多贵族质疑“竞争要人”（competition wallah）[5] 能否抵挡住来自日益商业化和渴求新闻的舰队街的诱惑。事实上，1883 年 3 月 20 日，《回声报》曾吹嘘说，贿赂可以诱使任何政府部门的文官泄露信息——一般来说，小新闻 5 英镑，“大机密”100 英镑。[6]

---

[1]　原注：H. Roseveare, *The Treasury: The Evolution of a British Institution* (London: Allen Lane, 1969), p. 179.

[2]　原注：‘The Civil Servant and His Profession: Series of Lectures Delivered to the Society of Civil Servants’, March 1920, The Modern Records Centre (hereafter MRC) MSS 232/scs/4/2/4.

[3]　原注：Lord Romilly, 引自 J. Morley, *The Life of Gladstone* (London: Macmillan, 1908), p. 380。

[4]　原注：Lewis, 引自 Vincent, *Culture of Secrecy*, p. 34。

[5]　原注：Hennessy, *Whitehall*, p. 43.

[6]　原注：‘A History of Unauthorised Communications to the Press. Forthcoming Deputation by the Newspapers Proprietors Association’, 13 June 1930, TNA HO 144/20992.

贵族们对媒体态度强硬不妥协和文官队伍道德标准滑坡的担忧，在一系列备受瞩目的泄密事件中得到证实。1854 年 10 月 23 日，在塞瓦斯托波尔被包围期间，《泰晤士报》未经审查刊登了几篇战地记者的电讯。此次事件后，陆军部给编辑们发了一份通知，敦促他们删除任何“为敌人提供有价值信息”的内容。[1] 这一举动昭示着国防机密通知制度的到来。尽管编辑们给出了“非常诚恳且恰当的答复”，但仅仅三周后，即 1854 年 11 月 12 日，《伦敦公报》便刊登了卡迪根勋爵的报道，记录了如今已成为传奇的轻骑兵冲锋事件 [2]。[3] 更严重的是，在 1858 年 12 月 11 日，由王室高级专员写给爱奥尼亚群岛约翰·杨爵士的两份高度机密又充满政治意味的快信，竟然出现在政治倾向偏向于自由党的《每日新闻》上。快信中揭露了政府在管理这些岛屿时的表里不一行为。一方面，信中揭示执政的托利党 [4] 想把英国从圣莫拉中解放出来，因为那里“索要赞助和开销的借口无穷无尽”；另一方面，信中强调了对科孚岛宣布主权的重要性，因为该岛已具备“通过英语化、英国资本和企业使其致富”的条件。[5] 起初，约翰·杨爵士说这篇文章是“空谈和蠢话，以博取民望”。[6] 他还说，媒体“在人们心中既不具有真实性，也没有在民众心中产生共鸣”。当得知威廉·格恩西因为申请加入殖民部 [7] 未果，作为报复从殖民部图书馆偷走这些快信却被判无罪时，约翰·杨爵士的心情变得愈发愤懑。法官称格恩西为“绅士”，他仅在道德上受到谴责。据《泰晤士报》报道，“一个担任官

[1] 原注：‘Press Censorship Manual’, October 1953, TNA CAB 134/1139.

[2] 译注：轻骑兵冲锋（Charge of the Light Brigade），指克里米亚战争巴拉克拉瓦战役中，由卡迪根勋爵带领英军轻骑兵向俄军发起的冲锋。

[3] 原注：‘Press Censorship Manual’, October 1953, TNA CAB 134/1139.

[4] 译注：托利党为英国政党，产生于 17 世纪末。19 世纪中叶演变为英国保守党。

[5] 原注：Copy of Despatch from J. Young to E. B. Lyton, 14 July 1858, TNA CO 883/1/8; Copy of Despatch from J. Young to H. Du Pré Labouchère, 10 June 1857, TNA CO 883/1/8.

[6] 原注：J. Young to E. B. Lyton, 19 August 1858, TNA CO 883/1/8.

[7] 译注：（英国）殖民部（Colonial Office）成立于 1854 年，是英国管理殖民地的主要政府机构之一。

职的人竟然犯下这样的罪行，法官对此感到十分惊讶”。[1]

在白厅，这种看法是立法所附带的道德偏见，控制官员的首选策略是试图将这种保密的态度灌输给他们。为此，白厅向工作人员发出措辞生硬的通知，通知中将不适当的沟通比作炼狱。1873 年 6 月 3 日发表的《拉尔夫·林根爵士公报》是道德而非法律权威的象征，它浓缩了试图将普通人与沉默准则捆绑在一起的尝试：“未经授权使用官方信息是文官所犯的最严重错误。这和士兵的怯懦一样，是不专业的。”[2] 大学教育中道德的修养和学术的熏陶受到同等重视，因此，在努力完成大学学业后，最高级的官员们在很大程度上会遵守事实公约。诺斯科特—杜威廉改革十分重视高级文官的高质量教育，这促使牛津和剑桥大学也更为重视保密方面的教育。白厅的高级官员们认为，如果有违反保密公约的事件出现，泄密源一定来自普通民众出身的官员。

事实证明，贵族阶层对所有不祥之兆的忧虑都是正确的。1878 年 5 月 31 日，在柏林国会之前，英国与俄国签署了一项秘密条约草案。在签署后仅两个半小时，外交部一位心怀愤懑的撰稿人查尔斯·马文便决定把这一消息泄露给晚报《地球和旅行家》，以增加他那每小时 10 便士的工资收入。作为一名普通绘图员的儿子，马文的就职履历中有过当仓库工人的经历，如今在政府中谋到职位，他是新一代社会地位低下的文官的缩影。内阁的后续调查提供了“强有力的证据”，证明马文从这家报纸那里得到 40 英镑的报酬，据说这就是转手消息的酬劳金额。[3] 调查还显示，该报主编阿姆斯特朗上尉“在俱乐部里吹嘘没有他买不到的机密”。[4] 由于没有任何法律条文禁止刊登马文所披露的信息，马文以盗窃罪被起诉。然而，起诉并没有成功。因为马文是靠记忆背下这份文件的内容，并没有盗窃其雇主

[1] 原注：‘Central Criminal Court’, *The Times*, 16 December 1858, p. 9.

[2] 原注：*Departmental Committee on Section 2 of the Official Secrets Act*, Volume I, p. 120.

[3] 原注：‘Case: Globe Statement’, S. Hulhart, 15 June 1878, TNA CAB 41/11/14.

[4] 原注：引自 Naylor, *A Man and an Institution*, p. 41。

的财产，于是他被无罪释放。在审判中，律师悲叹道："即使被告确实为了满足公众对信息的渴望做出这种轻率的行为，却没有相应的法律条款使他得到应有的惩罚。"[1] 该事件的后续是，英国外交部常务大臣滕特登勋爵将马文的所作所为描述为"廉价且不值得信任的一类人"的典型行为。[2] 这种情况下，立法似乎是唯一的解决办法。解雇对临时工和蓝领工人来说根本不是什么威胁，他们拿的薪水很低，没有养老金，在私营部门也能轻松挣到同样多的钱。就像马文后来说的："我非常厌恶外交部，因为我为了那微薄的 90 英镑，而把我生命中最美好的岁月都消耗了，于是我决定把所有偶然得来的信息都投放到市场上。"[3]

到 19 世纪 80 年代末，尽管当局又发布了一轮通告，呼吁官员们遵守道德纪律，但白厅中间阶层人士未经授权公开信息的事件屡禁不止。1880 年，马文出版了一本名为《我们的公共办公室》的畅销回忆录，他在书中重申了自己的观点，即向《地球和旅行家》传播秘密条约不会有任何损失。他抱怨道："外交部雇文员以每小时 10 便士的价格抄写内阁机密，这太荒唐了。"[4] 1887 年，查塔姆造船厂的临时绘图员特里·杨将机密的军舰设计图卖给据信来自法国的外国势力。[5] 特里·杨因贪财而被解雇了。在议会中，英国海军大臣[6] 遭到议员们的猛烈抨击，其中最直言不讳的是托利党后座议员（Tory backbencher）罗伯特·汉伯里，他问道："在查塔姆或其他国有造船厂工作的官员或工人中，担任着保密职责的人来自什么阶

[1] 原注：'Charge of Stealing Documents', *The Times*, 28 June 1878, p. 11.

[2] 原注：Tenterden, 引自 Vincent, *Culture of Secrecy*, p. 81。

[3] 原注：C. Marvin, *Our Public Offices* (2nd edn, London, 1880), p. 248.

[4] 原注：C. Marvin, *Our Public Offices* (2nd edn, London, 1880), p. 212.

[5] 原注：'Dismissal of Dockyard Draughtsman for Breach of Trust', *The Times*, 9 March 1887, p. 7; Parliamentary Notices', *The Times*, 10 March 1887, p. 7; 'Parliamentary Intelligence', *The Times*, 6 April 1887, p. 5.

[6] 译注：英国海军大臣，亦称第一海军大臣（First Lord of the Admiralty），简写为 First Lord，是英国海军本部的最高领导。

层？”[1]汉伯里特别想知道，现在采取什么预防措施来“防止（未来）背信弃义的行为”。[2]人们认为特里·杨失检的言行带来了很强的破坏性，因为自特拉法尔加海战[3]以来，英国被视为理所当然的海上霸主地位再次受到了法国的挑战，英国民众对海军的军事实力日益关注。1884 年，《波迈公报》发表了大量危言耸听的文章，称法国海军实力不断增强，皇家海军需要扩大规模，实现现代化，从而引发了一场“海军恐慌”。一年后，一本匿名小说《伦敦之围》中假想了法国入侵英国，最终以印度和直布罗陀的沦陷告终的情节。这位海军大臣怯懦地被迫承认，事实上，控制策略并不能阻止信息的流失。有鉴于此，他呼吁英皇政府考虑采取法律强制手段，这一建议得到汉伯里和少数几位开明议员的大力支持。

1887 年 7 月，政府律师开始秘密起草法案。草案分为两个部分——第一部分关于外国间谍活动，第二部分关于国内泄密问题。对付奸诈的间谍工作基本上是次要的。律师们把大部分时间都花在撰写和修改那些涉及能说会道的文官的条款上。正如安妮·罗杰斯所指出的，保密问题的重要性在立法阶段各种各样的名称上已经得到明确。[4]起初，法案名为《违反官方信托法案》，后来改称为《公共文件法》。然而，在 1889 年该法案被提交至国会之前，并没有任何泄密的迹象。被重新命名后，该法案被作为紧急国防问题提交给国会。该法案是在陆军大臣的指导下起草的，目的是保护军事机密不受外国间谍活动的侵犯。大法官宣布道：“法案规定，要对那些向国家的敌人提供情报或充当间谍的人进行惩罚。”[5]在各种辩论中，大臣们致力于渲染海外情报搜集的威胁，对于法案的两部分，他们只是顺便提一提。检察总长恳请国会议员不要对该法案进行太过严密的审查，并

[1] 原注：*Hansard*, 3rd Series, 10 March 1887, col. 1,745.

[2] 原注：*Hansard*, 3rd Series, 10 March 1887, col. 1,745.

[3] 译注：特拉法尔加海战是英国海军史上的一次最大胜利。此役之后，英国海上霸主的地位得以巩固。

[4] 原注：Rogers, *Secrecy and Power*, p. 18.

[5] 原注：*Hansard*, 3rd Series, 338, 20 June 1889, cols. 52–3.

声称这是一个“极其简单的法案”。[1]

议员们把对各自党派的忠诚放在一边，齐心协力支持这项立法。正如大臣们所希望的，通过援引对国家安全的关切，他们有效排除了有关法案第二部分的一切棘手问题。虽然间谍威胁被夸大了，但它也不是纸老虎。众所周知，在普法战争[2]之后，法国和德国都建立了常设情报部门以利用其他国家的安全弱点，并寻找潜在的战争突破区域。对于来自外国势力的军事威胁，人们也并非毫无畏惧。1870 年普鲁士成功入侵法国后的几年里，英国治下的和平[3]成为一个热门话题，被侵略的担忧催生了许多悲惨的小说。[4]其中最著名的小说，是 1871 年乔治·切斯尼所写的《杜金战役》[5]。切斯尼的故事最早刊载在维多利亚时代受人尊敬的杂志《布莱克伍德杂志》上，其间穿插着道德警告：“当我们变得明智时，已为时过晚”；“在狭窄的直道上，墙上写着字，但我们视而不见”。[6]当 1889 年《官方保密法》在众议院通过时，英国人害怕外国军队长驱直入到达英国海岸的恐惧并没有消失。有了这个法案，保密被首次写进英国的律法，而几乎没有受到任何异议。

> 所有善良而明智的公民一定都希望国家拥有足够的权力来保护它真正的机密，并对那些出于恶意或粗心而泄露机密的人给予

[1] 原注：*Hansard*, 3rd Series, 325, 28 March 1889, col. 110.

[2] 译注：普法战争（Franco-Prussian War）是 1870—1871 年普鲁士王国同法兰西帝国之间的战争。

[3] 译注：在 1660—1890 年这 200 多年的时间里，英国奉行全球战略，通过其海上霸权建立了“英国治下的和平”（Pax Britannica）。

[4] 原注：参见 I. F. Clarke, *Voices Prophesying War* (Oxford University Press, 1966); David Seed, ‘Erskine Childers and the German Peril’, *German Life and Letters*, 45:1 (January 1992), 66–73。

[5] 译注：1871 年，英国陆军中校切斯尼爵士创作了名为《杜金战役》（*The Battle of Dorking*）的小说，标志着军事科幻小说这种新文学类型的诞生。

[6] 原注：Seed, ‘Erskine Childers’, 66.

其应有的惩罚。

《泰晤士报》头条，1908 年 5 月 7 日 [1]

法案通过的速度之快使错误在所难免。的确，法案甫一颁布，人们就发现了严重的错误。法令只针对间谍和皇家公仆；令人难以置信的是，新闻界并没有受到起诉。国会议员乔治·坎贝尔将其称为一场“闹剧”，该法案只惩罚那些窃取信息的人；他抗议道，真正的作恶者是“赃物的接收者——报纸”。[2] 在接下来的几年里，即将暴露出法案的一个重大疏漏，即该法案实际上并不适用于约束官方回忆录作者，因为只有当一个作者被发现在他的回忆录中涉及机密信息并蓄意对国家造成破坏，这才构成一种犯罪行为。此外，判决相对宽松，从而削弱了该法案的威慑力。法案第一部分的构思也很糟糕，没有将和平时期的间谍活动定为犯罪行为。换句话说，只要国家不处于战争状态，偷窃机密文件被当场抓住的外国间谍就可以逍遥法外。

议会法律顾问办公室（Office of the Parliamentary Counsel）知道媒体会本能地反对任何新立法，因此警告不要重提“该法案中那些困难又微妙的问题”。[3] 1895 年，英国陆军大臣亨利·坎贝尔 - 班纳曼爵士 [4] 表示：“让这只睡着的狗躺着吧。如果我们发现窃贼从它身边经过，我们可能会把它惊醒。”[5] 大臣们一致认可这一说法。然而，人们的态度很快就转变了。该法案的缺陷在 1898 年的法绍达冲突 [6] 中显而易见。由于在法国军队

[1] 原注：‘Official Secrets’, *The Times*, 7 May 1908.

[2] 原注：*Hansard*, 3rd Series, 338, 20 June 1889, cols. 52–3.

[3] 原注：Parliamentary Counsel to War Office, 8 March 1895, TNA WO 32/6347.

[4] 译注：1905 年，亨利·坎贝尔 - 班纳曼爵士（Sir Henry Campbell-Bannerman）获任英国首相。在任命他的英王敕令上，“首相”一词首次出现，成为一个正式的英国官衔。

[5] 原注：‘Memorandum: The Official Secrets Bill’, 13 November 1895, TNAWO 32/13727.

[6] 译注：法绍达冲突（Fashoda Incident），是 1898 年英法两国为争夺非洲殖民地在苏丹爆发的一场战争危机。

到达英埃苏丹[1]之后，英法两国对殖民地领土的争端将两国关系推向了战争的边缘，报纸上刊登了大量关于英国备战的信息。当记者们披露出驻扎在南部港口附近的英国驻军组成时，军事情报局局长（Director of Military Intelligence）感到十分震惊。[2]在南非战争期间，媒体同样也忽视了国家安全问题，依旧公布军队部署细节，以及在南非运营的英国运输和供应公司的名字。英国陆军总司令沃尔斯利勋爵对此感到厌恶："敌人能从媒体上得知我方的一切动态，使得我们难以按照国家期望的那样发动战争。"[3]英国第一家大规模发行的报纸《每日邮报》是媒体中泄密最严重的。1901年，政府发现该报向愿意提供新闻的职员提供"金钱诱惑"，因而切断了其接收陆军部机密消息的机会。[4]

在这场战争中，最麻烦的记者是威廉·托马斯·斯特德，他把自己定位在"新新闻"的最前沿。1883—1890年，作为《波迈公报》主编，斯特德经手了一系列独家新闻和煽动事件，其中包括著名的安德鲁·默恩斯对城市里穷人居住条件的曝光事件，以及此前讨论的1884年《海军真相》。[5]当谈到在政治上胡作非为时，斯特德毫无歉意，他主张"新闻执政"，即包括议会在内的立法机构已成为舆论自由的奴隶。这种开明的舆论，其意愿是通过媒体表达的。他在1886年的一篇重要文章中大胆宣称："编辑的笔是权力的权杖。"[6]尽管斯特德的文章被批评者痛斥为对民众的危险误导，但在冲突期间却发挥了相当大的影响力。从1899到1902年，一群朋友和同事秘密地向他详述了各种事件，尤其是英国对布尔妇女和儿童的暴行。（多年

---

[1] 译注：英埃共管苏丹，简称英埃苏丹（Anglo-Egyptian Sudan），指1899至1956年间，埃及和英国共同管治苏丹的时期。

[2] 原注：Wilkinson, *Secrecy and the Media*, p. 14.

[3] 原注：Wilkinson, *Secrecy and the Media*, p. 16.

[4] 原注：Wilkinson, *Secrecy and the Media*, p. 20.

[5] 原注：J. Baylen, 'Stead, William Thomas (1849–1912)', *Oxford Dictionary of National Biography*, Oxford University Press, September 2004; online edn, May 2008 (www.oxforddnb.com/view/article/36258, accessed 7 April 2010).

[6] 原注：W. T. Stead, 'Government by Journalism', *Contemporary Review* (1886), p. 661.

后，小说家乔治·摩尔的弟弟莫里斯·摩尔上校被指为主要的消息来源之一。）[1] 斯特德是一位直言不讳的反战人士，他高兴地将获得的信息搜集起来，整合发布了关于英国侵略布尔共和国的重磅消息。1901 年，他出版了一本名为《野蛮的方法》的专著，谴责英国军队对无助的布尔非战斗人员发动“白人战争”。在专著中，他进一步提供了英国军队在南非大肆破坏的证据，包括强奸、抢劫和不必要的财产破坏等例证。

英皇政府遗憾地表示，没办法用《官方保密法》来惩罚斯特德。作为“赃物的接收者”，他并没有触犯现行法例。尽管对法案的缺陷感到失望，但官员们仍决心平息席卷公众领域（包括国内和国外）的反战情绪，官员们一致认为，对他们来说，最好的选择是找到一种方法来诋毁记者的指控。因此，他们秘密招募了全国最受欢迎的作家——犯罪小说家阿瑟·柯南·道尔 [2] 写了一本宣传政府立场的小册子。作为一个坚定的帝国主义者，柯南·道尔一直支持英国为战争做出的努力，因此选择他是自然而然的。1900 年 3 到 7 月，柯南·道尔在南非的一家军事医院担任志愿医务人员。从战场归来后，他出版了《伟大的布尔战争》一书，为英国在这场有争议的冲突中所扮演的角色积极辩护。官员们为了积极争取柯南·道尔的支持，给予他非凡的特权，类似于后来官方历史学家所赋有的那种特权。道尔获得前所未有的访问陆军部文件的权限，得到时任（南非）军事情报局局长、陆军中校 C. V. 休谟的机密简报。爱德华七世自掏腰包，提供 500 英镑来支付出版和营销的费用。[3] 最终，这本名为《在南非的战争：起源与行为》（1902 年）的宣传册取得巨大的成功。这本书被翻译成多种语言，在很大程度上驳斥了针对英国军队的指控，认为布尔突击队

---

[1] 原注：J. Baylen, ‘George Moore, W. T. Stead, and the Boer War’, *Studies in English*, 3 (1962), 49–60.

[2] 译注：阿瑟·柯南·道尔（Arthur Conan Doyle），世界著名小说家，成功塑造侦探人物夏洛克·福尔摩斯，堪称侦探悬疑小说的鼻祖。

[3] 原注：J. Brien, ‘Sir Arthur Conan Doyle and W. T. Stead: The Novelist and the Journalist’, *Albion: A Quarterly Journal Concerned with British Studies*, 2:1 (1970), 11.

员犯下的恐怖罪行远比其欧洲对手多得多。由于支持英政府的立场，道尔获封爵士头衔，并被任命为萨里郡的副中尉。招募私人作家来传播政府信息的策略取得如此成功的效果，官员们感到十分高兴，于是他们全心全意地支持查尔斯·罗宾逊指挥官撰写《陆军名人》（*Celebrities of the Army*, 1902），为他提供了军事英雄们的画像，以配合他的传记描写。此后，这部作品被誉为有史以来最精美的小胡子收藏品。

然而，1889 年立法的缺陷不能无限期加以规避。南非战争充满戏剧性和偶发事件，为回忆录文学泛滥提供了温床，许多军事人物都描写了他们亲历的激动人心的事件。[1] 由于没有法律来约束这些人在回忆录中的言论，英皇政府被迫恐惧地看着这些从前线回来的人所公布的充满敏感细节的描述。最典型案例之一来自年轻的温斯顿·丘吉尔，他刚从轻骑兵团服役归来。1900 年 5 月出版的《从伦敦途经比勒陀利亚到莱迪史密斯》详细讲述了丘吉尔从战俘营中越狱的事件，这次大胆的越狱尝试使他成为小小的民族英雄。这也是丘吉尔第一次成功竞选议会席位时，保守党支持他的部分缘由。丘吉尔对该事件的描述使得一名来自都柏林的军官，艾默·霍尔丹上尉感到非常痛苦。他也摆脱了布尔人的控制，尽管时间是在这位未来首相上台三个月之后。霍尔丹主要有两点不满：首先，丘吉尔为了炫耀自己的聪明才智，故意隐去了一个事实前提，如果没有比勒陀利亚狱友们的计划，他是不可能成功越狱的。（最近发现的信件似乎证实丘吉尔偷窃了越狱计划。）[2] 此外，霍尔丹指责丘吉尔把他的同伴都留在营地。由于对丘吉尔的“虚构”感到愤愤不平，霍尔丹威胁道要出版自己的回忆录来

---

[1] 原注：参见 A. Paget, ‘Some Experiences of a Commandant: Prisoners of War at Deadwood Camp’, *Longmans’ Magazine*, October 1901; W. Churchill, *Ian Hamilton’s March* (New York: Longmans, Green and Co., 1900); B. F. S. Baden-Powell, *War in Practice: Some Tactical and Other Lessons of the Campaign in South Africa 1899–1902* (New York: Kessinger Publishing, 1903, reprinted 2007); J. Barnes, *The Great War Trek: With the British Army on the Veldt* (New York: D. Appleton, 1901)。

[2] 原注：J. Harlow, ‘Boer War Letter Reveals Churchill the Bounder’, *Sunday Times*, 27 April 1997.

报复，用大量证据表明这位新上任的保守党议员是如何单方面采取行动的。[1] 令官员们感到宽慰的是，虽然他们在法律上没有办法阻止霍尔丹这样的冒险行为，但丘吉尔的许多朋友都亲自恳求他保持沉默，霍尔丹最终被说服放弃出版回忆录。

就像 1889 年一样，能否通过新的保密法案取决于公众舆论是否接受这样一个事实，即国家需要抵御危险的外部威胁。如果没有明确的敌人，任何新法案都将被议会舍弃。在 20 世纪第一个 10 年里，德国成为这个敌人。在德皇威廉二世的统治下，德国积极推行福利政策，毫不掩饰地希望自己“在太阳下的位置”与不断增强的工业实力相匹配。为了建立一个可以与其他强国相匹敌的殖民帝国，德国开始了大规模的海军军备建设，派出一批有史以来最大、最快的军舰，能够在距离波罗的海港口相当远的地方作战。在英国流行文化中，德国皇帝的既定形象是——戴着勋章、佩着刀剑，穿一双擦得锃亮的靴子——在引人瞩目的蒸汽动力轮船的船头把香槟酒的瓶子摔碎。作为崛起中的海上强国，德国引起了相当大的关注。自拿破仑时代以来，英国皇家海军对海洋的掌控从未受到严重挑战，而海洋是英国内部和帝国安全的传统关键所在。在这种背景下，英国陷入被侵略的恐惧和战争恐慌之中，这种气氛最终被证明有利于制定第二部《官方保密法》。

虽然间谍小说常常被嘲笑是大众短暂的消遣，但它在煽动战争过程中发挥了关键作用，并为新的立法铺平了道路。从 1900 年到第一次世界大战爆发，至少有 300 部间谍小说问世，每一部都从其独特的视角来描述德国的威胁，并给出相应的对策。小说中毫不羞耻地宣扬爱国主义，其政治敏感性“与帝国衰落的节奏非常协调”[2]，小说作者通常希望看到当局采取

---

[1] 原注：J. Harlow, ‘Boer War Letter Reveals Churchill the Bounder’, *Sunday Times*, 27 April 1997.

[2] 原注：D. Stafford, *The Silent Game: The Real World of Imaginary Spies* (Athens: University of Georgia Press, 1989), p. 6.

更多的措施。一些人要求建立国内情报机构，并通过相关的法律管制来打击德国间谍的工作；另一些人则认为，他们有责任强调英国长期以来对潜在入侵缺乏准备这一现状，于是寻求公众舆论支持建立新的海军基地，并迅速扩大舰队规模。

无论以任何标准衡量，这一时期最著名的惊悚小说是厄斯金·柴德斯的《沙岸之谜》[1]，该书讲述了两位绅士驾着游艇在北海巡航时，偶然发现了德国入侵英格兰的阴谋。与许多英国人一样，柴德斯对英国军队在南非战争中与游击队的交锋势均力敌感到震惊，他有一种不好的预感，认为大英帝国正处于致命的危险之中。在一个无论是国家之间还是个人之间都广受“适者生存”学说影响的时代，柴德斯与国家服务联盟（National Service League）有着共同的关切。该组织是一个要求进行强制性军事训练的压力团体，它担心英国的体制正在恶化。德国不断扩大的蓝水舰队[2]使柴德斯大为震惊。因此，当他从南非（他曾在那里当炮兵驾驶员）回来时，他决定写一篇“带有目的的游艇故事”，这个目的是让政府相信，它的人民不再安全。

1903 年 5 月出版的《沙岸之谜》立即成为畅销书，到年底时销量超过 10 万册。这本书受到评论界一致好评。如其书名所示，《威斯敏斯特公报》的目标是在议会圈发挥其影响力。该报称《沙岸之谜》是“具有很强独创性的文学成就”。[3] 柴德斯收到许多贺信。其中一封特别谄媚的来信中，一位来自达勒姆郡、化名为 K. 沃德先生的人写道，这本书“激起了我一种新的欲望……让我想为我的国家做一点事”，这促使他在当地成立了一个步枪俱乐部，善意的爱国者在那里可以接受训练来

[1] 译注：*The Riddle of the Sands*，其中文译本已由金城出版社翻译出版。

[2] 译注：蓝水舰队（blue-water fleet）是指能将海上力量扩展到远洋及深海地区，具备远征作战能力的海军形态，最早萌芽于英国皇家海军的“海上远征能力”。

[3] 原注：引自 L. Piper, *The Tragedy of Erskine Childers: Dangerous Waters* (London: Hambledon and London, 2003), p. 76。

杀死“德国佬”。[1] 拉迪亚德·吉卜林 [2] 是柴德斯最著名的崇拜者之一。从 19 世纪 90 年代开始，吉卜林就不断地在媒体上谴责他的同胞，因为他们没有做好准备，也没有采取坚定的立场来反对“匈牙利人”。柴德斯和他的出版商雷金纳德 · 史密斯都对这本书的成功感到惊讶，尤其是史密斯，他本就对这本书没什么信心。他觉得，这本书对航海细节的细致入微，会让普通读者感觉百无聊赖。“根据我的经验，人们不会像你那样，把自己的文学作品当作‘要旨’一样。”他在与柴德斯的通信中哀叹道。[3] 为了让手稿变得生动，史密斯坚持要作者写一个“爱情故事”——这一情节设计让柴德斯无法容忍。在图书出版前夕，他对一位朋友抱怨道 :“我太软弱了，竟然把一个女孩‘扔’进书的情节里，并给她找了个可怕的麻烦。”[4]

其实史密斯根本没必要担心，因为柴德斯的写作技巧在于他敏锐地察觉并抓住了当时英国在海外攻击力不足的关切。从某种意义上说，《沙岸之谜》选择的出版时机很明智，最大限度地扩大了南非战争的政治影响。当时，有关国家实力和外交孤立智慧的问题，主导着公共话语。在那个时间节点，英国人的目光越来越紧张地关注着德国。德国公开表示支持南非战争中的布尔人，并从报道英国在南非草原上的军事灾难中得到极大的满足。这本书的出版，恰逢英国民众对德国日益崛起的舰队感到焦虑的第一波浪潮。在此一年前，德国海军中将利沃尼厄斯发表了一篇备受关注的演讲，他宣布了德国对英国发动登陆作战行动日的可行性 :“蒸汽动力大大增加了登陆英国海岸的可能性。有了蒸汽机的帮助，可以在暮色掩映下航

[1] 原注 : K. Ward to E. Childers, 27 December 1910, Erskine Childers MSS, Trinity College, Cambridge, Box 2: 143.

[2] 译注 : 拉迪亚德 · 吉卜林（Rudyard Kipling，1865—1936），英国小说家、诗人，出生于印度孟买，1907 年获得诺贝尔文学奖。

[3] 原注 : R. Smith to E. Childers, 27 January 1903, Erskine Childers MSS, Trinity College, Cambridge, Box 2: 140.

[4] 原注 : Piper, *Erskine Childers*, p. 71.

船，这可以消解英国岛屿的隔绝优势。”[1]

让政府“做点什么”的要求实际上并没被忽视。就在《沙岸之谜》出版的前几周，海军部宣布他们已经在福斯湾选定一个地点来建造一个新的北海海军基地，这使得柴德斯匆忙在书中加了一句附言。来自后座议员的压力，尤其是来自东海岸选区的压力，最终促使英国海军大臣塞尔伯恩勋爵要求海军情报局（Naval Intelligence Division）就书中概述的海上攻击可行性进行详细报告。在派遣“一组专家”对弗里西亚海岸进行勘测之后，海军情报局认为入侵攻击是不可能的，指出“没有铁路和公路，水域很浅，海岸的结构难于登陆，更不用说需要大量的码头、着陆点、堤道、棚屋等，从这样的准备来看，秘密登船是不可能的”。[2]“作为一部小说，《沙岸之谜》很优秀；但作为一个作战计划，它就一无是处了。”海军情报局局长、巴滕堡亲王路易这样评价道。[3]

《沙岸之谜》的成功，说明将事实与虚构（或“纪实小说”）相结合可能带来可观的商业回报和政治影响力，这为讲述德国对英国本土威胁的一系列虚构故事奠定了基础。克里斯托弗·安德鲁认为，继柴德斯之后，爱德华七世时期间谍小说的一个日益突出的特征，是描写德国间谍的煽动性工作。[4]与德国间谍的邪恶阴谋联系最紧密的作者是威廉·勒奎克斯（William Le Queux），他这样做如果不是为了体现这种文学风格，就是为了获得成功和影响力。在1927年去世前，勒奎克斯平均每年创作5部小说，是当时收入最高的小说家之一，每1000字赚12基尼[5]，与赫伯特·乔

[1] 原注：'Special Military Resources of the German Empire'. Prepared by the General Staff, February 1912, p. 52, TNA WO 33/579.

[2] 原注：E. Gleichen, *A Guardsman's Memories* (London: William Blackwood, 1932), p. 344.

[3] 原注：引自 Stafford, *Silent Game*, p.30。

[4] 原注：C. Andrew, *Secret Service: The Making of the British Intelligence Community* (London: Heinemann, 1985), pp. 37–8

[5] 译注：基尼为英国旧时金币名。

治·威尔斯[1]和托马斯·哈代[2]持平。像柴德斯一样，勒奎克斯利用小说作为政治宣传工具，旨在促使政府意识到一个令人不安的事实：英国已经变得懒惰又自满，而敌对国家正迅速变得刚强且目标明确。

一段时间内，勒奎克斯取得的成功十分有限。他自诩为业余间谍，业余时间为国家服务，与卑鄙的外国人作战。他定期向陆军部提交报告，表面上看，这些报告似乎证实了德国间谍网络在英国确实存在。但令他沮丧的是，这些报告被斥为异想天开。[3]然而，到 1906 年，作为一个能引起当权派注意的人，勒奎克斯的命运发生了戏剧性的变化。为了让自己的故事更加真实可信，勒奎克斯利用自己强大的社交能力，寻求并获得王室高级官员的支持。当时，他“征服”的最重要人物是在 1901 至 1904 年间担任英国陆军元帅的罗伯茨勋爵。罗伯茨被亲切地称为“老鲍勃”，他是英国最受欢迎和最杰出的在世将军；尽管如此，上了年纪后的精神衰弱还是使他很容易被带有不可告人意图的年轻人游说。对于勒奎克斯来说，罗伯茨是完美的合作伙伴。就像勒奎克斯一样，令罗伯茨勋爵深感不安的是，英国还没有准备好进行一场重大的军备竞赛：“亲爱的威廉，世人都认为我是个疯子，因为我在印度服役 40 年后回到祖国，竟敢说英国对战争没有做好准备。”[4]作为国家服务联盟的主席和策划人，罗伯茨认为与勒奎克斯结盟是一种争取征兵支持的投机方式，许多人都反对这种做法，认为这是对大陆军国主义的抨击。

在这样一位可贵盟友的支持下，勒奎克斯很快大获成功。之后不久在 1910 年，他撰写了一部描述 4 万名德国士兵成功入侵英国景象的小说——

[1]　译注：赫伯特·乔治·威尔斯（Herbert George Wells, 1866—1946），英国著名小说家，尤以科幻小说创作闻名于世。

[2]　译注：托马斯·哈代（Thomas Hardy），英国诗人、小说家。

[3]　原注：W. Le Queux, *Things I Know about Kings, Celebrities and Crooks* (London: Eveleigh Nash and Grayson, 1923).

[4]　原注：W. Le Queux, *Things I Know about Kings, Celebrities and Crooks* (London: Eveleigh Nash and Grayson, 1923), p. 238.

《1910 年入侵英伦》。该小说由经营《每日邮报》的北岩勋爵[1]出资发行。当时，《每日邮报》已成为英国发行量最大的期刊，发行量为位列第二的竞争对手的两倍。作为一个病态的德国恐惧症患者，加之拥有与生俱来判定故事能否大卖的鉴别力，北岩勋爵非常乐意为这部小说出资，以换取独家连载权。在违反现行《官方保密法》的情况下，勒奎克斯收到许多来自参与过南非战争老兵的"非公开"简报，其中包括陆军中校西里尔·菲尔德，他被广泛认为是当今最优秀的军事头脑之一。为了追求现实主义，勒奎克斯和罗伯茨花 4 个月坐着汽车考查了英格兰南部，以确定最有可能的入侵路线。但是他们的努力都白费了。北岩勋爵反对拟定的德国军队入侵路线，理由是该路线经过的地方很少有《每日邮报》的读者。因此，勒奎克斯被迫设计了一条新的路线，在新路线设计考量上，报纸销量比准确性更重要！

《每日邮报》于 1906 年 3 月 13 日开始连载这本小说。在伦敦金融城的主要街道牛津街，该报雇来戴着尖钉头盔、身穿普鲁士制服的人，高举标语牌，对行人大吼大叫，警告他们德军已经抵达英国首都。故事围绕着德国军队向内陆挺进，最后抵达伦敦的情节展开。在德军行进的过程中，暴力的士兵洗劫了农田和教堂，刺杀了抵抗的战士。勒奎克斯描述了在袭击之前，一支德国间谍军队是如何摧毁桥梁、铁路和煤矿，从而令英国防御系统瘫痪的。《1910 年入侵英伦》显然刺激了英国建立国民服务体系，并谴责那些无所作为的政治家并没有做好准备应对可能发生的入侵。每篇节选上都印着醒目的标题："罗伯茨勋爵对你说了什么"，底下是小字："如果我们仍然处于目前这种准备不足的状态，勒奎克斯先生的新书中生动有力地阐述了后续可能会发生的灾难。我建议每一个把大英帝国福祉放在心上的人，都应该仔细阅读本书。"[2]

[1] 译注：北岩勋爵（Lord Northcliffe，1865—1922），又称诺斯克里夫勋爵，是英国现代新闻事业的创始人。

[2] 原注：W. Le Queux, *Things I Know about Kings, Celebrities and Crooks* (London: Eveleigh Nash and Grayson, 1923).

《1910 年入侵英伦》带来了巨大的商业利益，使得《每日邮报》的发行量大幅增加，该书有 27 种语言版本，销售量超过 100 万册。在议会中，首相称勒奎克斯是“恶毒的恐怖分子”，并声称这本书有可能在英国和德国之间挑起仇恨。然而，公众舆论坚定支持勒奎克斯，并坚决反对骄傲自满的白厅。1906 年，随着创新性的皇家海军“无畏”号战列舰（HMS Dreadnought）下水，海军军备竞赛进入了一个新的更令人担忧的阶段。这是当时第一艘拥有统一主炮台的战舰，而不是由四门大炮辅以小型武器组成的炮台。“无畏”号战列舰使包括英国在内的其他所有战舰都过时了。对一些国家来说，这使其海上霸权地位岌岌可危。大多数记者深信宿敌近在咫尺且背负着仇外的偏执，所以他们没能冷静看待勒奎克斯的言论，而是敲起了爱国主义的大鼓，激起民众对防御措施的热情。1908 年，包括《观察家报》[1] 和《泰晤士报》在内的诺斯克利夫出版社，在《1910 年入侵英伦》发行后，连续不断出版了许多关于备战的预警文章，主要描述英国如何在关键的“无畏”号战列舰作战中保持 2∶1 的优势，以及英国应该如何完善《官方保密法》以打击德国间谍。

这本入侵小说给记者和政治家们都敲响了警钟。到 1906 年年底，令政府高兴的是，伦敦主要报纸和地方报纸的编辑们普遍认可了一项名为“战时新闻控制”的新立法。英国最重要的出版协会——报业协会、报纸业主协会和记者协会——也同意与政府合作起草新的《官方保密法》。从 1906 到 1908 年初，在确保海军和军事事务得到保护的必要性上，人们达成了惊人的共识，即使这种保护意味着对新闻自由的践踏。1908 年 3 月，报纸业主协会全力支持政府对《晨报》的谴责，因为该报刊登了一篇名为《手无寸铁的多佛》的文章，详细描述了港口周围火炮防御的力量和部署情况。[2]

然而，当新法案最终在 1908 年 5 月向媒体公布时，得到的却是敌意

---

[1]　译注：《观察家报》（*Observer*）是英国创刊最早的星期日报纸。

[2]　原注：'Defenceless Dover', *Morning Post*, 21 March 1908, TNA ADM 116/4082.

的反馈。政府的法案起草者们恶劣地转移了目标，把记者包装成和间谍一样的角色。法案增加了新条款以捕捉和平时期的信息披露情况；此外，由政府部门提供的任何信息都被认作是官方机密信息，而不仅仅是与国家安全（海岸防御、军队调动等）有关的信息。英国报业协会主席弗兰克·格洛弗对此表示愤慨："我们认为，没有充分的理由怀疑英国报业经营者的爱国主义精神和判断力。"[1] 为了拯救法案，大法官在最后关头呼吁舰队街的绅士精神，强调"应该确保任何在新闻界体面履行职责的人是安全的"。[2] 但这种策略失败了；英国记者协会嘲笑该法案"对新闻自由构成了广泛而不确定的威胁"，而《泰晤士报》则严厉谴责法案"将欧洲大陆官僚主义最糟糕的一些特征嫁接到英国法律上"的企图。[3]

官员们没有因为事态的进展而辗转反侧。对他们来说，德国的威胁变得如此严重，以至于包括新闻界在内的任何人都无法反对采取更严厉的国家安全措施，人们接受新法案只是时间问题。事实证明官员们是对的。1909 年的海军恐慌导致政府不得不订购 8 艘英国战舰，以对抗日益增长的德国力量。当像陆军中校查尔斯·考特·雷平顿 [4] 这样穷途末路的商人还在为其工作时，诺斯克利夫出版社继续把德国描绘成一股残酷的力量，一个不可避免要与之清算总账的对手。[5] 间谍小说家们的可怕预言也继续传播着，仿佛捅了马蜂窝一般激起紧张和偏执的气氛。到这个时候，勒奎克斯已经接到许多模仿者的挑战，其中最著名的是爱德华·菲利普·奥本海

[1] 原注：F. Glover, 'To the Editor of *The Times*', *The Times*, 9 May 1908, p. 7.

[2] 原注：*Hansard*, 4th Series, 178, 11 May 1908, col. 674.

[3] 原注：'The Official Secrets Bill', *The Times*, 11 May 1908, p. 6; 'The Newspaper Society', *The Times*, 14 May 1908, p. 12; *The Times*, 7 May 1908, p. 11.

[4] 译注：查尔斯·考特·雷平顿（Charles à Court Repington），英国陆军中校、战地记者。曾被检举向媒体泄露了机密。

[5] 原注：参见 W. Michael Ryan, 'The Invasion Controversy of 1906–08: Lieutenant Colonel Charles à Court Repington and British Perceptions of the German Menace', *Military Affairs*, 44:1 (February 1980), 8–12。

默[1]。[2]和勒奎克斯一样，奥本海默也写了反德宣传的小说。他的小说要求监视政治嫌犯，关押敌国人，对身体健全的国民进行强制的军事训练，并制定更严格的法律来对付间谍。

奥本海默等人在这一题材上大做文章时，勒奎克斯推出迄今为止最扣人心弦的小说《德国皇帝的间谍》。这本书于 1909 年 5 月出版，书中描述了英国是如何被“德国间谍大军”占领的。多年来，这些间谍秘密地积聚起来，他们狡猾地伪装成理发师、美发师和酒店老板。在小说中，英国政治家被描述成没有骨气的人。因此，这个国家的命运就完全落在烟鬼雷·雷蒙德——“一名彻底的爱国者”和他勇敢的未婚妻维拉·瓦兰斯的肩上。勒奎克斯列举了一些他声称德国特工光顾过的酒吧和俱乐部，以此来支持自己的指控。此外，在书的前言中，他还声称：“作为一名作家，我面前有一份令人惊叹的文件，它清楚地显示了敌人的先锋队正在为母国获取最详细的信息而展开的疯狂行动。”[3]新闻界疯狂地追捧勒奎克斯的小说。小说呼吁建立新的国家安全基础设施，包括修订后的《官方保密法》、加强对外国人的控制以及建立专业的反情报机构，这些呼吁几乎赢得普遍的认可。某些报纸，如《每周新闻》，甚至为所有了解德国幕后黑手的人提供奖励。爱国的英国人民没有让人失望；在接下来的几个月里，舰队街收到大量信件，讲述与第五纵队队员[4]偶遇，说他们对造船厂、防御工事和铁路线都有浓厚的兴趣。勒奎克斯本人也收到许多受到惊吓的公众来信，他认真地将这些信转交给陆军第五军区（MO5）的负责人陆军

---

[1] 译注：爱德华·菲利普·奥本海默（E. Phillips Oppenheim），英国小说家，以写作惊悚小说等类型小说著称于世。

[2] 原注：D. French, ‘Spy Fever in Britain, 1900–1915’, *Historical Journal*, 21:2 (June 1978), 355–70; D. Trotter, ‘The Politics of Adventure in the Early British Spy Novel’, *Intelligence and National Security*, 5:4 (October 1990), 30–54; N. Hiley, ‘Decoding German Spies: British Spy Fiction 1908–18’, *Intelligence and National Security*, 5:4 (October 1990), 55–79.

[3] 原注：W. Le Queux, *Spies of the Kaiser* (Abingdon: Routledge, new edn 1996), Introduction.

[4] 译注：第五纵队队员（fifth columnists），指从内部破坏一个更大群体的人。他们的活动可以是公开的，也可以是秘密的。

中校詹姆斯·埃德蒙兹，该部门是陆军部军事行动指挥部门（Directorate of Military Operations）中羽翼未丰的反情报部门。埃德蒙兹渴望为自己的部门争取资金，长期以来，他一直在敦促陆军大臣理查德·霍尔丹认真对待德国间谍的威胁。然而，霍尔丹仍然抱有与德国和解的希望，他要求在开始调查之前必须得有证据。因此，对于埃德蒙兹来说，勒奎克斯的“证据”是天赐之物。

1909 年春天，埃德蒙兹带着报纸剪报和勒奎克斯的大量报道，成功地说服霍尔丹成立帝国防务小组委员会（Sub-Committee of Imperial Defence），来衡量“目前在我国境内发生的外国间谍活动的性质和程度”。[1] 小组委员会由霍尔丹本人担任主席，在秘密会议中进行了几个月的审议后，于 7 月提交了报告。令人惊讶的是，勒奎克斯的材料帮助说服委员们达成了以下结论 :“小组委员会得到的证据清楚地表明，在这个国家存在着庞大的德国间谍系统，而我们没有任何组织来应对间谍问题，并准确地确定其范围或目标。”[2] 这一评价并非基于警方获得的确凿事实证据，而是来自业余的反间谍者所提供的信息，这些人太急于指名道姓，并羞辱形迹可疑的外国人。但是，这个结论直接促成了秘密勤务局（Secret Service Bureau）的建立。不到一年，该机构被拆分为负责反间谍的英国国内部门军情五处和负责间谍活动的国外部门军情六处。

小组委员会还强调了修改《官方保密法》的紧迫性和必要性。矛盾的是，尽管舰队街提醒读者注意欧洲大陆战事的可能性，但它并没有限制自己公布军事或海军机密。英国陆军部军事行动主管斯宾塞·伊沃特少将哀叹道，大多数记者“完全忘记了他们对国家的责任”。[3] 在小组委员会的报告中，英国海军大臣雷金纳·麦克纳对《每日邮报》新近刊登的一篇文章

[1] 原注 : 'Report and Proceedings: Sub-Committee of Imperial Defence: The Question of Foreign Espionage in the United Kingdom', 24 July 1909, TNA CAB 16/8.

[2] 原注 : 'Report and Proceedings: Sub-Committee of Imperial Defence: The Question of Foreign Espionage in the United Kingdom', 24 July 1909, TNA CAB 16/8.

[3] 原注 : 'Intelligence Methods', S. Ewart, 1909, TNA KV 1/4.

表示厌恶，因为该文提供了有关战舰建造的详细技术信息；一名记者闯入一个军事设施基地，并把密码抄写在他的衬衫下摆。[1] 小组委员会认为，未经审查的新闻构成重大的国家安全威胁。众所周知，国外情报机构会通过阅读海外出版物，从看似无关紧要的信息中搜集情报。据报道，俾斯麦[2] 曾向巴腾堡亲王路易吹嘘，他从法国当地报纸上获得普法战争所需的全部材料。[3] 伊沃特少将宣称："未经审查的新闻报道的最终结果是，一名德国将军在东英吉利登陆时，比任何一位英国将军都更了解这个国家，比英国的市长更了解这个城市。"[4]

由于勒奎克斯和其他恐怖分子不停地让公众意识到所谓的德国威胁论，小组委员会相信，修订后的法案在议会通过不会有任何问题。委员会主席霍尔丹认为，"在目前这个时候，公众舆论更倾向于支持拟议中的法案，这种态度应加以利用"。[5] 受命向议会正式提出该法案的，是时年 35 岁的新任内政大臣温斯顿·丘吉尔，他特别渴望看到新法案通过，成为法律法规。在他执政的头几个月里，发生了一起重大的政治丑闻，起因是一名皇家公仆未经授权出版了回忆录。这场风波始于 1909 年年末，当时英国内政部前间谍头子罗伯特·安德森爵士回忆录的节选，开始连载在月刊《布莱克伍德杂志》上。一篇题为《我生活中较轻松的一面》的文章，揭露了安德森在对爱尔兰芬尼亚人进行秘密行动时所起的作用。书页上满是卑鄙伎俩的例子。安德森对维多利亚时代的超级间谍亨利·勒·卡隆表示钦佩，这激怒了爱尔兰的民族主义者。因为 1889 年，亨利·勒·卡隆曾在法庭上作证，反对爱尔兰的民族主义者查尔斯·帕内尔。最具争议的爆

---

[1]　原注：'Report and Proceedings: Sub-Committee of Imperial Defence: The Question of Foreign Espionage in the United Kingdom', 24 July 1909, TNA CAB 16/8.

[2]　译注：奥托·冯·俾斯麦（Otto von Bismarck,1815—1898），普鲁士王国首相，德意志帝国首任宰相。

[3]　原注：'Intelligence Methods', S. Ewart, 1909, TNA KV 1/4.

[4]　原注：'Report and Proceedings', TNA CAB 16/8.

[5]　原注：'Report and Proceedings', TNA CAB 16/8.

料是，安德森承认，1887 年曾为《泰晤士报》写过几篇题为《帕内尔主义与犯罪》的文章。民族主义者对政府共谋打击帕内尔的行为感到震惊。[1] 在他的回忆录中，安德森也谈到他作为苏格兰场[2] 刑事侦缉部（Criminal Investigation Department，CID）负责人的经历。他挑衅地声称，警方知道开膛手杰克的身份，但拒绝公布，因为他们害怕民众谴责警方不作为，没有将其绳之以法。

在下议院，议员们呼吁丘吉尔惩罚安德森的泄密行为，许多人要求剥夺他的警察退休金。（1906 年《警察退休金法案》第 5 条规定，如果养老金领取者披露其在警察部门工作期间获得的信息，养老金将被剥夺。）[3] 自由党和保守党一致认为，任何人都不应该泄露秘密机构的细节。在幕后，警察局长担心如果安德森不受惩罚，会鼓励其他皇家公仆写“更耸人听闻的自传”。[4] 但丘吉尔考虑到这样的处罚过于严厉，他决定不取消安德森的养老金。然而，丘吉尔不想被视为软弱的人，所以他公开抨击《布莱克伍德杂志》的文章“是用‘比尔·亚当斯如何赢得滑铁卢战役’的风格写的”，并向议员们承诺，即将出台的法案将阻止这类信息的披露。[5] 他表示，“如果前警官和前秘密机构特工退休后可以公开机密而不用担心后果，那将是绝对不能容忍的”。[6]

丘吉尔说服霍尔丹，让他向议会提交该法案。作为陆军大臣，霍尔丹更有资格强调该法案是一个紧迫的国防问题。1911 年 7 月，阿加迪尔危机[7] 爆发，终于带来了期待已久的修改法案的好时机。当国际紧张局势达

[1] 原注：‘Memorandum for the Law Officers’, E. Trough to R. Isaacs, 4 May 1910, TNA LO 3/301. Also see Stafford, *Churchill and Secret Service*, pp. 36–9.

[2] 译注：苏格兰场（Scotland Yard），是英国伦敦警察厅的代称。

[3] 原注：‘Opinion’, R. Isaacs, 20 April 1910, TNA LO 3/301.

[4] 原注：‘Memorandum for the Law Officers’, E. Trough to R. Isaacs, 4 May 1910, TNA LO 3/301.

[5] 原注：Stafford, *Churchill and Secret Service*, p. 38.

[6] 原注：Stafford, *Churchill and Secret Service*, p. 39.

[7] 译注：阿加迪尔危机（Agadir crisis），即前文出现的第二次摩洛哥危机。

到白热化时，公众遵守政府政策的意愿飙升到前所未有的高度。在 1908 年失败的法案中，媒体至关重要的反抗精神被谄媚的沉默所取代。在上议院，霍尔丹将该法案草案作为对抗德国间谍的必要缓冲。只有两位议员发表了评论。随后，在一个寂静的夏日午后，该法案以 107 票对 10 票的投票结果没有做任何修改地通过，并被送往下议院。议员们接受了检察总长鲁弗斯·艾萨克斯爵士的保证，即该法案只是对 1889 年的立法进行了轻微的程序调整。除了短评外，唯一发表评论的是战争事务副大臣杰克·赛利尔上校："据我所知，每个国家都有这类立法，在任何情况下，这些权力都不会被用来侵犯国民的任何自由。"[1] 正如戴维·文森特所言，法案通过的方式很有英国特色。在其他大多数国家，宪法的条款和条件都有明确的规定，但"英国宪法的荣耀"确保宪法有尽可能多的解释权。[2]

在本书中，我们也可以清楚地看到，尽管口头上说着 1911 年的法案没有什么可担心的，但政府律师们还是设置了一个"特洛伊木马"。法案第二款包括信息的接收和传播，这一规定直接侵犯了新闻自由。第 2（2）条规定：

> 如果有人收到……信息时，他知道或有充分的理由相信……向他传达信息是违反法案的，他是轻微有罪的，除非他能证明这一信息的传达……并非他所愿。[3]

该法案违反了英国法律的规定，将举证责任由原告转移给被告。简而言之，被告在被证明无罪之前都是有罪的。修订版法案第二款规定，国家的所有信息都是"归官方所有的"，不论其性质或重要性如何。因此，

[1]　原注：*Hansard*, 5th Series, 29, 18 August 1911, col. 2, 252.

[2]　原注：Vincent, 'Origins of Public Secrecy', 246.

[3]　原注：'Cabinet Committee on the Official Secrets Act', Attorney General to Law Officer's Department, November 1938, TNA CAB 21/4705.

法案提供了防止任何类型信息泄露的保护，而不仅仅是那些与国防或国家安全有关的信息。弗兰克斯委员会在1972年的报告中强调了法案的大方向："其主要特点是包罗万象的品质。它不区分种类，也不区分程度，捕捉所有的官方文件和信息，一切尽在其囊括下，什么也逃不掉。"[1]

一年后，在民意仍愿意赋予行政机关相当大自由度的情况下，政府采取了行动，以另一种控制机制来加强其新立法的效用：联合了海军部、陆军部和新闻委员会三个部门——简称国防机密通知委员会。在20世纪的头10年里，在商讨修改1889年《官方保密法》时，官员们还探讨了与新闻界签订"君子协定"的想法。在这些讨论过程中，国防机密通知概念诞生了。用当时海军情报局局长的话来说，国防机密通知理念是为了"让媒体尊重他们，像小学生对这个词理解的那样……通过向新闻协会发布一份通知公报，说明将采取什么行动，并要求他们配合（不印刷）可能对外国敌人有价值的信息"。[2] 这一制度完全是法外的、自愿的，它基于这样一种假设：尽管舰队街罪孽深重，但它归根结底是由正派、爱国的人经营的，他们把安全看得比故事更重要。毕竟，经营者和编辑都与高级官员一样上过同样的学校，也去过同样的俱乐部。实际上，国家机密通知制度的自愿守则，是官员们试图将体面的保密工作转接到他们新闻同行身上的一种尝试。该制度于1912年8月13日生效。随着英德关系日益紧张，官员们毫不犹豫地用该制度辖制恭顺的新闻协会。随着时间的推移，复杂的国防机密通知制度体系本应该在实用中稳步推进，但其基本运作程序包括由文官和编辑共同组成的委员会，由委员会向新闻媒体发出警告，指明和国防相关的问题。在各部门看来，披露这些问题将损害国家利益。舰队街没有人反对这一制度，而因夏季休会的议会对此事甚至毫不知晓。

[1] 原注：'Cabinet Committee on the Official Secrets Act', Attorney General to Law Officer's Department, November 1938, TNA CAB 21/4705, p. 14.

[2] 原注：引自 A. Palmer, 'The History of the D-Notice Committee', in C. Andrew and D. Dilks (eds.), *The Missing Dimension: Governments and Intelligence Communities in the Twentieth Century* (London: Palgrave Macmillan, 1984),p. 231。

国防机密通知委员会是用来控制机密信息的庞大体制中的最后一环。到 1912 年，英国制定了法律和公约，以保护言论自由，但不保护调查自由；绝对保密占主导地位。因此，未来信息泄露的可能性似乎很小，至少当时人们是这么认为的。

第2章

被扭曲的规则：内阁大臣们及其回忆录（1920—1945）

> 如何处理上一次战争留下的文件，其原则从来没有被准确地阐述过，因为实情是国家的那些伟人们把法律握在了自己手中。
>
> 内阁秘书长爱德华·布里奇斯，
>
> 1943年11月5日[1]

在1920至1945年期间，英国的保密制度被那些本应该更了解它的人破坏了。在这段时间里，涉密信息得以进入公众领域，但披露途径不是通过调查性报道，而是通过由顶级政客们撰写的畅销回忆录。像温斯顿·丘吉尔和戴维·劳合·乔治这样的领导人，在他们的著作中，史无前例地详细描述了其任职期间重要的讨论、决定和人物。这些回忆录中充斥着对内阁文件的引用，但所有这些文件都被认为是不可侵犯的，而且至少要保密50年之后才能公开发布。《泰晤士报》在1933年评论道："这是一个揭露真相的时代，近代史上几乎所有的事件都能被了解到'真相'。"[2]

因为从表面上来说泄密这件事——尽管对记者来说是值得称赞的——是与皇家公仆的准则相违背的，所以合乎逻辑的做法就是要询问为什么会发生这种情况。正如本章将要讨论的，这种转变发生的催化剂

[1] 原注：E. Bridges, 5 November 1943, TNA CAB 104/229.

[2] 原注：'Official Secrets', *The Times*, 13 January 1933.

便是第一次世界大战。在 20 世纪 20 到 30 年代之间，这场战争的历史本身却演变成另一个充满争议的战场，大量的著作涌现，专门解释那些参加过战争的人的行为和经历。这场战争以其毁灭性的规模让以往发生过的所有冲突都黯然失色，因为人们想要了解西线上所发生的大屠杀的真实情况，这场大战成为现代历史中被描写最多的事件。而每个人对这件事都有发言权。政府自身就出版了一部长达 28 卷的官方历史。在回忆录中，“黄铜帽”和“连衣裙”[1] 相互斥责。此外，就像威尔弗雷德·欧文或西格夫里 · 萨松等反战诗人会抨击将军们愚蠢行为那样，也有同样多的作家将英国的最终胜利归功于将军们，并认为战场上的损失是因为有特殊情况或是因为国内政客干涉所造成的。[2] 由战争所激发的情感是如此的强烈，而作家们充满了以自己视角讲述故事的热情，以至于人们慢慢地不再像维多利亚时期那样，认为公职人员应该得到尊重，尤其是受到其同僚们的尊重。负责撰写这场战争历史的第一代史学家因为针对战争中的某些人物进行猛烈攻击而受到关注。

公开的批评引起了人们为自己辩护的冲动，随之而来的则是对这个秘密国家的严重挑战。因为所有人都意识到当时这场战争是“结束所有战争的战争”，因此任何政治家都不想把自己在战争中犯过的致命错误载入史册。所以，许多人选择写回忆录作为实现名声恢复的灵丹妙药。大多数人不满足于只讲述故事的一部分或笼统地描述事件；他们在为自己辩护的过程中不会放过任何机会，这意味着对官方机要信息库的深度使用以及对保密制度的破坏。当然，说出“真相”并非没有诱惑。正如本章将要说明的那样，作者们也受到野心勃勃的出版商的诱惑和市场需求的鼓舞，看起来

[1]　译注：黄铜帽可能指代军方，连衣裙可能指代政客。因为在一战中，英军士兵的制式头盔很像一个铜制的螺帽，所以被军队拿来指代自己；连衣裙则可能是军队对政客的嘲讽。

[2]　原注：T. Travers, ‘The Relativity of War: British Military Memoirs from the Campaigns of Marlborough to the First World War’, in G. Egerton (ed.), *Political Memoir: Essays on the Politics of Memory* (London: Frank Cass, 1994), p. 152.

消费者对于回忆录好像有着永远无法满足的胃口。

事实证明，防止大臣们过多透露信息是一项艰巨的任务，没有简单的解决方案可以做到这点。战前，因为国家没有记录内阁会议的机制，并且只有很少的内阁文件才被保存（首相在每次会议后发给其他国家的含糊不清的摘要文件除外）。因此，在这个时期，即使大臣们想写充满敏感材料的回忆录，他们也有心无力。[1] 但这一切都随着 1916 年 12 月内阁秘书处的成立而改变了。莫里斯・汉基爵士在战后近 20 年一直担任帝国国防委员会秘书兼内阁秘书长，他一手构建的内阁秘书处彻底改变了记录政府事务的方式。除此之外，秘书处还承担如下责任：编制内阁会议议程，记录和分发内阁会议的结论，并妥善保存内阁文件和会议记录。结果，这些雄心勃勃的回忆录作家们的手边突然就有了一个存放着海量信息的资料库。正如世人将要看到的，尽管这些资料属于《官方保密法》和《枢密院议员宣誓书》的范畴，但并未阻止回忆录写作者们将其写入书中并将其付梓。之所以会发生这种情况，是因为写作者们声名赫赫，难以管控。像丘吉尔和劳合・乔治这样的政治家，已经赢得了负责对他们进行审查的白厅官员的极高敬意。如果他们拒绝遵守礼节，则没有官员有勇气与他们对峙，更不用说指控他们违法了。简言之，这些人超越了制度，不像其他人一样生活在受制约的环境中。国家面临的挑战是如何控制损失，即找到一种既鼓励知名作家进行自我审查，又不显得无礼的方式。在这方面，只能依赖内阁秘书长汉基。作为许多回忆录作者的朋友，汉基对政府机器有着无与伦比的了解，也是唯一有资格能成为政府和回忆录作者两者中间人的不二人选。1918 年后，他成为写作者们想要在回忆录中吐露秘密的唯一障碍。

[1] 原注：'Publication of Cabinet Documents', R. Howorth, 21 January 1935, TNA CAB 104/142; R. K. Middlemas, 'Cabinet Secrecy and the Crossman Diaries', *Political Quarterly*, 47:1 (January 1976), 40.

我得讨生活。在执政了 17 年之后，我退休时一穷二白，所以绝对有必要把写作作为谋生的手段。

戴维·劳合·乔治，1922 年 10 月 22 日[1]

政治家们撰写的回忆录中满是秘密信息，这一问题并不是突然出现的。在战后的几年里，这个问题曾多次引起官员们的集体反思。汉基坚决反对前大臣们自由地将内阁记录写入回忆录的观点，他采取了多项措施防范发生这种情况。汉基的观点是，如果政客们在其回忆录中泄密，将破坏内阁成员及其继任者的集体责任意识。简而言之，如果大臣们和他们的顾问们认为自己的意见有可能会被公开，甚而在最坏的情况下，这些公开的内容还会对自己不利，就会让他们无法完全自由地进行讨论。1916 年 7 月作为战争委员会秘书长，汉基固执地一再拒绝向达达尼尔海峡战役[2]调查委员会（战役发生在 1915 年，可谓损失惨重）递交其“秘书笔记”，以上便是他提出的理由。在经过一系列激烈的言语交锋之后，汉基最终向委员会妥协，允许调查委员会的主席查看这些“秘书笔记”。在双方你来我往的言语交锋中，委员会曾半开玩笑地威胁汉基，说要请他去伦敦塔小住。[3] 汉基回忆说，“我也不知道他们这句话是不是认真的”。[4]

1919 年年末，为了保护内阁机密不会被那些雄心勃勃的回忆录写作者得到，汉基起草了一套使用官方文件的严格“使用说明”。该“使用说明”规定内阁记录是政府财产，所有大臣退休时都要归还。如果某位大臣辞职或死亡，内阁秘书长将负责重新保管他的文件。[5] 但现实让汉基失望

[1]　原注：引自 *New York Times*, 22 October 1922。

[2]　译注：达达尼尔海峡战役（Dardanelles Campaign），是第一次世界大战中在土耳其加里波利半岛进行的一场战役。它是一战中最著名的战役之一，也是当时最大的一次海上登陆作战。

[3]　原注：Naylor, *A Man and an Institution*, p. 42.

[4]　原注：Naylor, *A Man and an Institution*, p. 42.

[5]　原注：Reynolds, *Command of History*, p. 23.

了。在 11 月 4 日的内阁会议上，大臣们拒绝批准任何旨在限制文学创作的条款，他们辩称内阁的秘密已经受到保密制度的保护，即未经国王批准，任何记录都不能公布。因此，他们指示大臣们不仅可以保留他们已经拥有的文件，而且可以随时查阅其任职期间产生的内阁文件。[1] 这一决定的策划者很可能是时任陆军大臣兼空军大臣的丘吉尔，以及首相劳合·乔治（见图 1)。这两人都有写战争回忆录的愿望，尤其是他们一直处在批评的前线。基于对自己写作生涯的期待，劳合·乔治已经聘请了欧内斯特·斯温顿少将作为研究助理，帮助他从“秘密档案”中搜集资料。[2]

政府放宽内阁文件归属管理规则的决定立即产生了效果。汉基后来回忆说，在这项决定生效后后，某些大臣便要求搬家人员将文件从他们的办公室里搬走。[3] 劳合·乔治带走了成捆的文件，其中包括 1921 年《英爱条约》[4] 的唯一副本。根据劳合·乔治的私人秘书、情妇、第二任妻子弗朗西斯·史蒂文森的说法，这份条约一直保存在他的私人收藏当中，直到他 1945 年去世。“令人惊讶的是，”她在日记中写道，“在那段时间里，从来没有人去讨要过这件物品。”[5] 看到这些事态的发展，汉基吓得几乎要绝望了。他担心，内阁文件被改写为回忆录只是时间问题了。为了防止这种情况的发生，他促使政府提醒大臣们关于公开内阁文件的规定仍然生效。一是《枢密院议员宣誓书》要求所有大臣必须对他们所在党派的内阁事务

---

[1] 原注：Cabinet 1 (19) 3, 4 November 1919, TNA CAB 23/18; Reynolds, *Command of History*, p. 24.

[2] 原注：A. J. Sylvester, ‘How I Helped Lloyd George Write His War Memoirs’, National Library of Wales (hereafter NLW) E7.

[3] 原注：Naylor, *A Man and an Institution*, p. 42.

[4] 译注：《英爱条约》(*Anglo-Irish Treaty*)，是英国与爱尔兰签订的肢解爱尔兰的条约。

[5] 原注：F. Stevenson, *The Years That Are Past* (London: Hutchinson, 1967), p. 191. 据信，在卸任后，利奥·艾默里（Leo Amery）原则上保留了 1924 至 1929 年间，署有他姓名首字母的每份文件的副本（E. B. Boyd to R. Howorth, 9 May 1934, TNA CAB 21/2824)。

保守秘密；二是对于任何有在未经授权的情况下公开了损害到国家安全和利益信息等行为的官员，可以依据《官方保密法》对其提起诉讼。然而，这位内阁秘书长再次失望了。英皇政府不仅没有为回忆录写作者们设置障碍，反而给他们提供了前所未有的自由。1922 年 1 月 30 日出台了新的规定，如果大臣的名誉受到不公正的损害，将有权公开政府文件进行反驳，只要这些内容不损害公共利益。这被称为“辩护人”条款。[1] 这项规定出台的正当理由是：自战争结束以来，大批军方人物出版的存在偏见的回忆录如潮水般涌出，在许多情况下，他们引用官方消息攻击政客。陆军元帅、英国远征军[2] 第一任总司令约翰·弗朗奇爵士 1919 年 6 月出版的回忆录中，自由地讨论了“黄铜帽”和“连衣裙”之间的摩擦，其中包括对自由党首相赫伯特·阿斯奎斯[3] 的尖锐批评。[4] 在 1916 年的日德兰海战中指挥大舰队的海军上将约翰·杰利科，也在其回忆录中对战时的政治精英们发出了猛烈抨击。杰利科的回忆录还让政府代码和密码学校（Government Code and Cypher School，GC&CS）烦心不已，这是英国在和平时期第一个整合了密码编写和破译职能的单位。回忆录中提及安装在海军部大楼屋顶上的无线电装置拦截到德国发出的无线电信号，在审查该书手稿时未能发现并将这段信息删除。校方担心，如果外国政府发现了这一点，他们可能会立即提高其密码系统的安全性。[5]

第一个利用新颁布的“辩护人”条款的人是丘吉尔，在 1923 年至 1931 年间，他出版了六卷自我辩护的回忆录，名为《第一次世界大战

---

[1]　原注：M. Hankey, ‘Cabinet Papers’, September 1934, TNA CAB 21/2824.

[2]　译注：英国远征军（British Expeditionary Force，简称 BEF），这里指 1914—1918 年出征法国的英国军队。

[3]　译注：赫伯特·阿斯奎斯（Herbert Asquith, 1852—1928），英国政治家，1908 至 1916 年出任英国首相。

[4]　原注：Ian F. W. Beckett, ‘French, John Denton Pinkstone, first earl of Ypres (1852–1925)’, *Oxford Dictionary of National Biography*, Oxford University Press, 2004; online edn, May 2009 (www.oxforddnb.com/view/article/33272).

[5]　原注：‘Note: Sir John Jellicoe, *The Gland Fleet*’, TNA HW 3/13.

回忆录》。通过这些作品，他获得了可观的利益。在早期就有迹象显示出，这类包含披露秘密信息的回忆录拥有巨大的经济价值。早在 1921 年 1 月，一本书还没开卖的时候，丘吉尔就与伦敦顶级的文稿代理商柯蒂斯·布朗签订了价值超过 27000 英镑的合同。[1] 然而，这类回忆录是最有可能出问题的，丘吉尔就是其中的典型代表。首先，他拥有一个相当大的私人档案馆。在 1915 年辞去海军大臣职务之后（辞职前，英国在达达尼尔海峡远征中承受了惨重的损失，丘吉尔因此受到了指责），他就带走了大量的会议记录、备忘录和电报的副本。[2] 其次，丘吉尔是著名的规则破坏者，也有为所欲为的权利。尽管他是 1911 年《官方保密法》修正案的主要推动者之一，但似乎有证据表明他从未认为自己应受到该法案的约束。1919 年出版的英国诗人威尔弗雷德·斯考文·布朗特的日记显示，作为内政大臣，丘吉尔会经常性地把内阁事务告知他的朋友们。在 1912 年 10 月 19 日的记录中，这本日记描述了丘吉尔在布朗特位于苏塞克斯的家里做客的经过："内阁的秘密被高调地大量泄露出去，甚至反对党要员们的秘密也一样被泄露了，内容从地方自治到上议院的重建，不一而足。"[3] 丘吉尔如此坦率地同布朗特进行讨论是非常不寻常的，特别是当我们考虑到布朗特不是一个会保守秘密的人，而是一个古怪且多话的爱尔兰民族主义者，这人会毫不犹豫地泄露自己所听到的内容。最后一个问题是，如果丘吉尔越了线，很难对他进行责备。1924 年，丘吉尔成为首相。由于他的地位和官员们对他的高度尊重，几乎没人有胆量对他采取强硬手段。

丘吉尔获得了在出版物中直接引用一系列资料的权力，不仅包括海军电报和命令，还有内阁会议记录和文件。丘吉尔之所以得到这些权限，是

---

[1] 原注：B. Bond, *The Unquiet Western Front: Britain's Role in Literature and History* (Cambridge University Press, 2002), p. 43.

[2] 原注：P. Fraser, 'Cabinet Secrecy and War Memoirs', *History*, 70:230 (1985), 401.

[3] 原注：W. S. Blunt, *My Diaries: Being a Personal Narrative of Events 1888–1914 Part Two* (New York: Alfred A. Knopf, 1921), p. 398.

因为几本出版物损害了他的声誉。其中最著名的是埃舍尔勋爵于 1921 年出版的《基奇纳勋爵的悲剧》，该书指责前海军大臣丘吉尔行事鲁莽，言谈举止没有权威。[1] 由于“辩护人”制度是在保密的情况下制定的，因此在 1923 年 2 月份，当《泰晤士报》开始连载丘吉尔所著的《第一次世界大战回忆录》第一卷时，人们阅读后震惊的神情便不足为怪了。在议会中，工党议员们强烈要求知道丘吉尔是否获得了披露信息的许可。一个普通议员欧·格雷迪上尉，则询问政府是否要提起诉讼。在 4 月份这本书出版时，国会议员们又询问，海军电报原文的出现是否对海军密码造成了破坏。[2] 首相安德鲁·博纳·劳 [3] 试图缓和局面，解释说现任的海军大臣赋予了丘吉尔公开的权利，而且这对海军的密码安全没有威胁。当人们要求进一步解释时，博纳·劳拒绝作详细说明，他只避重就轻地说了一句有争议的话，他认为丘吉尔违背了《枢密院议员宣誓书》：“我也进行了宣誓，我觉得我应该把丘吉尔的做法看作是对誓言的一种违背。”[4] 度假中的丘吉尔读到首相的声明后很是恼火，他将声明理解为内阁下定了决心，正在暗中谋划结束他的文学生涯。当听说博纳·劳组建了一个特别委员会，由寇松勋爵 [5] 担任主席，来专门为官方回忆录创作制定“写作规范”时，丘吉尔更加担心了。[6]

喧嚣只是一时的，寇松委员会一直没有进展，回忆录则纷纷冒着、层出不穷。“人是很容易被渗透的，”汉基考虑后引用托马斯·卡莱尔的话说，“重大的秘密从他们身上渗出，就像水银从广口黏土罐里渗出一

[1]　原注：Reynolds, *Command of History*, pp. 24–5.

[2]　原注：Reynolds, *Command of History*, p. 25.

[3]　译注：安德鲁·博纳·劳（Andrew Bonar Law），加拿大裔英国保守党政治家，1922 至 1923 年出任英国首相，是唯一一位生于英伦以外的英国首相。

[4]　原注：Naylor, *A Man and an Institution*, p. 118.

[5]　译注：寇松勋爵（Lord Curzon），英国政治家。

[6]　原注：‘Committee on the Use of Official Material in Publications: Composition and Terms of Reference’, 24 February 1923, TNA CAB 27/213.

样。”[1] 正如戴维·雷诺兹所展示的那样，丘吉尔从 1923 年的事件中得到了有价值的经验。[2] 在丘吉尔看来，这场争吵之所以发生，是因为在作品出版之前，没有经过官方的审查程序。所以，作者们蹚过了一个雷区。于是，1926 年，丘吉尔在他著作的第三卷出版之前，就向政府有关部门提交了他的作品。他还把整个草稿寄给了首相斯坦利·鲍德温。从形式上讲，由枢密院议员撰写资料的出版权属于国王，但首相拥有建议权。根据丘吉尔的建议，鲍德温把审查草稿的责任委托给了汉基。由于许多原因，汉基是完成这项工作的理想人选。他不受政治倾向的影响，并且受到各部门的信任，能够可靠地从公共利益的角度评估哪些内容不应公开。他对战争的了解是无人能及的。对丘吉尔来说，最重要的是，汉基越来越同情那些因战时行为而受到公开批评的政客们，因为这些批评的声音，受攻击的政客们希望能够得到辩解的权利。由于没有任何可以参考的规定，加之丘吉尔不遗余力地推进，内阁秘书长汉基成为“政治回忆录的官方审查员”。[3]

“辩护人”条款也为劳合·乔治写作回忆录铺平了道路，该回忆录于 1922 年 8 月开始创作，得到了世界媒体的广泛关注。在战后爆发的图书大战中，他也是抨击的对象。许多“黄铜帽”认为，如果不是因为首相的多管闲事和对军事的业余干涉，战争很快就会胜利。除了进行自我辩护的诱惑之外，钱是劳合·乔治要出版回忆录的另一个理由。乔治·埃格顿的研究表明，早在 1921 年 1 月，出版商柯蒂斯·布朗就一直在用巨额钱款来煽动他写回忆录。[4] 他们预计，劳合·乔治写回忆录的潜在收入将远远超过丘吉尔通过出版《第一次世界大战回忆录》所获得的回报。这反映出劳合·乔治担任首相期间不仅在战争中起到了关键作用，也在战后的艰难

[1] 原注：引自 S. Roskill, *Hankey: Man of Secrets*, 3 vols. (London: Collins, 1970–74), Volume III: 1931–1963, p. 365。

[2] 原注：Reynolds, *Command of History,* p. 26.

[3] 原注：Reynolds, *Command of History*, p. 26.

[4] 原注：Egerton, ‘Lloyd George “War Memoirs”’, 58–9.

时期建立新的和平秩序中功不可没。用埃格顿的话说，劳合·乔治就是“出版商梦寐以求的回忆录作家”。[1] 因此，出版商们预计劳合·乔治可能得到的收益从 5 万英镑起步，并一路上扬，最终布朗自信地得出 7.5 万英镑的结论。劳合·乔治相信了出版商们的宣传，为了得到最合适的收益，他和布朗磋商了将近 18 个月，直到 1922 年春才让后者成为自己的经纪人。布朗没有让人失望。1922 年 8 月 12 日，报纸报道劳合·乔治签署了一个包括书、电影、长篇连载等内容的合同，金额达到创纪录的 9 万英镑，是德皇威廉二世回忆录收益的两倍多。这被誉为“出版史上最大的一笔交易”。[2]

有关这笔交易的新闻引起了公愤。在战后艰难的环境下，这个交易数字被认为是寡廉鲜耻。劳合·乔治也被指控剥削战争中的死难者。此外，当时整个新闻界都处于对《官方保密法》的恐惧之中，却出现这么一桩明显的违法案例：一位享有特权的政治家竟然通过出售国家秘密而获利。记者们都对此感到惊讶。杂志《展望》抗议道：“如果这些信息真值那么多钱，这其中必将包含很多即使是首相也无权使用的内容。”[3]（由于《星期日泰晤士报》获得这本书在英国地区的连载权，所以该报在这个问题上毫不意外地保持了沉默。）劳合·乔治对此感到很羞愧，他的妻子玛格丽特夫人也曾警告过他不要从这书上拿一分钱。她在给丈夫的一封信中满意地写道：“那是我帽子上的一根羽毛[4]。你可以写另一本书来赚钱，但不能是关于战争的。”[5] 为了减轻负罪感，劳合·乔治宣布，这本书的所有收

[1]　原注：Egerton, ‘Lloyd George “War Memoirs”’, p. 57.

[2]　原注：‘Lloyd George Book to Bring $400,000’, *New York Times*, 13 August 1922, p. 1. 全部 9 万英镑通过如下方式推算：美国连载权 4 万英镑，美国书版权 2 万英镑，英国书版权 1.5 万英镑，英国连载权 1.5 万英镑。

[3]　原注：引自 *New York Times*, 13 August 1922, p. 1。

[4]　译注：意为这是一件值得我骄傲的事。

[5]　原注：M. Lloyd George to D. Lloyd George, House of Lords Records Office (hereafter HLRO), Lloyd George Papers, LG/G/1/2/44, 1922.

益都将捐给战争慈善机构。[1] 到年底，这个决定一直困扰着他。劳合·乔治在 10 月份的大选中落败，失去了职位，也失去了所期望的财富，即钢铁巨头安德鲁·卡内基每年支付给他的 2000 英镑费用。幸运的是，回忆录并不是利用国家秘密赚钱的唯一途径。写报纸专栏可以获得更丰厚的收入。11 月，他与英国报业协会（United Press Association，UPA）签订一份合同，定期撰写有关战争和时事的文章，每篇文章的稿酬达到创纪录的 250 英镑。[2] 这使劳合·乔治成为当时薪水最高的政治记者，他第一年的收入超过了 3 万英镑。[3] 在 6 年时间里，劳合·乔治从新闻界获得超过 15 万英镑的收入，这使他能够在伦敦购买大片土地以及顶级房产。

劳合·乔治作为专栏作家的高薪工作逐渐削减了他写回忆录的热情。随着时间的推移，他将自己从各种各样的著书合同中解放出来，并诚实地将出版商和报纸给予他的预付款全部返还。但这个过程并不是一帆风顺的。1922 年 12 月，《纽约时报》和《芝加哥论坛报》威胁劳合·乔治要对其采取法律行动，并声称他为英国报业协会撰写的文章会降低其回忆录的价值，因为他们已经同意支付 4 万英镑购买劳合·乔治的回忆录，并支付了 4000 英镑的预付款。律师们控诉道："在签订合同的时候，我们的客户从没想到劳合·乔治先生会令他已经卖出的作品与他的连载作品互相竞争。"[4] 于是，这位前首相同意取消合同并退回预付款。

然而，创作回忆录的想法并没有完全消失。在斯温顿于 1925 年成为牛津大学奇切里学院军事史教授之前，他一直担任劳合·乔治的研究助理。在这段时间里，他采访了劳合·乔治的同事，参与了私人文件的整理工作，并在接触这些官方记录的过程中留下了丰富的笔记。斯温顿是一个广受欢迎和信任的人，有着"惊人的人脉"，甚至内阁办公室都专门

[1] 原注：'Lloyd George to Devote to War Charities All Profits of his Forthcoming Memoir', *New York Times*, 27 August 1922, p. 1.

[2] 原注：United Press Association to F. Stevenson, 28 May 1923, HLRO LG/G/205/4.

[3] 原注：Egerton, 'Lloyd George "War Memoirs"', 61.

[4] 原注：Messrs Lewis and Lewis, 7 December 1922, HLRO LG/G/205/4.

在白厅花园中间为其分配了一块学习区域。[1] 在斯温顿看来，他的工作就是“打造一棵树的主干”，而且是“最基础的主干”。[2] 这位研究助理的才华和奉献精神给劳合·乔治留下了深刻的印象，因此他在 1924 年 1 月问斯温顿是否会考虑作为其回忆录的代笔。但这项提议被斯温顿礼貌地拒绝了，他说：“世界和英国公众想要的是劳合·乔治关于其言行的主观叙述，这只能由劳合·乔治自己撰写，记录他的行为、动机、产生的想法、心灵深处的思考、主观的想法和做出种种决定的理由。”[3] 斯温顿强调说，由他人代笔撰写的回忆录将“绝对会缺少生命、灵魂、活力、个性和内心世界”，而这些只有劳合·乔治自己才能做到。至关重要的是，斯温顿对作为劳合·乔治回忆录的代笔作家感到不安，如果成为回忆录的代笔作家，他将要为这位前首相的意见负责。而许多人正拿着“枪和棍棒”等着这本书出版。[4] 基于上述理由，斯温顿不愿意把自己置身于枪林弹雨之中。

劳合·乔治终于在 1932 年开始写回忆录。原因有这么几点。首先，他现在有时间了。他在伦敦报业方面的事业已经走上正轨，而突然的疾病和因患病而做的手术使劳合·乔治丧失了工作能力，因此他无法加入于 1931 年 8 月由拉姆齐·麦克唐纳组建的国家政府。在 10 月大选过后，劳合·乔治发现自己处于英国政坛的边缘，重返政坛的机会微乎其微。其次，他对这个国家正在编撰的第一次世界大战的历史感到越来越不安。多年来，他一直热衷于阅读有关战争和他自身领导才能的文章。1931 年年底，当他在锡兰度假时，他收到“一大箱”书，里面包含了“所有重要人物写过的关于战争的每一本书”。[5] 令他恼火的是，许多作者在没有征求

---

[1] 原注：A. J. Sylvester Papers, NLW; Suttie, *Rewriting the First World War*, p. 13. 西尔维斯特日记条目的打字稿版本可以在 A 类编目中找到。在这些条目被按编目分类之前，安德鲁·苏蒂博士也对这些条目进行了审查。

[2] 原注：A. J. Sylvester Papers, NLW; Suttie, *Rewriting the First World War*, p. 13.

[3] 原注：Swinton to L. George, January 1924, HLRO, LG/G/216.

[4] 原注：Suttie, *Rewriting the First World War,* p. 14.

[5] 原注：Sylvester, ‘How I Helped Lloyd George Write His War Memoirs’, NLW E7.

他意见的情况下就发表了他们的观点，结果是他们在关键问题和事件上都出错了。最让人恼火的是这些“历史”对陆军元帅道格拉斯·黑格[1]很宽容，他在1915年12月到战争结束期间担任英国远征军总司令。在劳合·乔治眼中，黑格就是个屠夫和傻瓜：他顽固不化，战略上无能，在马屁精的劝说下，把英国的年轻人送上屠宰场，而他自己却一直住在几英里[2]外安全地带的豪宅内。然而，迄今为止，“历史”却描绘了一幅截然不同的情景。在大多数作品中，黑格被誉为英雄—— 一位镇定自若、有创新精神的、实干的指挥官；他有先见之明地意识到坦克的重要性，并通过定期访问前线的方式来鼓舞他的部队。1928年，黑格的葬礼成为一件国家大事，20万名退役军人（相当于200个营）列队从他的棺材前走过，向他致以最后的敬意。[3]黑格生前一直是不知羞耻的自我推销者，他不愿意让历史书毁掉他的声誉。为此，他发表了一部分战地日记，插手干预了第一次世界大战官方历史的编撰，甚至还向他所认识的负责撰写战争历史的人发送了一份长达75页的关于西线作战的备忘录。[4]

很长一段时间，几乎没人敢挑战关于黑格的正统观念，一部分是因为他还活着，另一部分则是因为他毕竟带领的是一支获胜的军队。唯一持反对意见的是丘吉尔，他在《第一次世界大战回忆录》中把黑格比作外科医生，没有感情，对病人的命运漠不关心。在其他地方，丘吉尔指责黑格是在用“勇敢的年轻人的胸膛”来堵德国机枪的枪眼。对劳合·乔治来说，这还不够：黑格必须被除掉——他是一个犯过错误的将军，也是一个失败

[1] 译注：道格拉斯·黑格（Douglas Haig），第一代黑格伯爵，英国陆军元帅、军事家。曾参与镇压马赫迪起义、第二次英布战争、第一次世界大战。

[2] 译注：1英里约为1.6公里。

[3] 原注：J. D. Clare, ‘Interpretation of Haig’, www.johndclare.net/wwi3_HaigHistoriography.htm. Clare’s article provides a first-class overview of the ‘Great Haig Debate’.

[4] 原注：J. D. Clare, ‘Interpretation of Haig’, www.johndclare.net/wwi3_HaigHistoriography.htm. Clare’s article provides a first-class overview of the ‘Great Haig Debate’. 这与David French早先对黑格的评价形成鲜明对比，他认为黑格“满足于留名青史”。D. French, ‘Sir Douglas Haig’s Reputation, 1918–1928: A Note’, Historical Journal, 28:4 (1985), 953–60.

的男人，必须面对历史的审判。在参观了位于法国、具有历史意义的战场后，劳合·乔治这种厌恶的感觉不断加剧，他对人类毫无价值的努力深感绝望。[1] 到 1932 年，这位前首相意识到，除非他亲自拿起笔，否则支持黑格的出版物将成为“未来战争史学家进行研究的素材”。[2] 也就是说，他自己在战争中的历史记录可能会被忽视，甚而更糟的是，与陆军元帅的历史记录相比，他自己的记录可能是负面的。也许，在黑格死后，会有更多的人去挑战他作为民族英雄的地位。

劳合·乔治决定写回忆录的最后一个原因是，在他看来，现在几乎没有什么战时秘密信息是他作为一位享有某些特权的前首相所不能透露的。例如，如果他是在 20 世纪 20 年代初写下这些内容，就连他也不可能被允许讨论“40 号房间”，即英国海军情报办公室。1919 年 9 月，战后海军情报局局长、海军上将休·辛克莱曾规定：“除了在这里工作过的人和为数不多的参与这项工作的部分海军军官之外，我们在情报工作上的成功并不为外人所知，这点非常重要。我们现在要做的和以往一样：继续保密。”[3] 然而，到 1932 年，战时的密码工作逐渐被披露出来。1927 年 12 月 13 日，詹姆斯·阿尔弗雷德·尤因爵士（1914 至 1917 年担任“40 号房间”负责人）向爱丁堡哲学研究所作了一次题为“一些特殊的战争工作”的演讲，震惊了政府代码和密码学校。[4] 在枢密院大臣巴尔弗勋爵的亲自干预下，尤因侥幸逃脱了起诉。巴尔弗勋爵成功地说服海军部，法律诉讼意味着“纯粹的倒退”。[5] 随后又有更多的秘密被披露出来。1932 至 1935 年担

[1]　原注：G. Jones, ‘The Lloyd George War Memoirs’, *Transactions of the Honourable Society of Cymmrodorion,* 14 (2008), 131.

[2]　原注：L. George to M. Hankey, 10 April 1934, HLRO, LG/G/212/4.

[3]　原注：‘Room 40’, H. Sinclair, September 1919, TNA HW 3/13.

[4]　原注：‘Sir Alfred Ewing’s Lectures’, O. Murray, 12 January 1932, TNA HW 3/13; R. V. Jones, ‘Alfred Ewing and Room 40’, *Notes and Records of the Royal Society of London*, 34:1 (1979), 65–90. 尤因在演讲中不仅讨论了海军情报的起源和发展，还使用了“超级机密”这个词，其指的不是今天的含义，而是指过去海军上将在特拉法加海战中使用的密码。

[5]　原注：Miscellaneous Note, TNA HW 3/13.

任海军情报局局长的杰拉尔德·查尔斯爵士，对休·霍伊的著作《40号房间探秘：战争如何取得了胜利》只做到了极小范围的删减。[1] 媒体上关于战时密码学的文章数量稳步增长，以至于政府代码和密码学校的海军部门负责人威廉·克拉克哀叹道，公众只知道"歪曲事实"，这是"完全错误和陈腐的情报观念"。[2] 劳合·乔治津津有味地观察着这些事态的发展，相信现在时机应该已经成熟，他可以把"帷幕"拉开，并且不仅仅是拉开缝隙，而是完全使帷幕大开。白厅当然还有不同意见，但事实证明阻止他这么做是极其困难的。

> 为什么国王要反对我出书呢？他可以下地狱。我不欠他什么，多亏我，他才稳坐王位。
>
> 戴维·劳合·乔治[3]

劳合·乔治战争回忆录的再次开写是白厅最糟糕的噩梦。正如埃格顿所主张的，"谨慎和尊严没有在劳合·乔治的事业中成为障碍，自然也不会成为他写回忆录的阻碍"。[4]"考虑到自己作为前首相拥有特权，并且对那些在回忆录中引用败坏他名声材料的将军和政客们感到气愤，因此劳合·乔治打算玩弄一下那些限制资料公开的制度和惯例。"他的主要目标是文件。"如果说我的书是第一本使用官方备忘录和资料完成的书，"他写信给汉基说，"那么我同意你的观点，也就是我应该遵循技术程序。""但是，"他继续说，"除了您以外，我碰巧是经历战争的所有重要人物中，最后一个讲述发生了什么事的人。与此同时，很多人已经讲了他们自身版本的故事，他们讲述的内容则几乎全部来自保密文件，而这无疑是在挑战

[1] 原注：C. Usborne, 11 May 1932, TNA HW 3/13; H. Hoy, *40 OB: Or How the War Was Won* (London: Hutchinson, 1932).

[2] 原注：W. Clarke, 1 February 1930, TNA HW 3/13.

[3] 原注：A. J. Sylvester, 'Examples of My Work on This Book', NLW E5.

[4] 原注：Egerton, 'Lloyd George "War Memoirs"', 66.

《官方保密法》的权威。”[1] 劳合·乔治对保密法案的漠视令官员们震惊。然而，没有任何简单的方法可以约束他。在白厅，劳合·乔治被普遍尊为爱德华时代的“伟大人物”之一，只有丘吉尔能与之相提并论。[2] 有很多人是劳合·乔治的追随者，不难想象，他就像巨人一样大步行走在自己的世界里。而且，想要挑战他也需要惊人的勇气。众所周知，A. J. P. 泰勒 [3] 形容劳合·乔治是“没有朋友，也不值得有任何朋友”[4] 的一个人。大家都了解劳合·乔治是出了名的暴脾气，他喜欢对抗远胜过和解。

可惜的是，由于无法也不愿对劳合·乔治采取强硬手段，保密人员采取了一种不太直接也不那么光彩的攻击方式。[5] 为了敲山震虎，《官方保密法》指控了一名地位较低的普通人。为了使劳合·乔治感到紧张不安而被牺牲掉的人是康普顿·麦肯齐（Compton Mackenzie），一位畅销书作家。第一次世界大战期间，他曾在东地中海为英国情报部门服务。1932 年 10 月 28 日，麦肯齐出版了《希腊回忆》（*Greek Memories*），这是计划出版的四卷战时回忆录系列中的第三卷。前两卷《加里波利回忆》（*Gallipoli Memories*，1929）和《第一雅典人回忆》（*First Athenian Memories*，1931），虽有大量关于秘密机构工作的评论，但并未遭到国家的报复。第二卷转载了外交部的许多电报，甚至披露了第一任军情六处处长的代号是“C”，取自其姓氏的首字母。[6] 然而，由于《希腊回忆》中写到麦肯齐担任英国驻雅典反间谍部门负责人期间的亲身经历，他发现自己陷入了困境。《希腊回忆》出版当天下午 3 点，检察长致电出版商卡塞尔，要求撤

[1] 原注：D. Lloyd George to M. Hankey, 10 April 1933, HLRO LG/G/212/3.

[2] 原注：参见 C. Mowat, *Britain Between the Wars 1918–1940* (London: Methuen, 1955)。

[3] 译注：艾伦·约翰·珀西瓦尔·泰勒（A. J. P. Taylor），20 世纪最著名和最具争议性的英国历史学家之一。他在 1961 年发行的著作《第二次世界大战的起源》一书，至今仍引起不少争论。

[4] 原注：A. J. P. Taylor, *English History, 1914–1945* (Oxford University Press, 1965), p. 74.

[5] 原注：Vincent, *Culture of Secrecy*, p. 170.

[6] 原注：Hooper, *Official Secrets*, p. 45.

回该书。到11月初，根据《官方保密法》对麦肯齐提起诉讼，罪名是他向未经授权的人（卡塞尔），传达了“他在皇家任职期间获得的信息”。[1]这张传票为麦肯齐赢得了极大同情。在交付审判的过程中，政治保安处（Special Branch）官员对这次起诉感到非常羞愧，站在麦肯齐面前，敬了他几杯粉红色杜松子酒。[2]另一名警官举起酒杯，向不幸的麦肯齐敬酒并宣称：“我知道我是在代表伦敦警察厅和老犹太教堂发言，但我们并不认为这是起诉，而是恶意迫害。”[3]

政府是起诉事件的背后推手。一位富有同情心的官员向麦肯齐的律师雷金纳德·莱恩·普尔爵士透露道：“我理解政府打算以儆效尤，用你警告劳合·乔治和温斯顿·丘吉尔，因为在使用办公信息这一点上，他们可能做得太过火了。”[4]劳合·乔治私下向麦肯齐表示，英皇政府把这次审判当作一个“试验案例”，以确定对更有名望的违例者采取法律行动是否明智。[5]在法庭上，法官强烈暗示了本案背后的政治原因：“每个人都必须明白，当机密文件落到文官——皇家公仆——手中时，无论他们将文件保密多久，都不能由他们来决定何时公布这些文件。”[6]“我希望，”他强调道，“这个案子能给那些急于写作而又不谨慎行事的人一些警告。”[7]

这其中不乏其他因素。英国军情六处非常讨厌这本书。该机构中曾有人在该书出版仅仅几小时后就致信检察长，指出其中一些段落有“阻碍和

---

[1] 原注：'Scots Author's Book of War Stories Withdrawn', *Scottish Daily Express*; 28 October 1932; 'Compton Mackenzie Summons', *Manchester Dispatch*, 5 November 1932; 'Summons Against Author of Sequel to a Banned Book', *Daily Mirror*, 5 November 1932; 'Novelist on Official Secrets Act Charge', *Daily Express*, 16 November 1932.

[2] 原注：Andrew, *Secret Service*, p. 351.

[3] 原注：引自 Hooper, *Official Secrets*, p. 47。

[4] 原注：C. Mackenzie, *My Life and Times: Octave Seven, 1931–8* (London: Chatto & Windus, 1968), p. 84.

[5] 原注：Major M. Frost, 3 June 1942, TNA KV 2/1272.

[6] 原注：'Need for Discretion', *News Chronicle*, 12 January 1933.

[7] 原注：'Need for Discretion', *News Chronicle*, 12 January 1933.

危害秘密机构当前及未来发展”之嫌。[1] 备忘录中强调："书中几乎没有一页不损害秘密机构赖以建立的保密基础。"[2] 书中极具破坏性的爆料是，披露了陆军部的一个分支“M.I.i.c”实际上是英国军情六处的掩护。为了证明这一点，该书公开了三名现任军情六处官员的身份，他们的名字也出现在陆军部名单中。这份名单现已对外公布，供外国总参谋部研究。同样，麦肯齐揭开了军情六处与护照管理部门之间的联系，后者是境外情报站的掩护。书中还提供了与他接触过的情报人员的醒目钢笔画，其中包括军情六处第一任处长、海军上校曼斯菲尔德・卡明。麦肯齐讲述了 1914 年卡明在法国的时候，为了从汽车事故中逃生，不得已用小刀割断自己腿的故事（该故事后来被证实是假的）。[3] 海军上将辛克莱气得要命。被暴露姓名的人中有几人被“指定”要重新安置职位。一般来说，特工的身份神圣不可侵犯。招募特工时的重要条件是保证其不受背叛和报复的侵害。

在老贝利中央刑事法院举行的预审和庭审是半公开进行的，包括一些闹剧时刻，使得控方提检的某些内容显得荒唐可笑。来自 M.I.i.c 的一位匿名证人“X 先生”证实，据称受到威胁的 16 名特工中，没有一名是现役间谍。来自丹麦的沃尔特・科莱斯特马斯上校被发现已于 10 年前去世。现已退休的克利福德・希斯柯特 - 史密斯，在他的回忆录《名人录》中记录了战时自己的情报工作。另一名检方声称因为该书出版受到威胁的人是皮里 - 戈登，令人啼笑皆非的是，此人在该书出版之前就已经在《泰晤士报》先行阅读了样书。[4] 在公开法庭上，一名外交部证人在激烈的盘问

[1]　原注：'Greek Memories by Compton Mackenzie', TNA KV 2/1271. Details of SIS objections can also be found in K. Jeffery, *MI6: The History of the Secret Intelligence Service* (London: Bloomsbury, 2010), pp. 239–41.

[2]　原注：'Greek Memories by Compton Mackenzie', TNA KV 2/1271.

[3]　原注：Jeffery, *MI6*, pp. 42–5.

[4]　原注：Liddell Hart, Diary, 'Talk with Compton Mackenzie', 29 November 1932, King's College London Liddell Hart Centre for Military Archives (hereafter KCL), Liddell Hart Papers, LH/1932/47. 亦参见 Andrew, *Secret Service*, p. 351。

下，承认这本书的披露并未损害“公共利益”，检方因此受到致命打击。[1]这一点，再加上媒体对审判荒谬之处的格外关注，促使政府向麦肯齐提出了秘密认罪协议。被告人被告知，只要他认罪，接受相对较少的100英镑罚款，并缴纳100英镑的诉讼费用，检方就不会要求判处他监禁。麦肯齐别无选择，只能接受这笔辩诉交易。《希腊回忆》一书充斥着大量来自秘密文件的引用，根据《官方保密法》第二款，被告人无罪释放的可能性微乎其微。

英国王权的胜利可谓得不偿失，因为诉讼结果在舰队街引起了恐慌，报纸立即主张，麦肯齐为那些在公众中地位更高的人所做出的轻率行为付出了代价。据《政治家与国家》报道：“如果政府打算起诉任何人，最好是从前内阁大臣们开始，那么谁也不会误会审判的动机。”[2]周刊《星球报》认为，麦肯齐唯一的过错是他没有按照白厅的休假规定办事，不够圆滑。该报哀叹道：“《官方保密法》从众多罪犯中揪出了一名牺牲者，终于证明了自己的权威。”它继续写道，“负责制定法律的政治家们驾驶着他们高大的四轮马车‘穿过’该法案，毫发无损地飞驰而去。但有时必须找到受害者。战争领导人的自我辩护一直是我们战后的麻烦之一。”[3]记者并不是唯一看到了这种双重标准的人。颇具影响力的军事理论家巴兹尔·利德尔·哈特上尉在日记中写道，他完全理解麦肯齐接受辩诉交易的决定，但同时也希望他当时能够“奋起抗争”。利德尔·哈特悲叹道，“为了历史的真相和正义”，麦肯齐应该这样说：

> 如果你惩罚我，这将使法律成为政府公仆的工具，他们会在受挫的虚荣心驱使下滥用权力。你们谴责我这件事，对英国的名誉、对其体面交易的声誉所造成的伤害，将远远超过我的书所能

[1] 原注：引自 Jeffery, *MI6*, p. 241。

[2] 原注：*Statesman and Nation*, 100, 21 January 1933.

[3] 原注：*Sphere*, 21 January 1933.

> 造成的伤害。因为你会把英国现在的统治者和14年前它的一些小代理人不诚实的伎俩联系起来。曾经对“英国伪善”的指控将死灰复燃，使英国在即将到来的关键岁月里本可以开展的工作、施展的影响力受到损害。[1]

麦肯齐最终还是复了仇。在得罪当局几个月后，他出版了一本讽刺小说《脑积水》，无情地嘲笑了英国军情六处，将其在小说中改称为MQ9（E）——“超凡情报理事会”。在这本闹剧里，秘密机构处在琐碎而冷酷的竞争之中，由那些笨手笨脚、戴着帽子的人管理着，他们对无谓的保密充满热情，正如他们对官僚差事全情投入那样。在小说的结尾，该组织的总部成了一个疯人院，收容那些因“为国家服务”而被逼疯的官员。因为这部小说是虚构的，当局没有采取任何行动，尽管仔细阅读小说能发掘出一些货真价实的秘闻，比如英国军情六处处长总是用绿色墨水签名。

在他1968年出版的自传《我的人生与时代》中，麦肯齐表示，作为一种政治姿态，他的诉讼确实对身份更显赫的皇家公仆们造成了影响。据报道，几年后，丘吉尔向麦肯齐承认他采取了预防措施，烧毁了自己一些更为敏感的文件，后来对此追悔莫及。[2] 然而，没有证据表明这一审判对劳合·乔治有任何影响。在接下来的几年里，几乎没有什么规则是他通融不了或者破除不掉的。在劳合·乔治撰写回忆录的整个过程中，这位“威尔士巫师”除了享有“自我辩护人”的身份外，还享有查阅官方记录的特殊权利。劳合·乔治没有亲自翻阅成堆的文件，而是与汉基达成协议，用他的私人秘书阿尔伯特·詹姆斯·西尔维斯特接替斯温顿来替自己做大部分研究。汉基没费什么口舌就把西尔维斯特从档案室里解放出来。西尔维斯特（见图2）于1915年12月成为第一个在内阁会议上做速记的人，并

[1]　原注：Liddell Hart, Diary, 12 January 1933, KCL LH 11/1933/4.

[2]　原注：Mackenzie, *My Life and Times*, p. 84.

在1916至1921年担任汉基的私人秘书。[1] 人们可以在威尔士国家图书馆公开查阅到西尔维斯特的日记，这是了解他为劳合·乔治所做工作的一个极佳视角。这些工作虽然繁重，但可将特权握于手中。[2] 根据1933年9月28日的记录，外交部允许西尔维斯特花两个半小时复印《往来苏联的电报》。[3] 几天后，他又“忙着在战时内阁办公室处理文件”。[4] 经过汉基同意，西尔维斯特几乎得以翻阅所有文件。他后来写道：“对我来说，这好像是芝麻开门一样。我已经不再是其中的工作人员，却仍然使用着战时内阁办公室。”[5] 作为一个对政府记录和官方程序了如指掌的人，当要在白厅瀚如烟海的文件中寻找未分类信息或者当有些信息在官僚的钩心斗角中遗失时，西尔维斯特就会从自己的文件库中进行搜寻。他自豪地回忆道：“有一次，我得到了黑格和亨利·威尔逊爵士私有的计划和文件的副本，这些劳合·乔治从未见过，也不曾了解。但作为首相，他应该知道。”[6] 其他人可能不愿在内阁办公室里度过漫长的日日夜夜，而西尔维斯特却“完全享受”这种生活——尽管他偶尔也会对他老板“没完没了的要求”感到绝望。[7] “劳合·乔治不知如何使用人力，”有一次他大声抱怨道，“只有当他把员工剥削碾碎时他才会高兴，就像一个差劲的司机在引擎熄火的时候猛踩油门一样。”[8]

从一开始，劳合·乔治就找到了一个至关重要的盟友（虽然乍一看似乎不太可能）——汉基（见图3），汉基超越了自己的职责范围，在劳合·乔治撰写回忆录过程中提供了帮助。尽管汉基以严格保密著称，但他

[1] 原注：M. Hankey, *The Supreme Command*, 2 vols., Volume II (London: George Allen, 1961), p. 591.

[2] 原注：Sylvester Papers, NLW.

[3] 原注：Sylvester, Diary, 28 September 1933, NLW Sylvester Papers A20.

[4] 原注：Sylvester, Diary, 28 September 1933, NLW Sylvester Papers A20. 21 October 1933.

[5] 原注：Sylvester, ‘How I Helped Lloyd George Write His War Memoirs’, NLW E7.

[6] 原注：Sylvester, ‘How I Helped Lloyd George Write His War Memoirs’, NLW E7.

[7] 原注：Sylvester, ‘How I Helped Lloyd George Write His War Memoirs’, NLW E7.

[8] 原注：Sylvester, ‘Examples of My Work on this Book’, NLW E5.

对劳合·乔治的事业越来越同情，对批评人士在许多情况下利用文件来损害劳合·乔治声誉的方式感到不满。更重要的是，在 20 世纪 30 年代初，汉基自己已经开始认真思考去撰写一本回忆录，因此，他不愿责罚作家，因为他自己将来也希望受到同样的礼遇。在 1930 年 12 月 3 日汉基写给劳合·乔治的信中，他解释说，许多朋友都曾敦促他把劳合·乔治在战争中的经历记录下来，以免为时过晚。[1] 斯麦特将军和洛锡安勋爵曾恳求汉基用余生撰写一部关于这场冲突的历史；博纳·劳认为，为了子孙后代而这样做是汉基的“责任”。[2] 汉基犹豫不决。一方面，回忆录代表着对保密文化的根本拒绝，而这种保密文化是保护高级文官私人世界的基石。对汉基来说，他为自己原则的纯洁性和他在白厅“家庭”的显赫地位而感到自豪，这一点沉重地压在他的心头：“作为一生都活跃在不同的公共服务部门并吸收了其传统的人，即使只揭开一部分公务生活的面纱，我也感到相当厌恶。”[3] 他接着说，“无论从历史的角度来看，我过往的经历多么有趣，多么有价值，这都完全归功于我的公务生活。”[4] 另一方面，关于第一次世界大战的文献彻底激怒了汉基，他认为要对历史记录做出纠正，这是他对历史的亏欠：

> 这场战争可能是我国历史上最重要的事件，并将主宰我们今后几代人的命运。许多人，包括一些在这些问题上相当刻板的人，都毫不犹豫地记录并刊发了他们的经历。其中一些回忆录和日记没有充分了解事实，不可避免地陷入了比较狭隘的角度。[5]

在拖延了很久之后，汉基决定自己退休后写一本回忆录。因此，着眼

[1] 原注：Hankey to Lloyd George, 2 December 1930, HLRO LG/8/8/18.
[2] 原注：Hankey to Lloyd George, 2 December 1930, HLRO LG/8/8/18.
[3] 原注：Hankey to Lloyd George, 2 December 1930, HLRO LG/8/8/18.
[4] 原注：Hankey to Lloyd George, 2 December 1930, HLRO LG/8/8/18.
[5] 原注：Hankey to Lloyd George, 2 December 1930, HLRO LG/8/8/18.

于这个未来计划，他竭尽所能去帮助劳合·乔治。

劳合·乔治向汉基要来了文件。在至少 50 年的时间里，历史学家都没有可能去查阅官方文件，而这位前首相却能接触到成千上万份文件，这些文件不仅来自内阁，还来自许多政府部门。汉基自己也参与了烦琐的文件查找工作，经常代表他的前上司前往图书馆和档案馆。有一次，在汉基的要求下，整个内阁秘书处暂停了他们的正常职务以协助劳合·乔治对信息的不懈追求。西尔维斯特在 1933 年 3 月 29 日的日记中写道："我去找汉基，发现他让整个内阁办公室的人努力工作了好几天，来为劳合·乔治的书查找事实佐证。在我跟他们说过这才是（回忆录书写）刚刚开始的阶段之后，他们（还如此配合）是多么照顾劳合·乔治啊。"[1] 汉基把成捆的文件（通常是原件）送到劳合·乔治在威尔士的家中。虽然严格来说，这些文件应迅速完璧归赵，但劳合·乔治很少遵守规则。文件不仅没有按时归还，而且上面到处都是雪茄灼烧的烟圈、咖啡溅落的污渍和早餐的残渣。[2]（回忆录很多篇幅是劳合·乔治坐在床上完成的，手边拿着文件和美食。）正如约翰·内勒所指出的那样，有些文件根本就没被归还——因为现在可被英国上议院档案办公室（House of Lords Record Office）研究人员阅读的这些文件，已经被标注为劳合·乔治的私人文件。[3]

事实证明，汉基在其他方面也有所帮助。他安排西尔维斯特采访了一群战时的皇家公仆，从威廉·贝弗里奇爵士[4] 到埃里克·格迪斯爵士。贝弗里奇爵士曾参与调动和控制人力，埃里克·格迪斯爵士是 1917 至 1919 年间英国海军大臣。[5] 最有价值的受访者是英国一战官方历史学家、准将

[1] 原注：Sylvester, Diary, 29 March 1933, NLW Sylvester Papers A20.

[2] 原注：Sylvester, 'How I Helped Lloyd George Write His War Memoirs', NLW E7.

[3] 原注：Naylor, *A Man and an Institution*, p. 206.

[4] 译注：威廉·贝弗里奇爵士（Sir William Beveridge），英国经济学家，社会问题和失业问题专家。

[5] 原注：Suttie, *Rewriting the First World War*, p. 25.

詹姆斯·埃德蒙兹爵士。在 1933 年 9 月 19 日写给西尔维斯特的信中，他列入了下列文件："黑格下令，确定了 1917 年伊普尔战役[1]的进攻目标；关于 1917—1918 年西线德军有多少师的说明；还有一份关于在帕斯尚尔地区使用坦克的说明，以及记录的摘要。"[2]战前，作为陆军第五军区的负责人，埃德蒙兹在修订《官方保密法》以打击官方信息泄露方面发挥了关键作用；世事真是多变啊！

在一次鼓舞人心的行动中，汉基还安排了私人军事"专家"巴兹尔·利德尔·哈特，从战术、战略和指挥的角度解读草稿。[3]汉基建议说："如果你的盔甲上有任何薄弱的地方，他会提醒你注意的。"[4]利德尔·哈特是最佳的人选。1971 年，军事历史学家罗纳德·勒温在《国际事务》杂志的一篇文章中写道："如果把和战争相关的伟大思想家们比作喜马拉雅山脉，利德尔·哈特便是最杰出的高峰之一，也是最后一位伟大的军事思想家。"[5]在 20 世纪 20 年代，作为《每日电讯报》的军事记者，利德尔·哈特已经成为那个时代最重要的军事评论家。当官方历史学家埃德蒙兹赞扬英国军事领导人的美德时，利德尔·哈特则认为，是无情无能的指挥官造成了徒劳的屠杀，而黑格才是罪魁祸首。尽管劳合·乔治在这一点上并无异议，但利德尔·哈特在与这位前首相的通信中，抓住一切机会鞭辟入里地再三重申这一观点。他在一封信中写道：

> 在西线作战时，所谓的"杀死德国人"策略一成不变，不仅是数学上的谬误，而且是对战争中人性的一种道德上的误解。对

[1] 译注：伊普尔战役发生于第一次世界大战期间，指协约国军队同德军于 1914 年、1915 年和 1917 年在比利时西部伊普尔地区进行的三次战役。

[2] 原注：J. Edmonds to Sylvester, 19 September 1933, HLRO LG/G/235.

[3] 原注：Naylor, *A Man and an Institution*, p. 208.

[4] 原注：Hankey to D. Lloyd George, 11 April 1933, HLRO LG/G/212/3.

[5] 原注：R. Lewin, 'Sir Basil Liddell Hart: The Captain Who Taught the Generals', *International Affairs*, 47:1 (January 1971), 79.

于将军和他（黑格）的话，您就不能更明确些吗？那样会更有说服力。通常来说，一旦他投入战斗，他的战斗本能就控制了他，就在一切希望即将破灭的时候，他开始变得超有信心。[1]

在另一份报告中，他强调：

盟军将领的根本错误在于，他们没有意识到，战争就像政治一样，是两党的事情。他们绝不会相信或称赞敌对政党在反对敌人的活动中起到了积极作用。通过和平训练和军事演习所形成的思想习惯，他们将精力放在制订出适合自己的计划，而没有适当地衡量敌人的反制力量。他们忘记了分散敌人注意力的重要性。[2]

由于他给出的“忠告”，利德尔·哈特获得了100基尼。[3]

在“审核”手稿方面，汉基说服劳合·乔治像丘吉尔一样直接将手稿交给他，而不是时不时劳烦现任首相，毕竟写作过程中的繁枝末节太多了。这给汉基带来了相当大的压力，毕竟他本身就是位肩负着诸多责任的大忙人。劳合·乔治要求他以一目十行甚至百行的速度仔细审核材料，一方面由于这位前首相苛刻的个性，另一方面是因为早已商定的出版期限迫在眉睫。在这种情况下，偶尔产生冲突当然也不足为奇。西尔维斯特在日记中回忆道：

今天早上劳合·乔治让我去看看汉基是否已经读完了我拿给

[1] 原注：B. Liddell Hart to D. Lloyd George, 11 April 1933, HLRO LG/G/212/3.

[2] 原注：B. Liddell Hart to D. Lloyd George, ‘Notes on Mr Lloyd George’s Memoirs’, HLRO LG/G/212/3.

[3] 原注：Hankey to Liddell-Hart, 15 February 1934, TNA CAB 104/141.

他的手稿，而汉基当时正在内阁会议上。

我等着汉基结束会议。他看起来有点烦闷，说道："劳合·乔治到底是怎么想的！我怎么可能在一个周末把这些手稿都看完，还要仔细核实！"[1]

汉基自封为机密捍卫者，因此他有几点顾虑。尽管考虑到战争时期情况特殊，他还是急于保护内阁会议的机密性，一定要确保手稿之中不能大量引用内阁会议记录。引用过多会破坏集体责任原则，因为这些引用会使得某些大臣的意见在集体决定达成之前的审议阶段便被公之于众。汉基担心，对内阁会议记录的引用会影响到现任大臣的言论自由，他们在就一些有争议的话题谈论时会变得小心翼翼，因为这些话语日后可能会被他们的同事写进回忆录中。因此，他要求劳合·乔治尽可能地减少直接引用的内容，并且只在"对表述历史事实不可或缺"的情况下使用。[2]

然而，劳合·乔治拒绝做出牺牲。他认为汉基的要求并不合理。政治家和前武装部队服役人员出版的回忆录里有大量的纪实材料，他们显然没有考虑到内阁事务的神圣性。许多回忆录对劳合·乔治的战争行为进行了负面的反思，甚至为了批评他，不公正地省略了很多内容。"15年了，"劳合·乔治抗议道，"我一直忍受着这些敌意满满的批评。"他接着说，"这些已出版的书都引用了机密文件。我的书架因为它们的断章取义而哀鸣。不仅仅为了我自己，也为了公众和后人，我必须公正地说出完整的事实。"[3]劳合·乔治公开内阁文件的决心是如此坚决，以至于他威胁要向美国出版商发送未删减的版本，而向英国出版社发送删减后的版本。令人尴尬的是，删减版本在本该印有引文段落的位置却是大段空白。[4]汉基对此

[1]　原注：Sylvester, 'Examples of My Work on This Book', NLW E5.

[2]　原注：Suttie, *Rewriting the First World War*, p. 20.

[3]　原注：D. Lloyd George to M. Hankey, 18 April 1934, TNA CAB 104/141.

[4]　原注：Sylvester, Diary, 29 March 1933, NLW Sylvester Papers A21.

感到震惊，并提醒劳合·乔治说，在他担任首相期间一直尊重内阁机密，并且他自己也反对任何人通过公开文件来破坏内阁机密。例如，1922年，当加拿大总理威廉·麦肯齐·金[1]请求获得引用《帝国战时内阁会议纪要》(Minutes of the Imperial War Cabinet）的准允时，劳合·乔治就反对公开过去的会议记录，认为这将不可避免地缩小未来会议的效用。[2]10年以后，劳合·乔治唱的可是另一首颂歌。

汉基的第二个担忧是，确保这本回忆录在提及官员和国家领导人时不超越礼仪的界限。他谴责人身攻击，他认为，这些人身攻击玷污了战争文学，进而引起作家们愤怒的反驳，强烈要求公开证据。这一点在1934年4月16日汉基写给劳合·乔治的一封信中阐释得非常清楚：

> 我扪心自问，把我们的民族英雄拉下神坛是否真的对公众有益。这将产生的影响就好比有知名牧师去搜集历史证据来诋毁圣徒们，是一样的！我也不赞成在这些事件中的有关人员之间进行公开争论，因为在这一轮轮的攻击和反击中，人们为获取证据资料会更深入地翻找官方记录。[3]

就汉基而言，他的工作职责是保护官方机密，而不是官方声誉。就回忆录的解读而言，劳合·乔治完全有权利要求反对他的内阁秘书长做出让步。

总的来说，事情就是这样。当劳合·乔治被要求收回其备受争议的言论时，他的反驳是，汉基没有权利对“酸涩的真相”进行审查。最重要的是，内阁秘书长希望减少对将军们的毁谤，特别是黑格和当时的帝国总参

[1] 译注：威廉·莱昂·麦肯齐·金（William Lyon MacKenzie King，1874—1950），加拿大政治家。担任加拿大总理近22年，是加拿大史上任职时间最长的总理。

[2] 原注：Hankey to Lloyd George, 27 April 1934, HLRO LG/G/212/3.

[3] 原注：Hankey to Lloyd George, 16 April 1934, HLRO LG/G/212/4.

谋长[1] 威廉·罗伯逊爵士。这本回忆录与其说是对英国高级统帅的控诉，不如说是对他们的折磨。将军们在作战中表现无能、缺乏想象力、弄虚作假，他们要为西线那场惨无人道的大屠杀负全部责任。劳合·乔治手中掌握着机密文件，在回忆录中讲述了一个令人痛心的故事——那些愚蠢的将军们将拿破仑时代过时的军事理论奉若神明，却反对明智的伦敦政治家们的正确判断。他们刚愎自用，指挥军队反复冲向固若金汤的德国防线，最后造成了大量伤亡。劳合·乔治为了避免对大屠杀承担任何责任，将无数的控告不断地指向黑格。汉基知道这些机密文件会对公众舆论产生怎样的影响，并意识到有可能遭到报复式泄密，他曾试图让这位前首相撤回这些文件，但都徒劳无功。

汉基竭力保护将军们的名誉，结果与劳合·乔治发生了多次冲突。其中最激烈的一次，是有关书中对于第三次伊普尔战役——也就是众所周知的帕斯尚尔战役（Battle of Passchendaele）——的处理问题。1917 年 6 月盟军在攻打梅西讷中占据上风，黑格受此鼓舞，相信德国军队当时已经濒临崩溃，并设想将帕斯尚尔战役作为一个“强大推手”，用以打破法兰德斯僵局和占领当时德国在比利时海岸的潜艇隐蔽坞。然而，这场原设想将是决定性胜利的战役却演变成整个战争中最可怕的消耗战之一。在 7 月 31 日发起这场战役后，几天之内，原本田园诗般的乡村变成了犹如人间地狱的战场。夏季的倾盆大雨使伊普尔低地成为无法穿越的沼泽，黏稠的泥浆沾满了军服，堵住了来复枪。在发动冲锋之前，盟军向德军防线狂轰滥炸，在两周时间里发射了 400 多万枚炮弹，所及之处被夷为平地，弹坑密布，排水系统也被摧毁。沼泽变成一个个泥泞不堪的坑洞，以至于人、马和驮着货物的骡子都淹死在里面。当英国军队正踉踉跄跄穿过这片泥潭时，德国人却用弹药箱垒起新的防线，架起机关枪，给盟军造成巨大伤亡。到 1917 年 11 月，历时 3 个月的激烈战斗，盟军仅取得 8 公里的战

[1]　译注：帝国总参谋长（Chief of the Imperial General Staff，CIGS），英国最高军事指挥官，协助军事主官指挥军队作战。

果，却牺牲了14万战斗人员的生命，每前进2英寸（约5厘米）就得牺牲一名士兵。[1] 简而言之，这场战役是一场真正史诗级别的灾难，西格夫里·萨松那富有诗意的墓志铭也许就是对这场战役最好的总结："我死在地狱，一个名为帕斯尚尔的地方。"

劳合·乔治带着冷酷而坚定的心态，在回忆录中谈到帕斯尚尔问题。对他来说，帕斯尚尔战役是这本回忆录的核心，是对国难时期国家高级军事将领的毁灭性批评。劳合·乔治坦率地承认，他不是作为一个历史学家在书写第三次伊普尔战役的历史，而是从一个掌握机密文件证据的官员角度出发。[2] 为此，他花了大量时间起草相关章节。据汉基的助手西尔维斯特回忆，劳合·乔治一次又一次地重写了关于帕斯尚尔战役的手稿。[3] 劳合·乔治还采访了无数的目击者，大量引用了官方消息来源。西尔维斯特回忆道：劳合·乔治曾多次与高级官员交谈，他有大量来自帝国总参谋长和包括黑格在内的国内外其他将军的机密文件，有来自法国的情报，以及内阁每天收到的关于战争损失的战报。此外，他还通过私人渠道掌握了许多来自德国官方消息源的资料。[4]

书中最终呈现出的却是骇人听闻、尖酸刻薄的人身攻击。书中描述在帕斯尚尔战役前夕，黑格经常处于自欺欺人的状态。在这场灾难发生前的三年里，他对敌情一无所知，为了突破德军防线，多次采用大规模正面进攻的策略，在整个西线的大小战斗中悉数落败。劳合·乔治声称："西方的战略家们夸大了每次微弱进攻的效果，还努力让自己相信，德国人被这些进攻击垮了，他们既没有足够的兵力、大炮，也没有精神动力，在任何地方继续作战……这些描述并没有夸大他们的幻想。我看到他们当时正

---

[1] 原注：P. Hart and N. Steel, *Passchendaele: The Sacrificial Ground* (London: Cassell, 2001), pp. 211–12.

[2] 原注：Lloyd George, 引自 Suttie, *Rewriting the First World War*, p. 12。

[3] 原注：Sylvester, 引自 Suttie, *Rewriting the First World War*, p. 17。

[4] 原注：Sylvester, 引自 Suttie, *Rewriting the First World War*, p. 17。

兴高采烈。”[1] 黑格顽固地信奉错误的西方战略，这被视为他性格傲慢的体现，而且在一定程度上，黑格热衷于追求权力。劳合·乔治解释说："这就是无限制的权力让人陶醉的地方，即便是一个微小的表达也足以致无数人伤亡。”[2]

在一段尖酸的评价中，劳合·乔治声称黑格只是二流指挥官，不具备以往任何伟大统帅的品质："黑格天生不具有……克伦威尔[3]、马尔波罗[4]或‘石墙’杰克逊[5]的敏锐的战略眼光。”[6] 书中特别批评道，黑格的想象力和眼光与普通人无异，远不是什么天才。[7] 黑格思维迟钝，固守着陈旧的作战方法，如盲目迷信骑兵冲锋战术；他不能出其不意，攻其不备。最糟糕的是，黑格被指控缺乏人格魅力，不能激发士兵们的牺牲精神：

> 那些战壕里的士兵们对他们领导人感到钦佩、信任和爱戴的说法完全是胡说八道。“小伍长”[8] 的故事不可能套用在任何将军身上。士兵们在大战前看见身骑白马的将军，并为之欢呼，从来就没有过这样感人的情节。除了汽车里擦得锃亮的黄铜从他们身边一闪而过，他们几乎就没见过自己的指挥官……只有在温暖舒适的后方才大肆宣扬着那些被士兵们敬仰的领袖的传说，而这些传说从未切实在战壕里发生。[9]

---

[1]　原注：D. Lloyd George, *War Memories*, 6 vols. (London: Odhams, 1938), Volume I, p. 322.

[2]　原注：Lloyd George, *War Memories*, Volume II, p. 1,243.

[3]　译注：克伦威尔（Oliver Cromwell，1599—1658），英国政治家、军事家。

[4]　译注：马尔波罗（Marlborough），英国统帅，曾随英国远征军参加英荷战争。

[5]　译注：“石墙”杰克逊（“Stonewall” Jackson，1824—1863），美国内战期间著名的南军将领。

[6]　原注：Lloyd George, *War Memories*, Volume II, p. 2,014.

[7]　原注：Lloyd George, *War Memories,* Volume II, p. 2,014.

[8]　译注：小伍长（Petit Caporal），拿破仑一世的绰号。

[9]　原注：Lloyd George, *War Memories*, Volume II, p. 1,409.

因为黑格，帕斯尚尔战役终会是一场灾难。劳合·乔治本想在西线以战略防御为主，至少在美国人开始向欧洲投入能扭转局势的兵力之前保持这样的策略；他用了好几章的篇幅来描写黑格是如何习惯性地刚愎自用，如何嘲笑战时内阁试图暂缓进攻的每一次尝试；书中强调，他一心只想在佛兰德斯获胜，不惜付出生命代价。黑格故意误导了战时内阁，向内阁成员隐瞒了一些关键细节，包括法国军队反对进攻，以及伊普尔的地形易受雨水和洪水的影响等，机密文件等材料支持了劳合·乔治的这一指控。[1]据说坦克营参谋部给黑格提供了地图，地图中标识出大炮轰击后将产生充满水的弹坑的确切地点；而他答复道："不用再报送这些可笑的地图了。"这说明，在黑格看来，"这些妨碍作战计划的事实是没必要的画蛇添足"。[2]据劳合·乔治所言，第5集团军司令休伯特·高夫曾要求黑格下令结束这场屠杀式的战斗，但也只能硬着头皮打到最后。[3]劳合·乔治还引证文件揭露了令人吃惊的另一内幕：黑格曾在1918年初想再次发动帕斯尚尔战役，这表明上一年惨痛的失败对他来说并不算什么。[4]

书中关于帕斯尚尔战役的描述使汉基十分震惊。他对西尔维斯特说，劳合·乔治对黑格的总体战略设想相当反感。[5]书稿中并没有提到扫荡比利时海岸的战略目标，取而代之的是暗示其战略意图像在索姆的战斗一样，"仍然只是不自量力地以卵击石"。[6]汉基并不傻，他明白劳合·乔治为了给黑格定罪，对证据的使用是有选择性的。例如，他并没有提到一份泄露机密的文件，该文件显示，前英国远征军总司令、陆军元帅约翰·弗朗奇爵士，即黑格的前任，曾在1915年1月就提交过一份攻打帕斯尚尔的计划；而书稿给人带来一种错觉，即认为黑格就是帕斯尚尔计划的始作

[1] 原注：Egerton, 'Lloyd George "War Memoirs"', 77.

[2] 原注：Lloyd George, *War Memories*, Volume II, p. 1,296.

[3] 原注：Lloyd George, *War Memories*, Volume II, p. 1,312.

[4] 原注：Lloyd George, *War Memories*, Volume II, p. 1,657.

[5] 原注：Sylvester to Lloyd George, 10 April 1934, LG/G/212/3.

[6] 原注：Sylvester to Lloyd George, 10 April 1934, LG/G/212/3.

俑者。[1] 汉基觉得劳合·乔治没有必要对黑格进行如此猛烈地抨击。[2] 书稿中充满了侮辱性的字眼。例如，黑格被描述为“缺乏理解和连贯表达的天赋”。[3] 正如内阁秘书长所见，这样的段落反而可能对劳合·乔治产生负面的影响，批评人士会指责劳合·乔治对黑格带有个人偏见。因此，尽管承认劳合·乔治不应该“把所有的爆料都删掉”，汉基还是恳请前首相冷静一下自己的情绪：“我的建议是，在引用文件时尽量顾全大局，以及避免进行任何嘲讽。我认为你现在的书稿中充满了挑衅情绪，你要是能在自身方面表现得越温和，你书稿的章节就越有说服力，无论是在今天，还是在将来成为历史的时候。”[4] 尽管如此，劳合·乔治仍然拒绝让步。对他来说，这些指责和反驳是这本书最重要的一部分，因为这本书的目的在于驳斥任何关于他——作为战时联合政府首脑——应该为这么多年轻人的死亡承担责任的说法。

汉基试图说服劳合·乔治停止对政治家们的批评，但他失败了。前任首相热衷于说出全部真相，结果导致一些自由派的主要人物遭到无情的批评，如赫伯特·塞缪尔、爱德华·格雷和雷金纳德·麦凯纳。[5] 包括前首相菲利普·斯诺登和现任首相拉姆齐·麦克唐纳在内的国家政府官员遭到了谩骂。麦克唐纳因战时支持和平活动，被贴上了卖国贼的标签。在一封写给国王私人秘书克莱夫·威格拉姆爵士的密信中，汉基哀叹道，由于这些人身攻击，劳合·乔治“将因缺乏宽容而被载入史册”。[6]

有趣的是，这位内阁秘书长至少成功地用甜言蜜语让劳合·乔治删除了一些关于丘吉尔的“可怕的、伤害性的”言论。在书稿第三卷第一章第 24 页的底部，有汉基所说的“犀利段落”。（遗憾的是，无论是在国家档案

[1]　原注：Sylvester to Lloyd George, 10 April 1934, LG/G/212/3.

[2]　原注：‘Hankey Notes: Passchendaele’, LG/G/212/4.

[3]　原注：Lloyd George, *War Memoirs*, Volume II, p. 2,017.

[4]　原注：Lloyd George, *War Memoirs*, Volume II, p. 2,017.

[5]　原注：Suttie, *Rewriting the First World War*, p. 4.

[6]　原注：Hankey to C. Wigram, 28 May 1934, TNA CAB 104/142.

馆还是有关劳合·乔治的文件中，都没有这段文字的记录；人们只知道这段文字的开头是这样一句话："他的思想是一台强大的机器"。）[1] 在汉基看来，问题在于"如果有一天丘吉尔再次参加竞选或者当选首相时，反对他的人可能就会不断引用这段受质疑的文字"。[2] 汉基强调他并不是因为自己是丘吉尔的"朋友"才帮他"求情"，而是因为丘吉尔"当时运气不好"，这段话"会给他带来可怕的打击"。[3] 当时，这位英国的未来领袖正处于事业的低谷，后来这段时期被称为丘吉尔的"荒野岁月"。他除了因为反对印度地方自治而下台并与保守党领导层疏远之外，还曾多次受到健康的困扰，经济困难。所以，劳合·乔治出乎寻常地表现出同情心并同意删去这段令人不快的文字。

从理论上讲，乔治五世国王作为枢密院的首脑，拥有出版的最终决定权，因为他有权否决内阁档案的出版许可。尽管国王不太可能这样做，也没有这样做的先例，但汉基当时不准备冒任何风险。为了讨好君王，他鼓励劳合·乔治在回忆录中穿插一些对国王的溢美之词。[4] 他特地要求劳合·乔治写道，为了给整个国家树立榜样，国王定期视察前线；在空袭期间仍留守伦敦；在整个战争期间，国王一滴酒也不沾。汉基还建议劳合·乔治应该提到，国王无私地将自己的大儿子送到军队服役，而他的小儿子——未来的乔治六世——也加入了海军。[5] 劳合·乔治不想看到他的回忆录因受到皇室阻挠而流产，于是同意了汉基的建议。这是一次重大的转折。此前，乔治想过要在书中用一个章节写一写英国反君主制运动，其中将会有一些"对国王进行个人指责的内容"。[6] 幸亏汉基强烈劝阻，才打消了他这个念头。

---

[1] 原注：'Hankey Notes: Volume III, Chapter 1', HLRO LG/G/212/4.

[2] 原注：'Hankey Notes: Volume III, Chapter 1', HLRO LG/G/212/4.

[3] 原注：'Hankey Notes: Volume III, Chapter 1', HLRO LG/G/212/4.

[4] 原注：M. Hankey to Lloyd George, 11 April 1933, HLRO LG/G/212/3.

[5] 原注：Sylvester, 'Examples of My Work on This Book', NLW E5.

[6] 原注：M. Hankey to Lloyd George, LG/G/212/4.

国王通过其秘书威格拉姆转告劳合·乔治，他对那些讨论他对战争所做贡献的内容感到高兴，并同意出版这本回忆录。但国王也表态，对书中贬损麦克唐纳的说法深表遗憾，并要求删除这些内容。劳合·乔治气炸了。他把国王的要求理解为，国王在内心深处并不喜欢这本书，并希望看到它被删减到无法出版的地步。他在电话里对西尔维斯特大声喊道："国王为什么要反对我的书？"[1] 他接着说，乔治五世对"（其他作家）对我的评论没有提出任何异议，当我想要为自己辩护时，他却不同意了"。[2] 劳合·乔治怀疑麦克唐纳（麦克唐纳是王室的朋友）对国王施加了压力，他不服气地表示自己不会被就此封口："国王下地狱去吧。我不欠他什么，他坐在这王位上还欠我呢。"[3] 根据其妻子史蒂文森的说法，王室的干涉只会增强劳合·乔治攻击麦克唐纳的决心，以至于他实际上重新起草了一些段落，措辞更加"敌对和严厉"。[4]

劳合·乔治面临的最后一个障碍是，要获得英皇政府在政治上的正式批准。严格地说，他理应向首相申请出版许可，但由于劳合·乔治认为现任首相麦克唐纳是一个自负、妒忌心重的家伙，可能会毁掉这本书，所以他转而寻找了联盟中的另一个成员。[5] 汉基安排时任议会主席斯坦利·鲍德温对书稿做最后裁决。选择鲍德温是合理的。他已经读了大部分的手稿，尽管鲍德温也为书中暴躁的情绪感到苦恼，但他还是声明自己赞成该书的出版。1933 年 6 月 22 日，在帕尔默俱乐部的私人会议上，鲍德温曾对劳合·乔治说："你是最后一个能把全情写出来的人。你有权把你的情况写出来，也有权披露对你写作有帮助的任何文件。"[6] 而且，因为麦克唐纳的健康状况不佳，很多时候鲍德温已经成为事实上的首相。通过选择他

---

[1] 原注：Sylvester, 'Examples of My Work on this Book', NLW E5.

[2] 原注：Sylvester, 'Examples of My Work on this Book', NLW E5.

[3] 原注：Sylvester, 'Examples of My Work on this Book', NLW E5.

[4] 原注：Suttie, *Rewriting the First World War*, p. 23.

[5] 原注：Sylvester, 'Examples of My Work on This Book', NLW E5.

[6] 原注：Sylvester, 'Examples of My Work on This Book', NLW E5, p. 24.

来审核自己的回忆录，劳合·乔治消除了所有原本担心逾越规则的疑虑，他不必再担心麦克唐纳从中作梗。麦克唐纳在1934年4月终于读到这本回忆录。虽然麦克唐纳说此书“应受谴责”且是“我所读过极其无知的忏悔录之一……”，但他告诉汉基，他从这本书的出版中得到了一种奇怪的乐趣，因为总有一天，他将“非常精心”地写一本回忆录作为回应，让劳合·乔治看起来像个傻瓜。[1] 遗憾的是，直到麦克唐纳1937年去世了，他一个字也没写。

有了鲍德温的批准，这些回忆录得以在1933年年末到1936年冬季之间连续出版了六卷。苏蒂指出，人们对此的期待可以说到了激动发狂的程度。[2] 劳合·乔治不仅是当代最重要的政治家之一，同时也是最具争议性的一位。由于汉基在政府圈子之外不为人知，劳合·乔治被认为是最后一位亲身经历了这场战争并将其出版成书的重要人物。而且，没人比他更有资格提供伴随、推动这场英国的战争决策的内幕。另一位“伟大的回忆录作家”丘吉尔在战争时期有一部分时间离开了政府岗位，而劳合·乔治从头到尾一直处在政治核心领导层的中心：首先担任财政大臣，然后是军需大臣，接着是陆军大臣，最后出任首相。[3] 随着公众越来越翘首以待，劳合·乔治在与潜在出版商的谈判中越来越有利，后来，他成功签下了获利丰厚的合同。伦敦出版商艾弗·尼科尔森与沃森以1万英镑外加版税的出价获得了其回忆录在英国的图书发行版权，美国利特尔 & 布朗出版社则支付1.2万美元购买了在美国发行的版权，《每日电讯报》以2.5万英镑的价格抢购了连载权。[4] 尽管这个价格与1922年中止的合同相比较少，但在经济不景气的20世纪30年代，这是一笔很可观的收入。这本回忆录为作者带来了大约6.5万英镑的总收入，这笔

---

[1] 原注：R. MacDonald to M. Hankey, 19 April 1934, HLRO, LG/G/212/3.

[2] 原注：Suttie, *Rewriting the First World War*, p. 10.

[3] 原注：Suttie, *Rewriting the First World War*, p. 10.

[4] 原注：Egerton, ‘Lloyd George “War Memoirs”’, 65.

财富使得这位前首相很高兴，并常常在朋友们面前吹嘘：在这个空前萧条的时期，他赚的钱是丘吉尔的“5倍”（甚至更多）。据说，后来丘吉尔听到这个数字后感到错愕。[1]

回忆录的每一卷都得到了大量的评论，人们对文本内容进行了仔细审查，以寻找粉饰、内疚和后悔的迹象。劳合·乔治前助手斯温顿曾预言有些人会拿着“枪和棍棒”等着看回忆录，他是对的。[2] 许多评论充满了敌意，这些评论署名大多为退伍老兵，他们猛烈抨击黑格和最高指挥官，严厉指责他们淫秽下流，同时也指出回忆录作者不愿为他的那份过错承担责任。针对这些抨击，没人比帝国总参谋长罗伯逊爵士手下的军事行动主管、少将弗雷德里克·莫里斯爵士更为恼火，他在媒体上发表了一连串的驳斥言论。莫里斯出声谴责并不奇怪，因为他和劳合·乔治有过“历史恩怨”。1918年5月，莫里斯实名给《泰晤士报》写了一封信，不顾自己的职业前途，直言不讳地指责首相在德国春季攻势期间欺骗了国会，谎报英军在西线服役的人数。这封信的发表引起了轩然大波。劳合·乔治透露说他所给出的英军人数，来源其实是莫里斯的办公室，而不是首相的办公室，由此扭转了在国会的局势。得知这一情况后，莫里斯因严重违反纪律而被军队强制退役。其他批评这本回忆录的人包括前海军大臣爱德华·卡森爵士。卡森对劳合·乔治称自己在与德国U型潜艇的战斗中，违背海军部的意愿建立了护航系统的说法表示愤慨，称其为“有史以来最大的谎言”。[3] 回忆录里的假声明和真暗示交织的虚虚实实激起了前陆军部成员的不满，他们对劳合·乔治自称动员了国家军火生产的说法表示谴责。

在那个大多数政府档案还没有公之于众的时代，当像麦肯齐这样的人因泄露机密信息而被带上法庭时，人们并非没有注意到劳合·乔治从所谓

[1]　原注：Sylvester, ‘Examples of My Work on This Book’, NLW E5.

[2]　原注：Suttie, *Rewriting the First World War*, p. 195.

[3]　原注：引自 Jones, ‘Lloyd George “War Memoirs”’, 138。

的“机密”文件中自由引用的程度。《新政治家与国家》主编金斯利·马丁对书稿中包含的“大量官方文件”感到震惊。[1]这种虚伪显而易见。许多批评人士质疑道劳合·乔治是如何避免被起诉的？在公开场合，官员们谨小慎微，拒绝回应此事，他们还没有做好准备公然地承认：劳合·乔治作为一位前首相，傲慢地藐视“规则”，不受约束，实际上凌驾于法律之上。他们也只字未提为了让这个毫不妥协的威尔士人[2]不那么偏激，付出了巨大努力。然而，官员们私底下都清楚劳合·乔治回忆录是一个危险的先例，这也证明了他们在一定程度上对机密信息保密失控的事实。

不可避免的是，政府很快就被淹没在人们的呼声中——人们要求检查封存的档案资料。约翰·梅纳德·凯恩斯在战争期间曾是财政部的高级顾问，他感到困惑的是：劳合·乔治回忆录第二卷中一个小段落出处是他写的会议记录，在1915年9月提交给战时内阁。[3]但他“记不起或根本不记得其中的内容”，于是他索要一份会议记录的副本：“既然有这么多出版物引用了这份记录，而且现在它又被一名内阁秘书长引用作为对一名文官攻击的依据，因此它可被视为一份公开文件。”[4]汉基被这件事弄得很不安，最后他回到一个技术性论点，即作为一名前文官，凯恩斯“既不能公开发表自己以官方身份记录的内容，也不能为其辩护”。[5]顾及文官队伍的“利益”，凯恩斯没有进一步就此事进行讨论，但是他警告说，如果政府继续允许大臣们对他们的顾问发表辱没性的言论，那就是在引火烧身。

另一个要求查阅文件的人，是已故战时内阁大臣米尔纳勋爵的遗

[1] 原注：引自 Suttie, *Rewriting the First World War*, p. 195。

[2] 译注：劳合·乔治是唯一一位威尔士裔英国首相，也是唯一一位以英语为第二语言、以威尔士语为第一语言的英国首相。

[3] 原注：参见 Naylor, *A Man and an Institution*, pp. 208–9。

[4] 原注：Naylor, *A Man and an Institution*, p. 208.

[5] 原注：Naylor, *A Man and an Institution*, pp. 208–9.

孀。[1] 她的不满是，劳合·乔治引用了她已故丈夫所写备忘录的摘录。这位前首相凭借这些内容，指控 1917 年在俄罗斯的米尔纳及其幕僚未能预判并向英皇政府提醒即将爆发布尔什维克革命。米尔纳夫人当时正在整合丈夫的传记，她要求查看有关备忘录，以便确定劳合·乔治的说法是否准确。汉基“非常小心地”[2] 处理了这一请求。如果允许“非官方人士”查阅官方记录，有可能会使政府陷于尴尬境地，因为无法拒绝历史学家享有同样的特权。汉基建议政府明确区分对待两者，一方面是为了写一本“好书”而希望查阅档案的历史学家，另一方面则是像米尔纳女士这样“爱惜荣誉”的个人，她要为已故政治家的过往辩护，并声称这段历史被正式授权的出版物所伤害。[3] 汉基灵活的处理方法得到内阁的采纳，因而米尔纳夫人成为第一个受益于所谓的“拓展的”辩护人原则的人。

与劳合·乔治回忆录有关的诸多问题给汉基带来沉重的心理负担，并使他相信内阁秘书处必须采取措施从根源上遏制这股涉密的政治自传浪潮。在他看来，除非采取措施，否则情况只会变得更糟。最近的事件表明，即使是在资金短缺的时代，出版商和报社也预备提供巨额资金，以诱使政客们大量披露涉密信息。《每日电讯报》声称，由于连载劳合·乔治的回忆录，其发行量增加了 35 万份，巨额的回报使他们非常高兴，于是他们打算继续与一大批潜在的回忆录作者签订报酬丰厚的合同。[4] 汉基的计划是通过制定更严格的指导方针，为那些想要加入出版浪潮的潜在作者们制造困难，类似于 1919 年被否决的指导方针——规定大臣们在离任时

[1]　原注：Naylor, *A Man and an Institution*, pp. 223–4. Also: ‘Additional Notes on the Establishment of the Conventions’, 14 October 1975, TNA CAB 164/1297.

[2]　原注：C 35 (34) 4, 17 October 1934, TNA CAB 23/80.

[3]　原注：*Report of the Committee of Privy Councillors on Ministerial Memoirs* (London, 16 December 1975), Cmnd. 6386, TNA PREM 16/904; ‘Publication of Cabinet Documents’, R. Howorth, 21 January 1935, TNA CAB 104/142; ‘Introductory Historical Note: The Use of Official Material in Ministerial and Other Memoirs’, R. Howorth, 18 July 1941, TNA CAB 21/2165.

[4]　原注：Sylvester, ‘Examples of My Work on This Book’, NLW E5.

必须将所有文件归还内阁秘书处。

要使这项计划获得政治上的批准是很困难的。以往的经验表明，在任的大臣们在制定规则时很谨慎，而这些规则可能会在他们准备写自己的回忆录时反噬自身。对汉基来说幸运的是，事情的发展使他的计划成为现实。1934 年 3 月 6 日，反对党领袖之子埃德加・兰斯伯里出版了他父亲乔治・兰斯伯里的传记，其中包括两份未经授权的内阁备忘录引文，这证实了大臣们保留文件的危险性。这些文件是他父亲在 1929—1931 年担任工党政府工务大臣时写的。[1] 针对这一起泄密事件，政府采取了迅速和严厉的行动。这本传记马上就被从书店下架，两周后，依据《官方保密法》，埃德加被判决有罪，并处以 25 英镑加 25 基尼罚金。[2] 愤怒的指责接踵而来。如同康普顿・麦肯齐事件发生时一样，政府被指控对象劳合・乔治和丘吉尔这样的知名人士，只有虚张声势的指控而没有对他们采取实际行动。一些记者推测，政府真正的目的是间接报复乔治・兰斯伯里，他被怀疑向《每日先驱报》透露了内阁大臣们的名单，他们现在在国民政府任职，曾在 1931 年阻碍了乔治・兰斯伯里的社会政策。[3] 在很多评论家看来，这件事最可耻的是乔治・兰斯伯里一开始就该对流出文件负责，他本人却没有和他的儿子一起被起诉。从这一疏忽得出的结论是，有地位的人不像其他人一样受同样的法律约束。

在众怒之下，国家政府明白了汉基计划背后的逻辑。3 月 21 日，兰斯伯里被定罪后的第二天，内阁通过了一项规定，要求未来的大臣们在离任时交还所有内阁文件和会议记录。声明强调，“鉴于最近法院审理的一起案件，‘此时’是采取行动的恰当时机”。[4] 英皇政府还指示汉基写信给所

[1] 原注：'Last Labour Cabinet Papers Disclosed', *Manchester Guardian*, 6 March 1934.

[2] 原注：*Report of the Committee of Privy Councillors on Ministerial Memoirs* (London, 16 December 1975), TNA PREM 16/904; 'The Lansbury Case', R. Howorth, 20 March 1934, TNA CAB 21/391.

[3] 原注：Hooper, *Official Secrets*, pp. 54–6.

[4] 原注：CII(34) 5, 21 March 1934, TNA CAB 23/78.

有在世的前大臣（如果已经去世，就写信给他们的代表），要求他们归还持有的一切内阁文件。要从前大臣们的手中收回这些文件并不容易，因为总有一些固执的人。霍沃思明白有些人会“毫无疑问地拒绝”，但他希望更多人将此视为一次清理家中杂物的机会。[1] 事实上，作为协议的一部分，前大臣们被告知仍然可以在内阁办公室查阅他们的文件。总共有 87 名前大臣（或其遗嘱执行人）被恳请交出文件。[2] 到 1935 年 11 月，汉基高兴地报告说大多数人都同意了，只剩下 8 名拒绝交出文件。[3] 其中一名拒绝交出文件的是前自由党卫生大臣克里斯托弗 · 艾迪生，他这样说道 :“如果一个人值得信任到足以成为内阁大臣，那么他就足够值得信任，会体面地对待他的文件。”[4]

对汉基来说，文件收回过程中最令人沮丧的是，政界的大佬们又一次拒绝遵守行为准则。最显要的人物是“战争时期两位伟大的回忆录作家”——丘吉尔和劳合 · 乔治。[5] 丘吉尔对错综复杂的法律富有远见，在对待自己的问题上，像他父亲一样，他签订了一项协议，明确规定在“未经英皇政府书面同意”的情况下，他个人收藏的任何国家文件都不得印刷。[6] 劳合 · 乔治甚至都不解释他拒绝放弃所持有文件的理由，只是简单地说 :“我没有心情交出这些文件”。[7] 有人认为应该对这些“巨人们”使用武力，但经过深思熟虑后，没人敢这么做。有一次，汉基请手下的一位幕僚劳伦斯 · 伯吉斯去查特韦尔会见丘吉尔，讨论这个问题。作为丘吉尔的近邻，伯吉斯被认为是向丘吉尔礼貌地提出请求的理想人选。但伯吉斯对丘吉尔是如此的恭敬，以至于他花了将近两个小时才鼓足勇气提出这个话题。在此期间，他不得不听

[1]　原注 : 引自 Naylor, *A Man and an Institution*, p. 214。

[2]　原注 : 参见 D. Reynolds, ‘Official History: How Churchill and the Cabinet Office Wrote *The Second World War*’, *Historical Research*, 78:201, 400–22。

[3]　原注 : CP 218 (35), ‘Cabinet Procedure: Recovery of Cabinet Papers’, 29 November 1935, TNA CAB 24/257.

[4]　原注 : C. Addison to Lloyd George, 29 September 1934, HLRO LG/G1/4/3.

[5]　原注 : Reynolds, *Command of History*, p. 27.

[6]　原注 : Reynolds, *Command of History*, p. 27.

[7]　原注 : Lloyd George to C. Addison, 3 October 1934, HLRO LG/G/1/4/4.

着丘吉尔的长篇大论，其用意显然在有意转移话题。当伯吉斯终于鼓起勇气时，丘吉尔却若无其事地回答道："我还是给你我写的《第一次世界大战回忆录》的简略本吧。"然后就无下文了。[1]

或许，庞大的文官队伍——其中一直反对内阁办公室和一直被蒙在鼓里的人——有话要说。

莫里斯·汉基，1945 年 3 月 29 日 [2]

1938 年 7 月，汉基辞去内阁秘书长的职务，防止麻烦的回忆录作者泄密的保密工作职责移交给他的继任者——财政部官员爱德华·布里奇斯。布里奇斯对第一次世界大战结束后泄密的情况表示遗憾。与前任不同的是，他对政客们有权在名誉受损情况下披露机密资料的说法并不赞同。在他看来，大多数作家真正的动机是报仇雪恨，赚大钱；简而言之，辩护人条款容许了更多的罪恶。布里奇斯接任后，越来越多的作者被剥夺了出版的机会。首先是海军上将查特菲尔德勋爵，他从 1939 至 1940 年担任国防协调大臣一职。查特菲尔德的回忆录于 1941 年 6 月底提交，其中探讨了英国对第二次世界大战准备不足而应承担的责任。这份手稿是以"最具争议性、倾向性和可能最片面的方式"写成的，里面充满了布里奇斯认为不合适的内容，包括提及情报部门和诋毁英国新的战时盟友苏联的言论。[3] 在书中某个段落，查特菲尔德声称，去往东方的游客总是被"苏联味道"熏到。[4] 布里奇斯在向战时内阁作简报时表示，

[1] 原注：Naylor, *A Man and an Institution*, p. 221.

[2] 原注：M. Hankey, 'The Supreme Command 1914–1918', Memorandum, 29 March 1945, Maurice Hankey Papers, Churchill College, Cambridge (hereafter CCC), HNKY 25/1.

[3] 原注：'Notes on Volume 5', TNA CAB 21/2165.

[4] 原注：S. Gaselee to Lord Chatfield, 11 September 1941, TNA FO 370/660; Lord Chatfield to S. Gaselee, 17 September 1941, TNA FO 370/660; S. Gaselee to Lord Chatfield, 18 September 1941, TNA FO 370/660.

回忆录的出版对国家统一的影响将是“可悲的”，甚至还说这“可能导致政府垮台”。[1] 布里奇斯评论中固有的危言耸听风格足以说服各位大臣。11 月 21 日，战时内阁以不利于国防工作为由禁止了回忆录的出版。[2] 然而首相温斯顿 · 丘吉尔也强调，战争结束时可以给予“更大的自由”。这很能说明问题。丘吉尔建议说 ：“只有少数几件事是永远不应该被提及的。”[3] 正如戴维 · 雷诺兹所说 ：“毫无疑问，丘吉尔第二句话背后隐藏着类似于恩尼格玛 [4] 这样的机密，而对自己回忆录的期待可能促使他说出了第一句话。”[5]

意想不到的是，汉基成为布里奇斯强硬立场最受争议的受害者。1943 年 9 月 22 日，这位传奇的内阁机密守护人宣布自己写了一本关于第一次世界大战的书，名为《最高司令部》（*The Supreme Command*），他急于让这本书通过审查程序，这使他的前上司们颇为震惊。[6] 在一封给布里奇斯的信中，汉基解释说他还没有找出版商。“我记得我曾经承受的压力，人们把战争书籍的校样都扔给我审批，因为这些作者与出版商签订了合同，所以他们不得不仓促地赶时间。”[7] 布里奇斯的下意识反应是尽可能地推诿，希望问题能简单地解决。因此，直到 1944 年 3 月，他才对汉基做出明确的回应 ；在此期间，他连续给汉基写了道歉信，信中找借口说自己总是疲于应付其他事情。汉基完全被蒙在鼓里，布里奇斯实际上却一直在策

[1]　原注 ：‘Lord Chatfield’s Memoirs’, TNA CAB 21/2165.

[2]　原注 ：‘Conclusions of a Meeting held at the War Cabinet’, 21 November 1941, TNA ADM 116/447.

[3]　原注 ：Churchill to Bridges, 23 November 1941, TNA CAB 21/2165.

[4]　译注 ：恩尼格玛（Enigma）源自希腊文，意为“谜，不可思议的东西”。这里指的是第二次世界大战期间的密码战。

[5]　原注 ：Reynolds, *Command of History*, p. 30.

[6]　原注 ：Hankey to Bridges, 22 September 1943, TNA CAB 104/229. Duplicated in CCC HNKY 25/1.

[7]　原注 ：Hankey to Bridges, 22 September 1943, TNA CAB 104/229. Duplicated in CCC HNKY 25/1.

划他的下一步行动：他向财政部律师托马斯·巴恩斯爵士咨询，如果汉基没有接受这一暗示，政府应该如何行动。布里奇斯竭力阻止这本书出版的原因是，担心它会引发新一轮的泄密浪潮。当然，这不是可以立案反对该书出版的理由，汉基也决不会接受这样的理由。在这种情况下，布里奇斯认为最妥当的理由是强调在目前的书稿中，回忆录过多地提及了大臣们与文官顾问之间的保密关系，因此违背了公共利益，也违背了文官传统的准则。布里奇斯希望汉基可以接受这个理由。毕竟，作为内阁秘书长，汉基曾为守护了自己的良心而自豪；此外，在与回忆录作者打交道时，他过去也经常使用同样的说辞。

在这件事的处理上，布里奇斯只是成功地为自己争取到更多的时间而已。汉基并没有把这本书束之高阁，而是花了几个月的时间进行修改和删减，以试图减轻他继任者的担忧。[1]10 月 27 日，汉基重新提交了书稿，并附上一封信，强调"很久以前"自己就决定写一本有关一战的、独一无二的书。至此，他也已经口头同意了与卡塞尔出版社的合同，合同条款规定，他将获得 5000 英镑的预付款和 20% 的丰厚提成。[2]（在内阁办公室不知情的情况下，汉基违反了《官方保密法》，向出版商的老板纽曼·弗劳尔展示了整本书稿，纽曼·弗劳尔认为这将是"卡塞尔出版社在我这个时代出版的最伟大的书之一"。）[3] 随着出版商的卷入，布里奇斯不得不迅速处理这件事。经过几周的深思熟虑之后，他告诉汉基出版这本回忆录是不可能的。尽管进行了多处修改，这本书仍然泄露了文官们与其上级之间的互信关系。[4] 这样做会产生"非常不良的后果"；文官们在与内阁打交道时会变得更加警觉，而大臣们在与秘书处成员自由交谈时会更加谨慎。布里奇斯认为，《最高司令部》一书的主旨要义强调了"大臣的幕僚们为上级

[1] 原注：Hankey to Bridges, 27 October 1944, CCC HNKY 25/1.
[2] 原注：H. Aubrey Gentry to Miss Pearn, 18 October 1944, CCC HNKY 25/2.
[3] 原注：Newman Flower to M. Hankey, 13 November 1944, CCC HNKY 25/2.
[4] 原注：Bridges to Hankey, 30 November 1944, CCC HNKY 25/1.

做了很多工作，比如准备材料、起草演讲稿或给他们提供建议等等”，而这一点破坏力极强。[1]公众会得出结论，高级文官所行使的权力远远超过宪法允许的范围。布里奇斯还告诉汉基，他在仔细审阅书稿后很震惊地发现，这本书是基于一本日记写就的，而汉基在白厅花园，即英皇政府办公楼工作期间，这本日记一直秘密存在：“我不免得出这样一个结论，即知道这样的记录可以被保存下来，并被出版的回忆录作为依据引用，将可能产生非常糟糕的影响。”[2]

汉基很伤心。这本书篇幅近75万字，花了几年时间才完成。很快，他回信给布里奇斯解释说，反对出版的理由“完全站不住脚”，因为政治家和将军们在他们的回忆录中“已经说过那么多了”。[3]对布里奇斯暗示自己不该写这本日记，汉基表示了反对。日记一直被安全地秘密存放着，是对战争初期一些决策和对话的宝贵记录，在当时很少有其他的记录。[4]而且，它的存在从来就不是机密。

事实上，他写日记的行为也受到首相劳合·乔治的鼓励，后者经常用日记把握事件的进展。厌倦了布里奇斯的固执，汉基决定诉诸更高的权威，即丘吉尔。在此之前，他曾向包括劳合·乔治在内的前同事们求助，询问他们是否会告知首相丘吉尔他们赞同这本书的出版。[5]12月8日，在获得众多身份尊贵的支持者的情况下，汉基给丘吉尔写了一封措辞巧妙的信，称书中所讨论的事件至少发生在25年以前，已然成为历史。他强调，有关这些相同事件的描述，市面上已经出版了不可胜数的刊物，其中许多出版物都以揭示大臣及其顾问之间的言行为荣。他提出了一个技术性的观点，在战争期间，他的身份是参谋军官，而不是文

[1]　原注：Bridges to Hankey, 30 November 1944, CCC HNKY 25/1.

[2]　原注：Bridges to Hankey, 30 November 1944, CCC HNKY 25/1.

[3]　原注：Hankey to Bridges, 3 December 1944, CCC HNKY 25/1.

[4]　原注：Naylor, *A Man and an Institution,* p. 44; M. Hankey, ‘The Supreme Command 1914–1918’, Memorandum, 29 March 1945, CCC HNKY 25/1.

[5]　原注：M. Hankey to D. Lloyd George, 7 December 1944, CCC HNKY 25/2.

官。最打动人的是，他对丘吉尔说："我自己对世界危机和战后的其他回忆录也有一些顾虑，但经过深思熟虑，我得出结论，他们对历史的贡献超过了这些顾虑。"[1]

然而丘吉尔没有施以援手，怨声四起。1945 年 2 月 23 日，丘吉尔通过布里奇斯传话说："战时内阁已得出结论：出版本书……不符合公众利益"，主要是因为这"会破坏大臣们与其首席顾问之间的特殊关系"。[2] 通过做出这一决定，首相表明自己不支持公务人员撰写回忆录。实际上，就大臣们而言，第一次世界大战是独一无二的。汉基很震惊，他把自己的感受告诉了一位可信的前同事、前内阁常务副秘书长汤姆·琼斯："令人震惊的是，丘吉尔是最先将他与约翰·费舍尔上将之间的所有秘密以及那么多私密书信和机密书信出版的人，现在竟然厚颜无耻地拒绝了我的出版申请。"[3] 汉基怀疑丘吉尔禁止这本书出版的真正动机是，"研究这本书的历史学家可能会发现丘吉尔是错的"。[4] 琼斯本人也是日记作者，他最初对汉基表示了同情，称政府的决定是"令世人震惊的"。[5] 琼斯在 3 月 1 日写道："我无法想象这一切，因为我们的领袖，尤其是现任首相，在最近几年里，在引用和出版文件方面享有极大的自由。"[6] 然而，一个月后，当他读完整本书稿，而不只是仅仅浏览"标题"之后，琼斯的态度发生了变化："我并不感到惊讶，内阁有理由犹豫是否通过这些书稿……这必然会对未来内阁秘书长们与内阁和大臣们之间的相处习惯产生深远影响，而且揭露真相的经济诱惑将是巨大的。"[7] 他总结道，"我的想法是，只有遥远的后人

[1] 原注：M. Hankey to W. Churchill, 8 December 1944, CCC HNKY 25/1; Reynolds, *Command of History*, p. 31.

[2] 原注：E. Bridges to M. Hankey, 23 February 1945, CCC HNKY 25/1.

[3] 原注：M. Hankey to T. Jones, 28 February 1945, CCC HNKY 25/2.

[4] 原注：M. Hankey to T. Jones, 28 February 1945, CCC HNKY 25/2.

[5] 原注：T. Jones to M. Hankey, 1 March 1945, CCC HNKY 25/2.

[6] 原注：T. Jones to M. Hankey, 1 March 1945, CCC HNKY 25/2.

[7] 原注：T. Jones to M. Hankey, 19 April 1945, CCC HNKY 25/2.

才能看到我们的日记。”[1] 汉基承认，琼斯心意的改变“让他相当震惊”，但他仍然坚持认为丘吉尔是错的 ：“我书里最后一节所写的事情距现在已经有 27 年了。”[2]

在争取解除禁令的最后努力中，汉基给布里奇斯寄去了一份精心设计的长篇备忘录，以揭露丘吉尔所做决定中的虚伪行径。备忘录参考了自一战结束以来出版的足足 59 本回忆录和传记，提出这样一个观点 ：“无论是对是错，几乎所有可以揭露的事情都已被揭露了。”[3] 为了说明这一点，汉基巧妙地把布里奇斯的注意力引到丘吉尔所著《第一次世界大战回忆录》的第 5 章，其中仅与 1915 年 1 月官方文件相关的引文就不少于 25 处。此外，汉基还抄录了劳合 · 乔治回忆录第六卷中的一段话，显示这位前首相在文中引用了汉基的日记 ：“幸运的是，我有机会接触到对时事记录最详细的官方日记和参与与其相关的讨论，该记录即汉基所写的战时内阁会议、帝国内阁会议和同盟会议的纪要……我的回忆录是基于大量的同时代文献撰写的。”[4] 最有冲击力的是，汉基引用了《第一次世界大战回忆录》卷二，即《第一次世界大战回忆录（1915）》序言中的一段话 ：“认为事实不应被完全公之于众，或者认为诚实地披露事实违反了保密义务的想法是荒谬的。成千上万的事实已经公之于众，数百件秘密事件也已被公开揭露过。”[5] 汉基强调说，尽管他也曾有过疑虑，但两次世界大战之间的出书大战“从未在大臣和其文官之间的关系上造成过不良影响”；丘吉尔突然制定了一条新规定，该规定特别适用于身份地位不同于以往回忆录作者的某

[1]　原注 : T. Jones to M. Hankey, 19 April 1945, CCC HNKY 25/2.

[2]　原注 : M. Hankey to T. Jones, 24 April 1945, CCC HNKY 25/2.

[3]　原注 : M. Hankey, ‘The Supreme Command 1914–1918’, Memorandum, 29 March 1945, CCC HNKY 25/1.

[4]　原注 : M. Hankey, ‘The Supreme Command 1914–1918’, Memorandum, 29 March 1945, CCC HNKY 25/1.

[5]　原注 : M. Hankey, ‘The Supreme Command 1914–1918’, Memorandum, 29 March 1945, CCC HNKY 25/1.

个人[1]，含有一种“站不住脚的歧视”。[2]

这次抗议是徒劳的，因为战时内阁坚持已做出的决定。由于1945年7月将进行大选，这件事也从每个人的优先事项清单上抹掉了。正如我们将在本书后面看到的，汉基在余生中不断地尝试推翻禁令；到了后来，这个伟大的战争故事将会被新的历史篇章和新一批的自传淹没，其中以丘吉尔所写的六卷《第二次世界大战回忆录》为首。我们很难不对汉基感到遗憾，尤其是考虑到二战期间，丘吉尔滥用其首相职权，在战后回忆录写作领域为自己谋福利。丘吉尔不想被禁止使用官方文件的规定所束缚，他采取了预防措施，指示手下的职员把所有以他的名义写下的会议记录和通信信件全部用印刷体打印出来。[3] 这些文件上明确地标记着“首相的私人会议记录”，并被安全地保存在首相位于查特韦尔的家中。同样，丘吉尔与罗斯福、斯大林的通信也被复制，并贴上“我的私人电报”的标签，这无疑是未雨绸缪，预防内阁声称这些文件是政府财产。[4] 同样为了私利，丘吉尔在1943批准出版了《命运之翼》，即伦敦德里勋爵的回忆录。伦敦德里勋爵曾于1931至1935年出任空军大臣，因高调宣传英德友谊而被人们铭记。布里奇斯本想看看这本书和查特菲尔德那本命运多舛的回忆录是不是一样。考虑到伦敦德里勋爵“比坏蛋兰斯伯里更麻烦”[5]，他还是向大臣们指出，如果允许出版，他们将开创一个危险的先例，因为《命运之翼》将成为自1918年之后出版的第一本回忆录，其直接后果将是公开和平时期有关的文件：“毫无疑问，当战争结束时，我们在这方面会有很多麻

[1] 译注：这里某个人代指汉基自己，他用讽刺语气暗指自己被拒绝的原因是，自己不是身份举足轻重的政客。

[2] 原注：M. Hankey, ‘The Supreme Command 1914–1918’, Memorandum, 29 March 1945, CCC HNKY 25/1.

[3] 原注：Reynolds, *Command of History,* p. 28.

[4] 原注：Reynolds, *Command of History,* p. 28.

[5] 译注：前文已出现，指的是反对党领袖之子埃德加·兰斯伯里出版了他父亲乔治·兰斯伯里的传记，其中包括两份未经授权的内阁备忘录引文，这证实了大臣们保留文件的危险性。这些文件是他父亲在1929—1931年担任工党政府工务大臣时写的。

烦，但不必预先考虑这个。”[1] 然而丘吉尔察觉到机会来了，并抓住了它。给这本回忆录冠以“文学”而不是“官方”的名义后，丘吉尔同意将其出版，因为他知道总有一天他自己也会想写关于绥靖政策的文章，出版关于战争起源的文件资料。虽然布里奇斯觉察到决定中昭然若揭的一己私利，但他也无法扭转局面。丘吉尔蔵定结论：“我真的觉得1935年以前的就是历史了。”[2]

丘吉尔滥用其首相权力最明目张胆的例子是，在1945年5月联合政府即将解体之际，他在最后一刻强行改变了对官方文件的监管政策。当时，布里奇斯意识到麻烦要来了，提早准备了一份备忘录，提醒即将离任的大臣们注意1934年通过的规定，要求他们离开时留下所有的官方文件。丘吉尔回忆起1919年规定更加自由的优点，他否定了这份备忘录，让内阁秘书长起草了一份修订后的备忘录，允许大臣们在离任时带走他们自己写的任何文件的副本。1945年5月23日，丘吉尔本人主导并批准了这一切。[3] 一周后，当联合政府解散时，人们再次看到政府大楼外停着装满一捆捆文件的巨型马车。继劳合·乔治等人之后，包括休·道尔顿[4]、利奥·艾默里和安东尼·艾登[5] 在内的即将离任的大臣们为了创作回忆录，从档案柜中卷走了数不清的文件资料。[6] 简而言之，第一次世界大战之后的泄密热潮又要重演了。

---

[1]　原注：‘Additional Notes on the Establishment of the Conventions’, 14 October 1975, TNA CAB 164/1297; ‘Wings of Destiny’, 2 December 1942, TNA CAB 21/2677.

[2]　原注：‘Disclosure of Cabinet Proceedings and Papers’, 9 February 1953, TNA CAB 21/3766.

[3]　原注：Reynolds, *Command of History*, pp. 28–9.

[4]　译注：休·道尔顿（Hugh Dalton），英国工党经济学家、政治家，1945至1947年担任英国财政大臣。

[5]　译注：安东尼·艾登（1897—1977），英国政治家、外交家，1955—1957年出任英国首相。

[6]　原注：Reynolds, *Command of History*, p. 29.

第二部分

保密与媒体

第 3 章

调查国家秘密的查普曼·平彻

您可能听说过查普曼·平彻这个人，我们认为他极有可能会设法进入您的仓库，为其出版搜集材料。届时他不太可能用自己的真名露面。为协助警方认出他，我们随信附上平彻的照片一张。当然，您不会放他随意出入，但如若他现身，希望您能向我们悉数告知有关信息，我们将不胜感激。比如他“到访”的日期和具体时间、他使用的姓名、跟他同行或资助他的人之姓名等。关于这件事请您和贵警署严格保密，并且警告警方人员不能泄密，这至关重要。看完此信记得销毁，万分感激。

供应部[1]安全官，

20 世纪 50 年代初[2]

本书接下来的 3 章将介绍在冷战时期，英国媒体在多大程度上扩大了公众的“知情权”，以及缩小了英国政府的保密范围。可以说，多数人一想到记者在努力挖掘国家机密时，往往会将之与美国媒体联系到一起——

[1] 译注：供应部（Ministry of Supply）是英国政府在 1939 年成立的一个部门，在第二次世界大战期间协调向三军所有分支提供装备。

[2] 原注：Secret and Personal, Est 4 Security to A. J. D. Gordes (Ministry of Supply Storage Depot), Ruddington, TNA AVIA 65/2340.

而且理由相当充分。从20世纪60年代起，揭露政府滥用职权和报道高度敏感性事件的能力，已经成为美国第四权力[1]，即新闻界受人敬重的特征，这也是当时衡量新闻工作是否优秀杰出的标尺。随着美国宪法第一修正案正式为新闻工作者提供了极其严格的宪法保护，美国媒体一次又一次地进行披露报道，起到对政府非法行使国家权力的重要监督作用。中情局前官员库尔德·梅尔在其回忆录《面对现实》中提到，“各路媒体轮番轰炸性的谴责报道……席卷了全国”。[2] 如此高调的披露报道最早始于1967年。当时，美国加利福尼亚州专门揭发丑闻的《堡垒》杂志，揭露中情局一直在向国家学生协会提供秘密资助。1971年，高级军事分析师丹尼尔·埃尔斯伯格向媒体泄露了国防部关于越南战争的绝密资料《五角大楼文件》，成为世界各地的头条新闻。当时的美国总统理查德·尼克松[3]曾申请禁止令，禁止杂志继续刊登有关信息，但最高法院却予以驳回。此后不久，《华盛顿邮报》的两名年轻记者，鲍勃·伍德沃德和卡尔·伯恩斯坦，在报纸上大肆报道了白宫政府的严重违法行为，比如对水门事件进行遮掩。著名的水门事件是在尼克松总统授意下，对华盛顿特区民主党总部实施的盗窃案。为了揭开丑闻，伍德沃德和伯恩斯坦坚持不懈，核查了通话记录和银行往来记录，追踪每一条线索，采访了几十位官员，其中包括“深喉”——美国最著名的匿名消息源。[4] 由于二人对尼克松总统垮台所做的贡献，他们获得了新闻界著名的普利策奖。在接下来的几年里，许多记者诸如西摩·赫什、杰克·尼尔森和丹尼尔·施克尔，纷纷凭借个人出色的调查报道成为全国名人。

相比之下，正统的史学观点倾向于认为，英国新闻媒体在揭露政府

[1] 译注：指代新闻界和新闻媒体。

[2] 原注：C. Meyer, *Facing Reality: From World Federalism to the CIA* (New York: Harper & Row, 1980), p. 84.

[3] 译注：理查德·尼克松（1913—1994），美国第34任副总统及第37任总统。

[4] 原注：参见 C. Bernstein and B. Woodward, *All the President's Men* (New York：Simon & Schuster, 1974)。

秘密方面明显更为谨慎。根据安·罗杰斯的说法，英国“媒体更有可能对英国的保密性做出了贡献，而不是降低了保密性”。[1] 这一说法由来已久。正如上文所述，克莱门特·艾德礼就任首相时期，直言不讳的外交大臣欧内斯特·贝文曾说过：“为什么要给绵羊戴上马嚼子呢？”美国政界评论人士很快指出，对抗性质的调查性新闻报道并不是英国政治生活的特征。爱德华·希尔斯在他的开创性著作《保密的折磨》（*The Torment of Secrecy*）中写道：“英国新闻工作者在与政府官员打交道时，好像总是自觉低人一等。”[2] 关于为什么会出现这种情况，人们给出了各种各样的理由。最常见的理由是《官方保密法》阻碍了记者的工作。爱德华·帕尔默·汤普森认为，因为《官方保密法》的存在，“在英国根本不会发生‘水门事件’”。[3] 在罗杰斯看来，英国媒体不愿深入调查国家政府的运作机密，这反映出一个事实：记者和政府官员们“穿的是一条裤子”。反观美国新闻工作者，则大不相同。他们在充斥着政治激进主义和反体制言论的大学校园里成长，而英国的新闻从业者们大部分为毕业于牛津、剑桥的白人男性，在他们的认知领域，他们认为自己“生来普遍带着在阶级、文化、社会、经济方面的忠诚度”。[4] 因此，出于对在政府工作的兄弟同胞们的尊敬，英国记者们不愿对某些领域进行深究，更愿意欣然接受，循规蹈矩地做新闻报道。理查德·格罗斯曼在 1971 年 9 月《新政治家》杂志某篇社论上发现了这样一句话：“作为旧社会的成员，新闻大佬如若得知某个新闻事件的真相，他们会确保这些政府信息仍为‘内部消息’，而对于国家重大问题的详细讨论则是寡头政治的特权，他们会像松鼠严守自己冬天的囤粮一样严守真相。”[5]

马克思主义媒体理论强调媒体是资本主义企业，建立在资本主义上

[1]　原注：Rogers, *Secrecy and Power*, p. 63.

[2]　原注：Shils, *Torment of Secrecy*, p. 51.

[3]　原注：E. P. Thompson, ‘The Secret State’, *Race and Class*, 20 (1979), 222.

[4]　原注：Rogers, *Secrecy and Power*, p. 68.

[5]　原注：R. Crossman, ‘Real English Disease’, p. 1.

层建筑基础之上，最终要向其利益集团妥协。在其理论的影响下，诸如约翰·詹克斯等学者将新闻界的服从性归因于二战后新闻界所谓的“垮制结构”（beat structure）。[1] 因为政治记者要想谋生，就得依靠政府部门源源不断地为其提供有新闻价值的材料，所以挑战现状并不符合舰队街，即英国新闻界的利益。除非记者们做好掉入不怎么赚钱的激进媒体行列的心理准备，挑战现状只会让自己出局。其他学者认为，英国媒体选择顺从政府是因为游说体系的存在。游说体系成立于 1884 年，当时协会授予一小群经官方认可的记者出入威斯敏斯特区域的许可证，没有许可证的人则不能出入这些区域。在议会上，这些记者能收到议员和大臣们“现成的”简报。这种安排背后的黄金法则是，隶属游说体系的记者们可以公布简报的细节，但绝不能透露其信息来源。通常，游说记者会在文章中将消息源写成来自某位“高级政府官员”或“白厅消息人士”。多年来，该系统的大本营一直是一个被叫作安妮酒吧的饮酒场所。1967 年，已故的罗伯特·麦克斯韦尔对这个酒吧进行了改造，这个绝无仅有的酒吧当时被戏称为英国议会议员们能够避开选民的唯一处所；每逢重大论辩之前，英国首相丘吉尔都会在那里喝威士忌。[2] 对游说体系的批判有好几种形式。像彼得·凯勒这样值得关注的批评家认为，游说记者“会被卷入……一场代表政府机构利益的活动中”。[3] 在编辑催稿的压力下，记者们努力写满报纸的每一个专栏，按照字面意思接受了渠道消息。反对者们说，这些新闻材料将为高层的决策提供支撑。不仅如此，这一游说体系还可用来给人们开空头支票。比如，如果某位大臣不确定某个特定行动或政策能否受到公众欢迎，他可以先简要告知游说体系的记者们，进行一番“预演”。内阁秘书长罗伯

[1] 原注：J. Jenks, *British Propaganda and News Media in the Cold War* (Edinburgh University Press, 2006).

[2] 原注：C. Brown, ‘Annie’s Bar, Scene of Political Plots, to Close’, *Independent*, 18 February 2006.

[3] 原注：P. Kellner, ‘The Lobby, Official Secrets and Good Government’, *Parliamentary Affairs*, 36 : 1 (1983), 277.

特·阿姆斯特朗曾对此发表评论，官员可以运用游说体系“影响舆论而不用为其承担责任”。[1]

本章和接下来两章的主要论点是，当时英国媒体给秘密国家造成的困扰远比现在大家知道的要麻烦得多。近年来，许多文件陆陆续续地存入国家档案馆，揭露了媒体与国家之间的关系。国防机密通知委员会的工作在国防部的某些文件中有详细的记录。内阁文件中包含各大臣及其顾问之间就媒体问题商讨的高层会议纪要。透过这些文件，我们眼前会浮现出这样的画面，在西大荒“战场”上，“枪战”呼之欲出，一群手持话筒、来势汹汹的记者站在街的一头，街的另一头是在官僚体制庇护下仍担惊受怕的政府。对许多记者来说，嗅出政府秘密的能力已不再仅仅是他们的职业要求，而已经成为一种使命召唤。1978 年 10 月，时任《泰晤士报》白厅记者的彼得·亨尼斯声称：“阅读内阁会议纪要总会让记者感到一阵突如其来的兴奋。把这些纪要进行再加工，刊发到报纸上更让记者兴奋。这种变相的愉悦感大概是白厅隐藏秘密的唯一快乐效用。”[2] 第二次世界大战之后的一段时间里，舰队街的主要成员们对《官方保密法》的恐惧有所减轻，他们认为，由于他们的新闻消息来源都是有社会地位的男性，所以没有哪个政府敢让他们卷入一场不可避免会引起高度关注的法庭案件中。同样，让官方秘密保护人士警醒的是，舰队街在追踪敏感信息方面越来越驾轻就熟、有勇有谋。英国记者很快就认识到，保密性最强的信息往往可以在美国或者美国消息人士那里找到。因此，对于这个秘密国家来说，最大的挑战在于如何阻止全球各地的新闻写手根据国外秘密信息，在英国法律体系范围之外发布危害英国政府的新闻。1945 年之后，记者在“梳理”官员联系人方面也展现了过人的能力。这就好比冷战时期情报机构经常探查、

[1] 原注：P. Hennessy, ‘Accelerated History? Whitehall and the Press since 1945’, James Cameron Lecture 2000; P. Hennessy, ‘Government vs the Press’, *The Times*, 21 June 1984, p. 9.

[2] 原注：P. Hennessy, ‘Modest Little Central Cell Keeps a Lookout for Hurricanes’, *The Times*, 3 October 1978, p. 4.

深究文官的人格缺陷一样，舰队街也在留意“挖掘人才”。那些有“孔雀综合征”（一种让少数平民知道自己能接触到国家秘密从而衍生出的愉悦感）[1]的官员，一遇到记者就暴露自己的“特殊性”了。这些人有一个共同点—— 一喝就醉，他们觉得记者非常愿意充当政府和公民之间的润滑剂。需强调重要的一点，记者的目的并非灌醉官员，因为这可能引起对方的怀疑，因而套出假话。其目的在于营造一种政府与媒体一团和气的氛围，你要知道酒后吐真言嘛！[2]

为了找寻和注意战后时期舰队街发生的变化，前期的许多分析将集中于描写查普曼·平彻（见图 4）的记者生涯。从二战后到 1979 年，平彻一直是《每日快报》的一名国防记者。对平彻一生和时代的传记研究高度揭示了英国媒体对政府秘密堡垒的攻击。透过他的眼睛，人们才真正意识到，在面对媒体强有力的行动时，政府在沉默中开展业务是多么困难。顶着听上去阿谀奉承、溜须拍马的风险，平彻是舰队街最大的独家新闻商人；他是新闻界的领军人物。他把自己视作人民的保护者、政府的监察员，敦促政府既要合理行使权利又要坚持对公众负责。1932 至 1956 年，《每日快报》主编阿瑟·克里斯琴森，为平彻开设了“披露专栏”。这个专栏更是让平彻声名鹊起，为他带来了大量的追随者，该专栏成为当时新闻业众所周知的“发行量支柱”，能保证一定的报纸销量。正因如此，该专栏能在很大程度上免于编辑的干预。事实确实如此，克里斯琴森的几任接班人都知道报纸的内容可以随意更改，但只有平彻的专栏不能动。该专栏对于此报如此有价值，因此编辑们拒绝让平彻转到行政岗位（正如平彻自己所说，“我对报业的体制没有兴趣，我只关注新闻记者在调查事实时所扮演的角色”）[3]；每当平彻遭到气愤的政府部门或者受到冒犯的官员的

---

[1] 原注：引自对查普曼·平彻的采访。

[2] 译注：“酒后吐真言嘛”是一个拉丁语短语，意为“在葡萄酒中有真相”。据罗马历史学家塔西斯描述，日耳曼人民在举行议会会议时喝酒，因为他们相信喝醉后没人会撒谎。这句话经常被引申为：“在葡萄酒中，在水里，有健康，在酒中有真相。”

[3] 原注：引自对查普曼·平彻的采访。

抨击时，该报的高层和编辑都会最大限度地维护他。

平彻挖掘独家新闻的能力着实令人瞠目结舌。《每日快报》批准给他一笔不小的旅行预算，为了寻觅高敏感度的信息源，他网罗世界各地尤其是北美地区的新闻。他借助与白厅的后门关系获取政府秘密，这种才能简直无与伦比。这样一个爱交际的家伙毫不费力地混进了名门政要圈。他甚至能够凭借自己的才能，撬开最守口如瓶的皇家公仆的嘴巴，鼓动他们未经授权披露机密。平彻本人当时可能没有意识到，他开创了新闻业的一种新方法，该方法就是与高居要务的消息源建立紧密的私人关系。组织饭局酒局以及社交性的晚宴虽然给个人造成高额花费，但这种方法极其有效（见图 5）。此外，平彻还更进一步认识到，射击、钓鱼兄弟会等组织中有势力强大的成员，他们喜欢谈论工作和同事的闲话。在最近的一次采访中，他回忆道："在一场射击派对上，每个人都放松了警惕。你和他们是知心朋友、好哥们，就能一直跟他们谈天说地。"[1]平彻职业生涯中最有趣的一部分就是，尽管秘密政府中的多数人谴责他的调查报道、给他设置了无数障碍，总有一小群行事轻率的官员忍不住要为他那永不停歇的笔锋添彩。平彻与白厅某些群体的亲密关系让一些批评人士给他贴上了"不是操作员，而是其他操作员的工具"的标签。[2]在一次极为激烈的抨击中，爱德华·帕尔默·汤普森形容平彻是"官府的小便池"，政府中的政治顾问们排着队去他那儿"排泄"。[3]汤普森还指责这位伟大的独家新闻搜集者与右翼分子勾结诋毁工党。他声称，太多的新闻故事暴露了针对左派的政治宿怨。关于是否应该严重依赖于"非正式"的消息透露者，作为记者，平彻始终坚持认为，如果信息属实、独家并且具有新闻价值，那么信息的来源就无关紧要。在接下来的文章

[1]　原注：引自对查普曼·平彻的采访。

[2]　原注：E. P. Thompson, 'A State of Blackmail', in E. P. Thompson, *Writing by Candlelight* (London: Merlin Press, 1980), p. 115.

[3]　原注：E.P.Thompson, 'A State of Blackmail', in E. P. Thompson, *Writing by Candlelight* (London: Merlin Press, 1980), p. 116.

中，我们应该可以清楚地看出，平彻不是任何人的“走狗”，他给左翼和右翼带来的问题同样多。

查普曼·平彻的活动和爆料多年来一直让人难堪，尤其是在国防领域。

国防部泄密调查，1976 年 9 月[1]

1945 年夏，平彻以科学记者的身份加入《每日快报》。该报纸持有者比弗布鲁克勋爵（见图 6），想找一个有科学背景的人来撰写关于原子弹的专业文章。平彻是再合适不过的人选。他毕业于伦敦大学国王学院生物学专业，1941 年被派遣到军事科学学院，他在那里帮助开发和实地测试火箭武器。作为军队的现役科学官，尽管可能被《官方保密法》处理，平彻还是用“特快科学记者”的笔名写下了他生平的第一组文章。平彻 1946 年 7 月正式从部队退伍后，不再使用之前的笔名，他大言不惭地用“查普曼”为文章署名。凭借敏锐的洞察力，平彻意识到“核打击”这样的字眼很有可能激怒政府。原子弹问题实际上是“天生的机密”，也就是说从该问题出现的那一刻起就完全是禁忌，严禁记者涉足。为了搜寻独家新闻以安身立命的平彻并没有因此而放弃。况且比弗布鲁克乐意让他的报社记者们去激怒一些官员。正如约翰·詹克斯的研究所述，战后的第一代记者相当懒散，得过且过，也不认真做报道。[2] 相比之下，比弗布鲁克认为他的《每日快报》不应该远离当今的热门话题。他认为报纸的声誉就像一把“燃烧的剑”，不惧怕任何政治“装甲”。

对于新闻记者而言，一次幸运的突破性进展可能与高层信息泄露一样有益。1945 年 9 月 28 日，平彻发表了一篇突破性的文章，这篇文章的

[1] 原注：'Enquiry into Report by Chapman Pincher', D/Sy (PE), September 1976, TNA DEFE 68/223.

[2] 原注：Jenks, *British Propaganda*, p. 1.

成功要归功于一份非同寻常的好运气。[1] 那年 9 月初，他在伯明翰大学马库斯·奥列芬特教授那里得知，普林斯顿大学的核物理学家亨利·德沃尔夫·史密斯写下一部关于曼哈顿计划 [2] 的官方历史书。[3] 后续调查报告显示，这本历史书的预发行本已被送往伦敦总部。平彻适时地检查了这份报告，然后以它为基础，写了篇新闻报道作为报纸的头版头条，以引起人们的关注。然而，令人惊讶的是，后来证实这部历史书被延迟出版了——平彻获得世界性的独家新闻。美国政府非常震惊，随后在向英国政府发出的一系列信件中表达了自己的愤怒。英国国防部担心，新闻界现在会认为有关原子弹的事件报道是一场公平的游戏，而实际上，应完全禁止对其进行报道。在接下来的几个月里，海军少将兼首席新闻审查官乔治·汤姆森不得不与舰队街的高层坐下商讨，恳求他们不要再继续追究原子能问题。[4] 汤姆森凭借个人魅力让事件达到预期的效果。编辑们十分尊敬他。战争期间，汤姆森展示出刚正不阿的性格，如果白厅的审查要求不合理，他会毫不避讳地指出来。记者们相信汤姆森的判断，赞同此事一旦被披露，可能会破坏最终的胜利，所以他们就不再公开相关的任何信息，包括运送地图和列车时间表等。

不过，记者平彻依然是个例外。冷战初期，他运用自己的调查技能，以向英国公众提供尽可能多的核事务知识为己任。为了获取关键信息，他经常参加有关核物理学的国际会议，这是其他记者力所不能及的，因为他们缺乏基本的科学知识。平彻回忆道："在我来之前，这家报社里没有一

[1]　原注：C. Pincher, '75.lb, Safe + 75.lb, Safe = Atom', *Daily Express*, 28 September 1945, p. 1.

[2]　译注：曼哈顿计划（Manhattan Project），是第二次世界大战期间，自 1942 年起美国陆军开发核武器计划的代号。

[3]　原注：H. Smyth, *Atomic Energy for Military Purposes：The Official Report on the Development of the Atomic Bomb under the United States Government, 1940–1945* (Princeton, 1945).

[4]　原注：Cpt. Clarke to J. F. Jackson, 9 November 1945, TNA CAB 126/302.

个记者拿到科学学位。我是个怪人，当权者也拿我没办法。”[1] 平彻高超的技巧体现在，把一些无关紧要的零碎信息总结到一起，然后加上必要的实践知识，做出非常准确的报道。几年后，许多科学家私下里向平彻承认，他当时已经“非常接近”真相，他自己也说：“那些老家伙过去经常读我的专栏，看看他们下一步会做什么！”[2]

1946 年 11 月，《每日快报》刊登了《原子的秘密》[3] 一文，这使得英国政府对平彻揭露原子能秘密的担心达到顶点。此前一个星期左右，平彻在世界著名音乐厅——演奏者大剧院参加晚会时，有人把他介绍给彼得·“威尔弗雷德”·伯切特。伯切特是一名澳大利亚记者，之前在蒂尼安空军基地为美国军队工作，对日本广岛市和长崎市进行原子弹轰炸的飞机正是从蒂尼安空军基地起飞。[4] 在二人交谈中，平彻得知伯切特从美国战后战略空军指挥部第一任司令、空军上将肯尼 [5] 那里得到一份关于曼哈顿计划的机密简报。出于对平彻慷慨买酒的感激，这位澳大利亚记者便向平彻透露，称美国在该地区拥有 96 枚功能性炸弹，每枚弹头重约 4 吨。平彻简直不敢相信自己竟然这么幸运。可是，他意识到如果将这些信息公之于众，会触犯英国法律，因此他联系了首席新闻审查官汤姆森。由于汤姆森在审查问题上的阅历以及与新闻界的友好关系，他后来成为国防机密通知委员会的机要秘书，不过他只是兼任这一职位，拿着只有 500 英镑的年薪。[6] 在二战对日作战胜利纪念日 [7] 之后的几个月，在几乎没有抗议的情况下，国防机密通知委员会又再次成立。不过令人惊讶的是，汤姆森

[1] 原注：引自对查普曼·平彻的采访。

[2] 原注：引自对查普曼·平彻的采访。

[3] 原注：C. Pincher, ‘Atom Secrets Out：America Has 96’, *Daily Express*, 2 November 1946.

[4] 原注：引自对查普曼·平彻的采访。

[5] 译注：肯尼（General Kenney），即乔治·丘吉尔·肯尼。

[6] 原注：Wilkinson, *Secrecy and the Media*, p. 211.

[7] 译注：二战对日作战胜利纪念日（VJ Day），也被称为太平洋胜利日，是日本投降日的名称，标志着第二次世界大战的结束。

说只要文章把泄密源写成来自“一个不知其姓名的美国人”，“不会有什么后果的”。[1] 在汤姆森的准许下，平彻正大光明地发布了消息。对此，英国的北美伙伴感到震惊。美国原子能项目负责人莱斯利·格罗夫斯将军对此“深感不安”。[2] 加拿大原子能委员会（Canadian Atomic Energy Board）发言人迪恩·麦肯齐认为，这是“显然有问题的独家报道”，公然违反了国际协议。因为该协议规定，所有与核弹相关声明或新闻发布都必须规范化。[3] 他接着说：“如果其目的是加剧我们与邻国之间本就已经紧张的合作关系，那这件事再有效不过。”[4]

对于英皇政府来说，平彻的文章来得正是时候。1946 年 5 月 1 日，英国物理学家艾伦·纳恩·梅 [5] 因向苏联提供原子弹机密，而被判 10 年监禁。由此引发了美国对英国安全隐患的担忧，促使国会通过了《麦克马洪法》[6]，该法案严格禁止与包括英国盟友在内的其他国家交换原子能信息。艾德礼所在的工党政府急于让美国重新考虑这一立场，因为他们清楚一旦被美国认为英国政府对《每日快报》“态度软化”，后果将不堪设想。军情五处也在怀疑汤姆森上将的立场，质问他为什么没能把事情扼杀在摇篮里。就在几个月之前，这位国防机密通知机要秘书为了增加收入，还给《星期日电讯报》撰写了 8 篇关于战时新闻审查的文章。这些文章发表之后不久，汤姆森一本名为《蓝色铅笔海军上将》（*Blue Pencil*

[1]　原注：引自对查普曼·平彻的采访。

[2]　原注：Joint Services Mission (Washington) to Cabinet Office, 2 November 1946, TNA CAB 126/302.

[3]　原注：Cabinet Office to Joint Services Mission (Washington), 19 March 1947, TNA CAB 126/302.

[4]　原注：Cabinet Office to Joint Services Mission (Washington), 19 March 1947, TNA CAB 126/302.

[5]　译注：艾伦·纳恩·梅（Alan Nunn May, 1911—2003），英国物理学家，苏联间谍，曾在二战期间向苏联提供英美原子研究的秘密。

[6]　译注：《麦克马洪法》(McMahon Act)，即 1946 年的《原子能法》，它决定了美国联邦政府如何控制和管理其与战时盟国英国和加拿大联合开发的核技术。该法案规定，核武器发展和核能管理将由民用而非军事控制，并为此目的设立了美国原子能委员会。

Admiral）的回忆录又问世了。汤姆森的出版活动让英国情报界极为头疼。令通信情报部门更为沮丧的是，汤姆森拒绝删掉电话窃听的内容；而且他还提到英国军情五处曾运作英德两国的双面间谍。[1] 不仅如此，当军情五处禁止汤姆森披露爱尔兰共和国总统阿蒙·德瓦勒拉允许从爱尔兰发往德国的电报秘密通过英国绕道这一事实时，汤姆森将此事透露给美国报纸《芝加哥太阳时报》。[2] 尽管如此，委员会还是决定不惩罚汤姆森和平彻泄露原子弹秘密的事儿。英国政府官员最终称，官方的任何不安迹象不仅会让这篇文章蹭到更大的热度，而且会佐证文章信息准确无误。[3]

通过自己的努力，平彻升职到"国防与科学记者"的职位。这个专业性的职位对于新入行的新闻从业者来说，工作量很大。"我不介意多担点责任，"他在近期的采访中说道，"那是一个难得的好时代：是原子时代、导弹时代、太空探索时代和电子时代的伊始。"[4] 为了在新职位上取得成功，平彻知道他需要更多的资源。他在战争期间的同事是他的无价之宝。许多人战后一直在政府机关任职。像索利·朱克曼和威廉·库克这些战时朋友已经成了英国国防事业的资深要员。朱克曼成了国防部的首席科学顾问；库克则是英国原子武器研究中心（Atomic Weapons Research Establishment）20 世纪 50 年代的副局长，该研究中心位于英国伯克郡奥尔德马斯顿村。随着时间的推移，平彻发现这些人非常愿意跟他讲一些花边新闻。冷战时期，政府部门有大量的资金预算来进行国防。在他们看来，像平彻这样的前内部人士是宣传英国政府计划的不二人选。毕竟《每日快

---

[1] 原注：R. T. Read, 4 November 1946, TNA KV 4/356.

[2] 原注：'Articles by Rear Admiral G. P. Thomson in the *Sunday Dispatch*', E. J. P. Cussen, 4 October 1946, TNA KV 4/355.

[3] 原注：Cabinet Office to Joint Services Mission (Washington), 8 November 1946, TNA CAB 126/302.

[4] 原注：引自对查普曼·平彻的采访。

报》的读者有 1100 万。[1] 平彻还与白厅的另一人发展了密切关系，他是国防部的副科学顾问，叫弗雷德里克·布伦德里特，曾在亨利·蒂扎德和约翰·科克罗夫特 [2] 的手底下工作，1954 年成功接任科克罗夫特当上首席科学家。布伦德里特在闲暇时间喜欢农耕生活，早先托熟人告诉平彻自己非常喜欢读他 1946 年在企鹅出版社出版的、售价 6 便士的手册《农场动物的喂养》。随着俩人关系越来越亲密，农业问题不再是讨论重点。布伦德里特认为，纳税人有权利知道他们的钱是怎么花的，因此，他选择通过平彻将这些信息公之于众。由布伦德里特引见，平彻还会见了许多其他高级官员。布伦德里特还是名熟练的业余运动员，他为文官板球队开球。他有时也会带上平彻一同去看星期天的比赛。不出所料，作为记者，平彻对布伦德里特的赛事不怎么关注，倒是更喜欢待在休息区的小亭子里跟白厅的中低层人员闲谈。[3]

自从接触了许多英国政府的人，平彻就引起了国防工业的恐慌。1947 年 10 月 17 日，平彻在头条新闻中揭露，火箭动力推进飞机的试飞已经“完全失败了”。[4] 据平彻报道，科学家曾期望这架飞机能打破声障，但在试飞过程中它从未超过每小时 600 英里（约 966 公里）的亚音速，而时下的“流星”喷气式战斗机已经能常态化地达到亚音速了。“就其本身而言，这些数据没有什么特别的，但却被记者描述得像不受欢迎似的，”空军中队长皮尔发声说，“让人心烦的是这些信息根本就不应该被悉数公布。”[5] 国防工业当局对平彻如何得知飞机的性能感到惊讶不已。要知道飞

---

[1] 原注：引自对查普曼·平彻的采访。

[2] 译注：约翰·科克罗夫特（John Cockcroft），英国物理学家。他与欧内斯特·沃尔顿（Ernest Walton）共同获得诺贝尔物理学奖，以表彰他对原子核的分裂以及在核能发展中发挥了重要作用。

[3] 原注：引自对查普曼·平彻的采访。

[4] 原注：C. Pincher, ‘Faster than Sound Flight Fails’, *Daily Express*, 17 October 1947.

[5] 原注：‘Leakage of Information：Supersonic Model Trials’, C. B. Peel, 17 October 1947, TNA AVIA 65/2340.

机试飞期间，一切新闻采访都被禁止了。同时，圣埃瓦尔德机场指挥官曾指示飞行员在与媒体交谈时要“慎之又慎”，并将技术问题转移到“公众感兴趣的、不惹麻烦的信息领域上来”。[1] 信息泄露的调查结论是，平彻可能是偶然听到一些“闲谈”，毕竟机场与当地的酒吧和餐馆相距不远。[2]（平彻跟我保证，这调查结论“绝对是胡说八道”，因为这些信息是他的“朋友”提供给他的。）[3] 令当局沮丧的是，同样严重的泄密报道在 1948 年 8 月 11 日再次出现，英国贝德福德郡空军部研究站的建造比原计划晚了两年，而平彻揭露了这件事情。[4] 后续调查发现，8 月 5 日，平彻曾进入国防工业区，希望与“权威人士”面对面进行采访，并“用一串电话号码作为引见的介绍”。[5] 然而，和上一次泄密事件一样，最终调查没能将这篇文章与某个具体官员联系起来。

在平彻不断挑起事端的情况下，政府最不想看到的就是其他更“值得信任”的记者也开始要花招。然而，一语成谶。1947 年 11 月 12 日，《星报》的游说记者约翰 · 卡维尔过早地披露了政府的紧急预算细节，其中包括：烟草业务将被冻结，啤酒价格将上涨 1 便士以及足球彩票的税收将小幅增加。[6]12 日当天，卡维尔曾与英国财政大臣休 · 道尔顿在议员大厅有过一次“偶遇”。道尔顿在去众议院发表预算演讲的路上，看到卡维尔在“瞎转悠”，道尔顿没有一点点防备，就向他透露了主要观点。卡维尔傻傻地觉得，这种一时兴起的会话没有违反任何禁令，于是他将细节转告给编辑 A. L. 克兰菲尔德。克兰菲尔德在道尔顿还没发表演讲之前就报道了此事，

[1] 原注：L. P. Keen to Air Officer Commanding-in-Chief, 31 July 1947, TNA AVIA 65/ 2340.

[2] 原注：'Leakage of Information：Supersonic Model Trials', C. B. Peel, 17 October 1947, TNA AVIA 65/2340.

[3] 原注：引自对查普曼 · 平彻的采访。

[4] 原注：C. Pincher, 'The Super-Speed Plan is Running Pretty Slow', *Daily Express*, 11 August 1948.

[5] 原注：'Leakage of Information: Investigation by Air Ministry Constabulary',18 August 1948, TNA AVIA 65/2340.

[6] 原注：'Stop Press on Star – Penny on Beer', *Star*, 12 November 1947.

而当时的股票市场还没有闭市。[1] 财政大臣道尔顿别无选择，只能辞职。

到 20 世纪 40 年代末，与其说平彻是猎人，不如说他变成了猎物。1948 年 12 月，一位空军部高级官员称："在很长一段时间里，这名记者一直是我们的肉中刺。"[2] 各个政府部门一致认为，平彻在与高层人员谨慎地面对面访谈中受益颇多。1948 年 10 月，陆军供应部装备研究总负责人威廉·彭尼极为满意地称，供应部安全科已经设法确定并且"终结"了平彻最重要的线人之一（究竟是谁被"终结"仍未可知）。[3] 空军部坚信，平彻利用伪装和假名进入了研究工厂。因此，1949 年 4 月 1 日，该部向其直属警署的所有储存库发送了一封绝密公报（"看完此信记得销毁，万分感激"），指示警察"特别注意核实来访者的身份"。[4] 一个月后，军情五处接到要求核查安全系统、备好有关科学家的个人档案，并在一些工作人员休假时对他们进行"监视"。[5]

尽管当局尽了最大努力，还是没能阻止信息的不断泄密。1949 年 8 月 2 日，平彻写了一篇文章，声称他在汉普郡西部荒野一处无人居住的小木屋里，偶然发现了"两份重要的国防计划"行动方案。[6] 接着，他在 9 月 22 日揭露了位于威尔特郡英国国防科技机密实验室[7] 的微生物研究设施。[8] 政府部门又一次确信平彻在设法潜入政府大楼，有时冒充承包商进

[1]　原注：*Report from the Select Committee on the Budget Disclosure* (London, 11 December 1947), TNA PREM 8/435.

[2]　原注：S. S. Cherry to W. R. C. Penny, 8 December 1948, TNA AVIA 65/2340.

[3]　原注：W. R. C. Penny to W. D. Wilkinson, 15 October 1948, TNA AVIA 65/2340.

[4]　原注：Est 4 (Sec) to A. J. D. Gerdes, 1 April 1949, TNA AVIA 65/2340.

[5]　原注：'Report over MI5 Prevention of Leaks in the Light of *Daily Express* Exposé', 31 May 1949, TNA AVIA 65/2340.

[6]　原注：C. Pincher, 'Now Who Left the Secret Plans on View?', *Daily Express*, 2 August 1949; R. F. Fenn to Est 4 (Sec), 2 August 1949, TNA AVIA 65/2340.

[7]　译注：英国国防科技机密实验室（Porton Down），是英国政府的军事科学园区。

[8]　原注：C. Pincher, 'Here is £1,000,000 Worth of Top Secret Exposed', *Daily Express*, 22 September 1949.

去，有时趁着天黑潜入。[1] 为了竭力阻止平彻继续窃取信息，陆军供应部和空军部把他比作西部荒野的强盗，给他印制了巨幅海报，或者说“大头照”更贴切一些。每名工作人员还得到平彻的个人资料简介，上面写着：身高 5 英尺 10 英寸（约 178 厘米），身材中等，面部瘦削，浅棕色头发，约 35 岁，灰色的眼睛，气色很好，着装正式，喜欢穿灰色衣服。[2] 甚至位于艾塞克斯郡福内斯岛的英国皇家军械工厂 [3] 的入口处也有一张平彻的相片，上面写着：“警惕：一个不怀好意的人”。[4]

整个 20 世纪 50 年代，亲切友好的汤姆森上将一直都是平彻宝贵的盟友。许多前国防机密通知机要秘书带有军队里的习惯，喜欢吆五喝六、粗暴地下达命令，或者忙于制定严格的法律条文。汤姆森与这些前辈们不同，他对媒体采取了一种通情达理的态度。平彻在 1969 年的一次演讲中宣称，“舰队街所有人都认为汤姆森是有史以来最公正的家伙”。[5] 记者们很喜欢汤姆森坚持不让他们用“爵士”来尊称自己这一点。如果记者偶然发现一则特别“热门”的事件，直接登报可能会受到《官方保密法》的处理，这种情况下，汤姆森会鼓励记者直接给他打电话，而非走正式程序，向委员会正式提交此事。汤姆森友好的性格使他与主流媒体和包括英国共产党党报《工人日报》在内的边缘团体都建立了良好的工作关系。1951 年，朝鲜战争如火如荼，汤姆森陷入了一个极为尴尬的境地。当时，军队参谋长被《工人日报》的亲共产主义立场激怒了，认为该报在帮助敌军，并要求不将国防机密通知分发给该报的编辑。可以想见《工人日报》对此感到沮丧，声称这一

[1] 原注：J. A. Jaggers to D. A. Shirlaw, 22 September 1949, TNA AVIA 65/2340.

[2] 原注：J. A. Jaggers to D. A. Shirlaw, 22 September 1949, TNA AVIA 65/2340; Ministry of Supply (Atomic Division) to J. A. Jaggers, 10 October 1949, TNA AVIA 65/2340.

[3] 译注：皇家军械工厂（Royal Ordnance Factory，ROF），是二战期间和战后英国政府军工厂的总称。

[4] 原注：引自对查普曼·平彻的采访。

[5] 原注：‘D-Notices and Press Freedom: Lecture Given by Chapman Pincher in the Harcourt Room, House of Commons, 21 July 1969’, *Freedom First*, Autumn 1969, Papers of George Wigg, London School of Economics (hereafter LSE), WIGG 4/159.

要求忽视了该报的诚意。多亏了汤姆森，双方达成妥协，《工人日报》没被完全排除在国防机密通知之外，但拒绝让该报接触新的“国防机密通知X”，因为其内容涉及原子弹以及“其他特别机密事项”。[1] 由于汤姆森找到一个可以接受的中间立场，该报主编邀请他共进晚餐。[2]

不知出于什么原因，汤姆森特别容易被平彻打动。据平彻自己说，汤姆森总是尽其所能帮助平彻发表文章。[3] 有时他会把文章再重写一遍，让它看起来不那么有异议。有些时候，他会让平彻“把文章放一放”，换句话说也就是待时机更合适时再出版。更有趣的是，他鼓励平彻掩盖自己的调查渠道，把敏感性的信息材料来源推给“美国消息人士”。[4] 正如尼克·威尔金森所说，汤姆森甚至做好了自己承担风险的准备。例如 1950 年 10 月，军情五处的法律顾问伯纳德·希尔写信抱怨平彻在一篇文章中提到电话窃听。汤姆森回复他愿意个人承担责任，还解释说，由于他在自己的回忆录中讨论了对电话交谈的监听，他（错误地）认为可以在出版物中提及这个话题。[5]

汤姆森与平彻之间的友谊对白厅是有好处的。如果政府官员知道记者接下来要报道令政府难为情的事情时，他们就会让国防机密通知机要秘书以朋友的身份而非从职业的角度，向记者说情，来结束这个报道。例如 1956 年 1 月下旬，英国军情六处获悉平彻得知了一次乌龙训练的细节。这剧情就跟电影里的情节一样。当月早些时候，军情六处命令一些新人抓捕一名伪装成文官的军情六处官员。这些新人得知这名军情六处官员会在内政大臣滕比勋爵离开政府大楼后，紧跟着从内政部的前门离开。天意弄人，这位军情六处官

[1]　原注：Wilkinson, *Secrecy and the Media*, p. 231.

[2]　原注：Obituary, ‘In the National Interest’ (obituary of Rear Admiral George Thomson), *Sunday Times*, 14 May 1961.

[3]　原注：Obituary, ‘In the National Interest’ (obituary of Rear Admiral George Thomson), *Sunday Times*, 14 May 1961.

[4]　原注：Obituary, ‘In the National Interest’ (obituary of Rear Admiral George Thomson), *Sunday Times*, 14 May 1961.

[5]　原注：Wilkinson, *Secrecy and the Media*, pp. 227–8.

员因为错过了火车并没有出现。搞笑的是，新员工们并没察觉到事态有变，他们带走了一位凑巧跟着滕比走出大楼的无辜职员。当有人向平彻透露此事时，他的职业本能就是将这件事报道出来。平彻的消息源还告诉了他情报六处新员工关押这名受害者的处所。这个非同寻常的故事迎来了非常有戏剧性的结尾：平彻在监视这个地方的同时，殊不知自己却被军情五处监视着，正可谓“螳螂捕蝉，黄雀在后”。值得军情六处庆幸的是，汤姆森竭尽全力说服了平彻不发布这个新闻。可以说，平彻记者为这次妥协做了很大的牺牲，要知道如若这篇报道得以发表，定会轰动一时。[1]

随着平彻声名鹊起，他发现找自己爆料的人纷至沓来。有些白厅的高层官员们似乎不考虑其中的风险，常常会延长午餐休息时间，到这位挖料者在伦敦常去的饭店吃饭，如法国埃居、多切斯特、克特纳饭店和香槟酒吧等。还有些官员知道平彻这个记者偏爱英国传统的野外运动，于是就邀请他一同打猎、射击和钓鱼。他们与平彻交朋友的根本原因主要是为了自己。这些人知道平彻这种人的价值所在，他能进行公众宣传。许多人找到平彻是为了向公众宣传自己的政治议题，而有些人纯粹是为了给自己的对手施加压力。例如，1953 年春天，刚刚退休的英国供应部常务大臣阿奇博尔德·罗兰兹爵士，要求平彻发布“提名”这个秘密代号。他没有详细说明这个代号代表什么。平彻当时答应了，但是没有留意此事。多年后，平彻向军情六处战时首席科学顾问 R.V. 琼斯证实，原来此事的披露实际上引发了英国政府历史上规模最大的政治迫害之一，为查明泄密者，数百名文官接受了问询。“提名”这个代号的保密级别比绝密还要高，是美国中情局和英国军情六处联合成立的一个委员会，负责管理和共享关于苏联核能力的情报。罗兰兹居心叵测地把它泄露给平彻，没有别的原因，只是为了给他的继任者詹姆斯·赫尔默爵士制造麻烦。[2]

平彻开始接触西方情报界的高层人物，这对他来说至关重要。20 世纪

[1] 原注：引自对查普曼·平彻的采访。

[2] 原注：引自对查普曼·平彻的采访。

50 年代中后期，随着商业航旅的蓬勃发展，平彻定期飞往美国，在东海岸的上流社会左右逢源。平彻时常参加华盛顿特区最高档城区乔治城的社交晚会，在那里他结交了许多重要的线人，其中最重要的就是美国联邦调查局特工罗伯特・兰菲尔。1945 年，兰菲尔被派遣到位于纽约的苏联间谍分局，负责监督几项重大的间谍调查事件，包括对朱利叶斯、伊塞尔・罗森伯格[1]、克劳斯·福克斯[2]和金·菲尔比[3]的调查。在英国本土，平彻与尼古拉斯・艾略特成了好朋友。尼古拉斯是英国军情六处一名极其能干的野战军官，二战后担任瑞士首都伯尔尼和奥地利首都维也纳行动站的站长，1956 年回到伦敦，负责伦敦本地的行动。1963 年，艾略特被派往黎巴嫩贝鲁特港口与间谍菲尔比当面对质，要求提供书面供词，这一会面直接导致菲尔比逃往苏联。在之后的交战中，这样的会面对于平彻来说有很大价值。20 世纪 50 年代和 60 年代初是英国情报部门的至暗年代，不得不承受其百年历史上最糟糕的时刻。他们没有预料到，这些糟糕的时刻充斥了各家报纸的头版头条。

> 白纸黑字写下的或打印的任何材料，由某个官员传到另一个官员那里时，最终不可避免地会落入不怀好意者之手；然后有人会千方百计地破坏你的消息来源和辛苦努力。
>
> 《情报文摘》主编肯尼斯・德库西，
>
> 1951 年 6 月 14 日[4]

[1]　译注：伊塞尔・罗森伯格（Ethel Rosenberg），美国公民，因向苏联传递原子弹信息而被以间谍罪处死。

[2]　译注：克劳斯・福克斯（Klaus Fuchs），德裔英国理论物理学家、原子间谍，1950 年因在二战期间和战后不久向苏联提供美国、英国和加拿大曼哈顿计划的情报而被定罪。

[3]　译注：金・菲尔比（Kim Philby），20 世纪 60 年代英国军情六处副处长，被美国中情局发现是苏联卧底，向苏联供出了英美部署在莫斯科的几十个地下人员。

[4]　原注：K. de Courcy to Lord Salisbury, 14 June 1951. Kenneth de Courcy Papers, Hoover Institution, Stanford University. Reel 2, Box 2, Folder 5.

冷战时期，理查德·奥尔德里奇在其《幕后之手》一书中，对英美情报的历史进行了大量研究。他认为，直到20世纪60年代初，也就是所谓的“曝光时代”，记者才真正愿意报道英国情报。[1] 即使在当时，尤其是1962年瓦萨尔间谍案期间，他们仍然拒绝深入调查，因为担心破坏西方国家对共产主义发起的战争而被起诉或被主流媒体排斥。现在这种评价值得重新考量。在撰写此书的过程中，有证据表明舰队街并无顾虑，早在二战结束时，便开始积极发掘和公布情报事宜。许多记者试图让情报成为公众审查的对象，在20世纪60年代早期，他们在这方面便已经身经百战。媒体随时准备将间谍活动置于光天化日之下，这对于统治阶级来说则是一种诅咒。情报界是政府的“隐形人”，是国中之国，从来没人问过与其相关的问题。秘密机构的工作充满了神秘的气氛，它的实施者就像砌砖工人，他们的幽灵形象仅被其弟兄和唯一上级所知。和平时期，安全与情报机构并未得到官方承认，两党一致认为，不应该在国会上提出这些问题。“军情六处的本质就是，”1924年12月奥斯丁·张伯伦[2] 爵士（时任外交大臣）称，“必须对其保密，一旦暴露，在我看来必定会遭殃。”[3] 据说可从英国人对情报的态度反观维多利亚时期社会对于婚内性行为的态度，即每个人都知道此事的存在，但不会去“谈论、撰写或提出有关此事的问题”。[4]

第一个触及此问题的记者是斯坦利·菲尔曼，他是《每日电讯报》的犯罪报道记者。1946年1月2日，他向英国陆军部提交了一份书稿，要求进行安全调查。这份书稿名为《他们来当间谍》，讲述了“战争背后的战争”，即军情五处为打击在英国活动的德国间谍所做出的努力。首先令情报部门为之震惊的是，菲尔曼在这一事件上到底掌握了多少信息。这本

[1] 原注：Aldrich, *Hidden Hand*, pp. 607–8.

[2] 译注：奥斯丁·张伯伦（Austin Chamberlain），第二次世界大战爆发时的英国首相。

[3] 原注：*Hansard*, 5th Series, 150, 15 December 1924, col. 674.

[4] 原注：M. Howard, ‘Cowboys, Playboys and Other Spies’, *New York Times,* 16 February 1986, p. 6.

书是了不起的调查性新闻报道，全书超过 150 页，且令人惊讶的是它对二战最为隐秘的部分一清二楚。书中的信息大部分来自苏格兰场，即伦敦警察厅。在哈罗德·斯科特[1]爵士的领导下，伦敦警察厅受命对记者更加开放。一些资深记者甚至在伦敦警察厅有自己的房间，房内有直通其在舰队街办公室的热线电话。[2] 军情五处很清楚，菲尔曼是从粗心的警察那里搜集到大部分材料。从这份书稿中可以看出，作者曾与军情五处某些官员过从甚密。在这份书稿的第 18 章，菲尔曼写道：“从过去到现在，让英国情报部门迷惑不解的是……到底是哪些情报部门官员曾与我交谈过。”[3]

到目前为止，书稿中最严重的揭秘事件是，英国的密码破译人员破译了德国武装部队和纳粹德国反间谍机关阿勃维尔使用的无线电加密信息。菲尔曼说：“伦敦最重要的密室就是破译室，在这里，无论德国的密码多么错综复杂、灵巧高明，都被破译了。”[4] 他接着透露，密码学自此之后成为英国和平时期兵工厂的重要组成部分。这份书稿的第 7 章更详细地讨论了对德国信号的拦截和破译，而这是英国政府官员“从来都不想”公开的事情，因为这种讨论将招致对英国在和平时期是否也在进行类似行动的诘问，且可能会招来更多麻烦。菲尔曼还提及一些敏感性略微降低的话题，他在书中讨论了由特别行动处运营的培训学校，精心挑选出的学员在学校里学习如何在被占领的欧洲和远东地区制造混乱。据军情五处 D. I. 维西少校称，这暴露的技术性问题太多了。[5] 菲尔曼还详细介绍了军情五处信息识别分部（MI5’s BIC Section）领导维克多·罗斯柴尔德勋爵的工作，该部门主要负责破坏、发明和装备。

---

[1] 译注：哈罗德·斯科特（Harold Scott，1887—1969），1945 至 1953 年任伦敦警察厅厅长。

[2] 原注：D. Campbell, ‘The Man in the Mac: A Life in Crime Reporting’, *Guardian*, 5 September 2009.

[3] 原注：Major D. I. Vesey, 17 January 1946, TNA KV 4/254.

[4] 原注：Major D. I. Vesey, 17 January 1946, TNA KV 4/254.

[5] 原注：Major D. I. Vesey, 17 January 1946, TNA KV 4/254.

政府各部门不约而同地反对这本书的出版，因此开始同作者就商定删除特定内容展开了一系列冗长的谈判。5 月 14 日，军情五处安排菲尔曼与罗斯柴尔德勋爵进行了会面，这样至少后者可以对书中一些不准确的地方进行指正，这种策略等同于把踢人的马拴在身侧。“我们认为，”E. J. P. 库森少校说，“如果这些内容要被发表出来的话……最好我们率先是知情的。”[1] 罗斯柴尔德纠正作者，指出军情五处派间谍潜入英国商船的目的是寻找伪装成船员的敌方破坏分子。这完全不属实。德国的策略是让其特工在英国船只出海前，便在船上安装好爆炸装置。在夜色掩映中，德国特工们会蹑手蹑脚地登上甲板，把炸弹伪装成热水瓶或餐盒这样的寻常物品。[2] 特工们还会把炸弹藏在成箱的橘子或洋葱里。暂且不提这些事实错误，菲尔曼声称军情五处在英国船只上安插了间谍的说法可能会搅乱英国国家海员工会（National Seaman’s Union）等机构的工作。[3] 令军情五处警觉的是，作为一名犯罪记者，菲尔曼从他的日常生活“节奏”中抽出时间撰写情报新闻。犯罪记者广为人知的特点就是主动出击、锐意进取，但同时他们对挖掘丑闻坚持不懈的态度也是臭名昭著的，他们遵循着“不入虎穴，焉得虎子”的信条。（菲尔曼在其 1950 年的回忆录《罪人》中回忆道，他有个同事曾因没找到突发新闻而忧心忡忡，于是他故意割破自己的手指头，用自己的血浸透手帕，再把手帕扔到某个谋杀犯最近实施犯罪活动的隧道里。）[4] 白厅最不愿意见到的就是，这样的记者对情报产生了兴趣。

到了 5 月，军情五处仍未批准这本书的安全审查。菲尔曼及其出版商梅塞尔集团哈钦森公司对此表示愤慨。为了打破僵局，他们将书稿转交给海军上将汤姆森。这位国防机密通知机要秘书对书稿的延期出版感到着

[1] 原注：‘Observations by the War Office’, E. J. P. Cussen, 8 May 1946, TNA KV 4/354.

[2] 原注：‘Observations by the War Office’, E. J. P. Cussen, 8 May 1946, TNA KV 4/354.

[3] 原注：Lord Rothschild, 31 January 1946, TNA KV 4/354.

[4] 原注：S. Firmin, *Crime Man: Experiences as a Crime Reporte*r (London: Hutchinson, 1950).

急。在他看来，如果当局不迅速采取行动，“整个‘国防’通知程序”就会被“扼杀在摇篮里”。[1]“我所感兴趣的是，”汤姆森认为，“如果新闻界很好地遵守了国防机密通知，那么政府一定要及时关注新闻界的诉求。”如果不这样做，记者就不会自愿交出稿件。[2]如菲尔曼及其出版商所愿，头脑冷静的汤姆森解决了这场纠纷。汤姆森与作者坐下来，仅仅用了48小时，便就书稿的合理删减节数达成了一致，并准许了该书出版。汤姆森的干预激怒了军情五处的法律顾问伯纳德·希尔，当他发现菲尔曼开始“在舰队街到处公然宣称，经过海军上将汤姆森的斡旋，他能迅速出版其书稿，还得知许多内部消息”之后，就更生气了。[3]

20世纪50年代，涉及英国情报机构的丑闻不断，令英国公众为之疯狂。每一桩丑闻都伴随着狂热的新闻报道。头一个爆发的新闻便是，对在德国出生的英国原子弹科学家克劳斯·福克斯的逮捕和审判。二战期间，福克斯在美国洛斯阿拉莫斯城[4]工作，他在曼哈顿计划中发挥了核心作用，协助研制了1945年8月投放到日本的两颗原子弹。1946年，福克斯回到英国，在位于牛津郡哈韦尔的英国原子能科学研究院（Atomic Energy Research Establishment）高就，该研究院因热衷于保密行为而被称为“最神圣的机构”。40年代末，他被苏联军事情报机构格鲁乌任用，而早在1943年他便向该机构提供了英国原子弹研究信息。1950年1月，福克斯承认从事了间谍活动，说他的良心驱使他和盘托出事实真相。3月1日，老贝利中央刑事法院对他的审判过程不到两小时，根据《官方保密法》第一款，福克斯被判处14年监禁，这是同罪名下所允许的最高刑期。在审

[1]　原注：G. Thomson to E. J. P. Cussen, 29 April 1946, TNA KV 4/355.

[2]　原注：G. Thomson to E. J. P. Cussen, 29 April 1946, TNA KV 4/355.

[3]　原注：B. A. Hill, 9.5.47, TNA KV 4/354. 亦参见 ‘Liberal Minded Censor’, *Daily Telegraph*, 3 May 1947; ‘Chief Censor Helps Journalist Get Stories Passed!’, *World Press News*, 12 December 1946。

[4]　译注：洛斯阿拉莫斯城（Los Alamos），美国新墨西哥州中北部的小镇，1942年被选为核研究基地，在这里第一颗原子弹诞生了。

判后，舰队街紧接着对这个案子进行了长篇累牍报道。记者们对军情五处的审查程序提出了批评。一开始福克斯的身份是如何清白过审的？当时他又是如何长时间不被发现而从事间谍活动的？每个人都迫切想知道这位科学家进行间谍活动的全部情况。他向苏联泄露的原子弹信息是什么？他的背叛是否造成英美关系的破裂？

平彻最快搞清楚整件事情的来龙去脉，审判后的第二天他就在新闻头版发表了题为《福克斯把炸弹给了苏联》的文章。[1] 与舰队街的其他报社一样，《每日快报》的间谍案件通常也是由常驻犯罪记者处理。然而，因为平彻不仅拥有必要的科学专业知识，而且在情报界和哈韦尔原子能科学研究院都有人脉，所以编辑打破常规，选中了他。这篇文章清楚表明，福克斯在洛斯阿拉莫斯城已经知道了大部分秘密，并把草稿纸和设计图通通传给了他的接头人员。平彻怀疑军情五处某些官员在审核福克斯身份时玩忽职守，但因为国防机密通知禁止平彻在报道中提及这些官员，如此一来，他便把责任都推给了大众熟知的军情五处处长珀西·西利托爵士。迈克尔·古德曼最近的一篇文章表明，西利托急于让媒体结束对他的攻击，遂命令其工作人员为此事写出总结交给首相克莱门特·艾德礼，借他在国会上为自己发表声明以示澄清。[2] 这份总结词全篇充斥着虚假信息。其中声称，军情五处在 1941 年 8 月准许福克斯进行秘密工作，而实际上在这几个月前福克斯就已经通过了审查。这份总结词还称，军情五处从一名难民那得知福克斯和共产主义有联系的消息，并将这一消息转达给其他政府部门，但不知是什么原因，这些部门都没有注意到这一警告。艾德礼并不知道美国联邦调查局一直以来都怀疑福克斯，而且他还被蒙在鼓里，不知道关于维诺那计划 [3]，即二战后对克格勃

[1] 原注：C. Pincher, ‘Fuchs Gave the Bomb to Russia’, Daily Express, 2 March 1950.

[2] 原注：M. S. Goodman and C. Pincher, ‘Research Note: Clement Attlee, Percy Sillitoe and the Security Aspects of the Fuchs Case’, *Contemporary British History*, 19：1 (2005), pp. 67–77.

[3] 译注：维诺那计划，是美国和英国情报机构联手合作进行的一项长期的秘密情报搜集和分析任务，目的是截获和破译苏联情报机构（大部分在二战期间）所发出的消息。

战时情报的解密行动中，已经得到实际上揭示出这位科学家间谍身份的证据。目前尚不清楚的是，军情五处编写这份报告的官员是否知晓西利托其中的欺骗性内容。

1950 年 3 月 6 日，艾德礼来到众议院，宣布没有理由“对安全部门进行任何诽谤”。[1] 他还说，他极其不赞成“媒体信口胡言，称军情五处某些官员办事效率低下”。[2] 如西利托所愿，艾德礼的声明平息了媒体对此事的兴趣。可是，这也没说不能继续调查和报道。尽管不知道军情五处精心策划想要掩盖的东西有多深，许多记者还是继续试图拼凑出这个案件的细节。1950 年 8 月，军情五处在得知《伦敦标准晚报》即将发表关于英国共产党历史的文章时，立即请求报社首席作者查尔斯・温图尔删去文章中一句话，“福克斯与纳恩・梅商议使其接受 100 英镑的象征性报酬”。[3] 希尔称 ：“这话完全不对。福克斯与纳恩・梅之间从无联系，何谈一同商议接受报酬之事。更没有任何证据表明纳恩・梅了解关于福克斯的任何间谍活动。”[4]1954 年早些时候，《晚间新闻》刊登了一系列有关“军情五处秘辛”的文章。报社本想用大量的篇幅专题描写福克斯，但在汤姆森说服之下，转而聚焦于战时的几个成功故事。[5] 此外，军情五处也不得不劝阻制片人不要制作与福克斯有关的电影和纪录片。譬如说，1950 年 6 月，编剧兼导演帕特里克・瑞恩问询军情五处，是否愿意合作拍摄一部关于这位传奇科学家的电影，军情五处直接拒绝了。[6]

到 1951 年夏，舰队街开始全面调查另一项丑闻。6 月 6 日，《每日快

[1] 原注 ：M. S. Goodman and C. Pincher, ‘Research Note: Clement Attlee, Percy Sillitoe and the Security Aspects of the Fuchs Case’, *Contemporary British History*, 19 ：1 (2005), p. 72.

[2] 原注 ：M. S. Goodman and C. Pincher, ‘Research Note: Clement Attlee, Percy Sillitoe and the Security Aspects of the Fuchs Case’, *Contemporary British History*, 19 ：1 (2005), p. 72.

[3] 原注 ：B. A. Hill to SIS, 28 August 1950, TNA KV 4/356.

[4] 原注 ：B. A. Hill to SIS, 28 August 1950, TNA KV 4/356.

[5] 原注 ：参见 TNA KV 4/358。

[6] 原注 ：Note, 26 January 1951, TNA KV 3/357.

报》驻巴黎记者得到消息，政府正在追捕两名已逃离该国的外交部外交官。[1] 根据线索，平彻发现这两名逃亡者正逃往莫斯科，经证实两人是盖伊·伯吉斯和唐纳德·麦克林。由此产生的独家新闻于6月7日发表，标题为“守株待兔，静候两位英国人”。[2] 尽管外交部发表声明，大意是说麦克林由于工作压力导致精神崩溃，试图平息此事，但媒体就是不上当。众所周知，由“间谍大丑闻”这一话题引发的文章不计其数，文章主要分析这两个间谍的日常生活和计划动机。而像《泰晤士报》这样一直不愿意报道情报新闻的报纸，现在也开始谴责这两位在逃人员。记者很快指出，伯吉斯和麦克林有明显的性格缺陷，此种秘密工作本应该将二人拒之门外。不管是为了消遣，还是为了减轻负罪感和焦虑，酒精在二人的生活中都起了显著的作用。伯吉斯酗酒在舰队街是出了名的，事实上，麦克林每天早晨上班时通常都是一副醉醺醺、神志不清的样子。在多场晚宴上，大家都知道二人喝醉后暴露出亲共产主义倾向。不仅如此，两人从不掩饰自己的性过失：伯吉斯是个好斗的同性恋者，经常不穿好裤子出没于伦敦的俱乐部和酒吧。由此，新闻界掀起了一股反对当权派的情绪，发起了要求进行大清扫的呼声。人们普遍认为，伯吉斯和麦克林是典型的绅士，当权派被阶级偏见蒙蔽了双眼，所以原谅了他们的轻率行为。

新闻媒体不遗余力地挖掘更多有关此案的信息，使得一些人开始质疑这是不是损害了新闻职业道德。维奥莱特·伯翰·卡特夫人是自由党首相赫伯特·阿斯奎斯的女儿、1947至1949年英国皇家新闻委员会（Royal Commission on the Press）的成员，1952年7月，她向《泰晤士报》主编抱怨某些记者对待麦克林妻子梅琳达的态度。还没有和丈夫一起加入东欧阵营的梅琳达无论走到哪里都会受到现在所谓“蹲点记者”的骚

[1] 原注：C. Pincher, *Treachery：Betrayals, Blunders and Cover-ups：Six Decades of Espionage Against America and Great Britain* (New York: Random House, 2009), p. 388.

[2] 原注：C. Pincher, ‘Yard Hunts Two Britons’, *Daily Express*, 7 June 1951.

扰，他们四处部署，随时出击，搜集她毫无防备下的言论。他们似乎决心不惜一切代价搞到梅琳达对整个事件的看法，狗仔们监视她的房子，成天敲她的门，反复给她打电话，像是要打爆她家的座机。伯翰·卡特吐槽媒体的雕虫小技，一家主流的国家报纸刊登了一篇对麦克林妻子的采访，而事实上这个采访纯属子虚乌有。伯翰·卡特用抗议的口吻说道："每个社会成员都可能会被嫁祸一些未说过的话，而这些话又被转载给数以百万计的读者，这真是既可怕又可悲。"[1] 她还说，"一些新闻记者不断地侵犯个人隐私，这种侵犯有时甚而积累演变成迫害，可以肯定地说，这种行事作风是站不住脚的。"[2]

想要确保新闻媒体不会披露更多关于秘密政府的有害信息，只有祈祷好运护体。1951 年 7 月份，军情五处成功审查了《每日快报》政治记者埃里克·杜莱关于情报问题的几篇文章。不过，这些文章受到管理信息系统的审查也是凑巧，更常见的是文章不经审查即付梓。通常来说，这也不是什么大事，但杜莱偶然发现了一个惊天秘密，如果这秘密在 1951 年被爆出来必将改变历史进程。这次审查意外是这样发生的：一个月前，醉醺醺的杜莱不小心把他的棕色人造革公文包落在舰队街的老贝尔酒吧，包里有他珍爱的笔记本。酒吧老板自然就把包交给了警察，警察又把包转交给军情五处。[3] 官员们把公文包物归原主前，自然忍不住翻看了一下这个笔记本。不翻还好，这一翻竟然看到杜莱和外交部刚退休的安全官亚瑟·艾斯丘的十次访谈笔录。在其中一次访谈中，艾斯丘告知记者杜莱"伊斯科特村的密码机"，伦敦希灵顿区的伊斯科特村在当时是属于超级机密的英国政府通信总部[4] 秘密所在地。[5] 读到

---

[1] 原注：Letters to the Editor, 'Ethics of Journalism', *The Times*, 21 July 1952, p. 5.

[2] 原注：Letters to the Editor, 'Ethics of Journalism', *The Times*, 21 July 1952, p. 5.

[3] 原注：A. Pelling, 4 July 1951, TNA KV 4/357.

[4] 译注：英国政府通信总部（GCHQ），是英国情报和安全组织，负责向英国政府和武装部队提供信号情报和信息保障。

[5] 原注：Confidential Note, 4 July 1951, TNA KV 4/3357.

这里，军情五处的官员不得不掐了自己一下：艾斯丘向记者泄露的是一位历史学家所说的“英国最后一个巨大机密”。[1] 几乎不需要运用“反事实”或“另一种”历史的方法论，就能认同在 1951 年揭露英国政府通信总部的存在将会产生震撼性的影响。[2] 当时，华盛顿对英国在伯吉斯和麦克林事件中出现的安全性失误感到震惊不已，肯定会进一步将此事视为伦敦无法保守秘密的证据。而且，如果这件事被揭秘，布莱切利庄园的工作可能会过早地曝光。相应地，这也会对二战历史学产生重大影响。军情五处一名高级官员略带轻描淡写地评论说：“我认为，关于这一点（也就是伊斯科特村）的任何关注都会让爱德华·特拉维斯爵士（英国政府通信总部负责人）非常头疼。”[3] 这次多亏杜莱喝酒大意了，事态才没有发展到不可收拾。之后军情五处没收了他的笔记本，向杜莱简要介绍了信号情报保密的重要性，并删除了含有违规段落的文章。

在努力控制某些记者，尤其是那些处在主流媒体阴暗面、阴谋论边缘的记者时，军情五处并不害怕使用非正当手段。《情报文摘》是一份带有政治色彩的、由私人订阅的时事通讯报，其主编和持有者肯尼斯·德库西亲身经历了这一点。德库西是格朗梅尼公爵（他坚持使用这一称呼）的儿子，他丰富多彩的一生却充满了争议。二战前，德库西是帝国政策集团大臣，帝国政策集团由一批顽固的保守派人士组成，他们憎恨苏联，支持与希特勒的绥靖政策，认为这是保卫帝国的最佳战略。多年来，他一直是流亡在外的温莎公爵夫妇的心腹。据皇家历史学家克里斯托弗·威尔逊所述，在经历了 1936 年的退位风波之后，公爵的弟弟乔治六世当上国王。1949 年国王乔治六世病重期间，德库西试图劝服他流亡在外的朋友回国当摄政王，这样就可以让国王的法定继承人、当时 23 岁的伊丽莎白公主

[1] 原注：R. J. Aldrich, *GCHQ: The Uncensored Story of Britain's Most Secret Intelligence Agency* (London: Harper Press, 2010), p. 1.

[2] 原注：N. Ferguson, *Virtual History: Alternatives and Counterfactuals* (New York: Basic Books, 1998).

[3] 原注：Confidential Note, 4 July 1951, TNA KV 4/3357.

靠边站，但没能成功。[1] 在这位贰臣看来，年轻的小公主很容易被雄心勃勃、想要获得皇位的蒙巴顿伯爵 [2] 所吸引。1963 年，德库西因被判欺诈罪声名狼藉，被判处在艾伍德·斯克鲁布监狱服刑 7 年。据报道，他在狱中与英国最臭名昭著的叛国者之一乔治·布莱克 [3] 共进晚餐。批评家坚持认为，德库西是个荒谬绝伦的幻想家。后来，德库西给他的劳斯莱斯做了防水处理，使得他闻名于世。

然而，二战期间及二战后，这位幻想家给军情五处敲响了警钟。德库西的人脉很广，以至于有传言称，在他的整个职业生涯中，一直在从驻外使馆的情报官员那里接收机密报告。1983 年，德库西受到胡佛研究院的采访（他的私人文件现在就放在胡佛研究院），他说他最重要的消息来源是荷兰的反情报官奥莱斯特·平托。[4] 德怀特·戴维·艾森豪威尔 [5] 曾评价平托是"在世的最伟大的安全方面权威"。法国陷落后，平托曾与军情五处合作审问进入英国的难民和敌方嫌疑人。据军情五处战时反间谍主任盖伊·利德尔的解密日记所述，军情五处对德库西的消息灵通程度非常担忧。1942 年 11 月，当发现了表明德库西存有秘密日记的证据时，军情五处官员罗杰·富尔福德 [6] 主张"搜查其住所，没收其日记"。[7]

20 世纪 50 年代初，《情报文摘》刊登了有关伯吉斯和麦克林的报道，

---

[1] 原注：C. Wilson, 'Revealed：the Duke and Duchess of Windsor's Secret Plot to Deny the Queen the Throne', *Daily Telegraph*, 22 November 2009.

[2] 译注：路易斯·蒙巴顿（Mountbatten，1900—1979），缅甸伯爵蒙巴顿，英国海军元帅，第二次世界大战时东南亚盟军总司令，英属印度的最后一位总督。

[3] 译注：乔治·布莱克（George Blake），曾是英国军情六处特工，后叛逃苏联。

[4] 原注：'Interview Questions Submitted to Kenneth de Courcy by the Hoover Institution', 1983. Kenneth de Courcy Papers, Reel 6, Box 5, Folder 10.

[5] 译注：德怀特·戴维·艾森豪威尔（Dwight David Eisenhower，1890—1969），美国第 34 任总统、五星上将，政治家，军事家。

[6] 译注：罗杰·富尔福德（Roger Fulford），是英国记者、历史学家、作家和政治家。

[7] 原注：N. West (ed.), *The Guy Liddell Diaries Volume II*：*1942–45* (London: Routledge, 2005), p. 28.

军情五处对德库西的兴趣进一步增强。这份新闻报道声称收到欧洲大陆高层透露的消息，不遗余力地要求对两名逃亡者的失踪进行调查。在《情报文摘》公开游说的同时，德库西私下向多位知名官员说明了自己的想法，其中包括前外交官范西塔特勋爵、索尔兹伯里勋爵（上议院领袖）和哈罗德·麦克米伦[1]（英国住房大臣）。德库西尤其希望索尔兹伯里能利用他在保守党的影响力，说服最近再次当选的首相温斯顿·丘吉尔，让这件事有个了结。德库西的线人向他提供了有关这两名卖国贼的敏感个人信息，包括尚未公开披露的细节。譬如说，他知道伯吉斯曾是英国外交事务国务大臣（Minister of State for Foreign Affairs）赫克托·麦克尼尔的秘书。[2] 德库西还知道麦克林曾担任外交部的美国部门主管，曾在英国驻开罗的大使馆担任档案馆负责人时，因做出不光彩的行为犯下罪行。[3] 他认为，保守党政府有责任调查谁推荐伯吉斯和麦克林出任如此重要的职位。然而，索尔兹伯里勋爵拒绝将此事告知首相，所以德库西私下说他是“懦弱的笨蛋”，说他信了苏联外交大臣安东尼·艾登的鬼话。[4] 政府不愿去调查此事的态度，也被德库西视为能证明还有更大阴谋的证据。在两份分别写于1951年11月7日和1952年10月27日的便笺中，德库西指控罗杰·霍利斯（1956至1965年军情五处总负责人）是苏联间谍。第一张便笺上面写着："（政府）为什么不调查？是因为军情五处的罗杰·霍利斯自己就是苏联特工。而且罗杰·霍利斯得到维克多·罗斯柴尔德的支持。罗斯柴尔德勋爵负责军情五处人员的招募，是军情五处有权有势的官员。这也就是为

[1] 译注：哈罗德·麦克米伦（Harold MacMillan，1894—1986），英国保守党政治家，1957至1963年担任英国首相。

[2] 原注：K. de Courcy to Lord Salisbury, 28 October 1952. Kenneth de Courcy Papers, Reel 2, Box 2, Folder 4.

[3] 原注：K. de Courcy to Lord Salisbury, 4 August 1952. Kenneth de Courcy Papers, Reel 2, Box 2, Folder 4.

[4] 原注：Handwritten comments by K. de Courcy. Penned at the bottom of a letter from Lord Salisbury. See Lord Salisbury to K. de Courcy, 27 October 1952. Kenneth de Courcy Papers, Reel 2, Box 2, Folder 4.

什么没人能调查出头绪，为什么一切都被缄口了。”[1] 第二张便笺则称：“他们中谁都不敢大胆地面对维克多·罗斯柴尔德。难以置信，我们国家竟然有罗斯柴尔德和霍利斯这两个苏联头号特工，而且还有许多像这样的当权者的小宠。”[2]

不管德库西认为霍利斯是叛徒这事是不是真的，这不是本书所关心的问题。（克里斯托弗·安德鲁教授所述的这段军情五处历史中，坚决认为这事不是真的，教授认为任何持相反看法的人都是阴谋论者。）[3] 有趣的是，军情五处试图阻挠《情报文摘》所采取的措施。1951 年 6 月，德库西的律师梅塞尔·丘吉尔、克拉彭和康帕尼向英国陆军部投诉说，军情五处的人员一直骚扰《情报文摘》的员工，迫使一名记者交出信息来源。[4] 信中写道，“我害怕罗杰·霍利斯采取这种不光彩的行径”，德库西在律师投诉信的空白处潦草地写下这句话。[5] 几个月后，德库西写信给英国陆军大臣约翰·斯特拉克利，指控军情五处两名官员试图胁迫法国安全部门拦截该媒体在巴黎和伦敦新闻办公室的电话内容。法国政府向德库西透露了军情五处的做法，德库西还声称，军情五处曾要求对他和他在巴黎的首席记者进行全天候监视。

后来发生的事情，使得军情五处试图掩盖伯吉斯和麦克林丑闻的尝试，注定以失败告终。在那时，1954 年 4 月份，澳大利亚总理罗伯

[1]　原注：Handwritten comments by K. de Courcy. Penned on the back of a letter from Lord Vansittart. Lord Vansittart to K. de Courcy, 7 November 1951. Kenneth de Courcy Papers, Reel 2, Box 2, Folder 5.

[2]　原注：Handwritten comments by K. de Courcy. Penned at the bottom of a letter from Lord Salisbury. See Lord Salisbury to K. de Courcy, 27 October 1952. Kenneth de Courcy Papers, Reel 2, Box 2, Folder 4.

[3]　原注：C. Andrew, *The Defence of the Realm: The Authorised History of MI5* (London: Allen Lane, 2009).

[4]　原注：K. de Courcy to War Office, 7 June 1951. Kenneth de Courcy Papers, Reel 2, Box 2, Folder 8.

[5]　原注：K. de Courcy to War Office, 7 June 1951. Kenneth de Courcy Papers, Reel 2, Box 2, Folder 8.

特·孟席斯[1]揭露苏联驻澳大利亚堪培拉大使馆的三等参赞弗拉基米尔·彼得罗夫[2]叛逃的消息，震惊了全世界。澳大利亚媒体在后续报道中透露这两名英国人曾长期担任苏联特工，于20世纪30年代在剑桥大学学习期间被苏联招募。在此之前，多数报纸都把他们当作在逃的外交官。另有指控称，还有一名所谓的“第三人”，据说是高级军官金·菲尔比，他告知伯吉斯和麦克林反情报网正在逼近，协助他们叛逃。作为对此事的回应，英国政府在1955年9月发布了一份明显存在错误的白皮书。例如，该声明声称，没有理由怀疑麦克林对国家的忠诚，尽管《情报文摘》等出版物中有大量的证据表明，这名间谍在大学期间曾是某些共产主义协会的成员。结果，这份白皮书被新闻界所耻笑，嘲弄地称之为“白涂料”。不管怎样，根据这份文件，时任外交大臣哈罗德·麦克米伦在议会上宣布，菲尔比是一位尽职尽责的公仆，没有任何证据证明他是叛徒，菲尔比形容那一天是他一生中最快乐的日子。

几个月后，1956年2月11日，苏联人带着伯吉斯和麦克林在莫斯科举行了一场盛大的新闻发布会。这引起了舰队街的激烈抗议，由此再次提出这样一个问题：一个国家的情报机构是否应该变成那些上过某些大学、参加过某些俱乐部的人的上流俱乐部？在白厅，人们担心苏联人不会止步于让他们的明星特工在镁光灯下亮相，他们会发起一场针对西方国家的大规模宣传活动。考虑到这一点，军情五处最终认为，他们需要向公众传达这样一个信息：克格勃正在向伯吉斯和麦克林灌输一系列谎言，未来二人发出的任何声明都应被视为苏联故意提供的虚假消息。令人惊讶的是，为了做到这一点，军情五处竟然求助于平彻。2月26日，平彻受到汤姆森上将的邀请，在其办公室见到军情五处的法律顾问伯纳德·希尔。希尔概

[1] 译注：罗伯特·孟席斯（Robert Menzies，1894—1978），澳大利亚政治家，澳大利亚第12任总理，也是澳大利亚任期最长的总理。

[2] 译注：弗拉基米尔·彼得罗夫（Vladimir Petrov，1907—1991），苏联外交官，叛逃到澳大利亚。

述了这件事情的主要问题，并向平彻请求援助。平彻义不容辞。第二天早上，《每日快报》的头版头条就是“小心这俩外交官”，之后汤姆森立即打电话告诉平彻：军情五处非常满意。[1]

在白厅，平彻工作能力出色的消息逐渐传开，不久其他部门也开始向他寻求帮助。1957 年 4 月，平彻做出了他职业生涯中最大的贡献，当时他与英国国防部联合发表了一篇头版文章，声称由于技术问题，英国将延迟在太平洋进行氢弹试验。[2] 这纯粹是一派胡言。几天前，国防大臣们获悉，日本反核运动人士正前往太平洋试验场地，阻止此次爆炸试验。于是，有人联系了平彻，请他写一篇假新闻。欺骗行动奏效了，全世界媒体注意到这篇文章，抗议者们退散了，英国按照原计划于 5 月 15 日引爆了氢弹。值得注意，几年前原子能部门还认为平彻是该上绞刑架的罪犯，现如今，国防部转而选择平彻来完成这个任务。事实上，一份最近解密的英国联合情报委员会[3]1953 年 9 月的文件表明，政府官员在得知平彻被《每日快报》选中在南澳大利亚伍默拉观看即将进行的原子弹爆炸试验时，纷纷心慌意乱、坐立难安。委员会认定：“查普曼·平彻先生参加此次试验，无疑会引起美国人的严重关切。”[4] 因此，联合情报委员会请求《每日快报》换个代表参加试验，但遭到拒绝。不过，1957 年就大变样了，平彻受到政府官员的热烈欢迎。果然一旦时势需要，即使强盗也有用武之地。

找到遗体一事绝对有必要不向媒体透露。

---

[1]　原注：Pincher, Treachery, p. 409.

[2]　原注：C. Pincher, *Inside Story*：*A Documentary of the Pursuit of Power* (London：Sidgwick & Jackson, 1978), p. 177.

[3]　译注：联合情报委员会（Joint Intelligence Committee，JIC），是英国各个情报机构的统一管理机构。

[4]　原注：‘JIC：Minutes of the One Hundred and First Meeting of the Committee’, 18 September 1953, TNA CAB 159/14.

侦探督察长 A. 霍尔，
1956 年 5 月 14 日[1]

最能说明媒体揭露情报丑闻的欲望和能力的事件，莫过于 1956 年臭名昭著的克拉布事件。英国政府机关一心想要保守秘密，而媒体行动偏偏想把事情公之于众。媒体一直深入调查，致使英国下议院开始全面探讨情报机构的道德和效率问题，这在英国历史上前所未有。媒体在初期报道中不仅关注本次失误的细节，亦关注官方掩饰过失的行为。在这种情况下，舰队街促成了对军情六处现任负责人的废黜，并在不知情的情况下促进英国战略情报机构和监管程序进行了一次全面彻底的审核。[2]

这件事要追溯到 1954 年，当时海军部告知军情六处，希望获取有关苏联军舰噪声特性的信息。因此，军情六处制订了“深红行动”（Operation Claret）计划，“深红行动”是一系列由潜水兵执行的双重任务的代号。虽然水下秘密检查按惯例由特别舟艇团（Special Boat Section）执行，这次任务也没有什么不同寻常的。开展水下间谍活动是铁幕两侧大展拳脚的固定套路。在英国的军舰访问列宁格勒港时，船舰上的海员经常发现苏联潜水兵的压缩空气罐冒出的气泡。1955 年 10 月，在一次海军检阅中，一艘“斯维尔德洛夫”级巡洋舰停泊在英国朴次茅斯港，这是英国第一次有机会发起“深红行动”。接下来的行动取得了成功，英国获得大量情报。1956 年 4 月，苏联领导人尼基塔·赫鲁晓夫[3]和尼古拉·布尔加宁对英国进行友好访问。代表团原计划乘坐“奥尔忠尼启则”号（Ordzhonikidze）巡洋舰抵达朴次茅斯港，军情六处很快就把注意力转向了后续潜水行动的开展。然而，在唐宁街，英国首相安东

[1] 原注：Det. Superintendent, A. Hoare, Crime Office, Chichester, 14 May 1956, West Sussex Record Office, Chichester, POL w/c6/2.

[2] 原注：Aldrich, *GCHQ*, p. 141.

[3] 译注：尼基塔·赫鲁晓夫（Nikita Khrushev，1894—1971），苏联党和国家最高领导人。

尼·艾登坚持认为，英国正试图与苏联达成和解，任何行动都不能危及此事。在他看来，反冲的风险太大。因此，首相于4月12日发布了一项指示，明确禁止“这个特殊时期进行任何此类活动”。[1]

然而，不幸的是，艾登的指令未能通知到其预设对象，即军情六处。负责审查此次行动的外交部官员迈克尔·威廉当时刚得知自己父亲去世的消息。于是，他离开办公室回家悼念父亲，却忘记将艾登的决定告知有关人员。“情报管理的首要规则”[2]是，没有政治上的批准，军情六处应该终止原计划。然而，军情六处的官员认为首相是个“窝囊废”，对其不屑一顾，所以他们不顾一切，继续行动。此次潜水行动，军情六处招募了一位经验丰富的海军潜水兵——指挥官莱昂内尔·“伯斯特”·克拉布（见图7）。克拉布当时已经退休，因此如果在公开行动中被发现，至少军情六处理论上来说可以进行推脱辩护。克拉布非常乐意帮忙，4月17日，就在苏联军舰停泊在朴次茅斯港的前一天，他抵达港口。和他一起行动的还有一位化名为伯纳德·史密斯的军情六处官员。俩人都登记入住了当地一家名为太平门的酒店，还傻乎乎地在酒店登记簿上写上自己的姓名和住址。[3]因为在潜水时得有人待在甲板上望风，于是克拉布联系了他在战时的潜水伙伴，一位皇家海军“弗农”号战列舰（HMS Vernon）少校，驻扎在附近水下武器装备建立和潜水学校。第二天晚上，克拉布在该同伴的陪同下，进行了一次水下预演，据说他当时“状态良好”。[4]之后克拉布便对行动的安全性不以为然，跟附近哈凡特镇的朋友纵情畅饮了一番。这个潜水兵并不出名，（在陆地上，他总是戴着一副单片眼镜，佩戴着一把手柄雕成蟹形的剑）几个当地居民看到了他。[5]

---

[1]　原注：E. Bridges, ‘The Report of an Enquiry on an Intelligence Operation against Russian Warships’, 18 May 1956. www.cabinetoffice.gov.uk/media/cabinetoffice/.../bridges_rpt.pdf.

[2]　原注：Aldrich, *GCHQ*, p. 141.

[3]　原注：Bridges, ‘Report of an Enquiry’.

[4]　原注：Bridges, ‘Report of an Enquiry’.

[5]　原注：Bridges, ‘Report of an Enquiry’.

（根据后来的新闻报道，听说他告诉一些当地人，他“要看一眼苏联的船底”，为此他能挣到 60 基尼。）[1]

4 月 19 日，快到早上 7 点的时候，克拉布溜进水里，开始了潜水行动。指令只限于检查船舵和螺旋桨，而储气罐里充的氧气能供克拉布使用 90 分钟，对于完成这项工作来说足够了。到 9 点一刻，克拉布还没有任何动静，望风的人觉察到发生了“严重的事故”，立即通知了海军部。[2] 海军部门随后联系了军情六处，由于害怕引起苏联人的警觉，军情六处决定不打捞克拉布的尸体。整个白厅都被笼罩在恐慌的氛围之中。海军情报局局长、海军少将约翰·英格力斯，军情五处处长迪克·怀特 [3] 和军情六处处长约翰·辛克莱举行了紧急会议。大家都认识到情况的严重性。如果非法行动的细节败露，首相艾登会无比羞愧，相当于在打自己的脸。而且，每个人都目睹了媒体对待伯吉斯和麦克林一事的态度，他们决定防止同样的事情再次发生。

4 月 21 日，军情六处想要隐瞒该次潜水活动消息的希望很快就破灭了。苏联“奥尔忠尼启则”号的指挥官告知朴次茅斯海军基地参谋长、海军少将伯内特，他的三个水手在军舰附近游泳时发现了一名潜水兵。几天后，那天晚上曾在哈凡特镇与克拉布一起喝酒的朋友联系了英国海军部，他们想知道同伴的消息。情报部门决心掩盖此次过失，他们无情地裁定海军部应该承担责任并发表声明，大意是推定潜水兵克拉布在英吉利海峡对面的斯托克斯湾进行水下设备试验时遭遇不幸。斯托克斯湾位于索伦特海峡区域，距英格兰南部海港城市戈斯波特市朴次茅斯港有几英里远。[4] 克

---

[1] 原注：'On This Day：9 May 1956：Mystery of Missing Frogman Deepens', BBC News, news.bbc.co.uk/onthisday.

[2] 原注：'On This Day：9 May 1956：Mystery of Missing Frogman Deepens', BBC News, news.bbc.co.uk/onthisday.

[3] 译注：迪克·怀特（Dick White），1953 年至 1956 年 5 月担任军情五处处长，此后至 1968 年担任军情六处处长。

[4] 原注：'On This Day：9 May 1956：Mystery of Missing Frogman Deepens', BBC News, news.bbc.co.uk/onthisday.

拉布的朋友（和他悲痛的母亲）都将保持沉默。[1] 而且，经决定，朴次茅斯刑事调查局（Portsmouth Criminal Investigation Department）局长将前往太平门酒店，从酒店入住记录中撕掉透露秘密的那几页，并以《官方保密法》威胁酒店经理务必保密。经与多位政府高层官员达成一致（其中包括海军部常务大臣约翰·朗爵士和外交部常务大臣伊冯·柯克帕特里克爵士），情报机构决定既不告诉首相艾登这件办砸了的蠢事，也绝口不提为掩盖该事件所做的行动。[2]

4 月 29 日，海军部发布了虚假的公开声明。潜水兵克拉布的推定死亡引起新闻媒体的极大兴趣。作为战争英雄和乔治勋章的获得者，克拉布“英勇无畏、忠于职守”[3]，他富有“人情味”的故事简直完美。此外，随着潜水设备的日臻完善，20 世纪 50 年代人们普遍产生了对水下探索的兴趣，他们追随寻宝人、采珠者和游泳运动员。然而，没过多久记者们就意识到海军部是在搪塞他们。虽然克拉布自信满满、一身荣耀，但他是个烟鬼，即使以战后那一代人的标准来看也是如此。当时他 46 岁，身体素质并非最佳状态。甚至还有报道称，他只能在 25 米长的游泳池里游三程。[4] 当地的一些记者是业余潜水员，他们发现克拉布测试设备的斯托克斯湾，潮水之汹涌，裂谷水流之强大，在当地是出了名的，克拉布竟然在这里测试设备，让人匪夷所思。说来也巧，同一时间，克拉布在测试设备时，特别舟艇团一名官员也住在太平门酒店。作为一名潜水专家，这位官员可靠地告诉记者这片海湾不适合进行潜水练习。海军部门拒绝对克拉布的遗体进行搜寻也引起了人们的好奇。霎时间，大批记者涌向朴次茅斯，决心揭露沉默的阴谋。他们很快确认，克拉布曾在太平门酒店待过，当地警察局

[1]　原注：‘On This Day：9 May 1956：Mystery of Missing Frogman Deepens’, BBC News, news.bbc.co.uk/onthisday.

[2]　原注：‘On This Day：9 May 1956：Mystery of Missing Frogman Deepens’, BBC News, news.bbc.co.uk/onthisday.

[3]　原注：R. Gleadowe to L. Crabb, 31 January 1944, TNA ADM 1/14531.

[4]　原注：‘Top Frogman Dies in Secret Test’, *News Chronicle*, 30 April 1956.

有人从酒店入住记录中撕掉了几页。记者们对酒店经理进行了采访，证实其中一个住客提供的住址是“附属外交部”。消息灵通的记者立即识别出这是军情六处侦探的挡箭牌。一名苏联海军武官在接受媒体采访时称，“奥尔忠尼启则”号上的一名船员曾看到一名潜水兵短暂性地浮出水面，好像是在奋力呼吸，这几乎证实了情报部门一直在参与此事。[1]

5 月初，媒体都在疯狂猜测克拉布到底发生了什么事，以及他在水下究竟在做什么。最常见的解释是，这个潜水兵被派往“奥尔忠尼启则”号获取情报。当地报社记者对海军事务特别了解，他们表示，水下检测能获取声呐设备和潜艇探测器的细节信息。另一种说法是，英皇政府得知右翼组织企图在巡洋舰的龙骨上安装炸弹，刺杀苏联领导人，便派克拉布负责在港口巡逻。媒体在报道中援引了汤姆森上将在 5 月 5 日说过的话：“某个大胆的潜水兵引爆水下爆破弹的可能性是必须严加防范的安全隐患。”[2] 新闻界关于克拉布命运的传闻，从一开始的似是而非发展到最后的荒谬绝伦。可能性最大的解释是克拉布死于呼吸衰竭。他的换气器可能被崎岖的海底地形划破了，而且在氧气耗尽之前，由于潮水汹涌澎湃，克拉布被一块岩石或一片海藻困在水下，这也不是不可能。《每日快报》编造了一些有关现代化设备的故事。比如，克拉布一直被某种磁性防蛙人装置困住，直至最后氧气耗尽，在水中溺亡；有的还说，他被电缆困住，死于缺氧窒息；或者是他被声呐辐射弄得晕头转向；又或者是闪光相机短路导致他触电身亡。[3] 记者们摆出一副阴谋论的样子，暗示克拉布是在海底一场史诗般的战斗中，被装备了水肺的哨兵杀死的。[4] 更有趣的是，有人暗示说，他被敌方潜水兵绑架，经由一个“湿舱”被带到

[1] 原注：'Red Sailor：I Saw Frogman', *Daily Mail*, 5 May 1956; 'We Saw a Frogman Say Russians', *Daily Express*, 5 May 1956.

[2] 原注：引自 N. Mews, 'Crabb's Last Dive', *Sunday Times Magazine*, 23 November 1969。

[3] 原注：W. Crumley, 'Six Amazing Stories', *Daily Express*, 4 May 1956.

[4] 原注：W. Crumley, 'Six Amazing Stories', *Daily Express*, 4 May 1956.

“奥尔忠尼启则”号上，在吐真剂的作用下，他泄露了大量的英国海军秘密。克拉布被押回苏联，总有一天，他会像伯吉斯和麦克林一样，成为苏联宣传的有力武器。

5 月 4 日，在媒体不间断的阴谋论报道中，艾登终于被告知了真相。艾登满满的怒气是可以理解的，激怒他的不仅仅是特立独行且行动失败的秘密机构，还有高层官员向他通报事件时迟缓的行事方式。艾登意识到，媒体引发的群情激愤必然会迫使他发表声明，于是指示外交部准备一份“辩词”。本着已过去几周这一事实，英国外交部得出结论，撒谎到底比将事实全盘托出更可取。因此，外交部建议把克拉布当成替罪羊。官方的说法是，这名潜水员“本着冒险的精神”，不顾望风人的反对，执意对这艘苏联军舰进行了一次未经许可的探险行动。[1] 值得赞扬的是，艾登对这种恶意诽谤感到震惊。在他看来，克拉布是位忠诚而勇敢的爱国者，实际上他是因公殉职，说他肆意违抗命令简直可恨。因此，5 月 9 日，艾登选择在国会上证实这是一项未经批准的任务，他说：“这件事未得到授权，是在政府不知情的情况下完成的。”[2] 艾登不再继续澄清此事，声称“披露克拉布死亡情况并不符合公众利益”。[3] 工党领袖休·盖茨克尔 [4] 是这场骚乱的领导者。他五次上书请求提供更多信息，首相接连拒绝。最终，艾登以“总负责人”的态度行事，认定“有些问题是首相自身的责任”。[5]

针对首相艾登的声明，媒体进行了前所未有的猛烈抨击。对于情报界未能识别并惩罚那些出卖祖国的叛徒，新闻界已经感到非常愤怒，

---

[1] 原注：F. Dean, ‘Alternative Answers to Parliamentary Questions about Commander Crabb’, 7 May 1956. www.cabinetoffice.gov.uk.

[2] 原注：*Hansard*, 5th Series, 150, 9 May 1956, cols. 1,225–30.

[3] 原注：*Hansard*, 5th Series, 150, 9 May 1956, cols. 1,225–30.

[4] 译注：休·盖茨克尔（Hugh Gaitskell，1906—1963），英国政治家，工党成员，曾担任财政大臣。

[5] 原注：*Hansard,* 5th Series, 150, 9 May 1956, cols. 1,225–30.

更不要说这种鲁莽的间谍活动，进一步说明了情报界的萎靡和无能。《新纪事报》抗议说："这些笨手笨脚的家伙，只有被约翰·巴肯[1]写进《傻瓜秀》的剧本才算精彩的故事。"[2]《周日快报》指控情报机构负责人完全无视其中涉及的重大政治后果。此次苏联领导人访问英国是受到首相艾登本人的亲自邀请，作为英国史上外交政策的变化，这在斯大林时代是难以想象的。然而，这次拙劣的行动让整件事情看起来就像"去大厅里搜查某位宾客的口袋时，你的妻子却在餐厅里款待他"，真是打自己的脸。[3]《泰晤士报》和《每日邮报》均提出应对情报机构进行全面调查，认为他们的表现"对法律视若无睹"，完全不受民主舆论和内阁的监督。[4]《星期日电讯报》亦呼吁大家行动起来，谴责那种认为英国可以姑息这种没有道德、办事无能的机构的观点。[5]首相艾登也成了新闻媒体泄愤的对象。《新纪事报》批评他"办事真是笨到家了"。[6]《泰晤士报》指控他逃避内阁的责任，未能对他的秘密冒险家们"严加管束"。1英寸（约2.5厘米）高的新闻头版标题赫然写着，"指挥官克拉布无权潜水"。[7]《泰晤士报》的反对令这位饱经风霜的首相特别难堪，正如D. R. 索普所说："他出生的那个阶层，以及他那一代人认为《泰晤士报》是记录在案的主流报纸。"[8]对于艾登来说，媒体的攻击来得正是时候。他们不仅是破坏他为冷战"解冻"所做出努力的威胁，似乎还证实了那些

[1] 译注：约翰·巴肯（John Buchan，1875—1940），苏格兰小说家，历史学家。

[2] 原注：J. Cameron, 'The Cloak and Dagger Boys Have Dropped a Clanger', *News Chronicle*, 11 May 1956.

[3] 原注：A. Brittenden, 'Cabinet Frogman Row', *Sunday Express*, 6 May 1956.

[4] 原注：'No Authority for Dive by Commander Crabb', *The Times*, 10 May 1956; N. Monks, 'Just How Secret Is the Secret Service?', *Daily Mail*, 11 May 1956.

[5] 原注：'Secret Service Blunders：Inquiry Demanded', *Sunday Dispatch*, 13 May 1956.

[6] 原注：Cameron, 'The Cloak and Dagger Boys have Dropped a Clanger'.

[7] 原注：'No Authority for Dive by Commander Crabb'.

[8] 原注：D. R. Thorpe, *Eden*：*The Life and Times of Anthony Eden* (London：Random House, 2003), p. 444.

喋喋不休的阶层日益增长的怀疑，即他在政治上是一个“无足轻重”的人，一个无法突破自己，无法超越时代的傻瓜。《每日快报》副主编唐纳德·麦克拉克伦（传统保守党的喉舌）的话被多次引用，人们一直在徒劳地等待着“强硬政府的信号”。[1]

媒体的新一轮攻击再次把这个问题提交给下议院。5 月 14 日，国会议员对此事方方面面进行了详细的商讨和辩论，持续将近两个小时。盖茨克尔尽情地对情报界的问题发表了意见，对其管控、建制和效率进行了估测。为了在党内获得政治加分，这位反对派领导人毫不留情地质问艾登，他们采取了什么惩戒措施，针对谁采取了惩戒措施。[2] 攻击秘密机构和猛烈抨击英国政府对该案件处理的，还包括经验丰富的社会主义煽动者理查德·克罗斯曼和珀西·科利克。他们声称：“在我们这个国家，任何反对派都有责任调查政府管理中的任何缺陷和过失。”[3] 克罗斯曼特别想知道是谁批准了 4 月 29 日的海军部公报，这份公报现已被证明是当时捏造的谎言。

这场辩论在英国政治史上是前所未有的。宪法规定，正常的公共问责制度包括议会讨论，不适用于秘密机构。在多数议员看来，冗长的辩论并不合适。在他们看来，对情报机构这一官方不存在的机构进行公开讨论不属于众议院的公务范畴，更别提对其公开抨击了。保守党政治家帕特里克·司本斯爵士无法掩饰自己的不满，他说：“我打出生头一回见到，在一个最尽职尽责的领导人带领下，一个貌似负责的反对派在一场最负责的言论中，做出了我认为最不负责的事情。辩论开始时，我几乎要站起来，因为我相信这场辩论与我们以往的所有辩论都截然不同。”[4] 也许不足为奇的是，强烈抗议来自詹姆斯·哈奇森爵士，他是二战期间

---

[1]　原注：D. McLachlan, 'The Firm Smack of Government', *Daily Telegraph*, 3 January 1956.

[2]　原注：*Hansard*, 5th Series, 153, 14 May 1956, col. 1,764.

[3]　原注：*Hansard*, 5th Series, 153, 14 May 1956, col. 1,760.

[4]　原注：*Hansard*, 5th Series, 153, 14 May 1956, col. 1,772.

负责与法国抵抗运动[1]进行联络的英国联络官，在此期间他为了向盖世太保[2]掩饰自己的身份，甚至做过整形手术。[3]他宣称："我们不能鼓励它（情报界）在公众面前做脱衣舞表演，一层一层揭开面纱。"[4]鉴于过去10年间媒体对间谍活动的兴趣日益浓厚，议员们认识到，克拉布事件的披露并非偶然，反映了公众态度的划时代变化。人们对这个秘密国家的尊重已经明显减弱，要想恢复人们对它的尊重，议会应该制定标准。因此，当议员们被要求就如何处理此事进行投票时，他们接受了首相艾登的命令，即关于此事"只字不再提"。[5]

媒体的戏谑、议会的嘲弄以及（据报道）赫鲁晓夫在克拉里奇酒店举行告别晚宴上的揶揄，让艾登将注意力转向了纪律处分。他要求文官事务大臣爱德华·布里奇斯爵士调查该行动的发生过程，以及迟迟不将此事通知大臣的原因。（查普曼·平彻一贯消息灵通，5月14日他报道了此次调查确切的相关要求。）[6]5月18日，布里奇斯将调查报告交给艾登，这份报告是当权派为保护自己而抱团联合的完美范例。他们拒绝从当权官员中挑出应特别受到指责的文官，将艾登对于整件事情的不知情归咎于司法上的误解。这份调查显示，显然海军部和外交部都没意识到自己负有将此事告知英国政府的责任，他们都误认为这是另一部门的职责。[7]如果有人能仔细查看布里奇斯2006年解密的报告，可能会在页面空白处看到几处潦草的笔记。那是艾登愤怒之下所写，比如，"违抗命令""这证明不了什

---

[1] 译注：法国抵抗运动（French Resistance），是二战期间反对纳粹德国占领法国和反对维希卖国政权的法国抵抗运动的总称。

[2] 译注：盖世太保（Gestapo），是德语"国家秘密警察"（Geheime Staats Polizei）缩写Gestapo的音译，由党卫队控制。纳粹通过盖世太保来实现对德国及被占领国家的控制。

[3] 原注：'Sir James Hutchison' (obituary), *The Times*, 19 November 1979, p. 26.

[4] 原注：*Hansard*, 5th series, 153, 14 May 1956, col. 1,783.

[5] 原注：*Hansard*, 5th series, 153, 14 May 1956, col. 1,785.

[6] 原注：C. Pincher, 'Eden Calls Frogman Talks: Secret Service Chiefs Face Three Demands', *Daily Express*, 14 May 1956.

[7] 原注：Bridges, 'Report of an Enquiry'.

么”“那这是谁的事儿”“禁止”“荒谬”等。[1]

6 月 26 日，天朗气清，艾登把外交大臣塞尔文·劳埃、国防大臣沃尔特·芒克顿和海军大臣詹姆斯·托马斯叫到首相官邸契克斯庄园（首相乡间官邸），带有明确要谴责犯错之人的意图。在这里，艾登的臭脾气——“白厅府最守口如瓶的秘密之一”[2]——爆发了。英国驻莫斯科大使威廉·古迪纳夫·海特爵士后来证实了这场“可怕的争吵”。[3] 这次高层会议之后，海军情报局局长以及同意掩盖事实的高层官员被告知，“在不确定的情形下”，他们的所作所为是错误的。[4] 由于这次失误的严重性，有人或许认为他们侥幸逃脱了处罚。不过，军情六处处长约翰·辛克莱就没有这么幸运。他被炒了，军情五处处长迪克·怀特接替了他的位置。在许多人看来，这是对军情六处的蓄意冒犯。艾登还批准了一项具有深远意义的调查，对之后情报活动的授权和执行方式进行审查。由内阁秘书长诺曼·布鲁克爵士和联合情报委员会主席帕特里克·迪安牵头的这项调查，将结束英国情报部门被联合情报委员会前任主席珀西·柯利达爵士称之为“草率行事、海盗作风”的日子。[5] 无论出于何种好意，有天分的业余爱好者并不适合新的时代，因为在这个时代，情报工作可能会在国际体系中造成重大裂痕；与此同时，媒体似乎一心想要挖出丑闻。

---

[1]　原注：Bridges, ‘Report of an Enquiry’.

[2]　原注：W. Clark, *From Three Worlds*：*Memoirs* (London：Sidgwick & Jackson, 1986), pp. 169–70.

[3]　原注：‘Transcript of Interview with Sir William Hayter Conducted by Anthony Gorst and W. Scott Lucas’, King’s College London Liddell Hart Centre for Military Archives, Suez Oral History Project 7.

[4]　原注：J. Thomas, ‘The Crabb Case’, 25 June 1956, www.cabinetoffice.gov.uk; N. Brook, ‘Note of the Discussion Held about the Action to be Taken on the Report of Sir Edward Bridges into the Frogman Incident’, 26 June 1956,www.cabinetoffice.gov.uk.

[5]　原注：P. Craddock, *Know Your Enemy*：*How the Joint Intelligence Committee Saw the World* (London：John Murray, 2002), p. 266.

就没有什么法子控制或摆脱查普曼·平彻吗?

首相哈罗德·麦克米伦,

1959 年 5 月 4 日[1]

如果说白厅在冷战头十年与新闻界打交道的过程中学到了什么，那就是在接下来的几年里，国防机密通知委员会将作为一种控制机制愈发重要。记者们通过与政府官员私下联系，从海外消息人士那里获取信息，发现可以在不违背《官方保密法》的前提下，撰写敏感事件（见图 8）。随着喷气式飞机时代的到来，记者在纽约和伦敦之间往返的飞行时间减少了一半，从以前的 12 个小时减到 6 个小时，成本也降低了。由此，记者得以到美国挖掘独家新闻。白厅对平彻的飞行轨迹了如指掌。R. V. 琼斯教授曾多次在美国的科学会议上见到这位记者。[2] 在这种背景下，国防机密通知机要秘书说服记者为国家安全利益接受自我审查的能力，就变得至关重要。

然而，这个体系即将经历自它出现之后的最艰难时期。以前，记者们总是相信政府，相信揭露某些特定的信息会危害国家安全，而现在他们要求政府拿出相关的证据加以证明。在舰队街，人们开始担心政府为了避免政治上的尴尬而滥用国防机密通知制度——由于见到某些官员对该系统的运作非常感兴趣，所以他们更加担心。“把国防机密通知制度拍在上面”这个短语应运而生。与此同时，政府官员们也开始对这个体系失去信心。每次一有危害政府的信息被披露出来，人们就确信是国防机密通知委员会未能做好本职工作。最终，公众有权知道的信息与国家需要保密的信息之间的界限在何处，将引发重大冲突。很明显，两者之间的界限已经改变

[1] 原注：H. Macmillan, Prime Minister’s Personal Minute, 4 May 1959, TNA PREM 11/2800.

[2] 原注：‘JIC：Minutes of the One Hundred and First Meeting of the Committee’, 18 September 1953, TNA CAB 159/14.

了，但双方都不肯过多让步。

政府内部出现对国防机密通知制度的不满，估计很有可能是平彻引发的。1958 年 11 月 3 日，平彻在一篇头版文章中透露英国大概有 30 颗原子弹。[1] 英国空军大臣乔治 · 沃德立即指责汤姆森未能阻止这篇文章的发表。在随后的讨论中，大家都认为汤姆森并没有做错什么，因为在这种情况下，记者平彻依靠的是他自己的推理和小花招。但沃德还是很不高兴，他写信给国防大臣邓肯 · 桑蒂斯（见图 9）[2]，争论道，如果国防机密通知委员会不能阻止平彻，应该采取“特别行动”来“监视查普曼 · 平彻行动”。[3] 国防大臣拒绝了这一想法，宣称要是被平彻发现，到时会有无穷无尽的麻烦。[4] 一年后，首相哈罗德 · 麦克米伦也开始对国防机密通知机要秘书感到失望。1959 年 5 月 4 日，汤姆森批准了平彻的一篇文章，该文章解释说，内阁决定不再进行独立的太空研究项目，选择从美国卫星上获取信息。[5] 麦克米伦颇为震惊，他公开表示，“就没有什么法子控制或摆脱查普曼 · 平彻吗？”——这肯定是英国历史上唯一一次首相要求对某位记者进行清算，就算不是字面意义上的清算。[6] 以防麦克米伦采取鲁莽行动，内阁秘书长诺曼 · 布鲁克予以干预，充当了镇静剂。他解释说，平彻是个“受人尊敬的小伙子”，肯定不会“对国家构成威胁”。[7] 布鲁克解释道：“可以确定，平彻所知道的远比他在报道中透露的多得多。”[8] 此外，尽管

---

[1]　原注：C. Pincher, ‘New Nuclear Row Blows Up’, *Daily Express*, 3 November 1958.

[2]　译注：邓肯 · 桑蒂斯（1908—1987），英国政治家、保守党人，温斯顿 · 丘吉尔的女婿。

[3]　原注：G. R. Ward to D. Sandys, 4 November 1958, TNA DEFE 13/169.

[4]　原注：D. Sandys to G. R. Ward, 1 December 1958, TNA DEFE 13/169.

[5]　原注：C. Pincher, ‘Britain Does a Space Age Deal with the US：Now Rent-a-Rocket’, *Daily Express*, 4 May 1959.

[6]　原注：H. Macmillan, Prime Minister’s Personal Minute, 4 May 1959, TNA PREM 11/2800.

[7]　原注：N. Brook to H. Macmillan, 4 May 1959, TNA PREM 11/2800.

[8]　原注：N. Brook to H. Macmillan, 4 May 1959, TNA PREM 11/2800.

这篇文章在政治上可能有些尴尬，但并没有损害国家安全，因此汤姆森不应受到指责。

1961 年，政府对乔治 · 布莱克间谍案的处理，使得舰队街对国防机密通知制度的接受度和认可度变得岌岌可危。1959 年圣诞节期间，波兰叛逃者米哈尔 · 格列涅夫斯基曝光了布莱克的叛徒身份。作为克格勃间谍和军情六处官员，据信布莱克向苏联泄露了 40 多名特工的名字。1961 年 5 月，布莱克在伦敦中央刑事法庭受审之前，英皇政府要求汤姆森写信给各个编辑，请求他们不要刊登布莱克曾为军情六处工作的信息。任何提及此事的新闻，都会重新激起媒体对秘密情报部门无能的兴趣。汤姆森遵照命令于 5 月 1 日给编辑们写信，不过他向媒体解释坚持全面禁令的原因是“军情六处员工的生命仍然处于危险之中”。[1] 根据国防机密通知制度的记录，“所有的编辑都通力合作了”。[2] 然而，5 月 5 日，一份西德报纸刊登了一篇报道，称布莱克曾是军情六处的雇员。鉴于此，英国媒体要求汤姆森解除禁令。在唐宁街的进一步指示下，这位国防机密通知机要秘书拒绝解除禁令。到 5 月 8 日，全球媒体都可以自由地就此事发表评论，唯有舰队街被堵上了嘴，这场景颇为滑稽。难怪英国媒体愤愤不平，他们抗议说，国防机密通知的发布不是为了保护生命，而是为了掩盖另一个荒唐的安全失误。在议会，面对工党议员一连串问题的炮轰，首相麦克米伦回答说，把大量特工转移到安全的地方需要一定时间。首相的解释并没有打消工党领袖盖茨克尔的怀疑，即事实上政府在隐藏更深层次的丑闻。盖茨克尔的不懈坚持最终促使麦克米伦向工党三名枢密院议员透露了真相，但是由于宣过誓，他们有义务在这个问题上保持沉默。被选中的枢密院议员之一是乔治 · 布朗，他向来我行我素，他酗酒的问题是个公开的秘密。在听取简报几天后，布朗一如既往地跟平彻在法国埃居酒店共进了一顿丰盛的午餐，他们开怀畅饮。在进餐中他透露了许多细节中，其中有一条说道布

[1] 原注：Thomson to Editors, 1 May 1961, TNA CAB 21/5163.

[2] 原注：Wilkinson, *Secrecy and the Media*, p. 253.

莱克破坏了柏林隧道的存在。令麦克米伦惊骇的是，平彻适时地将这一切公布出去，没有注明任何消息来源。[1]

由于布莱克的这场闹剧，麦克米伦首相呼吁对国防机密通知制度进行审查。时任英国财政部第二常务大臣的伯克·特伦德提出建议，把这项任务交给拉德克利夫委员会——该委员是最近成立的，负责核查白厅的安全程序。在特伦德看来，“拉德克利夫委员会可以很轻松地处理这个问题，只要稍微扩展一下他们的职权范围就行了”。[2] 作为战时信息部（负责公告和宣传的中央政府部门）大臣，拉德克利夫勋爵尤其有资格做出判断。拉德克利夫委员会于 1962 年 4 月提交了报告。报告的主要结论是，国防机密通知制度“对保护需要隐藏的军事信息做出了非常宝贵和有效的贡献”。[3] 委员会强调，新闻媒体正在索取“有关机密事项的大量信息”。[4] 遗憾的是，《官方保密法》并无法涵盖所有的信息，因为这些信息要么来自海外，要么来自管不住自己嘴巴的官员。从与编辑们的讨论中，我们也可以清楚地看出，媒体并不认为白厅愿意就机密泄露提起诉讼，实际上，该法案已经失去其威慑价值。[5] 因此，在政府看来，国防机密通知制度务必保持完整。

按拉德克利夫的说法，归根结底“秘书的品性”是整个国防机密通知制度体系中最重要的部分。要想新闻媒体不报道某些新闻，国防机密通知机要秘书必须对记者的工作方式和需求保持敏感。他还得具有无限的精力和对工作的奉献精神。国防机密通知机要秘书的工作是一项艰巨的任务。时间久和不确定性在工作中是很常见的。编辑们经常在深夜时分需要建议，有时甚至是在问题文章即将付印的前几分钟。因此，秘书要有能力迅速掌握信息并做出明智的判断。在拉德克利夫看来，海军少将汤姆森是这

[1] 原注：Pincher, *Treachery*, p. 447.

[2] 原注：B. Trend to N. Brook, 18 May 1961, TNA CAB 21/5153.

[3] 原注：*Security Procedures in the Public Service*, Cmnd. 1681 (London, April 1962).

[4] 原注：*Security Procedures in the Public Service*, Cmnd. 1681 (London, April 1962).

[5] 原注：*Security Procedures in the Public Service*, Cmnd. 1681 (London, April 1962).

一职位所要求的“特殊资格和品性”的化身。[1] 记者们认为汤姆森不是个“面无表情、令人生畏的审查官”，而是一位“侃侃而谈、和蔼可亲的老水手”——一个愿意与他们同进退、尽一切努力帮助他们的人。[2] 而且，他信守承诺是出了名的。所有认识他的人谈起他的职业道德都肃然起敬。问题是，汤姆森现在已经七十出头，身体状况不好，正准备退休。私下里，一些重要官员已经开始质疑他的表现，觉得他年纪太大。最近汤姆森没能阻止媒体提及英国空军从塞浦路斯调往科威特的事，这让诺曼·布鲁克怀疑这位“80 岁”的海军少将是否还有能力胜任这项工作。[3]（正如尼古拉斯·威尔金森所观察到的，布鲁克误以为汤姆森已年逾八旬，这可能反映出他的身体机能加速退化。）[4]

拉德克利夫的报告引发了人们寻找继任者的行动。1962 年年初，这位海军少将中风了，这种搜寻便愈加迫切。在正式任命之前，陆军上校“萨米”· 洛翰出任代理秘书。洛翰乐观向上，留着浓密的八字胡，曾任军队公共关系副主管。跟这个职位度过一段蜜月期后，上校很快发现自己与媒体意见不合。确实，在多尼思汀事件上，这种交锋达到最高潮。1963 年 7 月 11 日，《每日电讯报》在内政部对外侨部做了调查，向军情五处透露报社已经发现苏联克格勃陆军少校阿纳托利·戈利岑逃到西方国家，现居住在英国。[5] 情报部门不希望公开此事。虽然苏联人显然知道戈利岑叛逃了，但他们不知道他逃到哪里。公开披露戈利岑在英国，可能会危及他的生命。此外，戈利岑目前正在向西方提供“相当重要”的情报；曝光他的行踪可能会降低他愿意透露信息的质量和数量。[6] 因此，政府指示洛翰发布一份国防机密通知，说明因上述原因不应报道叛逃事件。洛翰于 7 月 11

[1] 原注：*Security Procedures in the Public Service*, Cmnd. 1681 (London, April 1962).
[2] 原注：‘In the National Interest’, *Sunday Times*, 14 May 1961.
[3] 原注：Wilkinson, *Secrecy and the Media*, p. 259.
[4] 原注：Wilkinson, *Secrecy and the Media*, p. 259.
[5] 原注：S. H. Evans, 15 July 1963, TNA PREM 11/5090.
[6] 原注：‘Note for the Record’, T. J. Bligh, July 1963, TNA CAB 21/6077.

日下午 5 时 30 分发出了通知。

在洛翰离开办公室之前，他接到《每日电讯报》主编科林·库特爵士打来的电话。库特告诉他不准备接受这份对媒体发出的禁令，因为消息的来源来自美国华盛顿特区。通话结束时，洛翰说："这件事取决于你的良心；我已经表明了我的观点，如果你想继续这样做，那祝你好运。"[1] 几个小时后，洛翰回到家，他接到平彻的电话，平彻说他也知道戈利岑叛逃的事，他不能让《每日电讯报》抢先一步报道。对《每日快报》来说，失去读者比面对白厅的恶意更可怕。（洛翰不确定平彻是怎么知道这件事的，他怀疑那个搜集独家新闻的人在舰队街各大报社的办公室里都安插了一个"卧底"。）[2] 第二天早上，《每日电讯报》和《每日快报》都报道了此事。第三天，《晚间新闻》甚至刊登了一张据称是戈利岑的照片，不过照片上戈利岑的脸被涂黑了，背景也是伪造的。舰队街的其他新闻媒体都惊呆了。他们接收到国防机密通知，却被自己的竞争对手抢先一步。《泰晤士报》主编威廉·海利抱怨说："如果（报社）不相信其他媒体会遵从国防机密通知，那么就会出现争相刊发情报信息的局面。"[3]

《泰晤士报》从自己的美国消息来源得知，这名叛逃者已经在西方国家生活了 18 个月时，它对这件事被抢先报道的失望变成了愤怒。洛翰发布国防机密通知的措辞给人的印象是，戈利岑的叛逃是最近才发生的事。反过来，这对整个行业造成了一种误导性的紧迫感。此外，《泰晤士报》了解到，叛逃者的名字并不像国防机密通知所说的那样，是"多尼思汀"。在主编海利看来，洛翰要么是个白痴，要么是故意想要欺骗编辑们。他抗议道："这件事已经使我们对整个国防机密通知制度失去了信心。"[4]《泰晤士报》的发现很快成为舰队街的话题。各家报纸纷纷对洛翰进

[1]　原注：L. G. Lohan to B. Trend 17 July 1963, TNA PREM 11/5090.

[2]　原注：L. G. Lohan to B. Trend 17 July 1963, TNA PREM 11/5090.

[3]　原注：W. J. Haley to P. Thornycroft MP, 15 July 1963, TNA CAB 21/5163.

[4]　原注：W. J. Haley to P. Thornycroft MP, 15 July 1963, TNA CAB 21/5163.

行媒体攻击，指出这位国防机密通知机要秘书并没有把国防机密通知放在密封的信封里，而是使用了苏联新闻通讯社塔斯社订阅的未加保护的电传打字机。《每日电讯报》评论说，这样愚蠢的错误在汤姆森的任期内绝不会发生。7 月 18 日，在议会上，保守党首相被许多怀有不满情绪的工党议员质问，一些人断言英皇政府曾要求洛翰发布一份带有叛逃者名字的国防机密通知，却满心期待着编辑们会忽略掉名字，而大力宣扬政府的妙计，即成功地从东方挖来一名引人注目的叛逃者。[1] 麦克米伦做出回应，他强调政府的首要任务是维护叛逃者的生命安全，而给出名字是为了同编辑们建立信任。海利不相信，请求与首相会面讨论此事。在此之前，麦克米伦的顾问们向他提供了一些简报。尽管为了制止《每日电讯报》在晨报走漏情报消息，洛翰是受命匆忙起草并发布国防机密通知，但会议着重强调了洛翰的粗心大意，他的职位应该“重新考虑”。[2] 7 月 29 日，为了给这一丑闻画上句号，麦克米伦在唐宁街会见了海利，他同意今后敏感的国防机密通知只应当面发给编辑们。

8 月，政府决定由洛翰继续担任国防机密通知机要秘书，6 个月后进行评估。航空部常务大臣理查德 · 韦逐一询问了国防机密通知委员会 11 名媒体成员对于此事的看法。8 名成员给予了回复，其中只有英国广播公司总干事的首席助理哈曼 · 格雷斯伍德认为洛翰不合适。[3] 而认为洛翰上校应当留任的理由有三点。第一，这份工作很困难，任何继任者都注定难以接任“像汤姆森这样有经验、受人尊敬的人”。[4] 第二，洛翰出任国防机密通知机要秘书时，还担任着国防部公共关系副主管的全职工作；因此，这种情况下评价洛翰是有失公允的。第三，如果解雇洛翰，看起来像是委员会为戈利岑事件找了替罪羊。

---

[1] 原注：*Hansard*, 18 July 1963, cols. 722–3.

[2] 原注：'Note for the Record', T. J. Bligh, July 1963, TNA CAB 21/6077; B. Trend to H. Macmillan, 26 July 1963, TNA CAB 21/5163.

[3] 原注：R. Way to B. Trend, 8 August 1963, TNACAB 21/6077.

[4] 原注：R. Way to B. Trend, 8 August 1963, TNACAB 21/6077.

从短期来看，留任洛翰的决定是正确的。1963 年 8 月 9 日，时事杂志《私家侦探》披露军情六处现任负责人迪克·怀特的代号为“C”。几周后，核裁军运动的官方报纸《理智》刊登了一张 C 住处的照片，并附上他的姓名和电话号码。当《私家侦探》和《理智》宣布，打算更进一步公布他们所能找到的有关情报机构的一切信息时，恐慌开始在白厅蔓延。然而，在事态失控之前，洛翰起到了决定性作用。他请两家刊物的主编共进午餐，并设法让他们相信有必要不让军情五处和军情六处出现在新闻中。他的理由是：“从国家安全的角度来看，可以判断，如果英国情报机构首脑的行动成为众所周知的事儿，那么一环扣一环，要不了多久，他们的同伴也会为人所知。而这反过来又可能导致整个情报体系……将被暴露在敌方的眼皮之下。”[1]

官员们对洛翰很满意，他 6 个月的试用期结束后，获得了全职合同。现在《私家侦探》和《理智》受到了约束，令白厅深感宽慰，然而并没有人注意到洛翰的行事方式。在这两起事件中，他的做法都是与相关编辑“一起去喝一杯”。[2] 洛翰带《理智》杂志主编戴维·博尔顿去了萨沃伊烧烤店——他说这家店是“我选择的战场”，因为该店拥有获过奖的甜点车。[3] 可是博尔顿赴宴时没有系领带，因此犯了一个“着装不当”的错误，差点影响了他们的会面。[4] 使洛翰感到宽慰的是，侍者拿来了一条领带，会面得以继续。在洛翰的引导下，他们就国家安全问题进行了非正式讨论，中间穿插着诸如着装规范和美食供应质量的话题。长远看来，上校与记者们一起“聚餐共饮”的嗜好将被证明是灾难性的，洛翰的言行将会引发一场政治丑闻，其影响之大，可谓“前无古人，后无来者”，任何英国历史上的丑闻都无法与之相提并论。

[1]　原注：L. G. Lohan, 19 August 1963, TNA CAB 21/6077.

[2]　原注：‘D-Notices：Note of Meeting in Sir Burke Trend’s Office at 2：40pm on 15 August’, W. McIndoe, 16 August 1963, TNA CAB 21/6077.

[3]　原注：L. G. Lohan to M. Cary, 17 September 1963, TNA CAB 21/6077.

[4]　原注：L. G. Lohan to M. Cary, 17 September 1963, TNA CAB 21/6077.

第4章

英国“水门事件”：国防机密通知事件及其后果

国防机密通知让媒体闭嘴的时代一去不复返了。

唐纳德·麦克拉克伦，

1968年9月26日[1]

在审查英国保密制度时，1967年的国防机密通知事件至关重要。此次事件始于查普曼·平彻发表的一篇报道，称安全部门按照惯例对私人电报和电话进行审查。此后6个月，这一事件一直占据着新闻头条和全国政治讨论的中心。玛西娅·威廉姆斯曾任哈罗德·威尔逊的政治秘书近30年，其中有8年是在哈罗德·威尔逊担任英国首相期间（1964—1970，1974—1976）。玛西娅在其回忆录《10号秘事》中写道：“这件事让我们心神不宁……整件事像乌云一样笼罩了我们好几个月，首相也精力耗尽、元气大伤。对于威尔逊首相，我们深表关切。”[2] 此次事件堪称英国的“水门事件”。很少有首相像威尔逊那样处理案子如此笨拙，也很少有哪位首相像威尔逊那样，在媒体、政治盟友和反对者中引发如此之多的愤怒反应。威尔逊在一次个人顿悟中发现自己的行为“并无道理”，是

[1] 原注：D. McLachlan, ‘Intimate Enemies’, *Listener*, 26 September 1968.

[2] 原注：M. Williams, *Inside Number 10* (London: Weidenfeld & Nicolson, 1972), pp. 185, 195–6.

其“执政近 6 年来代价最昂贵的错误之一”。[1] 威尔逊犯的第一个错误在于采取法律手段威胁《每日快报》，称其公然无视国防机密通知发表了一篇“耸人听闻且不准确”的报道。第二个错误在于，枢密院议员组成的委员会就此事进行调查，而威尔逊拒绝接受枢密院的裁决。讽刺的是，该委员会就是首相他本人亲自召集的。[2] 结果引发了一系列火药味十足的国会辩论，报业大亨塞西尔·金称之为“这是我有生之年看到的关于英国首相最糟糕的新闻”。[3] 紧闭的门后，威尔逊的内阁同僚们看到眼前这一切彻底傻眼了。英国交通大臣芭芭拉·卡斯尔对此“大为震惊”，认为威尔逊已经“疯疯癫癫”。[4]

除了对威尔逊和工党政府的影响外，这一事件还对这个秘密国家造成了巨大的破坏。查普曼·平彻的文章可谓舰队街名人堂上浓墨重彩的一笔，恰恰证明了如果官员需要，记者可以获取敏感话题的信息，也无惧公之于众。尽管这位厉害的独家新闻人没有提到拦截新闻的主要是当时仍然保密的英国政府通信总部，但这篇文章的主题——信号情报——却是英国政府最严防死守的秘密。官员们惊恐地看到平彻挑战体制的意志并取得了胜利，这是媒体人在炮火下进行报道的一个英雄榜样。如果类似情况下，记者不愿意接受“国家认为某一出版物违背国家利益”的说辞，坚持不肯取消报道，那么又该如何防止整个官方保密体系的崩溃呢？

同样让这个秘密国家感到担忧的是，尽管国防机密通知制度幸免于难，但其作为国家安全问题真正保护者所发挥的效用，严重打击了人们的信心。威尔逊对新闻自由的攻击激怒了许多记者，更不用说他与一些涉案人士明显的个人恩怨了。许多记者发誓再也不会理睬国防机密通知委员会。“我切断了与他们的一切联系，”平彻回忆道，“那些试图诋毁我和其

[1]　原注：H. Wilson, *The Labour Government 1964–70: A Personal Record* (London: Weidenfeld & Nicolson, 1971), pp. 374–5, 478.

[2]　原注：*Hansard*, 5th Series, 741, 21 February 1967, cols. 1,432–3.

[3]　原注：C. King, *The Cecil King Diaries 1965–70* (London: Jonathan Cape, 1972), p. 128.

[4]　原注：B. Castle, *The Castle Diaries 1964–70* (London: Macmillan, 1984), p. 268.

他无辜者名誉的行为不可原谅。”[1] 正如我们将看到的，某些记者决定偏离正道的报道行为必将产生深远影响。此次事件的另一个重要影响是，在英国出现了一个英雄调查记者的神话，现有的研究大都忽略了这一点。[2] 此次事件如《圣经》中大卫和歌利亚[3] 的故事般经典：平彻被迫直面命运和更强大的敌人，然而处于劣势却勇敢的一方取得了胜利。由于他的努力，平彻成为全民偶像。他开始登上荧屏，也现身于广播电台。为了表达对这位记者的钦佩，各大报纸抛开了对自家媒体的忠诚，将宝贵的版面用来阐述平彻反对政府的立场。对于英国这个秘密国家而言，平彻的成功带来的影响不可小觑。无论是出于对名声的渴望，还是出于促进公众知情权的正义追求，新闻界都下定决心要揭露爆炸性的故事。在全国各地的新闻编辑室和新闻学院，此次国防机密通知事件既是一种鼓舞，也是一种标杆。在许多记者眼里，平彻就是榜样。

> 我们的晨祷变成一场长久的讨论，因为我发现首相痴迷于泄密问题。
>
> 理查德·克洛斯曼，
> 1966年11月11日[4]

当哈罗德·威尔逊1964年10月当选首相时，他决心与新闻界建立良好的关系。作为反对党领袖，他曾亲眼看见媒体差点把麦克米伦政府拉下

[1] 原注：引自对查普曼·平彻的采访。

[2] 原注：参见 M. Creevy, ‘A Critical Review of the Wilson Government’s Handling of the D-Notice Affair 1967’, *Intelligence and National Security*, 14：3 (Autumn 1999), 209–27; Wilkinson, *Secrecy and the Media*, pp. 285–342; L. Baston, ‘The D-Notice Affair’, *Labour History*, 1 (Autumn 2003), 21–2。

[3] 译注：出自《圣经故事》，大卫是一个年轻的牧羊人，手里只有一条投石绳，却打败了强大的敌人歌利亚。

[4] 原注：R. Crossman, *The Diaries of a Cabinet Minister*, 3 vols., Volume II: *Lord President of the Council and Leader of the House of Commons* (London: Hamish Hamilton, 1976), p. 120.

马的过程，尤其是他们对普罗夫莫事件（Profumo Affair）狂热的报道。坊间传言，陆军大臣约翰·普罗夫莫与伦敦模特克莉丝汀·基勒曾有一段短暂而热烈的婚外情，而基勒同时与苏联一位高级海军武官有染。在此之前，各大报纸最初都对政客们的私生活避而不谈，如今他们抓住这个丑闻大做文章。因此，在上任后的头一百天，威尔逊便在唐宁街10号首相府为记者举办了一场鸡尾酒会，甚至邀请平彻一起聊天。几年后，平彻回忆道：“我们谈到许多方面的问题。”[1] 为了避免丑闻的影响进一步扩大和激怒相关媒体，具有新闻意识的威尔逊首相给了乔治·威格英国主计大臣这个官职，但增加了其安全监察的责任，负责监控谣言、泄密和一般的不正当行为(见图10)。威格有通过便门直接出入唐宁街的资格，他自认为长于处理政治阴谋，其处理手段却被人们形容为“威格式的骗人把戏”。威尔逊对阴谋论的狂热在威格的辅佐下犹如火上浇油，由此卡斯尔称威格为“哈罗德的拉斯普京[2]”。[3]

威尔逊与媒体和睦相处的蜜月期很快就转为对抗和偏执。不出所料，正是平彻带领新闻界征战厮杀的。1965年1月初，一名怒气冲冲的特工主管向平彻泄露了政府决定取消多项喷气式飞机项目的细节，包括先进的TSR-2轰炸机。平彻毫不掩饰他对工党打算削减国防开支的愤怒，立刻发表了关于这一话题的文章，轰动一时。[4] 威尔逊心烦意乱，呼吁对此次泄密事件进行调查。在接受英国国防部常务副大臣亨利·哈兹曼的问询时，平彻突然谈起最近与英国飞机制造公司重要人物杰弗里·塔特尔爵士共进午餐一事。[5] 哈兹曼将其解读为——“试图用骗人的鬼话来遮盖泄密的源头”。[6] 首相大失所望，因为调查发现没有任何证据

[1]　原注：Pincher, *Inside Story*, p. 226.

[2]　译注：拉斯普京，俄罗斯帝国神父，尼古拉二世时期的神秘主义者、沙皇的宠臣。

[3]　原注：Castle, *Diaries*, p. 268.

[4]　原注：C. Pincher, ‘Healey’s Plan to Save £800m’, *Daily Express*, 13 January 1965.

[5]　原注：H. Hardman, 15 January 1965, TNA PREM 13/576.

[6]　原注：H. Hardman, 15 January 1965, TNA PREM 13/576.

表明官员有不当行为。这个小插曲让威尔逊“渴望手下官员能有平彻一样的专业能力”。[1]

1965 年 5 月，平彻交了好运，得到一条爆炸性头条新闻，这使威尔逊对平彻的敌意更胜从前。5 月 12 日，时任英国住房大臣理查德·克罗斯曼来到普吕涅餐厅[2]，边吃饭边处理工作。结束用餐后，他不小心将一捆内阁文件落在桌子底下。碰巧平彻的熟人杰弗里·布伦德尔-布朗商人就坐在隔壁桌。布朗是保守党的热心支持者（“上帝啊，他恨透了工党”[3]），他兴高采烈地取回这些文件，交给在舰队街的朋友。第二天一早，克罗斯曼就向威尔逊报告了其安全工作的失误。那时，布伦德尔-布朗已经把文件交给警方，当然没有提到上交之前他先把文件给平彻复印了一份。首相威尔逊并没有意识到记者已知晓这件事，他对克罗斯曼的失职一笑置之道：“谢天谢地，幸好你没有和克莉丝汀·基勒共进晚餐，做得好！”[4] 随后，威尔逊收到消息称《每日快报》已知晓一切，包括文件的内容和克罗斯曼的失职。威尔逊的心情急转直下。在政府公开宣称加强白厅安全性之际，再也没有比自己人丢失机密文件更打脸的事情了。为了挽回颜面，威格致电平彻，一开始态度还算温和（“可怜可怜我吧，你这个混蛋”），最后彻底发了威（“你要敢发表，我就把你钉到墙上！”）。[5] 这对于威格来说实在不是件好事，尽管《官方保密法》阻止平彻揭露文件内容，但却阻止不了《每日快报》报道克罗斯曼的失职。确实，这件事很快便见诸报端。在之后的议会会议上，保守党后座议员回想起威尔逊，尤其想起威格是如何满含恨意对普罗夫莫穷追不舍的，就挖苦嘲弄执政党并以此为乐。作为以向对手泼脏水为乐的恶作剧之王，威格随后将想尽办法发掘平彻的丑闻视为

[1] 原注：P. Hedley and C. Aynsley, *The D-Notice Affair* (London: Michael Joseph, 1967), p. 52.

[2] 译注：普吕涅餐厅当时是伦敦西区最高雅的餐厅之一。

[3] 原注：引自对查普曼·平彻的采访。

[4] 原注：R. Crossman, *The Diaries of a Cabinet Minister*, 3 vols., Volume I: *Minister of Housing* (London: Jonathan Cape, 1975), p. 217.

[5] 原注：引自对查普曼·平彻的采访。

已任，甚至雇用了一名侦探来调查平彻的私事。[1]

威格对平彻的厌恶既出于职业职责，也出于个人恩怨。1966 年 6 月，这位英国主计大臣向记者抱怨说，他和妻子在家受到《每日快报》记者的骚扰。据威格称，6 月 15 日清晨，一名男子多次敲他家的门。但没人开门，反而吵醒了隔壁邻居。同一天上午 11 点，《每日快报》一名记者返回威格家，并成功地从威格的妻子那儿套出了点话。没过多久，《星期日快报》的一名记者，又拿着平彻的一篇文章来登门拜访了。为此，威格把这名记者痛骂了一顿，称报社的这种行为是“无礼的”。[2] 平彻自然坚称自己是无辜的，称他“从未想过”让报社工作人员去官员家里骚扰。[3] 尽管威格接受了平彻的说辞，但他明确表示，不会容忍报社的任何骚扰行为。

用卡斯尔的话说，在国防机密通知制度酝酿阶段，威尔逊“对待泄密问题已经到了近乎病态的地步”(见图 11)。[4] 从《克罗斯曼日记》中我们可以清楚地看到，几乎每一次内阁会议都是从首相秘密宣讲非公开简报开始的。威尔逊对泄密问题的偏执导致其采取了极端行为。1966 年 2 月，他向大臣们发出了一份措辞强硬的通知，要求他们除非有公关人员的陪同，否则不得与媒体交谈。[5] 几个月后，威尔逊下达指令，大臣应接受与文官完全相同的泄密调查程序，其中包括问卷调查、与安全主管面谈等等。威尔逊没有采用内阁秘书长伯克 · 特伦德的建议。特伦德认为“重新采用口头警告”的方式不会那么“令人反感”。[6] 威尔逊对泄密问题恼怒至极，甚至建议在唐宁街的复印机上方装上摄像机。[7]

---

[1]　原注：私人信息源。

[2]　原注：G. Wigg to C. Pincher, 20 June 1966, LSE WIGG 4/71.

[3]　原注：C. Pincher to G. Wigg, 15 June 1966. Ibid.

[4]　原注：Castle, *Diaries*, p. 189.

[5]　原注：‘Cabinet Procedure: Precautions against Unauthorised Disclosure of Information’, Note by the Prime Minister, February 1966, TNA PREM 13/1182.

[6]　原注：B. Trend to H. Wilson, 8 June 1966, TNA PREM 13/3072.

[7]　原注：私人信息源。

然而事情变得越来越糟。1965 年初，来自《星期日泰晤士报》新闻记者安东尼·霍华德自诩为舰队街首位“白厅记者”，从而向新闻界发起了挑战。[1]“白厅记者”的工作是绕过各位大臣，直接从文官那儿获取有关政策的讯息。威尔逊将这种行为解释为公然宣战。他在内阁形容霍华德是“处事危险的恐怖人物”，因为他的“人生目标”是在白厅四处搜寻大臣和其顾问之间的冲突。[2] 英国文官事务大臣劳伦斯·赫斯比爵士也很苦恼，认为霍华德的行为是对大臣责任制原则不可容忍的攻击。[3] 威尔逊的反击是实施封锁。2 月 25 日，他致函所有大臣和常务大臣，禁止他们与霍华德交谈，即使在不可抗条件下亦是如此。[4] 到 7 月份，政府机关进入封锁状态，霍华德被迫放弃任务。后来威尔逊吹嘘道，“他‘目送’霍华德灰溜溜地夹尾而逃”。[5]

首相威尔逊对媒体此种病态的痴迷，由于他对陆军上校萨米·洛翰的担忧而变得更糟。为威尔逊说句公道话，他并不是唯一认为洛翰上校不能胜任其职的人。1965 年夏，英国军情五处处长罗杰·霍利斯对洛翰酗酒和玩弄女性的指控进行了审慎调查。[6] 在那之前，官员都对洛翰的社交癖好视而不见，认为这只是他的私事，也是一种释放工作压力的方式。然而在普罗夫莫事件后，官员们的这种“业余活动”显然不容忽视。尽管霍利斯的继任者马丁·弗尼瓦尔·琼斯指出，洛翰上校下午“有时会喝得醉醺醺的”，但调查发现没有正当理由将他辞退。[7]

然而，威尔逊对洛翰的焦虑，远不止于这位国防机密通知机要秘书

[1] 原注：A. Howard, ‘The Lobby Correspondent’, *Listener*, 21 January 1965.

[2] 原注：Castle, *Diaries*, p. 15; ‘Note for the Record’, 21 January 1965, TNA PREM 13/501.

[3] 原注：L. Helsby to H. Wilson, 26 July 1965, TNA PREM 13/503.

[4] 原注：D. Mitchell to H. Wilson, 22 January 1965, TNA PREM 13/501; ‘Relations with the Press’, L. Helsby, 25 February 1965, TNA PREM 13/501.

[5] 原注：引自 J. Margach, *The Abuse of Power: The War between Downing Street and the Media from Lloyd George to Callaghan* (London: W. H. Allen, 1978), p. 154。

[6] 原注：Wilkinson, *Secrecy and the Media*, p. 280.

[7] 原注：Wilkinson, *Secrecy and the Media*, p. 280.

能否在酩酊大醉后清醒地上班。带着一种阴谋论的心态，又看到四周敌人涌动，威尔逊确信强硬的右翼分子洛翰上校正与军情五处的无耻之徒们相互勾结，企图推翻政府。然而，过去没有证据可以证明这点，现在也依然如此。作为特别行动处的前部门主管和骑士桥特种部队俱乐部[1]的创始成员，洛翰一直与情报机构关系密切，这种联系无异于给威尔逊的怀疑煽风点火。威尔逊还误读了洛翰每年从军情五处收到价值 1500 英镑聘用金这一事实背后的逻辑。[2] 在威尔逊看来，这笔聘用金就是洛翰与企图推翻政府之人相互勾结的证据。实际上，这笔聘用金有两个用途。第一，这是一份“应酬津贴”，用以宴请记者们；在就任国防机密通知机要秘书的头几个月里，洛翰很快发现萨沃伊饭店的午餐并不便宜，便向白厅申请补贴，确保手头宽裕。更令人尴尬的是，该聘用金也是军情五处用于密切监视某些记者之中的一部分。劳伦斯·赫斯比认为，这是洛翰“从舰队街带回零零散散消息的回报”。[3]

对于威尔逊来说，洛翰最大的麻烦就是和平彻关系不错。自从洛翰被任命为国防机密通知机要秘书以来，两人就成了最佳密友。尽管国防机密通知机要秘书的职责是和记者友好相处并得到他们的信任，但显然洛翰僭越了行规的界限。洛翰和平彻两人经常在当时最顶尖的法国盾牌酒店共进午餐。唐宁街也因此流传着小道消息，说洛翰拥有平彻位于圣詹姆斯公寓的钥匙，经常在那里召妓，夜夜笙歌，狂欢作乐。[4]（“只有一次洛翰问我借过公寓来养鸟，”平彻说道，“屋里弄得乱七八糟，所以我不再借了。”）[5] 由于他们的友谊如此亲密，首相确信洛翰便是平彻攻击国防开支削

[1]　译注：骑士桥特种部队俱乐部（Knightsbridge-based Special Forces Club），为军情五处官员量身定做的著名酒吧。

[2]　原注：L. Helsby to H. Wilson, 16 June 1967, TNA PREM 13/1814; interview with Rear-Admiral Nick Wilkinson, former D-Notice Secretary, 21 November 2007.

[3]　原注：L. Helsby to H. Wilson, 16 June 1967, TNA PREM 13/1820.

[4]　原注：L. Helsby to H. Wilson, 16 June 1967, TNA PREM 13/1820.

[5]　原注：引自对查普曼·平彻的采访。

减报道的来源。威尔逊议会私人秘书查尔斯·莫里斯后来写了一份报告，推测过去3年来，洛翰正是平彻发布26篇报道的幕后推手。[1]理查德·韦多年后向记者吐露，威尔逊一心要证明是洛翰泄露了情报，所以他授权窃听了平彻的电话。[2]

这就是电报审查事件爆发的背景。其中不乏爆发性原因：不完备的国防机密通知制度、性格有缺陷的官员、关注白厅独家新闻而足智多谋的记者，以及偏执的首相把每一次小冲突都当成一场灾难，决心要清算一些旧账。

> 洛翰快气疯了。
>
> 海军上校亨利·克尔比，
>
> 1967年6月7日[3]

1967年2月16日，曾是英国大东电报公司和西联汇款公司雇员的罗伯特·劳森"心怀不满地"拜访了平彻，这便是事件的开端。[4]劳森描述了安全部门是如何每天搜集这两家公司处理的电报，又是怎么送回的。察觉到这是新闻报道的一个好题材，平彻随即致电国防部，却被告知信息有误，并得知《每日邮报》和《曼彻斯特晚间新闻》前一天也咨询了同样的问题。经验丰富的平彻意识到政府部门并不总是说真话，于是联系了他的朋友图尔洛夫·奥布莱恩。奥布莱恩是英国邮局公关总监，也是平彻多年的钓鱼伙伴，他证实了劳森的说法。平彻就像猎狗看见了跑走的兔子，蠢蠢欲动。

报道即将见刊的消息传到英国外交部。2月17日，外交部国防和安

---

[1] 原注：'Press Disclosures', C. Morris to G. Wigg, TNA PREM 13/1816.

[2] 原注：引自对查普曼·平彻的采访。

[3] 原注：H. Kerby to G. Wigg, 7 June 1967. *SECRET*, LSE WIGG 4/119.

[4] 原注：Wilson, *Labour Government*, p. 374.

全部门克里斯托弗·尤尔特-比格斯主持了一场紧急高级别会议，会议决定洛翰应通知有关记者此次事件不适合公开披露。这一决定缘由有两点。第一，里查德·奥尔德里奇认为相关报纸已经发现了一些非常机密的东西，包括外国通信流量被拦截的情况（这种情况已隐藏了几十年，一旦公开，可能会导致英国政府通信总部的公开曝光），以及更为敏感的国家机密网的存在。[1] 第二，几乎可以确定美国在向英国政府施加压力，尤其是美国国家安全局[2]。冷战期间，在一个名为“三叶草行动”（Operation Shamrock）的秘密项目中，电信公司西联汇款和其合作伙伴一致同意每天为美国联邦政府提供来往美国的所有电报副本，包括毫无戒心的美国公民之间的电报信息。三叶草行动最高峰时每月能收到 150000 条信息，信息由美国国家安全局进行分析，这种行为公然违反了美国宪法。[3]

尽管肩负着扼杀这些新闻报道的责任，洛翰一开始就被缚住了手脚。至关重要的是，由于洛翰缺乏安全意识，他已被排除在外交部会议之外。尽管 20 世纪 50 年代初洛翰上校接受了简单的道德审查，但审查官员一直避免再次对其审查，因为他们深知洛翰酗酒和好色的行为会导致负面影响。[4] 因此，在和媒体进行交涉时，洛翰并不知晓全部实情，只能笼统强调“国家安全问题岌岌可危”。[5] 幸运的是，《每日邮报》和《曼特斯特晚间新闻》很快退出了报道，《曼彻斯特晚间新闻》甚至认为这个故事“太大了”。[6] 这样一来，就只剩《每日快报》这个老敌人

---

[1]　原注：Aldrich, *GCHQ*, p. 240.

[2]　译注：美国国家安全局（National Security Agency，简写为 NSA），是美国最大的情报部门，专门负责搜集和分析外国及本国通信情报，隶属于美国国防部。

[3]　原注：*Final Report of the Senate Select Committee to Study Government Operations with Respect to Intelligence Activities, United States Senate：Together with Additional, Supplemental, and Separate Views*, 6 vols. (Washington: GPO, 1976).

[4]　原注：Wilkinson, *Secrecy and the Media*, pp. 280, 285; ‘Note of a Meeting between the Prime Minister and Lord Radcliffe’, 16 May 1967, p. 6, TNA PREM 13/1817.

[5]　原注：‘Minute: Lohan’, 22 February 1967, TNA PREM 13/1816.

[6]　原注：J. Thompson, *Spectator*, 23 June 1967.

了。知道平彻不会轻易让步，洛翰接到指令要向他强调，由于电报违反了两份国防机密通知，所以禁止报道。第一份是 1956 年 4 月 27 日下发的《情报与安全机构》，第二份是 1961 年 10 月 30 日下发的《外国通信拦截》。

1967 年 2 月 20 日，洛翰和平彻在他们最爱的法国盾牌酒店碰面。洛翰上校坚持说不要在之前的位置吃饭，应该去餐厅的前排就餐，而平彻当时并不知道原因："这太奇怪了——多年来，我和洛翰一直在同一个位置吃饭，小心翼翼地藏在后面不明显的位置里。"[1] 一般来说，地位越高，坐的位置就会越不显眼。对于洛翰来说，放弃他的权力和地位较低的人坐在一起是完全不符合他性格的；他一直厚颜无耻地在高级餐厅"展示自己的权力"。多年来，平彻一直不明白为何上校当时要如此坚决地换位置坐到前面。然而今天，平彻确信洛翰已经知道他们心爱的固定位置被窃听了。20 世纪 80 年代末，法国盾牌酒店前高级主管拉菲尔·卡尔萨达告诉平彻，第二次世界大战开始时，军情五处已经在宴会椅套的后面安装了麦克风，这样他们就可以窃听外国外交官的谈话。[2]1945 年以后，酒店的管理层不情愿地允许监视行动继续，以便军情五处能够窃听苏联顾客。如果卡尔萨达的爆料是可信的，那么只能推断唐宁街长期以来一直在监听平彻与洛翰的对话。由此可推论，如果上校发现原先的桌子装了窃听器，这就可以解释为什么他坚持在酒店不那么显眼的地方用餐。

洛翰在法国盾牌酒店吃饭前喝了几杯开胃酒，然后喝了一瓶红酒。尽管这算不上过度饮酒，尤其是对像洛翰这样习惯于贪杯的人来说更是"小菜一碟"；但平心而论，在关键时刻这足以影响他的判断力。几天后，洛翰向国防部常务副大臣詹姆斯·内德·邓尼特爵士报告了午餐的细节，说他直截了当地告诉平彻，这篇报道明显违反了两份国防机密通知文件，并

[1] 原注：引自对查普曼·平彻的采访。

[2] 原注：C. Pincher, 'Bugs in the Banquette', *Spectator*, 22 August 1998.

将两份文件的副本放在桌上。[1] 而平彻对这部分的记忆则十分不同。据平彻称，洛翰一直把国防机密通知文件放在夹克口袋里并说道，尽管他承担着巨大的政治压力要阻拦报道的发布，但该报道并没有违反任何国防机密通知。[2] 午餐结束时，平彻同意将上校的观点转达给他的编辑德里克·马克斯。当两人在餐厅外等出租车时，平彻强调德里克是他的自己人——“毫无疑问是世界上最无畏的记者，可以说是舍他其谁”[3]——谁也不知道德里克会做出什么决定。平彻补充说道，如果是他处在德里克的位置，他会发表这篇报道。不管是洛翰听错了，还是因为醉意熏熏没有注意到朋友的警告，他急匆匆地回到办公室，兴高采烈地告诉尤尔特-比格斯不要担心，因为他有可靠消息，这篇报道是不会发表的。[4] 情况总算化险为夷了，或者说洛翰是这么认为的，于是他坐上火车回到自己的家乡肯特郡。[5]

果不其然，德里克决定不管不顾发布报道。那天晚上大约 7 点 30 分，德里克指示夜班编辑把这篇报道送到曼彻斯特、格拉斯哥和伦敦的印刷厂。通常，德里克会自己做这件事，但这晚他参加加里克俱乐部举办的《每日快报》派对就要迟到了。晚上 9 点 30 分，平彻联系了洛翰，并向他通报了最近的事态发展。可怜的上校立即致电《每日快报》，不顾一切地要求停止印刷。夜间编辑却带来更坏的消息，称现在停止印刷已太迟，因为这些地区的报纸已经印刷完毕，正在送往各个报摊。此时，联合情报委员会主席丹尼斯·格林希尔知道这件事后，及时通知了外交大臣乔治·布朗（见图 12）。布朗立刻致电《每日快报》，说服总机把他转接到比弗布鲁克报团的老板马克斯·艾特肯爵士那儿。饮酒后，布朗无法正常思考，他误以为艾特肯是在报社跟他进行的通话，实际上艾

[1]　原注：‘Security D-Notices’, Lohan to J. Dunnett, 22 February 1967, TNA PREM 13/1816.

[2]　原注：引自对查普曼·平彻的采访。

[3]　原注：Pincher, *Inside Story*, p. 232.

[4]　原注：Wilkinson, *Secrecy and the Media*, p. 288.

[5]　原注：Wilkinson, *Secrecy and the Media*, p. 289.

特肯和其他高级管理人员都在加里克俱乐部，只得在门房接电话。这两人的谈话简直是鸡同鸭讲。艾特肯也喝醉了，他不明白外交大臣在说什么。值得一提的是，这是艾特肯第一次听说电报审查。更糟的是，因为用的是公用电话，布朗在说话时用了很多暗语。结果，艾特肯对所涉及的安全问题一无所知。谈话结束时艾特肯说他要和德里克谈谈，而布朗愚蠢地认为这就意味着报道的发布已经停止了。睡觉前，他还把这个喜讯告诉了格林希尔。当然，艾特肯并没有给出这样的保证。事实上，艾肯特回到派对后，德里克告诉他，因为害怕别人抢先报道，在任何情况下，报纸都不能停止报道。午夜过后不久，布朗还在熟睡的时候，德里克告诉外交部，印刷厂受命继续印刷。[1]

因此，在 2 月 21 日这个英国保密史上值得纪念的重要日子，“信号情报终于登上新闻头条”。[2] 约有 1100 万《每日快报》的读者看到这篇名为《电报审查轰动事件》的头条新闻。[3] 在这篇文章中，平彻声称电报窃听和审查是一项更大规模行动的一部分，该行动涉及电话窃听和未经授权的邮件审查。平彻撰写了一篇文章，巧妙地将电报窃听与奥威尔 [4] 对隐私侵犯的更大恐惧混为一谈，一名官员将这篇报道描述为“用凝固汽油弹而不是用墨水写就的文章”。[5] 克罗伊登南区的工党议员戴维·温尼克认为，这篇文章“读起来有《一九八四》的感觉”。[6] 在唐宁街，英国外交部告知首

[1] 原注：Wilkinson, *Secrecy and the Media*, pp. 289–90.

[2] 原注：Aldrich, *GCHQ*, p. 238.

[3] 原注：C. Pincher, ‘Cable Vetting Sensation’, *Daily Express*, 21 February 1967.

[4] 译注：英国左翼作家乔治·奥威尔在 1948 年写就了《一九八四》，这部幻想类作品刻画了人类在极权主义社会中的生存状态。书中的每一个人都生存于处处被监视的环境中。在西方学界，许多学者一直用乔治·奥威尔在《一九八四》中的隐喻来描述搜集与处理个人信息所引起的问题。

[5] 原注：C. J. H. Keith to Joint Information Policy and Guidance Department, 21 June 1967, TNA FCO 26/122.

[6] 原注：引自 ‘Unofficial Attempts to Gag Press Fail Narrowly’, *Sennet*, 28 February 1967, TNA PREM 13/1816。

相威尔逊，他们已经警告过《每日邮报》和《每日快报》，这篇报道违反了两份国防机密通知文件。威尔逊勃然大怒——让他震惊的是，尽管《每日邮报》已经接受了审查的必要性，但它的劲敌《每日快报》仍不顾一切要公布报道。威格和内阁秘书长伯克·特伦德都恳求威尔逊不要小题大做。他们认为，公开对该报进行谴责会削弱国防机密通知制度的权威性。威格还称，如果非得有人担责，那应该是外交大臣才对。[1] 威尔逊并不赞成，在他看来，平彻和其在《每日快报》自负且咄咄逼人的支持者们未免太过火了。威尔逊没有听从各方建议，而是来到下议院宣称“报道明显违反了两份国防机密通知文件”，他们早已“反复警告”报纸的这种违规行为。[2] 他接着补充道，尽管他自己承认这篇报道“耸人听闻且不准确”，但报道已将国家机密置于危险之中，他正考虑采取法律手段。威尔逊在议会的爆发尤为引人注目，因为几周前他刚在萨沃伊酒店与平彻见过面，还被要求在镜头前给后者颁发“十年新闻记者奖”呢！

接下来的几天里，平彻和威尔逊互相指责，反唇相讥。平彻在受到指责时勇气非凡，他驳斥了这些指控，坚称没有故意违反国防机密通知制度。[3] 在舰队街，各家报纸纷纷响应他的反讥，团结起来为自己的同行辩护。《泰晤士报》和《每日电讯报》都认为，如果真如威尔逊所说这篇报道是不准确的，那为什么要援引国防机密通知制度呢？[4] 然而，在议会中，威尔逊坚持他最初的主张。威尔逊坚信《每日快报》违规，但不利的是洛翰并不承认自己搞砸了，而是向官员们坚称，他无数次地提醒平彻，这已经触犯了国防机密通知制度。[5] 在反对党党魁爱德华·希斯 [6] 的施压

[1]　原注：Pincher, *Inside Story*, p. 233.

[2]　原注：*Hansard*, 5th Series, 741, 21 February 1967, cols. 1432–3.

[3]　原注：C. Pincher, ‘A Charge Refuted’, *Daily Express*, 22 February 1967.

[4]　原注：Wilkinson, *Secrecy and the Media*, p. 292.

[5]　原注：S. Lohan to J. Dunnett, 22 February 1967, TNA PREM 13/1816.

[6]　译注：爱德华·希斯（Edward Heath，1916—2005），英国军人和政治家，1970 至 1974 年任英国首相。

下，威尔逊决定着手进行调查。首相最初的计划是让国防机密通知委员会自行开展调查。[1] 威尔逊相信该委员会中一些有影响力的文官定会站在政府这边。遗憾的是，2 月 23 日，威尔逊与该委员会讨论调查人选时，英国《镜报》主编李·霍华德无意中听到他对一名内务官员耳语，“你最好抓住平彻这个家伙”。[2] 第二天，霍华德向委员会递交辞呈，称对另一份报纸进行审判是其对委员会职能的“严重滥用”。[3] 用《旁观者》的话来说就是，霍华德的辞职对首相来说是一记“沉重的打击”，他曾放胆说《镜报》是“社会主义阵营中的诱饵”。[4]

因此，威尔逊让拉德克利夫勋爵领导的枢密院委员会负责此事。拉德克利夫是一名杰出的审判员，具有领导对安全事务进行公开调查的经验。因其卓越的才能，人们在战后经常呼吁拉德克利夫担任主席，这促使著名小说家和剧作家艾伦·帕特里克·赫伯特爵士创造了“拉德克利夫治下的政府”一词。[5] 政党代表提名保守党重量级人物塞尔文·劳埃和工党坚定拥护者伊曼努尔·辛韦尔参加调查，这两人是由各自政党领袖选出的，因为他们都曾担任国防大臣。[6] 事后看来，玛西娅·威廉姆斯认为威尔逊选了辛韦尔“实属天真”，因为辛韦尔刚刚辞去工党主席一职，与乌纱帽可能不保的乔治·布朗关系不太好。[7] 在接下来的几周，拉德克利夫委员会从舰队街媒体大佬以及政府几个部门的代表那儿获取了证据。与此同时，媒体和政府之间的敌意持续升级。3 月 3 日，《旁观者》公布了与此案有关的两份国防机密通知，成为第一个公开披露完整国防

[1] 原注：‘Statement by the Prime Minister’, 23 February 1967, TNA PREM 13/1816.

[2] 原注：引自对查普曼·平彻的采访。

[3] 原注：L. Howard to S. Lohan, 24 February 1967, TNA PREM 13/1816.

[4] 原注：D. McLachlan, ‘One D’d Thing after Another’, *Spectator*, 3 March 1967.

[5] 原注：Robert Armstrong, ‘Radcliffe, Cyril John, Viscount Radcliffe (1899–1977)’, *Oxford Dictionary of National Biography*, Oxford University Press, 2004 (www.oxforddnb.com/view/article/31576, accessed 23 July 2010).

[6] 原注：H. Wilson to E. Shinwell, 27 February 1967, TNA PREM 13/1816.

[7] 原注：Williams, *Inside Number 10*, p. 195.

机密通知的报刊。[1] 该杂志认为，根据国防机密通知的措辞，平彻先前的报道完全可以接受。电报审查不是一种“秘密手段”，而是一种“秘密进行的已知手段”。因此，平彻的报道不受限于这两份通知的规定范围。工党议员指出，从未有报社报道这些东西，从而推断出《每日快报》缺少爱国主义，他们试图让舰队街与《每日快报》对立，但却徒劳无功。

3 月 14 日，在路透社总经理杰拉尔德·朗于改良俱乐部举办的晚宴上，媒体和政府某些成员之间蓄势已久的紧张关系演变成一场难看的口水战。杰拉尔德·朗早就安排好迎接位于莫斯科的塔斯社负责人戈鲁诺夫先生来到伦敦的晚宴。当晚的嘉宾都是显贵人物，包括苏联大使、《每日镜报》编辑总监爱德华·皮克林、《伦敦标准晚报》主编查尔斯·温图尔、《经济学人》主编阿拉斯代尔·布尔内特、威斯敏斯特出版社编辑总监查尔斯·芬比。乔治·布朗也出席了会议。寒暄几句后，布朗突然对英国记者发起攻击，称他们“妄自尊大、爱当主角”，遭到攻击时联合起来“打倒”政客。[2] 客人们不想得罪远道而来的戈鲁诺夫，暂时体谅布朗的“心火炽盛”，心平气和地稍稍提出异议。[3] 然而，布朗拒绝沉默，称最近的国防机密通知事件就是“抱团行为”的印证。由此，布尔内特和皮克林拒绝再保持沉默，插嘴说这完全是首相的错。皮克林曾是《每日快报》的前主编，他补充说，他也会向拉德克利夫委员会说同样的话。

布朗彻底爆发了。他认为平彻忽略了第三份国防机密通知，不停地指手画脚，反复强调这一点。（谁也不知道布朗从哪里得到第三份国防机密通知！）之后，布朗宣布皮克林出现在法庭上是“傲慢的典型表现”，还说“今晚我把这件事告诉曼尼·辛韦尔，这样他就知道该问你什么问题

[1] 原注：Wilkinson, *Secrecy and the Media*, p. 300.

[2] 原注：E. Pickering to C. H. King, 15 March 1967, Howard Gotlieb Archival Research Center, Cecil H. King Papers, 607, Box 41.

[3] 原注：E. Pickering to C. H. King, 15 March 1967, Howard Gotlieb Archival Research Center, Cecil H. King Papers, 607, Box 41.

了”。[1] 此时，戈鲁诺夫感到非常不自在，为了缓解紧张局面，他开玩笑说，每个人都会进监狱。然而布朗继续对皮克林大声辱骂："我向你发出警告。”甚至有人听到他喃喃自语，“这样的人应该被关进笼子里。”[2] 客人再三恳求皮克林“保持冷静”。[3] 令人难以置信的是，布朗随后将他的怨怼不满瞄准其他客人，蹒跚着站起来称大使为“口号家”，这句有失身份的话让苏联人“非常伤心”。[4] 谢天谢地，在事态更失控前，皮克林朝着布朗举起酒杯示意大家冷静下来，说道，“我们像这样度过了许多个夜晚呢”。[5]

到 5 月中旬，拉德克利夫已经完成取证，并起草了一份报告。在这之前，威尔逊给了委员会充分的自由；3 月 28 日，他向拉德克利夫强调："我一点也不想掺和进来。”[6] 然而提交报告时，他的态度急转直下。5 月 16 日，他邀请拉德克利夫去契克斯庄园。威尔逊的首席私人秘书迈克尔·霍尔对会议做了详细记录。根据这份记录，威尔逊直截了当地指出，他对拉德克利夫的调查结果不满意。调查结果“白纸黑字”写着免除平彻和《每日快报》所有责任，裁定电报报道没有失实，也没有违反任何国防机密通知制度。[7] 此外，结论含蓄地否定了外交大臣和其他主要官方证人的证据。其中一项调查结论甚至假定，国防部发言人在外交部的指示下向

[1] 原注：E. Pickering to C. H. King, 15 March 1967, Howard Gotlieb Archival Research Center, Cecil H. King Papers, 607, Box 41.

[2] 原注：E. Pickering to C. H. King, 15 March 1967, Howard Gotlieb Archival Research Center, Cecil H. King Papers, 607, Box 41.

[3] 原注：E. Pickering to C. H. King, 15 March 1967, Howard Gotlieb Archival Research Center, Cecil H. King Papers, 607, Box 41.

[4] 原注：E. Pickering to C. H. King, 15 March 1967, Howard Gotlieb Archival Research Center, Cecil H. King Papers, 607, Box 41.

[5] 原注：E. Pickering to C. H. King, 15 March 1967, Howard Gotlieb Archival Research Center, Cecil H. King Papers, 607, Box 41.

[6] 原注：H. Wilson to Lord Radcliffe, 28 March 1967, TNA PREM 13/1816; Creevy, ‘D-Notice Affair’, 216–17.

[7] 原注：‘Note of a Meeting between the Prime Minister and Lord Radcliffe, Held at Chequers on 16 May 1967’, TNA PREM 13/1817.

新闻界提供了虚假信息。拉德克利夫并不觉得威尔逊需要过多担心，宣称报告的其余部分更加重要（用“深浅不同的灰色”书写），认为媒体的反应不过是“三分钟热度”。[1] 拉德克利夫补充说道，政府继续把《每日快报》塑造成恶棍的角色是“不明智的战术”，因为事实并不支持这样的指控。然而，威尔逊却不愿接受劝说，他强调舰队街“毫无疑问会抓住这份调查结果造势”。[2]

由于两人意见不一，首相开始提出要求。他的第一个要求非常犀利，询问是否可以把这些调查结论在最终报告里删除。对此，拉德克利夫说辛韦尔和劳埃德肯定不同意。威尔逊接着问委员会能否考虑一些最近才曝光的新证据。这时候，他交给拉德克利夫“有关洛翰的文件”。[3] 根据霍尔的记录，拉德克利夫“深感震惊”，因为材料指出了洛翰上校的“行为严重不端”。[4] 威尔逊究竟给拉德克利夫什么文件我们不得而知。然而，根据拉德克利夫随后的说法，可以根据《官方保密法》对洛翰予以起诉。人们不得不推测，这份文件里一定说明了洛翰上校与平彻关系匪浅。其中一种可能是，拉德克利夫得到两人在法国盾牌酒店共进午餐时谈话的记录稿，一字不落；另一个可能是，他看到洛翰和一名女伴进出平彻公寓的照片。拉德克利夫承认自己对洛翰的评价不高，并强调未来的国防机密通知机要秘书应该是个“更有能力”的人。但拉德克利夫称，委员会要对这份新材料进行“认定”为时已晚。[5] 威尔逊最后的要求是，委员会将调查报告连同

[1]　原注：'Note of a Meeting between the Prime Minister and Lord Radcliffe, Held at Chequers on 16 May 1967', TNA PREM 13/1817.

[2]　原注：'Note of a Meeting between the Prime Minister and Lord Radcliffe, Held at Chequers on 16 May 1967', TNA PREM 13/1817.

[3]　原注：'Note of a Meeting between the Prime Minister and Lord Radcliffe, Held at Chequers on 16 May 1967', TNA PREM 13/1817.

[4]　原注：'Note of a Meeting between the Prime Minister and Lord Radcliffe, Held at Chequers on 16 May 1967', TNA PREM 13/1817.

[5]　原注：'Note of a Meeting between the Prime Minister and Lord Radcliffe, Held at Chequers on 16 May 1967', TNA PREM 13/1817.

其获得的秘密证据一起公布。这是威尔逊最有谋略的一招，因为证据显示洛翰庸碌无能，怀有偏见，还有许多性格缺陷。当把洛翰的证词交叉对照时，就可以证明他说了谎——例如，伪造了日期和时间。洛翰上校一直为纵横官场奋斗打拼，之前的妄言之举是因为他确信没人会讲出去，或者他是这么认为的。拉德克利夫同意了威尔逊的最后请求，当然也知道这会对洛翰的名誉造成不可估量的损害。

与拉德克利夫会面后，威尔逊对即将公布的委员会报告念念不忘，他每时每刻都想着怎么去处理可能发生的事情，却将其他紧迫的问题抛之脑后——例如6月初时引发阿以“六日战争”（Six Day War）的中东危机一事。根据玛西娅·威廉姆斯的说法，11月10日首相府上空笼罩着“秘密之云”。[1] 在召开的数次会议中，只有一小部分官员被获准参加，其中有会议常客威格、国防大臣丹尼斯·希利、大法官杰拉尔德·加德纳、检察总长弗雷德里克·埃尔温·琼斯、特伦德和赫斯比。[2] 在威廉姆斯的回忆录中，她说道“那是唯一一次内阁关起门来商议了那么久”。[3] 威廉姆斯接着说，但任何情况下委员会政治部门都不能参加：“我们时不时会收到指示，但这只够我们应付大家的质问，不能就如何圆满处理达成一致。”[4] 没完没了地讨论数周后，依然没看到拉德克利夫裁决公布的迹象。平彻向国防部抱怨说，他已经被迫推迟休假两次了，怀疑政府是希望在公布这份报告时，民众会被其他诸如六日战争的事情分散注意力。[5]

那么到底在讨论什么？为什么要花这么长时间才能得出结论？一个必须解决的问题是，拉德克利夫委员会的哪些证据将作为附录纳入已公布的报告中。这个任务可不简单。许多材料内容极其敏感，必须经过审查。从

---

[1] 原注：Williams, *Inside Number 10*, p. 185.

[2] 原注：'Note of a Meeting Held in the Cabinet Room at 3.00pm on 24 May 1967',TNA PREM 13/1817.

[3] 原注：Williams, *Inside Number 10*, p. 185.

[4] 原注：Williams, *Inside Number 10*, p. 185.

[5] 原注：'Note for the Record', J. Drew, 12 June 1967, TNA PREM 13/1814.

国家安全的角度出发，“清理”证据的工作分配给一个由尤尔特 - 比格斯协调的工作组。不出所料，英国政府通信总部、三叶草行动相关资料等是最需删除的内容。[1] 威格则负责监督清理可能会导致政府在政治上处于难堪境地的证据。[2] 威格是一个彻头彻尾的肮脏骗子，他借此机会加强了政府对洛翰的指控，删除了任何对这位倒霉的上校有利的内容。军情五处处长马丁·弗尼瓦尔·琼斯认为，“国防机密通知机要秘书一职并不值得羡慕”，因为他得“两面讨好”。[3] 弗尼瓦尔·琼斯还说道：“我怀疑能否有这么一个人在任何时候都能被各方视为理想人选。”[4] 在清理证据过程中途，工作组成员开始对他们所做的事情持严重的保留态度，认为任何证据的公布“都会无端引起猜测，危害安全”。[5] 一名官员担心，公布证据“很可能会给苏联和其他不怀好意的情报机构提供有用资料”。[6] 如果人们仔细领会资料的言外之意，他们便能推出，英国有个“秘密部门”，即英国政府通信总部。这个情报机构不仅负责截获电报，还负责截获信件和电话。此外，由于英国政府通信总部的活动“与美国的情报活动紧密相连”，对此事的任何宣传势必对英美关系产生影响。[7] 特伦德也有同样的担忧，并在私人信件中和他的同事、英国政府高级官员说：“不管是出于原则还是基于实践，有人想要提出反对意见，反对公布已删除的证据吗？”[8] 威尔逊读到这封信时勃然大怒。5 月 28 日（星期日），他致电特伦德，把他痛骂了一顿，其言辞之激烈，可谓罕见。威尔逊指责特伦德“出尔反尔”，并

---

[1]　原注：Creevy, ‘D-Notice Affair’, 217.

[2]　原注：G. Wigg to H. Wilson, 22 May 1967, TNA PREM 13/1817.

[3]　原注：Wilkinson, *Secrecy and the Media*, p. 302.

[4]　原注：Wilkinson, *Secrecy and the Media*, p. 302.

[5]　原注：引自 D. Healey to B. Trend, 30 May 1967, TNA PREM 13/13/1 818; Creevy, ‘D-Notice Affair’, 217–18。

[6]　原注：D. J. Trevelyan to G. Wigg, 30 May 1967, LSE WIGG 4/134.

[7]　原注：D. J. Trevelyan to G. Wigg, 30 May 1967, LSE WIGG 4/134.

[8]　原注：B. Trend to N. Dunnett, 27 May 1967, TNA PREM 13/1820.

认为在这个问题上不应进行更广泛的大臣级别磋商。[1] 特伦德脸上火辣辣的，回答说只是想向上司说明事实，想让他明白经过大量修改才公布的这些证据看起来会“有点奇怪”。[2]

第二天，威尔逊给特伦德发了一份私人会议记录。粗略地看一下这份文件，就会给人一种首相终于放下架子，决定听取顾问意见的印象。威尔逊承认工作组已经提出“反对公布的有力理由”[3]，还称“他打算不插手整件事情，让司法来决定如何处理此事”。[4] 他为自己在这场宿怨中扮演的角色道歉，并在信末手写附言道：“我希望你明白，无论我们之间有什么分歧……我尊重你的动机和关切……（希望）这悲伤的小插曲不会在其他更重要问题上影响我们之间的关系。”[5] 作为和解的最终表示，威尔逊说道：“换句话说，伯克，我知道我是什么时候被打败的。”[6] 然而，正如历史学家马修·克里维一针见血指出，这样的声明是不真诚的，相当于“假装投降”。[7] 这是因为威尔逊在滔滔不绝地承认失败的同时，却透露着“最后一场战斗是在我的指导下进行的”[8]。特伦德年纪大了，没有意识到这句话的

[1] 原注：'Note of a Telephone Conversation between H. Wilson and B. Trend, 28 May 1967', TNA PREM 13/1819; Wilkinson, *Secrecy and the Media*, pp. 306–8; Creevy, 'D-Notice Affair', 217.

[2] 原注：'Note of a Telephone Conversation between H. Wilson and B. Trend, 28 May 1967', TNA PREM 13/1819; Wilkinson, *Secrecy and the Media*, pp. 306–8; Creevy, 'D-Notice Affair', 217.

[3] 原注：'Prime Minister's Personal Minute', H. Wilson to B. Trend, 29 May 1967, TNA PREM 13/1818.

[4] 原注：'Prime Minister's Personal Minute', H. Wilson to B. Trend, 29 May 1967, TNA PREM 13/1818.

[5] 原注：'Prime Minister's Personal Minute', H. Wilson to B. Trend, 29 May 1967, TNA PREM 13/1818.

[6] 原注：'Prime Minister's Personal Minute', H. Wilson to B. Trend, 29 May 1967, TNA PREM 13/1818.

[7] 原注：Creevy, 'D-Notice Affair', 218.

[8] 原注：'Prime Minister's Personal Minute', H. Wilson to B. Trend, 29 May 1967, TNA PREM 13/1818.

含义。所以 5 月 30 日的时候，特伦德安排了一场他本人、威尔逊和威格参加的紧急会议。会议中，他很快明白，公布证据现如今已是既成事实。首相（诚恳地）解释说希利和加德纳已经完全同意了，（不诚实地）说乔治·布朗也同意了。[1] 不出意料，外交大臣布朗强烈反对公开证据。不管如何精心篡改证据，必然会引起公众的怀疑，即布朗是如何在这个关键的夜晚声色犬马、一时贪欢而疏忽公务的。当然，众所周知，布朗嗜酒；《私家侦探》杂志最喜欢用“疲惫和情绪化”来委婉形容布朗的日常状况。然而，到目前为止，还没有正当理由怀疑酗酒妨碍布朗履行公务。

5 月 31 日，特伦德放弃原来的主张，证据最终得以公布。但还有一个问题摆在威尔逊面前，他该怎么处理拉德克利夫的报告呢？明智的做法是接受委员会的调查结论，接着道歉，让这场风波平息。但威尔逊却决定杀鸡儆猴，严厉惩罚平彻，希望把他赶出白厅，以儆效尤。如前所述，有证据表明威尔逊长期以来一直在寻找将国防机密通知机要秘书赶下台的机会，时刻警惕洛翰上校的右翼倾向，更不用说他与情报界可疑分子的所谓联系了。到 1967 年春，威尔逊对洛翰的戒心达到狂热的程度。他手里有几封失望的保守党议员和线人海军上校亨利·克尔比之间的往来信件，信中透露洛翰正在密谋推翻政府。在威格的鼓动下，克尔比在过去的 6 个月里一直在讨好洛翰。这个策略奏效了。洛翰上校完全没有意识到威格的阴谋，还把克尔比视作可以和他讨论工党政府的恶行并可以共同密谋以反击的朋友。

1966 年 12 月 20 日，在伦敦骑士桥显赫宅邸恩尼斯莫雷花园举办的一次聚会上，洛翰首次将克尔比视为心腹。第二天，克尔比（在一封“最高级机密”信件中）向威格报告说，半夜，洛翰把他拉到一边声音“粗嘎”，醉醺醺地问道，他是否准备好在开议会时提问一系列尴尬的问题，旨在“彻底让该死的混蛋威格难堪”。[2] 洛翰接着说，他将亲自写下这些问

---

[1] 原注：Creevy, ‘D-Notice Affair’, 218.

[2] 原注：H. Kerby to G. Wigg, 21 December 1966, LSE WIGG 4/119.

题，并附加一两份补充材料，确保大臣们在回答这些问题时一定能将威格打个落花流水。[1] 为了保护自己的身份，克尔比言不由衷地说他很乐意帮忙，并建议新年一起吃午饭。私下里，他“对（上校的）胡吹乱侃和恶毒的轻率之举感到十分震惊”。“我的老友海军上将汤姆森啊，”他哀叹道，“他在坟墓里也不得安宁。”[2] 在给威格的信中克尔比强调说，政府有一个与其作对的“不共戴天、挟私报复的敌人”，这个敌人会“不惜一切代价扳倒（威尔逊）”。[3]

威格鼓励克尔比与洛翰保持密切联系查明其具体意图，并打算对洛翰上校立案。1967 年 1 月 26 日，两人在威斯敏斯特多佛街的丹麦俱乐部共进午餐时，洛翰上校的目的就已经很明显了。洛翰宣称如果要摧毁政府，就必须搞个类似普罗夫莫事件的道德丑闻出来。洛翰兴奋地说，现在这个丑闻已经“得到关注”。[4] 据小道消息，洛翰曾听说外交部的一位大臣查尔方特勋爵与一个信奉共产主义的女人有染，甚至看到其在夏洛特街的白塔餐厅挑逗一个有魅力的女人。[5] 洛翰没有查尔方特轻率行事的证据，因此建议克尔比在合适时写封密信给威尔逊，大意是“国家永远不会了解另一个普罗夫莫事件的真相”。[6] 在共进午餐期间，洛翰讲了好多流言蜚语。他透露威尔逊患有上呼吸道感染，医生认为他的情况很严重。他还说，科学家索利·朱克曼爵士想要一个贵族头衔，并与威斯敏斯特宫 [7] 关系密切。克尔比对此很反感，于是向他的工党联系人报告说，他认为洛翰“失了心智”“精神失常”“阴险狡诈”。[8] 接下来的几个月里，在威格的怂恿下，克

[1] 原注：H. Kerby to G. Wigg, 21 December 1966, LSE WIGG 4/119.
[2] 原注：H. Kerby to G. Wigg, 21 December 1966, LSE WIGG 4/119.
[3] 原注：H. Kerby to G. Wigg, 21 December 1966, LSE WIGG 4/119.
[4] 原注：H. Kerby to G. Wigg, 26 January 1967, LSE WIGG 4/119.
[5] 原注：H. Kerby to G. Wigg, 26 January 1967, LSE WIGG 4/119.
[6] 原注：H. Kerby to G. Wigg, 26 January 1967, LSE WIGG 4/119.
[7] 译注：威斯敏斯特宫，又称议会大厦，位于英国伦敦威斯敏斯特市，是英国议会（包括上议院和下议院）的所在地。
[8] 原注：H. Kerby to G. Wigg, 26 January 1967, LSE WIGG 4/119.

尔比进一步与洛翰接触。2 月 21 日，也就是电报事件被报道的那天，他打电话给上校说道：“恭喜你，洛翰。你中头彩啦！这对你有好处……对哈利也有好处！”[1] 洛翰回答道，他已经忍受了“地狱般的五天”，感到“非常害怕”。有趣的是，电话信号暂时中断了一会儿，使得洛翰指责道“有个混蛋在监视我们”。[2]

从克尔比提供的证据来看，威尔逊觉得必须采取行动了。据几年后的报道，他与平彻进行了一次谈话，旨在消除彼此隔阂，并承认洛翰——这个“可怕的家伙”——必须除掉。[3] 因此，威尔逊认为政府应该发布一份白皮书，并与拉德克利夫的报告同一天公布。这份白皮书在两周之内就起草完毕，它全盘否定了拉德克利夫的调查结果，将所有的责任归咎于《每日快报》和洛翰。白皮书称，该报必须“对所发生的事情承担直接责任”，并重申威尔逊的立场，即该报违反了国防机密通知制度。[4] 白皮书坚持认为，这篇报道“耸人听闻且不准确”，意在传达这样一种印象——政府正在想方设法侵犯人们的隐私权——“事实并不能证明这些”。[5] 白皮书在全文中微妙地暗示酒精和与平彻为友影响了洛翰的判断。白皮书中指责洛翰上校并没有尽全力阻止报道的公布，对于外交部要求其上报对事态的担忧也没有充分告知，还附加证据称洛翰并没有经过正式的道德审查。此外，有人曾几次建议洛翰及时向上级通报事故，但洛翰却拖到为时已晚时才通报上级。

特伦德对白皮书内容十分担心，因为拉德克利夫的举证压倒性地证明威尔逊的几个观点是错误的。尽管特伦德承认他已经很多年没见过洛翰了，而且一直觉得他是个“相当鲁莽的人”，但他对让洛翰上校成为替罪羊持怀疑态度，担心这会对英国政府产生负面影响，因为毕竟是白厅聘任

[1]　原注：H. Kerby to G. Wigg, 21 February 1967, LSE WIGG 4/119.

[2]　原注：H. Kerby to G. Wigg, 21 February 1967, LSE WIGG 4/119.

[3]　原注：引自对查普曼·平彻的采访。

[4]　原注：*White Paper on the D-Notice System*, Cmnd. 3312.

[5]　原注：*White Paper on the D-Notice System*, Cmnd. 3312.

洛翰在先。至此，特伦德如履薄冰，亲自警告威尔逊，如果他决定“一意孤行”，可能会“刚出狼窝，又入虎口”。[1] 然而，威尔逊并不打算退缩。6月7日，他收到克尔比的另一封密函，证实了洛翰——一种与“野猪”没什么不同的“野生动物”——对大臣们的性生活产生了怪异的兴趣，而且还在期待着要投下查尔方特这枚重磅炸弹。[2] 克尔比重申了他的观点，即此人“相当疯狂”，且“心智不全”，这与威尔逊的观点如出一辙，那就是炒掉洛翰前，先要“把他钉在十字架上”。洛翰上校高层朋友众多。军情五处和军情六处都是他坚定的拥护者。两者都认为洛翰很爱国，也和他们一样对政府削减国防开支的计划感到愤怒。除非洛翰无可救药，情报界很可能会团结起来救他，并坚持让他继续担任国防机密通知机要秘书。

因此，威尔逊告诉特伦德，白皮书是议程“政治阶段”的一部分，他“不能容忍官方机构的干预”。[3] 虽然不想暗示威尔逊受到威格的威逼，但值得注意的是，主计大臣威格在整个审议过程中一直坚称他迫不及待想要和拉德克利夫“坦白”，对特伦德的有所保留简直“想朝他吐口唾沫”[4]。由于特伦德持中立态度，威尔逊必须克服的最后一个障碍是获得其大臣级别同僚们的支持，他们中的大多数人对事态的发展一无所知。威尔逊敏锐地意识到会有反对的声音，于是在6月13日最后一刻，他冷不防地发表白皮书，震惊了整个内阁。克罗斯曼在日记中透露，“木已成舟，内阁没有修改的可能”。[5] 前一天晚上，威尔逊给了同僚们堆积如山的额外阅读材料。此外，他在内阁中发起了一场针对罗得西亚外交政策旷日持久的讨论，如此就只留下半小时来讨论拉德克利夫报告的相关事宜。[6] 尽管少数

[1] 原注：'Note of a Meeting between H. Wilson, G. Wigg and B. Trend, held on 30 May 1967', TNA PREM 13/1818.

[2] 原注：H. Kerby to G. Wigg, 7 June 1967, LSE WIGG 4/119.

[3] 原注：H. Wilson to B. Trend, 29 May 1967, TNA PREM 13/1818.

[4] 原注：G. Wigg to H. Wilson, 6 June 1967, TNA PREM 13/1819.

[5] 原注：Crossman, *Diaries*, Volume II, p. 380.

[6] 原注：Crossman, *Diaries*, Volume II, pp. 380–1.

大臣提出反对意见（例如，克罗斯曼宣布该文件将“给哈罗德 · 威尔逊带来数不清的伤害”）[1]，但木已成舟。的确，克里维机智地推断出在召开内阁会议几个小时前，威尔逊就给拉德克利夫写了封信，告诉他政府将发表报复性的白皮书。[2] 克罗斯曼对威尔逊绕过内阁的举动感到失望，“这是我第一次能记起他严格遵照统辖职权行事”。[3] 现在看来，首相威尔逊和这个保密的国家都得一同承担随之而来的后果。

很明显，每家报纸都反对哈罗德。

理查德 · 克罗斯曼，

1967 年 6 月 14 日 [4]

6 月 13 日下午拉德克利夫的报告公开后，在舰队街引发了疯狂的庆祝活动。该委员会宣布《每日快报》无罪的裁决，被视为新闻自由的重大胜利。不管他们的职业忠诚和意识形态取向如何，兴高采烈的新闻记者们都乐于诋毁威尔逊，同时称赞平彻是名勇敢的记者，不仅与政府对立时勇气可嘉，夺取的伟大胜利也令人难忘。晚上，马克斯 · 艾特肯为纪念该报英勇的独家新闻人举办了一场庆祝晚宴。平彻记得，大家的幸灾乐祸态度十分明显，每个记者和编辑都在轮流干杯、竞相庆祝威尔逊的惨败。[5] 在接下来的 48 小时，平彻收到许多贺信。几名记者写信给他，称他们今后不会再支持政府的说辞，不再相信如果他们继续进行某个特定的报道会使国家安全受到威胁。一些毕业生也联系了他，称国防机密通知事件让他们萌发了追随他的脚步，今后也要做一名新闻调查记者。平彻最珍视的信是闻名遐迩的《星期日快报》主编约翰 · 朱诺爵士写给他的，朱诺爵士说：

[1] 原注：Crossman, *Diaries*, Volume II, pp. 380–1.

[2] 原注：Creevy, ‘D-Notice Affair’, 219.

[3] 原注：Crossman, *Diaries*, Volume II, p. 380.

[4] 原注：Crossman, *Diaries*, Volume II, p. 382.

[5] 原注：引自对查普曼 · 平彻的采访。

"舰队街可能还会取得更大的胜利。但即使如此，再也不会有人（像你这样）让我铭记在心。"[1]

新闻界对白皮书的发布反应激烈。平彻在2007年宣称："现在想来，这是唯一一次所有报纸都联合起来反对政府的时候。"[2]亲工党的《每日镜报》将白皮书冠以"粉饰洗白"之名，这一定让首相特别恼火，尤其6月9日的时候，他还致电给该报董事长休·卡德利普，恳求他捍卫政府的立场。可笑的是，威尔逊甚至告诉了卡德利普关于洛翰一些"不太好"的事情，希望借该报庞大的影响力调转公众舆论，使其转而反对洛翰上校。[3]

正如彼得·亨尼斯所说，拉德克利夫也许是他那一代人中最受尊敬的公仆，"事实上，他是最伟大、最优秀的公仆"。[4]威尔逊拒绝了拉德克利夫的最终裁定，这表现出他认为自己一贯正确的傲慢姿态。《卫报》指责威尔逊滥用权力。[5]英国媒体全都在对威尔逊笔诛讨伐，迈克尔·卡明斯的漫画就是一个缩影。漫画中击球手威尔逊眼袋又黑又重，尽管看到三柱门和横木向四面八方飞去[6]，还对裁判口口声声说他没有"出局"。其他漫画中，拉德克利夫强迫威尔逊戴上一顶愚蠢的帽子，因为他行为不端，又"像驴一样蠢"。威尔逊对洛翰的明显诋毁也引起了大众不满。洛翰本人接受了几次媒体采访，他在采访中强调，他已经受到严格的审查，并确信

[1] 原注：J. Junor to C. Pincher, 14 June 1967. Private Papers of Chapman Pincher. Yet to be opened to the public.

[2] 原注：引自对查普曼·平彻的采访。

[3] 原注：'Note of a Telephone Conversation between H. Wilson and H. Cudlipp, 9 June 1967', TNA PREM 13/1819.

[4] 原注：P. Hennessy, *The Prime Minister: The Office and Its Holders Since 1945* (London: Penguin, 2000), p. 313.

[5] 原注：Crossman, *Diaries*, Volume II, p. 382.

[6] 译注：此幅漫画为板球运动。三柱门顶有横木的三柱门中的两个门，是投球手的目标，由击球手来守门。方球场的两头各立有三根直立木柱，称为"柱门"。两根横木放置于柱门顶部的凹槽之中，将三根柱门连接起来。三个柱门和两根横木共同组成一个三柱门。

政府中有人“不想让他好过”。[1] 在他看来，继续担任国防机密通知机要秘书“不可能”，他怀疑自愿制度能否经受住这场风波。在媒体看来，拉德克利夫公布的证据也没有给政府带来任何好处。各大媒体紧紧抓住 2 月 20 日晚上戏剧性的事态不放，当时似乎每个人都烂醉如泥。《新政治家》以轻松的口吻宣称，“整个事件的教训是，外交大臣不应在深夜给报社老板打电话”。[2] 其他报纸，如《泰晤士报》和《每日电讯报》却没那么宽容大量，认为外交大臣布朗因饮酒导致的判断失误是不可原谅的。当然，英国媒体早就知道酒精和政治生活密不可分。威斯敏斯特最著名的酒鬼包括前首相小威廉·皮特、温斯顿·丘吉尔和赫伯特·阿斯奎斯。大家经常看到阿斯奎斯在下议院发言时醉得摇摇晃晃，他甚至有自己的饮酒歌：“阿斯奎斯先生说得甜蜜而平静——再喝一点不会对我们有任何伤害。”在这之前，记者们倾向于赞同政治饮酒者的小酌，认为这是忙碌、紧张、时而孤独的生活的重要组成部分。然而，这时他们却一反常态地异常毒舌。[3]《世界新闻报》甚至暗示，布朗究竟酗酒到什么程度一定被一份永久性的国防机密通知文件掩盖了。[4]

6 月 14 日一早，第一批新闻报道发布后不过几个小时，威尔逊就知道他冒了很大的政治风险且自食其果。内阁会议结束后，克罗斯曼将首相拉到一旁安慰道，“你总是能以最佳状态迎接这种危机”——首相哀叹道：“可是我不确定今天能不能行。”[5] 议会定于 6 月 22 日就白皮书进行辩论，威尔逊就此计划了下一步行动。其内阁同僚一致认为，现在是“展现我们宽宏

[1]　原注：Wilkinson, *Secrecy and the Media*, p. 318.

[2]　原注：*New Statesman*, 16 June 1967, p. 1.

[3]　原注：参见 ‘Brown in Trouble as Wilson Slithers Out’, *Observer*, 25 June 1967; ‘George Brown “In a Great Rage” Takes a Hand in Late-Night Phone Drama’, *Daily Sketch*, 14 June 1967。

[4]　原注：‘What a Filthy Smear This Was’, *News of the World*, 26 June 1967.

[5]　原注：Crossman, *Diaries*, Volume II, p. 382.

大量”的时候了。[1] 记者对政府表现出非比寻常的轻蔑。6月16日，由报业协会举行，由编辑和选定官员参加的会议上，英国政府新闻部副秘书长亨利·詹姆斯指出，“各大主编对（威尔逊）的‘憎恨’只有我们亲身经历的人才会相信”。[2] 据说查尔斯·温图尔对首相“敌视到了病态的地步”。[3] 此外，记者显然仍在寻找新的爆点。《私掠船》（*Privateer*）警告说：“每只狗都可以咬一次人，但对于一直咬人的狗，人们会有不同的看法。”[4]

然而，威尔逊却拒绝让步。在威格的怂恿下（此时他已从卡斯尔那里得到“邪恶天才”的绰号）[5]，威尔逊认为最好的防御就是进攻。在另一轮主计大臣也参加的非公开会议中，威尔逊决定要对付倒霉的洛翰。洛翰上校不是圣人，人们相信，几句贬低他的话将大大分散媒体对四面楚歌的政府的注意力。此外，洛翰还没有辞职。6月16日，克尔比再次写信给威格，这一次他辩称，如果前座议员暗示其继任者需要更高级别的安全审查，那么他的职位可能就不保了，他的辞职也是“被迫的”。[6] 为了协助威尔逊的抹黑策略，威格拜访了辛韦尔和工党后座议员雷蒙德·弗莱彻。两人都被点名要求抹黑洛翰，要求弗莱彻指出洛翰上校是泄密给平彻的主要人物，暗示他是叛徒。[7] 具有讽刺意味的是，弗莱彻自己才是叛徒。1999年，苏联叛逃者瓦西里·米特罗钦揭露弗莱彻为前克格勃间谍，代号彼得。[8]

---

[1] 原注：Crossman, *Diaries*, Volume II, p. 398.

[2] 原注：‘Note of a Meeting at the Newspaper Proprietors Association offices on 16 June 1967’, H. James, LSE WIGG 4/156.

[3] 原注：Lord Chalfont to G. Wigg, 20 June 1967, LSE WIGG 4/156.

[4] 原注：‘Blue Pencil and Red Dagger: The New Threat Aimed at the Heart of Britain’, *Privateer,* 1:5 (1967), 1–2.

[5] 原注：Castle, *Diaries*, p. 268.

[6] 原注：H. Kerby to G. Wigg, 16 June 1967, LSE WIGG 4/119.

[7] 原注：Pincher, *Inside Story*, p. 239; Crossman, *Diaries*, Volume II, p. 394.

[8] 原注：C. Andrew and V. Mitrokhin, *The Mitrokhin Archive: The KGB in Europe and the West* (London：Allen Lane, 1999).

议会辩论持续了将近 6 个小时。威尔逊先让检察总长埃尔温·琼斯爵士第一个发言。威尔逊这个策略很巧妙，旨在确保自己在最后发言时无人反驳。琼斯讲了 45 分钟，在这段发言里，他重复强调此次事件违反了国防机密通知制度，置苏联叛逃者的生命于不顾。当被追问这个问题时，他宣布说：“政府不能在不进一步破坏机密的情况下……详细说明他们压制《每日快报》，不让其报道的重要原因。”[1]

对保守党反对派来说，安东尼·巴伯提出另一项动议，称白皮书的主要目的是保护这位“傲慢”首相的权威，因为他本人十分虚荣，连“我犯了一个错误”这句简单的话都说不出口。[2] 辛韦尔和弗莱彻主导了辩论的中间部分。辛韦尔称洛翰“外行”“有点意思”，却又很“奇怪”，甚至暗示洛翰上校可以出演詹姆斯·邦德的电影了。[3] 辛韦尔反复提到洛翰酗酒和奢侈的生活方式，当描述其在法国盾牌餐厅就餐时，他断言“肯定有好酒伺候着”。[4] 一名众议院议员称弗莱彻的发言“可耻”，是赤裸裸的人身攻击。弗莱彻首先强调，只有交给正直体面的人管理，国防机密通知制度才会奏效。他接着说，洛翰和身为记者却“没有职业道德”的平彻都没有任何荣誉的概念。弗莱彻的结语是，“在舰队街谣言四起，流传说洛翰上校是平彻许多故事的来源”。[5]

威尔逊通过对洛翰进一步诋毁，结束了这场受人操纵的辩论。他指责洛翰上校与平彻“关系过于亲密”。他还说，这种关系让上届保守党政府非常担心，以至于在 1964 年初，他们考虑是否应该让洛翰继续担任国防机密通知机要秘书。威尔逊随后大放厥词，洛翰身上仍存的男人“劣根性”意味着他没有受到严格的审查。威尔逊如此骇人听闻的不实之词，源于一周前听到赫斯比说，洛翰在 1955 年接受过一次“修改过的”道德审

[1] 原注：*Hansard*, HC Debate, 22 June 1967, 478, cols. 1,972–2,100.

[2] 原注：*Hansard*, HC Debate, 22 June 1967, 478, cols. 1,972–2,100.

[3] 原注：*Hansard*, HC Debate, 22 June 1967, 478, cols. 1,972–2,100.

[4] 原注：*Hansard*, HC Debate, 22 June 1967, 478, cols. 1,972–2,100.

[5] 原注：*Hansard*, HC Debate, 22 June 1967, 478, cols. 1,972–2,100.

查。此外，赫斯比强调，军情五处和其部门安全专家“一致认为”，国防机密通知机要秘书一职本就“不需道德审查”。[1] 威尔逊发言后，其他人根本没时间提问，所以通过严格的党派信任投票后，白皮书就这么被批准了。当晚，筋疲力尽的首相说道，他感到极大的宽慰，现在是时候把自己从“这个极其令人厌烦的话题”中解脱出来了。[2]

很不幸，威尔逊发现自己“刚出油锅，又入火坑”。接下来几天，每家报纸都刊文谴责其对洛翰人格品行进行攻击的行为。英国报纸近代史上充斥各种抨击的文章，其中《泰晤士报》在其近代史上最尖刻的社论中痛斥了这场“可耻的含沙射影运动”。[3] 根据报纸上的说法，他们运用的战术“如此无情、如此灵巧、如此无所顾忌”，以至于“没有一个人的品格是安全的”。[4]《每日镜报》同样被激怒了。事实上，卡德利普告诉克罗斯曼，该报已经“向哈罗德宣战”。[5] 旨在挖苦此次事件的题为《两位上校之爱》一文中，平彻声称他与洛翰的亲密关系，同工党下台时他与威格的关系没有什么两样，暗示威格曾有一次给他打电话问候说，“这是世界上最伟大的记者吗？”[6] 平彻接着解释道，几年前，他在苏格兰高地体验了一次收获颇丰的飞蝇钓鱼之旅后，送给威格一条鲑鱼作为礼物。（几个月后，威格在一封私人信件中回忆道，那条鲑鱼不适合人类食用，所以他喂给了附近一只猫——事后看来，这是一种残忍的行为，因为这只猫再也没出现过！）[7] 如果威尔逊认为此事不会恶化，那他就错了。7 月 6 日，拉德克利

[1] 原注：L. Helsby to H. Wilson, 16 June 1967, TNA PREM 13/1814.

[2] 原注：H. Wilson to L. Helsby, 22 June 1967, TNA PREM 13/1820.

[3] 原注：*The Times*, 23 June 1967.

[4] 原注：*The Times*, 23 June 1967.

[5] 原注：Crossman, *Diaries*, Volume II, p. 402.

[6] 原注：C. Pincher, ‘The Love of Two Colonels’, *Daily Express*, 24 June 1967.

[7] 原注：G. Wigg to A. W. J. Lewis, 5 September 1967, LSE WIGG 4/110. 早在 9 月初，威尔逊对国防机密通知事件产生了一种幽默感。在写给威格的一封私人信件中，他问道：“主计大臣想要让他的鲑鱼接受积极审查吗？”(H. Wilson to G. Wigg, 3 September 1967, LSE WIGG 4/110.)

夫在上议院“以外科医生的艺术手法拆解了政府的案例，最后把它没头没脚地丢在手术室里”。[1] 他认为白皮书充斥着“对安全重要性太过笼统的声明”。[2] 他还说，白皮书的发布说明政府想要的“不是自由的新闻，而是可加以管理的新闻”。[3] 对威尔逊来说，拉德克利夫的发言咄咄逼人。克罗斯曼称这位法学家的抱怨是“毁灭性的”，相当于“现代公仆对首相最有效的无声谴责”。[4]

在不到 6 个月的时间里，威尔逊不仅成功地疏远了拉德克利夫这位国家最杰出的皇家公仆，还破坏了自己与新闻界的关系。此后，正如亨利·詹姆斯哀叹的那样，“（记者们）没有把他当回事儿——一种冷嘲热讽的氛围油然而生”。[5] 在玛西娅·威廉姆斯的回忆录中，也得出同样的结论：威尔逊做的蠢事对其精心构建的公众形象带来的影响简直是“灾难性的”。[6] 唯一的安慰就是，麻烦缠身的洛翰已于 6 月 26 日辞职。尽管公众表达了对洛翰上校的同情，但他不可能再继续担任国防机密通知机要秘书一职了。通过接受一系列的报纸采访，洛翰让大家明白了他被扔进狼群以掩盖最高层决策者的失败。6 月 30 日，他在《旁观者》杂志上声称“自己因为真伪参半、狂言妄语和含沙射影的诋毁，被踢出局了”。[7] 尽管洛翰试图洗脱罪名，但他的名声从未恢复。由赫斯比、邓尼特和财政部事务律师哈维·德鲁伊特监督的一项内部文官调查于 8 月 8 日得出结论，即洛翰上校犯了“几个错误”，他与平彻的长期联系模糊了其思维的客观性。[8] 洛

---

[1] 原注：‘D-Notices White Paper Savaged: Scathing Attack by Lord Radcliffe’, *The Times*, 7 July 1967, p. 1.

[2] 原注：*Hansard,* 5th Series, 6 July 1967, 284, col. 778.

[3] 原注：*Hansard,* 5th Series, 6 July 1967, 284, col. 781.

[4] 原注：Crossman, *Diaries*, Volume II, pp. 413, 414.

[5] 原注：引自 L. Baston, ‘D-Notice Affair’, 22。

[6] 原注：Williams, *Inside Number 10*, p. 196.

[7] 原注：L. G. Lohan, ‘Slandered out of Business’, *Spectator*, 30 June 1967.

[8] 原注：‘Civil Service Tribunal Investigating Complaints by Colonel Lohan’, 8 August 1967, TNA PREM 13/1815.

翰被赫斯比的团队盘问近48小时后公开宣称，这项调查相当于设了一个"私设法庭"。洛翰去世时一贫如洗，被剥夺了养老金，还不能继续在白厅工作。[1]

不可否认，洛翰本身的确存在不足，很难成为人们所期望的国家安全秩序守卫者。他酗酒、风言风语、满口胡话、言行粗鄙，还自称是连续玩弄女人的色鬼。据报道，在向拉德克利夫呈现证据时，他经常吹嘘自己的性"能力"，以至于一名证人怀疑他的"表现"是否真的如他吹嘘得那般。[2] 然而，我们很难不对洛翰上校报以同情。他错误地把骗子克尔比认作朋友，甚至在信中称克尔比为"亲爱的鲍勃"。[3] 如果外交部允许洛翰旁听，或许他就能更好地理解安全大背景。作为国防机密通知机要秘书，他需要与记者保持良好的关系。有人可能会说，洛翰对待平彻像对待一匹会尥蹶子的马，两人是一种保持距离的友情。但我们必须牢记的是他和平彻心照神交。他们每月至少有一次一起共进午餐，并相互称呼对方为"哈利"（平彻之名）和"萨米"（洛翰之名）。然而，面临对工党政府进行政治打击这一黄金机会时，平彻把独家新闻置于友谊的前面。最终，记者的专业性使平彻选择了其雄心勃勃的事业追求，而不是朋友。

威尔逊输了，洛翰也输了，然而这件事的最大输家是这个秘密国家。1945 年后，记者们在挖掘秘密方面表现出非凡的才能，反过来又致使国防机密通知委员会承担更大的责任来维持国家稳定。在电报审查这个烂摊子面前，英国保密人员面临的一大问题是国防机密通知制度已经名誉扫地，许多记者公开宣称反对这一制度。因威尔逊打在拉德克利夫脸上这一轻蔑的耳光，官员们希望这个系统能对政府有利，很容易将国家安全与政治尴尬局面混淆起来。《每周新闻》概括了英国媒体的态度，称国防机密通知（D-Notice）中的"D"代表"欺骗（Deception）、狡诈（Deviousness）、

[1] 原注：引自对查普曼·平彻的采访。
[2] 原注：L. Helsby to H. Wilson, 16 June 1967, TNA PREM 13/1814.
[3] 原注：L. G. Lohan to H. Kerby, 8 February 1967, LSE WIGG 4/119.

两面派（Double-Dealing)”。[1] 为了使国防机密通知制度重新运转起来，1960 至 1964 年，前海军情报局局长、海军上将诺曼·丹宁被任命为国防机密通知机要秘书。为了防止机要秘书被排除在高级别会议外的滑稽局面再次发生，现任秘书依规定必须经过最高级别的审查。[2] 为了让该制度更显正规，未来所有国防机密通知机要秘书都会被安排在国防部主楼的一个安全办公室办公，不再发放应酬津贴，也不需要在伦敦西区“轮用制办公”。洛翰担任机要秘书时留下的教训之一是，在国家安全问题上，节制的生活方式是绝对必要的。尽管做了那么多改进，白厅知道，谁也不能保证国防机密通知制度会再度受人尊重、重新发挥价值。为了重新建立信任，重要的是在未来几个月，甚或几年内，避免人们对国防机密通知委员会产生进一步争议。在这个全新的管制氛围下，威格建议“在这段相当长的恢复期里，不应该让病人受到暴力冲击，而是应该按照上帝的意志重获健康和力量，这是我所希望的”。[3]

当然，说来容易，做起来可不简单。当威尔逊对平彻这个国家机密的最大破坏者予以谴责时，几乎可以肯定的是，他希望能终结平彻这个独家新闻人大胆的政治报道，甚至强迫他封笔。现在平彻已过 50 岁，早已表现出想要当小说家的兴趣，于 1965 年和 1967 年出版了两部小说。[4] 然而，威尔逊却没能如愿。平彻是此次国防机密通知事件的最大胜利者。德高望重的拉德克利夫勋爵非常公开地为他辩护，毫无疑问，平彻现在是调查性新闻的大人物（见图 13)。而对白厅来说，不幸的是，从这次事件全身而退后，平彻更加坚定了要去挖掘秘密的决心，而且他的信心毫无异议得到了增强：“我的职业生涯正处巅峰，国防机密通知制度又乱了套，未

[1]　原注：*Weekly News*, 24 June 1967.

[2]　原注：‘Record of a Meeting at No. 10’, 7 September 1967, TNA PREM 13/1813.

[3]　原注：G. Wigg to B. Trend, 18 October 1967, LSE WIGG 4/157.

[4]　原注：C. Pincher, *Not With a Bang* (London: Four Square, 1965); C. Pincher, *The Giant Killer* (London: Weidenfeld & Nicolson, 1967).

来看起来很美好。”[1] 没过多久，他又使出用破坏性的泄密来攻击工党政府那一套。1967 年 6 月 24 日，就国防机密通知事件进行辩论的第二天，平彻披露戴高乐项目中取消一个耗资 2.5 亿英镑的英法项目的决定，项目原本目的是制造一架可变几何战斗机，也叫可变后掠翼机，这架欧洲战机可与美国战术攻击机 F-111 相匹敌。[2] 这一军备计划的过早暴露给英国政府带来的影响是毁灭性的，这简直就是往威尔逊的伤口上撒盐。威尔逊在毫无准备的情况下被迫向愤怒的议员们做出解释，此事对英国境况不佳的飞机产业来说又是一次毁灭性打击，彼时英国仍因 TSR-2 侦察机项目的取消而步履蹒跚。在试图确定泄密来源的过程中，刚开始官员们认为平彻截获了国防部打给英国驻巴黎大使馆的电话，这一猜测实属荒唐。根据在唐宁街安全部任职的空军上校威廉姆斯的说法，当时“根本没有设施”可以保障交错跨境通信的安全。[3] 最后，大家一致认为，可能是英国飞机制造公司一名心怀不满的反工党员工给平彻通风报信的。

对于这个秘密国家来说，要对付一个平彻已经够糟糕了，但更令人担忧的是国防机密通知事件对英国媒体造成的全方位影响。1967 年夏，当官员们对事件进行反思时，他们最担心的是其他记者受到鼓动也会加入进来。报道此次事件的报纸已经印刷了几百万份，而这一事件的始作俑者可谓家喻户晓。此前，国防记者们都是些不愿露面的侦探，宁愿待在新闻编辑室里。在 6 个多月的时间里，平彻一直在接受英国广播公司和英国独立电视台的采访。他获得了众多奖项，还和电影明星杰克·霍金斯、托普一起入选英国电视和广播俱乐部的“年度人物奖”。华丽的颁奖典礼在萨沃伊酒店举行。[4] 正如特伦德所认识到的那样，平彻的成功和随后的名气在一定程度上将英国的调查报道浪漫化了，并激发了新一波大胆的新闻报

[1] 原注：引自对查普曼·平彻的采访。

[2] 原注：C. Pincher, ‘French Say: We Can’t Afford Swing Wing’, *Daily Express*, 24 June 1967.

[3] 原注：13 July 1967, TNA PREM 13/1790.

[4] 原注：‘Men of the Year’, *Country Fair*, December 1967, LSE WIGG 4/119.

道。突然之间，似乎没有什么秘密是安全的：“因为最近拉德克利夫的报告……媒体和作家在描述敏感话题时，态度更加傲慢。”[1] 威格从几个编辑那里证实平彻的确引发了一场新闻寻宝活动。[2] 据说各大媒体都迫不及待想要报道人人都会关注的大事件。

> 伯吉斯、麦克林、菲尔比这三人将接受有史以来最彻底的X射线透视检查，其详细程度前所未有。
>
> 海军上校亨利·克尔比，
>
> 1967 年 9 月 20 日 [3]

白厅的担心很快成为现实，不断涌现的独家新闻造成了威胁。《星期日泰晤士报》被发现召集了一个调查记者小组（统称为“洞察小组”），打算在 1967 年冬季出版一部关于剑桥间谍金·菲尔比的四集系列报道作品。菲尔比与叛徒福克斯、伯吉斯和麦克林不同，当时人们对菲尔比知之甚少。英国政府从未承认他曾为军情六处工作，他的简历是个谜。没人知道菲尔比担任什么职位，什么时候被苏联招募，又是如何逃避侦查的。最重要的是，没人知道他的叛变是否受到制裁；如果有，是什么样的制裁。1963 年 1 月，在菲尔比叛逃 6 个月后，英国政府才迟迟承认他确实是帮助伯吉斯和麦克林逃跑的人。除此之外，英国政府闭口不谈。外界的猜测是，菲尔比只不过是一名级别较低的外交官。

在此之前，还没有哪家报纸像《星期日泰晤士报》这样，立即着手进行一项如此昂贵、涉及面广、内容详尽的调查。洞察小组是由该报中势要大干一番的新任主编哈罗德·埃文斯（见图 14）组建的，由舰队街上头脑最敏锐、最雄心勃勃、最才华横溢的记者组成，包括菲利普·奈特

---

[1] 原注：‘Record of a Meeting Held in B. Trend’s Room, 8 August 1967’, LSEWIGG 4/153.

[2] 原注：G. Wigg to B. Trend, 3 November 1967, LSE WIGG 4/154.

[3] 原注：H. Kerby to G. Wigg, 20 September 1967, Confidential, LSE WIGG 4/11.

利、雨果·杨、戴维·雷奇、约翰·巴里和布鲁斯·佩奇。政治评论员梅尔文·布莱格后来把这个小组描述为“英国新闻业的特种空勤团[1]”。[2] 由于手头几乎没有书面材料，这个小组在1967年春天和夏天采访了数百名退休官员。他们通过梳理《名人录》，即英国年度重要在世人物名单中的内容，精确查找书中与“附属外交部”相关的参考部分，因人物简历中任何一段神秘的空白都暗示其可能与情报界有牵连。大多数受访者要么说话拐弯抹角，要么非常谨慎，说的都是“过去的事就过去吧，不想在《官方保密法》上惹麻烦”之类的话。[3] 然而，采访终于慢慢有了成效。让洞察小组大吃一惊的是，当问及菲尔比时，很多官员都不假思索地发表了一番意味深长的评论。尽管查尔方特勋爵总体上采取了回避的态度，但他评论说菲尔比是个“危险人物”，并暗示报纸的任何进一步调查都将“帮助敌人”[4]。从1939到1951年，斯图尔特·孟席斯少将就一直拒绝接受采访，但他在写给主编埃文斯的信中说道：“菲尔比真是个无赖。”[5] 这样的评价引起了小组的好奇心。因为连这样一个典型的守口如瓶的人都觉得非说点什么不可的话，那说明菲尔比是个无害的低级外交官的说法纯属一派胡言。

当调查小组注意到约翰·惠特韦尔（此为笔名，作者真名为莱斯利·尼克尔森）所著《英国特工》（*British Agent*）一书时，他们取得了突破性进展。尼克尔森曾于1930至1934年担任军情六处驻布拉格站长。[6]

---

[1] 译注：英国特种空勤团（SAS，全称为 Special Air Service），是英国最精锐的特种部队，也是世界上第一支正规的特种作战力量。

[2] 原注：M. Bragg, ‘Review’, *Daily Telegraph*, 25 September 2009.

[3] 原注：H. Evans, My Paper Chase (London：Abacus, 2009), p. 296. 亦参见 H. Evans, ‘The Sunday Times and Kim Philby’, *Sunday Times*, 20 September 2009。

[4] 原注：Evans, *My Paper Chase*, p. 297.

[5] 原注：Evans, *My Paper Chase*, p. 297.

[6] 原注：《英国特工》一书后随 Frank Cass 的系列丛书 *Classics of Espionage* 重新发行，由情报历史学家 Wesley K. Wark 精彩作序。J. Whitwell, *British Agent* (London：Frank Cass, 1996). 亦参见 W. K. Wark, ‘“Our Man in Riga”: Reflections on the SIS Career and Writings of Leslie Nicholson’, *Intelligence and National Security*, 11：4 (October 1996), 625–44。

这本书于 1966 年由伦敦独立出版社威廉·金伯出版社出版。《英国特工》是第一本由情报官员写就的、描述两次世界大战之间军情六处生活的回忆录。但这本书卖得不好，实际上到 1970 年就已绝版。调查小组很快发现了该书作者隐藏在假名身后的真实身份。通过进一步调查，他们发现尼克尔森其实是一个瘦弱的酒鬼，住在伦敦东区的养老院里，靠微薄的养老金过活。[1] 调查小组成员奈特利积极地利用尼克尔森嗜酒这一弱点，为其安排了一顿午餐，还备了首选好酒——白兰地。不出所望，很快就挖出爆料。尼克尔森解释说：“立场转变的原因在于，金·菲尔比是我们反苏部门的负责人。”[2] 奈特利喝了白兰地有些上头，他进一步求证道：“先让我搞清楚，1944 年之后，指挥对苏联人进行秘密调查行动的头头，他自己是个苏联特工？”[3]“一点不错”，和他共进午餐的同伴确认道。尽管这次泄密可能是由饮酒引起的，但人们也要考虑到这其实有预谋策划的可能。根据情报学者奈杰尔·韦斯特的说法，当时尼克尔森的妻子被诊断出患有癌症，需要在美国接受治疗，但军情六处拒绝给予他经济援助，尼克尔森对此怀恨在心。[4] 不管尼克尔森的动机是什么，洞察小组已经获得重大发现。作为军情六处苏联反情报部门负责人，菲尔比可以接触到最有价值的机密，包括驻外特工的身份。

尼克尔森的爆料让《泰晤士报》总编辑兼董事长丹尼斯·汉密尔顿觉得，应该给予调查研究人员一笔数额前所未有的资金，可以让他们在世界各地搜寻信息。有的调查记者去了西班牙，菲尔比曾在那里以《泰晤士报》记者的身份报道西班牙内战；其他人则前往贝鲁特。1956 年，菲尔比被英国军情六处重新雇用为“预付费用的线人”，他表面的身份是为《经济学人》和《观察家报》做报道的中东新闻记者。以平彻的经验为参

[1]　原注：Evans, *My Paper Chase*, p. 302.

[2]　原注：Evans, *My Paper Chase*, p. 302.

[3]　原注：Evans, *My Paper Chase*, p. 302.

[4]　原注：N. West (ed.), *Faber Book of Espionage* (London: Faber & Faber, 1993), p. 297.

照，该团队在美国待了近一个月，从中央情报局、联邦调查局和美国国防部寻找消息来源。主编埃文斯甚至厚颜无耻地接近已退休的中情局局长艾伦·杜勒斯。[1] 采访了美国的联系人后，小组发现了惊天大秘密。前中央情报局执行局长莱曼·柯克帕特里克证实，1949 年菲尔比被指派到英国驻华盛顿大使馆担任联邦调查局和中央情报局的联络员。这是一个高度敏感的职务，所以他可以知晓美国大部分的情报行动。[2] 由于资金充裕，小组付钱让约翰·菲尔比（金·菲尔比与第二任妻子所生之子）前往莫斯科采访其父亲，可谓一鸣惊人，取得了极大的成功。约翰不仅获得菲尔比站在克里姆林宫红场前的标志性黑白照片，还从他流亡的父亲那里获得无价的细节，即菲尔比从 1933 年工作以来就一直是苏联特工。

《星期日泰晤士报》想把被埃文斯称为“X 计划”的行动尽可能久地保密，目的是盖过《观察家报》的风头。《观察家报》购买了金·菲尔比第三任妻子埃莉诺·菲尔比所著回忆录《我的间谍爱人》的连载权。这本回忆录是埃莉诺与《观察家报》中东记者帕特里克·西尔共同撰写的。[3] 到 1967 年 8 月初，X 计划的消息还是传到白厅。几周前，洞察小组与军情六处一个名叫约翰·萨克尔的年轻官员取得了联系。萨克尔曾表示有兴趣离开军情六处，将自己的才能转向新闻业。埃文斯的朋友、剧作家兼小说家迈克尔·弗莱恩在剑桥大学时认识了萨克尔，他向埃文斯担保萨克尔是个值得信任的人，也是真心希望在舰队街开始新的职业生涯。调查小组记者佩奇带着这位抱负不凡的准记者去到位于苏豪区的曼奇海鲜餐厅，向萨克尔简要介绍了他们的调查情况并承诺给他一个“开门红”，交换条件是让萨克尔说出关于菲尔比的全部所知信息。[4] 然而，在内心深处，萨克尔并不想离开军情六处，他及时向自己秘密上司汇报了此事。

[1] 原注：D. Greenhill to Secretary of State, 8 August 1967, LSE WIGG 4/153.

[2] 原注：Evans, *My Paper Chase*, p. 304.

[3] 原注：‘Philby’, Col. R. A. Rubens, 9 October 1967, LSE WIGG 4/152.

[4] 原注：‘Record of a Meeting Held in B. Trend’s Room, 8 August 1967’, WIGG 4/152; Evans, *My Paper Chase*, pp. 299–301.

除了告诉上司《星期日泰晤士报》即将揭露的主要内容外，他还说这一系列报道将从讲述菲尔比的人生故事延伸到更普遍、更具批判性的思考层面，即军情六处在现代社会中存在的价值。然后进一步提出这样一个观点，即军情六处这种上流社会的把戏，过去完全被苏联踩在脚下，现在也依然如此。[1]

我们可以料想到白厅大惊失色的反应。1967 年时，《泰晤士报》[2] 还是份“新闻纪实报纸”，当时它不仅打算揭露菲尔比是近 30 年来的头号叛徒，而且还打算揭露官员们早已有所起疑却替其掩盖罪行。8 月 8 日，特伦德主持了一场由邓尼特、迪克·怀特（代号“C”）和丹尼斯·格林希尔（联合情报委员会主席）共同参加的会议。大家一致认为应竭尽全力叫停该报道。正如格林希尔所说，“在我们看来，最不可取的就是展开一场关于军情六处的广泛讨论，甚至是发起政治迫害，这只会损害秘密机构的利益，削弱它的贡献”。[3] 官员们面临的问题是，让报社让步并不容易。既然苏联人实际上已经知道这些“爆料”的内容，那么发布一份宣称该报道将危害国家安全的国防机密通知来禁止其发布是不恰当的。政府最不希望发生的事情就是宣告国防机密通知制度遭到破坏，然后发现自己“陷入一场与新闻界的公开争论，就像当年审查电报的故事一样”。[4] 令人担忧的是，萨克尔还告诉军情六处上级，报纸主编埃文斯认为国防机密通知委员会在道德上已经败坏，如果委员会对他进行指导，他是绝不可能接受的。

为了避免出现另一场争论，特伦德认为最好的解决办法是由一名国务大臣，最好派查尔方特（他以前是《泰晤士报》的工作人员）私下接触汉

[1]　原注：‘Philby’, Colonel R. A. Rubens, 9 October 1967, LSE WIGG 4/152.

[2]　译注：《星期日泰晤士报》《泰晤士报》原属时报报业公司，《泰晤士报》为日报，《星期日泰晤士报》为周报。之后《星期日泰晤士报》被传媒大亨默多克的新闻集团收购。所以此处出现了《泰晤士报》。

[3]　原注：D. Greenhill to Secretary of State, 8 August 1967, LSE WIGG 4/153.

[4]　原注：D. Greenhill to B. Trend, 3 October 1967, LSE WIGG 4/153.

密尔顿，强调虽然报道可能不会危害国家安全，但会损害国家利益，因为诋毁军情六处是克格勃的“首要目标”。[1] 8 月 11 日，特伦德向威尔逊通报了事态发展：“公众兴趣和耸人听闻的新闻报道正在逐渐侵蚀我们保护秘密机构的安全措施，这一事件只是又一例证罢了。”[2] 这位内阁秘书长告诫政府不要“反应太过激烈”，暗示这是“最近拉德克利夫事件的教训之一”。[3] 威尔逊接受了让查尔方特去解决此事的建议，尽管附加条件是“如果所有方法都失败了”，那么可能需要更严厉的制裁来解决此事。[4]

查尔方特 8 月底和汉密尔顿进行了一次会谈。尽管汉密尔顿指出，他们在报道时会有所侧重，显示军情六处已经吸取过去的教训，现在的情况也有所好转。但他仍强调说该报下定决心要揭露 1945 至 1960 年间情报界的无能，并认为没有理由不让公众知道国家是如何一直处于危险之中的。他还证实了该报无意与国防机密通知委员会进行商议。[5]

9 月是白厅高度焦虑的一个月，此时更多的调查细节进一步浮出水面。一直十分可靠的双面间谍亨利·克尔比告诉威格，他和洞察小组的一名成员共进午餐时，该成员在确信他不会告密的前提下，告诉他这本书将列出过去 30 年中军情六处和军情五处所有负责人的名字。这位向来特立独行的保守党议员克尔比评论说，“这种情况前所未有”。[6] 克尔比从记者口中打探得知，该连载将揭露一个重要信息：位于圣詹姆斯街的怀特俱乐部长期以来一直是军情六处官员的聚集地。最令人担忧的是，洞察小组一直在给一个叫安东尼·布朗特的人写信，还经常登门拜访，官员们对此警惕起来。当时，布朗特是一位国际声誉显赫的艺术史学家，还担任英国皇

[1] 原注：‘Philby’, Colonel R. A. Rubens, 9 October 1967, LSE WIGG 4/152.

[2] 原注：B. Trend to H. Wilson, 11 August 1967, LSE WIGG 4/153.

[3] 原注：B. Trend to H. Wilson, 11 August 1967, LSE WIGG 4/153.

[4] 原注：H. Wilson, 14 August 1967, LSE WIGG 4/153.

[5] 原注：‘Philby’, Colonel R. A. Rubens, 9 Oct 1967, LSE WIGG 4/152; ‘Note of a Meeting Held on Friday 1 September 1967’, LSE WIGG 4/153.

[6] 原注：H. Kerby to G. Wigg, 20 September 1967, LSE WIGG 4/119.

家艺术收藏的鉴定员。埃文斯的团队一直很想和布朗特聊聊二战前他在剑桥的经历。当时他是剑桥大学三一学院 [1] 的一名教师，和包括盖伊·伯吉斯在内的许多左翼大学生一样，他们都同属一个社交圈子。这家报纸的记者们对这位杰出的学者给予了最高的评价，他们找他谈话的唯一目的就是想了解一些有关伯吉斯的趣闻轶事。然而他们不知道的是，布朗特实际上是剑桥间谍圈中的“第四人”。除了少数高级官员外，没人知道此事。布朗特先是于 1936 年被招募作为一名大学“星探”为苏联工作，1940 年加入军情五处后，立刻成为一名间谍。[2] 1964 年，布朗特向军情五处坦白了这一切。但与波兰间谍哈里·霍顿和埃塞尔·吉不同的是，这两人于 1961 年被判 15 年监禁，贵族布朗特却免于被起诉，并获准继续在白金汉宫享受特权生活。直到 1979 年，他的过去才被公之于众，而政府参与掩盖真相的行为也才被曝光。

虽然埃文斯对布朗特的过往一无所知，但白厅承担不起任何风险。官员们让布朗特的律师去警告报社，任何进一步试图联系他们委托人的行为都将被视为骚扰。[3] 为了加倍确保布朗特至少在菲尔比风暴平息之前不会受到骚扰，官员们让他飞往意大利避避风头，并要求他低调行事。[4] 对白厅来说值得庆幸的是洞察小组并没有再做进一步调查，就目前而言，问题还不算太棘手。埃文斯在 2009 年出版的回忆录《力争上游》（*My Paper Chase*）中承认，他最大的遗憾和错误之一就是没有继续去找布朗特。可悲的是，布朗特就是“那个逃脱的人”。[5]

对白厅来说，解决了布朗特，菲尔比的事情仍未解决。9 月底，政府

---

[1]　译注：三一学院是剑桥大学中规模最大、财力最雄厚、名声最响亮的学院之一。

[2]　原注：‘Note for the Prime Minister: Anthony Frederick Blunt’, 18 October 1967, LSE WIGG 4/153.

[3]　原注：Evans, *My Paper Chase*, p. 302.

[4]　原注：‘Note for the Prime Minister：Anthony Frederick Blunt’, 18 October 1967, LSE WIGG 4/153.

[5]　原注：Evans, *My Paper Chase*, p. 302.

决定与报社更高层进行接触，由格林希尔负责。9月26日，格林希尔正式会见汉密尔顿，并重申如果该报仍一意孤行，“想必克格勃总部将会弹冠相庆”。[1] 格林希尔还解释说，我们所希冀的“圆满结局”并不足以抵消整体的负面影响。可汉密尔顿再次拒绝保持缄默。

第二天，格林希尔对最近发生的事情进行了反思，有件事一直萦绕在他脑海中。汉密尔顿曾说，当官方要求展现一个平衡的局面时，如果官员们能给报纸提供一些素材，就能实现这一目标。汉密尔顿即兴表示，可能“有一些破译成果”可以公开。[2] 当时，格林希尔一心只想保护“超级机密”（见第7章），他直截了当地打消了汉密尔顿的念头。然而，花了更多时间考虑这个想法后，格林希尔改变了看法。照目前情况来看，该报愿意合作的概率微乎其微，而英国政府肯定不打算使用衰弱无力的国防机密通知制度来处理这个问题。格林希尔被逼得走投无路，唯一的办法就是把损失降到最低，所以他决定接受汉密尔顿的建议。因此，9月28日，格林希尔邀请《泰晤士报》总编辑共进午餐，并给他一份题为“公众需要了解克格勃的哪些信息”的文件。[3] 这份文件是个厚颜无耻的宣传册。文件称克格勃的目的是“扰乱和控制所有西方国家在苏联的官方代表的活动……包括对商务访问者、交换生和游客的攻击”，还强调了“克格勃手段之残酷”，包括各种各样的性诱捕，对腐败特工的勒索，通过绑架或谋杀来毁灭对手。文件指出“克格勃在政治领域的阴险手段”，强调他们利用大众媒体以及“利用一切形式的谎言和歪曲手段来诋毁西方发布有关苏联及其政策的真相”。报告最后说，英国情报部门正面临困难，公众应该施以同情。[4] 为了解决与汉密尔顿之间的纷争，格林希尔请了军情六处一个名叫“莱基先生”的朋友帮忙。[5] 在做上述这些事情时，格林希尔选择了新的

[1] 原注：D. Greenhill to G. Wigg, 26 September 1967, LSE WIGG 4/153.
[2] 原注：D. Greenhill to G. Wigg, 26 September 1967, LSE WIGG 4/153.
[3] 原注：D. Greenhill to G. Wigg, 26 September 1967, LSE WIGG 4/153.
[4] 原注：D. Greenhill to Lord Chalfont, LSE WIGG 4/153.
[5] 原注：D. Greenhill to G. Wigg, 29 September 1967, LSE WIGG 4/153.

立场。他将一些信息片段交给记者，并将记者引荐给情报官员，这是一种大胆的做法，背离了由来已久的拖延政策。不幸的是，汉密尔顿意识到这不过是格林希尔为了挽回面子的最后一搏，他拒绝加入不讨人喜欢的内容。

10 月 1 日，《星期日泰晤士报》以一篇轰动性的文章向世界披露了它的调查，文章是《背叛一代人的间谍》(*The Spy Who Betrayed a Generation*)，并附有菲尔比在红场的戏剧性照片，照片名为“1933 年以来我为苏联做间谍”。这篇文章的发表让白厅大感意外。该报本计划在圣诞节前后发布调查结果。然而，9 月 30 日（周六）下午 6 时，一份《观察家报》的副本被放在《星期日泰晤士报》主编埃文斯的桌子上，报上正为即将连载的埃莉诺・菲尔比的回忆录做广告。就在几天前，《观察家报》从健谈的约翰・菲尔比那里得知，《星期日泰晤士报》一直在追踪金・菲尔比的踪迹。因此，《观察家报》试图抢在竞争对手前面做出报道。为了减轻《观察家报》带来的打击，埃文斯采取了行动，召集他的超级侦探记者团队彻夜不眠，确保该报连载报道的第一期能在周日早上刊登发行。[1] 在接下来的五周里，这两家在周日出版的“重量级报纸”拉开了有史以来最血腥的新闻较量战，各自对这个苏联间谍的生活和时代提供了令人震惊的内幕。《华盛顿邮报》称英国正在赏味一场“来自舰队街的间谍奇观”。[2] 每过一周就会有一轮新的爆料。《观察家报》解释说，他们糊涂了才会雇用菲尔比，因为从英国外交部得知菲尔比已离开间谍行业，而事后证明这一消息是假的。令人费解的是，白厅甚至有人恳求该报社主编戴维・阿斯特发发善心，给菲尔比一份工作，因为他需要一份收入来养活自己的孩子。[3]《泰晤士报》透露，菲尔比曾经接受培训想成为军情六处领导者。令人惊讶的是，在他的运气耗尽之前，他差点就成功了。洞察小组举例说明

[1] 原注：Evans, *My Paper Chase*, p. 308.
[2] 原注：R. L. Mott, ‘A Spy Spectacular from Fleet Street’, *Washington Post*, 8 October 1967.
[3] 原注：M. McConville, ‘The Spy We Took in from the Cold’, *Observer*, 8 October 1967.

了菲尔比造成的损失。例如，1950年，他曾预先警告苏联，美国中央情报局将空降约300名游击队员到共产党控制的阿尔巴尼亚。接此信息，莫斯科安排了一个“欢迎派对”，成功灭掉和俘虏近一半的叛军。与此同时，舰队街的其他报纸也想分一杯羹，进行了更琐碎的爆料，比如告诉读者菲尔比最喜欢的饮料是拉克酒——一种土耳其利口酒。[1] 甚至平彻在其职业生涯中也第一次被要求依附在他人麾下，沾沾光。

正如官员们所担心的那样，菲尔比事件的核心与其说是重大背叛的证据，不如说是对英国秘密机构效率和效能的广泛攻击。菲尔比出身名门，魅力四射，曾在威斯敏斯特学校和剑桥就读，还加入了雅典娜俱乐部（伦敦最著名的绅士俱乐部）。他能逃脱罪责是因为军情六处制度体系的可笑，其拒绝质疑老牌名校毕业且有裙带关系的人。新闻界却不轻易相信这番说辞。什么样的组织才会容纳一个在大学时期便明显表现出“左倾”倾向，且娶了犹太共产主义者利兹·弗里德曼做自己第一任妻子的人？是什么样的制度导致军情六处忽视了包括军情五处在内的其他部门，对菲尔比古怪行为、肮脏私生活和酗酒所做出的种种警告？此外，又是什么样的间谍机构会在强烈怀疑菲尔比曾帮助伯吉斯和麦克林逃往莫斯科的情况下，几个月后再次决定重新雇用他为中东一线特工？改革的呼声震耳欲聋。据《伦敦晚报》报道：“相比之下，这些令人毛骨悚然的回忆录显示，与英国情报人员相比，那些无能警察还能更胜一筹。”[2] 美国新闻界也同样义愤填膺。一些美国报纸暗示英国需要一名麦卡锡[3] 式的参议员。[4]

---

[1] 原注：'Spies Every Sunday', *Time*, 10 November 1967.

[2] 原注：引自 'Espionage: Not-So-Secret Service', *Newsweek*, 30 October 1967。

[3] 译注：约瑟夫·雷芒德·麦卡锡，美国共和党人，以其姓冠名的麦卡锡主义是政治压迫和白色恐怖的代名词。

[4] 原注：For American press reaction, see: 'London Papers Trace Philby's Rise in British Intelligence as Soviet Spy', *Washington Post*, 1 October 1967; 'How Philby Stabbed into the Heart of British Security', *Washington Post*, 8 October 1967; 'Philby a Double Agent for 30 Years', *Denver Post*, 2 October 1967; 'Stranger than Fiction', *US News and World Report*, 16 October 1967; 'On Display', *Time*, 29 December 1967; 'Hello Comrade Philby', *Newsweek*, 1 January 1968.

随着爆料文章的发表，格林希尔继续通过非正式的途径与埃文斯进行接触，尽管收效甚微。而政府的官方政策是不发表任何评论。10 月 2 日，在媒体的一连串追问下，英国外交部下令，工作人员“不得讨论案情”。[1]由于问题源头还未知，外交部要求官员们声明菲尔比是“斯大林政权的帮凶，不值得同情”，且当下新闻媒体的行为正中克格勃下怀，即对西方情报机构进行诋毁。[2]

尽管如此，还是有一些情报部门的资深人士不由得为军情六处公开辩护。前军情六处处长斯图尔特·孟席斯接受《每日见闻报》采访时说，菲尔比从未竞选过军情六处负责人。前海军情报官、《周日电讯报》主编唐纳德·麦克拉克伦批评《泰晤士报》掀起了“一股反绅士、打倒小集团主义的浪潮以及揭露英国政府权力机构的狂热”。[3]他认为，要求肃清军情六处的呼声是对情报工作实用性的无知，还侮辱了那些全心全意为国家服务的人。“一个秘密机构推举委员，”他继续道，“一定是经所有成员同意才选出来的，不能通过竞争性考试选拔而出。”[4]麦克拉克伦甚至提议，公众不要忽视这样一种可能性，即洞察小组的调查可能得到苏联信息部（Soviet Ministry of Information）的协助，菲尔比的故事只是一场嫁祸：“我们应该警惕共产党宣传的陷阱。”[5]无意中，菲尔比在红场的照片和采访材料给了一些人错误的印象，即一系列报道的灵感来自菲尔比或克格勃。

11 月初，在经过五周的接连曝光后，《星期日泰晤士报》和《观察家报》结束了各自的调查。埃文斯计划派一名记者去莫斯科采访菲尔比。菲

[1]　原注：Memo, FCO to Missions and Dependent Territories, 2 October 1967, LSE WIGG 4/151.

[2]　原注：Memo, FCO to Missions and Dependent Territories, 2 October 1967, LSE WIGG 4/151.

[3]　原注：D. McLachlan, 'In Defence of Our Secret Service', *Sunday Telegraph*, 8 October 1967.

[4]　原注：D. McLachlan, 'In Defence of Our Secret Service', *Sunday Telegraph*, 8 October 1967.

[5]　原注：D. McLachlan, 'In Defence of Our Secret Service', *Sunday Telegraph*, 8 October 1967.

尔比暴露出香槟酒社会主义者[1]的所有特征，他联系了报纸，表示愿意谈谈自己的生活，以换取可观的报酬。然而，在《泰晤士报》持有者汤姆森勋爵举办的一次晚宴上，乔治·布朗以其独特的方式猛烈攻击了洞察小组后，埃文斯被迫搁置了计划。外交大臣布朗放弃了事先准备好的演讲稿，将炮火对准汤姆森，指责他是个叛徒："你该闭嘴了……别再向苏联人透露我们目前的行动了……看在上帝的分上，收手吧。"[2]尽管汤姆森以对编辑们采取放任政策而闻名，实际上给编辑们的却是全权委托。但汤姆森担心自己可能会被剥夺爵位，立即命令埃文斯拒绝菲尔比的邀请。第二天，《泰晤士报》设法对布朗进行了某种程度的报复，刊登了一篇名为《热情洋溢的布朗猛烈出击》的文章，热情洋溢是说布朗喝醉了，但这样的报道并没有违反诽谤法。[3]在接下来的几天里，布朗因为再次在公共场合醉酒而受到威尔逊的训斥，舰队街则有人要求布朗辞职。

电报审查事件和菲尔比调查的结合开创了间谍报道的新时代。格林希尔发现记者如今对情报事务产生了"近乎色情的兴趣"。[4] 10月中下旬，《每日快报》急于抢回一些风头，连载了美国记者戴维·怀斯和托马斯·罗斯所著的《间谍机构》（*The Espionage Establishment*）。这次连载是另一个里程碑。第一期连载公布了军情五处负责人马丁·弗尼瓦尔·琼斯和军情六处负责人迪克·怀特的姓名，他们的工作地点——莱肯菲尔德庄园和安妮皇后大道21号，以及他们本人的电话号码。这一信息的公布公然违反了第10号国防机密通知——关于"英国情报机构"的内容。《每日快报》为自己辩护称美国早已公布该信息，所以这份国防机密通知是毫无意义的。白厅为是否要惩罚这家报纸而苦恼。这是20年来英国报纸首次公开在职情报主管的身份。（1946年军情五处因珀西·西利托处长身份遭

[1] 译注：香槟酒社会主义者，指口头声称支持人人平等、富人帮助穷人的公平社会，可自己却不去身体力行的有钱人。

[2] 原注：引自'Spies Every Sunday', *Time*, 10 November 1967。

[3] 原注：Evans, *My Paper Chase*, p. 309.

[4] 原注：D. Greenhill, 'Philby – The Aftermath', 26 October 1967, LSE WIGG 4/154.

到泄露而深受拖累。在接下来的几年里，西利托不能经常去餐馆吃饭，因为人们都盯着他看。他观看足球比赛还得戴墨镜，这种情况一直持续到他 1953 年退休。）[1] 萨米·洛翰如今靠做政治评论员谋生，他在时事节目《24 小时》中总结了官方的态度，如果情报机构变得“像披头士一样，无论走到哪里都被人盯着看”，那么其运作效率势必会受到影响。[2] 最终官员们得出结论，他们不能忍受再来一场公开争吵，他们认为解决的方法应该是“埋头苦干、不予置评”。[3]

白厅处理 1967 年的事件时，重点集中在制定一个长期控制媒体的战略上。对威尔逊来说，关键是要阻止记者从官方渠道获取信息。因此，他裁定一旦发生未经授权的泄密，就应启动泄密调查。特伦德却反对这个裁定。他哀叹道，大多数调查都是“浪费时间和精力”，罪犯从未被绳之以法。[4] 此外，文官队伍士气低落，因为在大多数情况下，泄密者显然就是某位大臣。用这位内阁秘书长的话来说，泄密程序“糟透了”且“滑稽可笑”，但特伦德并不是唯一一个如此认为的人。[5] 1968 年 2 月，英国安全委员会（Downing Street Committee on Security）称受到与会者的“蔑视”和“愤世嫉俗的憎恶”。[6] 但威尔逊立场坚定。在他看来，泄密调查的目的不是为了找出作恶者，而是为了威慑那些可能信口开河的人。1970 年 4 月，他批准聘用“绅士风范的”专业审讯员，使得审讯程序更加严厉。[7]

尽管威尔逊似乎有意寻找更严厉的方式来阻止媒体报道，但白厅的其他声音却在寻求推动循序渐进式的战略。1967 年 10 月 26 日，格林希尔

---

[1]　原注：Andrew, *MI5*, p. 326.

[2]　原注：‘Extract from 24 Hours, 21：55, 19 October 1967’, LSE WIGG 4/168.

[3]　原注：‘Note for the Record：Daily Express Report of 19 October 1967’, LSE WIGG 4/168.

[4]　原注：B. Trend to R. H. Melville, 7 November 1967, TNA CAB 164/520.

[5]　原注：B. Trend to R. H. Melville, 7 November 1967, TNA CAB 164/520.

[6]　原注：‘Paper for the Official Committee on Security Procedure for Inquiries into Leakages’, 13 February 1968, TNA CAB 164/847.

[7]　原注：‘Leak Procedure’, W. Armstrong to B. Trend, 7 April 1970, TNA CAB 164/847.

发表一篇题为《菲尔比事件风波过后》的时事短评。他在文章中指出，如果政府当时更愿意信任记者，记者就不会做进一步爆料。他举例说，政府可以正式宣布迪克·怀特的继任者就是“C”，让编辑们和他进行会面，这样他就可以发表一些无可争议的言论，说明该部门现如今提供的机会均等、不再依赖旧式的裙带关系招募人员。鉴于《每日快报》爆料的情况，格林希尔声称“现在我们不能让时光倒流，回到过去那种向公众隐瞒负责人姓名的体制”。[1] 怀特于 1968 年初以“C”的身份退休，他认为格林希尔的想法颇有价值：“我应该赞成……从我自身经历来说，被媒体暴露身份并成为他们好奇追逐的对象，对工作来说是非常大的障碍。”[2] 尽管拥有怀特的支持，大多数高级官员还是不赞成此举。马丁·琼斯不相信重拾对情报部门完全保持沉默这一做法行不通，毕竟此做法由来已久。他宣称，当务之急仍然是重现国防机密通知委员会的昔日辉煌，甚至认为如果大家一致认为这个名字携带了错误的内涵，那就更改其名称。[3] 对于是否应放弃新闻评论豁免的旧制度，特伦德同样持怀疑态度，并建议官员们在踏上新征程前应“非常努力地”保持该制度目前的地位。[4] 尽管他承认一些年轻人可能会认为此观点“保守、僵化、过时”，但特伦德主要关注的是格林希尔计划对宪法的影响。在英国，人们仍然普遍认为文官是佚名的且身份不明，大臣们站在他们和公众之间。在特伦德看来，任命怀特的继任者将代表重大的转变，这可能导致军情六处成为一个独立的权力基础，不受大臣们控制，同时有权影响政府政策。特伦德还担心如果“C”的名字被公开，媒体不会像格林希尔乐观预测的那样，简单地放下武器，偃旗息鼓说：“所有经验表明……吃得越多，胃口越大。”[5] 换句话说，如果你给记者一寸，他们就索要一丈。

[1] 原注：D. Greenhill, ‘Philby – The Aftermath’, 26 October 1967, LSE WIGG 4/154.

[2] 原注：D. White to D. Greenhill, 31 October 1967, LSE WIGG 4/154.

[3] 原注：M. Furnival Jones to D. Greenhill, 27 October 1967, LSE WIGG 4/154.

[4] 原注：B. Trend to P. H. Gore-Booth, 3 November 1967, LSE WIGG 4/154.

[5] 原注：B. Trend to P. H. Gore-Booth, 3 November 1967, LSE WIGG 4/154.

政府也有同样的顾虑，格林希尔的计划很快就胎死腹中。大臣们也怀疑媒体是否还会找到类似菲尔比事件的爆炸性新闻。洞察小组得到的财力支援前所未有，由报纸及其持有者汤姆森提供资金支持。《泰晤士报》利润丰厚，而汤姆森要确保大部分利润都“回流到编辑部”。[1] 因此，其记者总能沿着每一条线索追踪下去，总能挖掘出新爆点。他们还被给予 8 个月的时间进行调查，时间之充裕是英国媒体史上前所未有的。在这段时间里，参与调查的记者很少会发表文章，也很少出现在新闻编辑室。今后，报纸是否还会有资源和时间如此深入地去调查国家机密，对此大臣们持保留态度。

尽管如此，他们不能冒任何风险。大臣们讨论得出，人们迟早会从和媒体同一阵线转而倒戈朝向《官方保密法》的阵营。尤其是威格，他要求制定界限。如果记者越界，哪怕只有 1 毫米，就会发现自己将身处法庭：“我们准备好冒着千刀万剐的风险了吗？可我还没准备好……不会被千刀万剐，换句话说，温和地挤牙膏往往效果更佳。”[2] 威格对法律是万能药的想法深信不疑，部分原因很可能是克尔比推动的。就在几个月前，克尔比给威格写了封信，声称如果成功起诉，可以“迫使全国媒体一夜之间屈服”。他接着说：“把两三名记者送进监狱，就是那么简单。所有新闻来源将在一夜之间枯竭，所有编辑都将‘落入法网’。”[3] 在 20 世纪 70 年代，政府测试了这一理论。

---

[1]　原注：N. Davies, *Flat Earth News* (London: Vintage Books, 2009), p. 295.

[2]　原注：G. Wigg to B. Trend, 3 November 1967, LSE WIGG 4/154.

[3]　原注：H. Kerby to G. Wigg, 7 June 1967, LSE WIGG 4/119.

第5章

发表作品与挨骂

新闻业正在成为这个国家的高危行业。

罗恩·诺尔斯，

英国记者工会，1977年[1]

最喜欢和政府强硬立场唱对台戏的人当属查普曼·平彻。受他所取得成功的激励，记者们继续不厌其详地报道政府的内部动态。然而，由于平彻不再向国防机密通知机要秘书寻求指导，转而依靠他自已的判断能力和对官员反应的预测能力，这无异于玩火。在之前，平彻还能得到前国防机密通知机要秘书陆军上校洛翰和海军上将汤姆森提供的建议，他们时时提醒平彻哪些行为可能会违反《官方保密法》；现如今，平彻拒绝与新任国防机密通知机要秘书诺曼·丹宁接触，他认为丹宁是政府机器的走狗。1969年秋，在下议院哈科特厅举行的一次关于“新闻自由”的演讲中，平彻暗讽丹宁的工作就是对国防大臣丹尼斯·希利唯命是从，他提及丹宁和希利的关系时使用了“爸爸”一词。[2]

平彻一直游离于法律边缘，却始终有惊无险。1977年11月，他差点被起诉，起因是他一字不差地发表了一份机密文件，即由当时即将退休

[1] 原注：Knowles，引自 'The Press: Roadblocks on Fleet Street', *Time*, 14 March 1977。

[2] 原注：'D-Notices and Press Freedom: Lecture Given by Chapman Pincher in the Harcourt Room, House of Commons, 21 July 1969', *Freedom First* (Autumn 1969), LSE WIGG 4/159.

的西方舰队总司令、海军上将威廉·奥布赖恩爵士亲笔撰写的“离任报告”。[1] 这篇文章引发了白厅历史上最大的泄密询查行动，有 300 多名官员被要求以问卷形式或通过证人证词发表评论。[2] 高级文官们对结果感到满意，并相信如果政府愿意追究此事，搜集到的证据足以立案。[3] 许多受访者不知轻重地承认他们认识平彻，并曾与他共进午餐。[4] 常与平彻共进午餐的海军中校蒙塔纳罗提到，和平彻在一起必须时刻警惕，因为每一段谈话都会被记录下来。问卷显示，平彻在白厅周围的餐馆和酒吧里花费了大量时间，很多迹象表明海军官员们经常在此谈论工作。调查也显示《每日快报》的总经理约翰·库特很可能是泄密的源头。因为库特最近加入了陆军和海军俱乐部，并且众人皆知以绰号“抹布”与服务员鬼混的人就是他。由于线索数量异常惊人，官员们向首相爱德华·希斯领导的保守党政府提出，后续调查大概率可以为基于《官方保密法》的追诉提供所需证据。然而，出于政治因素，政府拒绝进一步处理此事。这篇揭露哈罗德·威尔逊作为首相未能为海军配备新的攻击导弹和航空母舰的文章，引发了英国工党的谴责。首相希斯首先是一名政治家，其次才是一名保密者，所以他放过了平彻。

最终打破政府底线的报纸机构是《周日电讯报》。1970 年 1 月 11 日，该报发表了一份关于尼日利亚内战机密报告的摘要，该报告由英国驻拉各斯高级委员会国防顾问罗伯特·斯科特上校撰写。这些摘要内容令工党政府处于尴尬的境地，因其揭示出，在英国政府秘密帮助尼日利亚联邦部队镇压企图独立的“比夫拉共和国”时，对尼日利亚的武器和装备供应数量远远超过了大臣在议会中承认的数量。《周日电讯报》主编布莱恩·罗伯茨从《伦敦标准晚报》著名记者乔纳森·艾特肯手中拿到报告的复印件。

---

[1] 原注：C. Pincher, ‘Haul Down Report’, *Daily Express*, 12 November 1971.

[2] 原注：‘Report on Questionnaires’, TNA DEFE 68/145; H. E. Davies, 30 December 1971, TNA DEFE 68/145.

[3] 原注：J. L. A. Macafee to H. E. Davies, 21 December 1971, TNA DEFE 68/145.

[4] 原注：J. M. Wilson, 22 November 1971, TNA DEFE 68/145.

艾特肯本人亦是保守党派的一个新秀，作为比夫拉独立自主的坚定支持者，他从陆军少将亨利·坦普勒·亚历山大那里获得这份报告的复印件。亚历山大少将是一名授勋军官，曾于1968年担任驻尼日利亚国际军事观察团的英国高级代表。亚历山大是艾特肯前女朋友的父亲，一次晚宴的餐后饮酒会上，在他关于尼日利亚战争即将结束的评论遭到艾特肯质疑后，亚历山大随即向这位有抱负的政治家展示了这份报告。艾特肯很高兴自己掌握了政府发言人误导公众的证据，他复印了两份报告，一份发给罗伯茨，被其用作新闻报道的依据；另一份发给同样支持比夫拉独立的保守党议员休·弗雷泽。[1]

在1970年6月选举失败前的最后一项重大决定中，前首相威尔逊指示检察总长埃尔温·琼斯爵士启动制裁《周日电讯报》的法律程序。英国政府在尼日利亚血腥内战中被遮掩的内幕被曝光后，羞愧难当的工党政府终于兑现了之前的警告，对泄密的报社机构采取了强硬措施，希望舰队街能以《周日电讯报》为前车之鉴，今后在公布敏感信息之前学会三思而后行。工党政府也受到尼日利亚中央政府的外交施压，因为报告中的某些信息指控联邦武装部队存在贪腐问题。起诉的决定立刻招致一波热评。在《周日电讯报》公布报告的当天，比夫拉人的独立运动失败了，尼日利亚内战结束。最大的争议是司法部对于起诉对象的选择。被告有艾特肯、罗伯茨、《周日电讯报》和陆军上校道格拉斯·凯恩斯，经证实是这位退役军官最初将报告交给了亚历山大。所有被告均被指控违反了《官方保密法》第二款中“传递”或“接收”机密文件的规定。有争议的是，英国政府没有传唤弗雷泽和亚历山大，尽管两人都承认自己也得到报告复印件这一事实。虽然亚历山大自称有罪，但他却被指定为控方的主要证人。新闻界痛斥这种虚伪。什么样的法律会允许同样犯了法的人，有些就该被起诉，而另一些却可以逍遥法外？有指控提出，政府因为这两人位高权重

[1] 原注：斯科特报告事件（Scott Report Affair）详细信息参见 J. Aitken, *Officially Secret* (London: Weidenfeld & Nicolson, 1971), esp. pp. 79–205。

而将其免于起诉；相较而言，凯恩斯等人无足轻重，因此更容易受到指控——这是一种腐败。[1]

审判开始于 1971 年 1 月 12 日，持续了三周半。对于舰队街来说，看到记者站在伦敦中央刑事法院一号法庭的被告席上——这是专对英国最臭名昭著的罪犯进行审判的地方，包括最近对科雷兄弟 [2] 的审判——实在是令人讨厌，这也证明了立法的粗俗不堪。用艾特肯的话说，这次的审判结果“开创了法律和政治的历史先河”。[3] 四名被告均被宣告无罪，作为起诉方的英国工党则被判决用公款支付每名被告的诉讼费用。[4] 法官考菲尔德在历史性的总结讲话中解释说，除非亚历山大也受到审判，艾特肯和他的共同被告才可被判有罪，否则无法判定这一系列犯罪心理或犯罪意图是一个完整的关系链。他抨击了一种观点，即一旦一份官方文件被加盖“机密”印章，任何接触该文件的人都是违法的。为了维护言论自由，考菲尔德总结道，妨碍言论自由的《官方保密法》第二款已立法快 60 年，是时候被废除了。他接着说，现在需要的是一节“能使凯恩斯上校、艾特肯先生、罗伯茨先生和其他编辑都能毫无阻碍地发表言论，而不必再冒着违法风险的法律条款”。[5]

对泄密者定罪的失败，加上法官考菲尔德的严厉批评，不可避免地使得政府被要求举行一次调研会来重新审视《官方保密法》。在高级文官中，这种毫无先兆的“飞来横祸”尤其引起了极大的警觉。在审判案发生之前的两三年里，官员们一直在竭尽全力确保大臣们不对法案进行改革。随着 1968 年 6 月《富尔顿报告》（Fulton Report）的发表，这一问题首次浮出水面。时任苏塞克斯大学副校长的富尔顿勋爵，已获威尔逊委

[1] 原注：A. Friendly, ‘British Legal Monstrosity Is Stirring New Controversy’, *Washington Post*, 21 March 1970.

[2] 译注：科雷兄弟是 20 世纪五六十年代英国伦敦东区名声最响的黑帮头目。

[3] 原注：Aitken, *Officially Secret*, p. 1.

[4] 原注：Aitken, *Officially Secret*, p. 206.

[5] 原注：引自 Aitken, *Officially Secret*, p. 198。

任，研究和汇报英国文官制度的组织架构、人员任命和运行管理情况。长期以来，白厅一直是茶余饭后的笑柄；爱德华·布里奇斯爵士将高级文官与威根码头、婆婆妈妈归为同类笑柄，并以此闻名。然而，在 20 世纪 60 年代，文官制度开始受到强烈的抨击。正如凯文·西亚克斯顿所指出的，苏伊士运河问题上的政治失败，加上人们越来越意识到“断断续续”政策造成的经济不景气，导致许多人开始发问：“英国怎么了？”在寻找替罪羊的过程中，普遍的共识是，公众对英国政府感到失望[1]，因为文官的裙带关系和参差不齐的能力[2]无法应对威尔逊所说的科技革命“白热”[3]所带来的挑战。作为一个在阶级偏见和社会排他性问题上颇有见地、广发言论的现代主义者，威尔逊自发地派遣富尔顿去进行调查。

在搜集了两年证据后，富尔顿发表了报告，对英国政府的陈旧方式没有多少同情，批评了文官制度中盛行的“通才崇拜”，呼吁文官中的专家和管理人员要有专业精神和职业化的管理水平。[4]为了进一步推进这一点，富尔顿建议“摆脱不必要的保密”。他指出，统治者和被统治者之间的阶级隔阂越来越严重，只有官员表现出更多的主动，愿意与公众进行更透明的对话，这种隔阂才能被打破。在一篇被多次引用的文章中，《富尔顿报告》强调：“我们认为行政程序被太多的秘密所包围。如果有更多的公开，公众利益将得到更好的保障。”[5]展望未来，富尔顿也针对性地提议进行一项后续调查，用于改革《官方保密法》和修改匿名条例，使文官能够比目前更进一步地解释他们的部门在做什么。[6]起初，威尔逊认为“富

---

[1] 原注：K. Theakston, *The Civil Service Since 1945* (Oxford: Blackwell, 1995), p. 84.

[2] 原注：Heclo and Wildavsky, *Private Government*, p. 12.

[3] 译注：在 1963 年年末的工党大会中，威尔逊在会上发表了一番重要言论，指出“英国将会进入科学与科技革命的白热时代，而过时落伍的工业制度和运作方法则会被淘汰”。这段言论为威尔逊赢得不少支持，使他被视为技术政治论者的代表，为其之后顺利当选英国首相埋下伏笔。

[4] 原注：*The Civil Service, Report of the Committee 1966–68*.

[5] 原注：*The Civil Service, Report of the Committee 1966–68*, p. 91.

[6] 原注：*The Civil Service, Report of the Committee 1966–68*, paras. 277–80.

尔顿委员会建议的那种调查有一定的价值”。[1]《官方保密法》被新闻界痛恨。记者们痛恨将新闻采访与叛国罪和间谍罪放在同一法令下，并因此受到惩罚；此外，他们极端痛恨法案过于广泛的适用性，并担心其模棱两可的司法解释可能会导致错误起诉。威尔逊急于摆脱国防机密通知事件，适逢其会地认为这是赢得舰队街好感的一个好机会。

在富尔顿提出调查的想法能够积聚政治势头之前，高级行政人员提出一系列反对意见。英国文官事务大臣威廉·阿姆斯特朗爵士向首相强调，“由外部人士进行的调查——其中大部分人很可能天生就对保密有偏见——并不会推动事态的发展”。[2] 特伦德致力于维护现状，他提醒威尔逊，《官方保密法》具有“显著的稳定效果”，恰如“英国最佳正统学派的手杖[3]”。[4] 他接着说，美国盟友非常羡慕《官方保密法》第二款法规对记者行为的约束作用。特伦德还警告道，如果文官被公众评头论足，并由此得到表扬或招致批评，那么大臣们面临尴尬境地的风险将大大增加。如果文官容易被抵瑕蹈隙，那么他们的本能反应将是捍卫自己的立场，而不是理所当然地认同或宣传大臣们的政策。官员的震慑策略取得了预期效果；到 1968 年 11 月，有报道称威尔逊并不急于进行调查。[5]

然而 1969 年 1 月，希斯在议会宣布政府违背了对富尔顿建议进行调查的承诺，并再次提出进行调查的可能性，期望借此获得一些政治资本。这位反对党领袖为了提高竞选的政治赌注，还宣布保守党的竞选宣言将包括使政府工作更加透明化的承诺。威尔逊在一封私人信件[6]

---

[1]　原注：E. Shackleton to H. Wilson, 27 September 1968, TNA PREM 13/1972.

[2]　原注：'The Secrecy of Official Information', W. Armstrong, 16 May 1968, TNA PREM 13/1970.

[3]　译注：在英国文化中，手杖是权力的象征。最著名的便是英国女王手上的镶钻权杖，被看作是英国领导力的象征。

[4]　原注：B. Trend, 21 May 1968, TNA CAB 164/640.

[5]　原注：M. Halls to G. Walker, 26 November 1968, TNA PREM 13/1970.

[6]　原注：'Prime Minister's Personal Minute', H. Wilson, TNA PREM 13/2528.

中说，包括《官方保密法》在内的整个官方信息公开问题现在都应该得到考虑。这一决定使首相在白厅四面楚歌。英国商务部常务大臣安东尼·帕特爵士抗议道："在我看来，如果我们像瑞典人那样，以开放的政府方式行事，文官工作的整体形势将变得更糟。我们应该坚定不移地执行政府的保密政策。"[1]（瑞典在信息自由方面有着悠久的传统和立法，第一部此类法案于1776年生效。）为了劝阻威尔逊首相，官员们向他提供了一份文件，内容阐述了政府信息公开后会后患无穷。文件向他提出，更开放的信息披露政策将需要数百名新员工，并需要政府进行大量注资。这是一篇经典的讽刺文章，文中强调，如果公共事务是"一种在'金鱼缸'中进行的活动"，文官对公众有着更大的责任并且不再那么'神秘'，那他们就可以"自由地披露在哪些方面他们的建议没被大臣们接受"。[2]换言之，每当政客们搞砸了，文官们就会沾沾自喜地说："我早就告诉过你了。"

正如官员们所料，威尔逊对这份文件感到非常不安，因此他立即搁置了进行调查的计划。不出所料，无论是媒体还是保守党反对派都认为这是倒退。为了抵消因撤掉调查而造成的负面影响，并且主要是为了避免法案改革的要求，政府发表了一份名为《信息与公共利益》[3]的白皮书。这是与外部调查结果截然相反的内部调查，白皮书强调，工党政府已经朝着更加开放的方向迈出了一大步。自威尔逊首相上台以来，官方发布的新闻稿增加了一倍。1967年，"绿皮书"开始发行，这份报告列出仍处于形成阶段的主要政策举措。自那以后，有关医疗服务重组、高速公路战略和全国最低薪资提案的绿皮书陆续出台。[4]同样在1967年，政府修订了《公共档案法》，将开放官方记录的禁令从50年减少到30年。（威尔逊决定实行30

[1] 原注：A. Part to W. Armstrong, 4 February 1969, TNA CAB 164/640.

[2] 原注：'The Release of Official Information', 5 March 1969, TNA PREM 13/2528.

[3] 原注：*Information and the Public Interest*, Cmnd. 4089 (London: HMSO, June 1969).

[4] 原注：E. A. Shackleton to B. Trend, 27 September 1968, TNA CAB 164/1640.

年的法律有效期，部分是出于政治动机；通过这样做，他巧妙地确保，将于 1968 年 1 月公布与保守党政府灾难性的绥靖政策有关的文件，这份文件是导致 1938 年签署《慕尼黑协定》的导火索。）白皮书最后重申，《官方保密法》“只影响未经授权而被披露的官方信息”；因此，只要记者像正派人士一样有责任心，他们就不必担心。[1]

然而，在斯科特报告事件之后，调查就不可避免了。这一事件有着强烈的政治审查意味，使人们对于《官方保密法》第二款法规内容对新闻自由构成的危险有了清晰的认识。1971 年 4 月 21 日，按照公众交流要求的规定，内政大臣罗伯特·卡尔成立了一个委员会来“审查《官方保密法》第二款的运作情况”，并“对此提出改良意见”[2]。担任这一历史性调查的主席，是一项了不起的任命。两年前，威尔逊曾提名劳工大臣赫伯特·鲍登来担任这个职位，但他的首席私人秘书迈克尔·霍尔却告诉他，鲍登“很可能会提出一份思想过于开明的报告——几乎是瑞典式的报告”。[3] 希斯力求将被政府机关操纵的风险降到最低，他选择了奥利弗·弗兰克斯，一方面因为他是英国政体的化身（他毕业于牛津大学，之后又在外交部门和公共管理部门工作），另一方面则是因为他向来以直言不讳的公正态度著称。[4] 弗兰克斯的传记作家亚历克斯·丹切夫说：“提到组织机构，他身在其中，但并不是其中之一。”[5]

弗兰克斯重点邀请了一些媒体、政府和法律领域的代表机构向弗兰克斯委员会提出书面或口头意见。常务大臣们发表了告诫性的言论。例如，特伦德感叹道：“一旦开始剥除政府工作的面纱，哪里是停下的地

[1] 原注：*Information and the Public Interest*, Cmnd. 4089, p. 11.

[2] 原注：*Departmental Committee on Section 2 of the Official Secrets Act*, Volume I, Preface.

[3] 原注：M. Halls to H. Wilson, 21 February 1969, TNA PREM 13/2528.

[4] 原注：A. Danchev, *Oliver Franks: Founding Father* (Oxford: Clarendon Press, 1993).

[5] 原注：A. Danchev, ‘Franks, Oliver Shewell, Baron Franks (1905–1992)’, *Oxford Dictionary of National Biography*, Oxford University Press, September 2004; online edn (www.oxforddnb.com/view/article/51039, accessed 31 August 2010).

方？”[1] 相比之下，记者们则要求完全废除《官方保密法》第二款。《每日电讯报》主编莫里斯·格林直接声明，“《官方保密法》第二款是荒谬的”。他继续说：“之所以能忍受，只是因为它从没被使用过。但自从电讯报事件之后，这一法案已不可容忍。”[2] 新闻界人士谴责《官方保密法》第二款包罗万象的性质，用戴维·阿斯特的话说，“每一条信息的披露，无论多么微不足道，都是对法条的触犯”。[3] 新闻界常见的抱怨是，因为（除了某位军情五处处长的陈词滥调，即“如果信息存在官方文件中，这就是一个官方机密”之外）没有明确定义哪类官方文件需要纳入受保密法案保护的范畴[4]，授权通信和非法通信之间的界限在被触犯之前是难以察觉的。新闻委员会抗议道：“最终的结果是，自古以来，记者和文官都是在穿越古雷区中度过一生。即使大多数地雷现在都是哑弹，但随时可能会爆炸并波及他们。”[5] 当弗兰克斯要求威廉·阿姆斯特朗给出一个违反《官方保密法》第二款的具体事例时，他尴尬地回答说：“我确实觉得很难明确界定这条线。”[6]

1972 年 9 月 29 日出版的《弗兰克斯报告》称《官方保密法》第二款“一团糟”，并呼吁废除该条款：“人们不确定它的含义，也不知道它在实践中是如何运作的，更不知道什么样的行为会招来真正的诉讼。”[7] 弗兰克斯提出用一个更为严谨的法规将其代替，即《官方信息法》（Official Information Act），该法将精确界定需要法律保护以防止被非法披露的信息类别。这些类别包括：内阁文件，私人委托给政府的信息，涉及国

---

[1] 原注：*Departmental Committee on Section 2 of the Official Secrets Act*, Volume III, pp. 324–5.

[2] 原注：*Departmental Committee on Section 2 of the Official Secrets Act*, Volume II, p. 316

[3] 原注：*Departmental Committee on Section 2 of the Official Secrets Act*, Volume II, p. 314.

[4] 原注：*Departmental Committee on Section 2 of the Official Secrets Act*, Volume III, p. 249.

[5] 原注：*Departmental Committee on Section 2 of the Official Secrets Act*, Volume II, p. 316; Vincent, *Culture of Secrecy*, p. 250.

[6] 原注：*Departmental Committee on Section 2 of the Official Secrets Act*, Volume III, p. 121.

[7] 原注：*Departmental Committee on Section 2 of the Official Secrets Act*, Volume I, p. 37.

防、国家安全、外交关系和货币的机密信息，以及可能协助犯罪活动或妨碍执法的信息。作为防止由于政治目的而反复无常地使用此项法律的另一项保障措施，弗兰克斯强调，对犯罪行为的审核将关注这些未经授权的信息披露是否“对国家安全或人民安全造成严重损害”。与《官方保密法》第二款不同的是，《官方信息法》中定罪的最高刑罚是两年监禁或罚款。

弗兰克斯期望舰队街能积极响应提议的新法案。然而，记者们的支持并不热烈。一些人哀叹，仍然是检察总长持有提起法律诉讼的权利。作为政府的一员，检察总长被认为过于考虑政治因素，从而无法客观地衡量是否起诉一家可能抹黑其政党的报纸。另一些人则批评说，尽管新闻界代表将被邀请加入咨询委员会，参与决定哪类文件属于法案规定的机密范围，但由于弗兰克斯没有对司法审查进行任何规定，且又规定大臣们对裁定有最终决定权，因此过度分级的风险仍然太大。[1] 媒体批评的一个共通之处是，与美国和瑞典的信息自由法案相比，弗兰克斯没能赋予公民在公共办公室查阅文件的一般权利。

在决定对争取信息自由的变革进行推波助澜之前，舰队街对其后续可能要承担的风险有过预测，并认为风险是能够接受的，但结果却适得其反。私下里，大臣们被《官方保密法》第二款的废除后果吓坏了，他们希望在不被视为违背选举承诺的情况下，从保密法案改革这一棘手事件中抽身而出。大臣们担心，废除《官方保密法》第二款会使他们失去有效的威慑。弗兰克斯得到的证据支持这样一种观点，即与劝诫、威胁和内部约束相反，法律仍然是确保成千上万的文官拒绝未经授权向新闻界进行信息披露的最有效方式。《官方保密法》第二款的威慑价值在“体制的灰色地带”[2] 中被认为特别重要，其在临时职员、船坞工人和“已婚以及生完孩子

---

[1]　原注：J. Jaconelli, ‘The Franks Report on Section 2 of the Official Secrets Act 1911’, *Modern Law Review*, 36:1 (January 1973), 71.

[2]　原注：Vincent, *Culture of Secrecy*, p. 251.

后回来工作的女性”中发挥的影响尤为显著。[1] 工作保障和晋升的大饼对这些人没什么作用，但法律措施的大棒对他们却是一种明显的约束。高级官员重视他们的事业及养老金，在某些情况下，他们希望在退休后能获得大英帝国官佐勋章或爵士头衔，因此他们被认为是值得信赖的，不受《官方保密法》第二款影响。据詹姆斯·邓尼特说："如果你不能指望他们在如何与记者打交道方面有合理的判断标准，那么我会认为以他们的能力担任大臣或副大臣的职务是有所欠缺的。"[2] 当然，实际上正如我们所看到的，政府高层和他们的下属一样也会与外部世界进行交流。

新闻界不愿意接受目前有把握的事，转而为包罗万象的信息自由法案进行斗争，这是勇敢的，但却是不明智的，因为如此做将问题扩大成一个无法一夜之间解决的问题，并给了政府一个回到原点的完美借口，使得他们不会因为没有履行选举承诺而受到批评。1973 年 3 月 8 日，大臣们开会讨论了《弗兰克斯报告》，并欣喜地发现因为记者们坚持认为可以有更好的法案，他们对《官方信息法》竟然没有表现出"明显的热情"。[3] 用后来的内政大臣道格拉斯·赫德的话说，"讨价还价和纠纷"接踵而至。[4] 人们谈论了很多，但没有取得任何成果。在野时，工党批评了《官方保密法》第二款的不足之处，并支持修改法律的必要性；1974 年 10 月再次当选时，工党的态度很快就改变了，计划中的"弃旧迎新"并没有随之而来。尽管一些后座议员将他们认为针对《官方保密法》第二款修改的可行方案提交给议会，使得这一提案得以继续，但法律改革却变得非常像"佩内洛普的网"——白天无休止地编织着，到晚上又被拆解了。对记者来说，这些空洞的承诺之所以可以容忍，只是因为还没有完全排除做出改变的可能性。他们还能感到欣慰的是，在艾特肯等人于 1971 年被宣判无罪之后，

[1] 原注：*Departmental Committee on Section 2 of the Official Secrets Act*, Volume III, p. 36.

[2] 原注：*Departmental Committee on Section 2 of the Official Secrets Act*, Volume III, p. 90.

[3] 原注：'Record of a Meeting to Discuss the Report of the Departmental Committee on Section 2', 8 March 1973, TNA CAB 130/661.

[4] 原注：*Hansard*, 6th Series, 21 December 1988, col. 460.

曾有几次情形，国家本可能使用《官方保密法》第二款，但最后还是倾向于采取不那么严厉的做法。1972 年年底，警方突击搜查《铁路公报》的办事处时，发现该刊物藏有一份有关铁路政策的机密文件。政府决定不起诉。同样，1976 年 6 月，尽管关于儿童福利的内阁会议记录遭到泄露，但政府并没有对《新政治家》采取任何行动。[1] 然而，如果记者认为国家真的翻开了新的一页，他们就错了。

> “深喉”在大多数情况下不存在：揭露政府的秘密欺骗，无论是窃听事件还是核事故的发生，99% 取决于对非机密资料的详尽分析。
>
> 邓肯·坎贝尔，1984 年 [2]

1977 年 2 月，根据《官方保密法》对三名男子提出指控，称他们从事危害国家安全的“颠覆活动”。被告——克里斯平·奥布里、约翰·贝里和邓肯·坎贝尔——最初根据该法案第二款被起诉（见图 15）。当 11 月托特纳姆地方法院开始交付审判程序时，每名被告都面临《官方保密法》第一款的额外罪名指控。法案第一款是为了对付外国势力授意的间谍行动而设计的，最高可判 14 年监禁。然而，根据法官的自由裁量权，有可能判处连续监禁，例如苏联间谍乔治·布莱克于 1961 年被判处 42 年的监禁。

本案中引人注目的是，没有一名被告是间谍。贝里当时是一名退役军人，受雇做社工；奥布里和坎贝尔是记者。在授权起诉的过程中，检察总长塞缪尔·西尔金开创了法律史的先河。这是第一次以《官方保密法》第一款法规对记者提出指控，并以三名被告的姓氏首字母 ABC 命名审判，闻名后世。这场审判持续了近两年，吸引了媒体的广泛报道；它不仅在法律上，也在官方保密史上都留下浓墨重彩的一笔。对于国家来说，审判一开

[1] 原注：Rogers, *Secrecy and Power*, pp. 78–9.

[2] 原注：D. Campbell, ‘When the Press Must Publish’, *The Times*, 4 January 1984, p. 9.

始是试图终结两名记者的职业生涯，结果成为一场恐怖秀，最后以闹剧收场。正如著名的大律师杰弗里·罗伯逊所说，当被告们作为自由人站在伦敦中央刑事法院外面喝香槟时，“英国已不再是一个神秘的国家”。[1]

这起案件的起因很大程度上可以追溯到发生在美国的动荡事件。在20世纪70年代中期，美国中央情报局已经被国内一些有影响力的参议员和国会议员逼得无路可走，如弗兰克·丘奇和奥蒂斯·派克，以及揭露丑闻的调查记者，如《纽约时报》记者西摩·赫什。他们透露，中情局在国内对越南战争的反对者和其他持不同政见的组织均进行了非法行动，包括打开邮件、窃听、入室和监视。1975年，也就是所谓的“情报年”，国会各委员会对情报机构的档案进行了梳理，发现针对外国领导人暗杀计划的证据，其中最引人注目的目标是古巴革命家菲德尔·卡斯特罗。中情局并不是处理棘手事件的唯一情报机关。在1975年参议院情报委员会（Senate Intelligence Committee）成立之前，美国国家安全局局长卢·艾伦作证说，在1967至1973年间，美国国家安全局实施了一项高度非法的、名为“尖塔”的“监控名单”计划，对1000多名国内激进分子进行电子监控。尽管这一内部披露并不打算公之于众，但没过多久相关细节就被泄露给媒体。爱管闲事的记者和国会调查人员所揭露的丑恶秘密，引起了英国政府的高度警惕。据1973至1975年担任美国中央情报局西半球行动负责人的戴维·阿特利·菲利普斯说，“用英国情报官员自己的话来说，他们对于美国情报在新闻报道上以‘头条新闻’的方式被泄密感到异常震惊”。[2] 他们担心媒体会披露出英国对美英间情报行动所做的贡献。为了缓解英国人的担忧，1976年4月，美国中央情报局新任局长老乔治·布什飞往伦敦亲自告诉哈罗德·威尔逊，中央情报局将竭尽全力确保各种调查不会染指保存在其总部兰利

[1] 原注：G. Robertson, *The Justice Game* (London: Chatto & Windus, 1998), p. 104.

[2] 原注：D. A. Phillips, ‘Intelligence Literature’, David Atlee Phillips Papers, Library of Congress, MMC 3579, Box 5.

保管库中的任何信息。[1] 在一些情况下，记录了联合行动的档案已被销毁。1995 年，当中央情报局接到总统令要求审查冷战早期文件的保密状态时，解密小组除了“阿贾克斯行动”（Operation Ajax）一无所获。该行动是 1953 年军情六处 / 中央情报局的秘密行动，促使被放逐的伊朗国王重返王位。[2]

英国官员对美国“情报风波”最担心的是，它对本国新闻界的影响。狂热的揭秘行为不仅揭露了美国情报机构过去的所作所为，也揭露了他们中一些人现在的所作所为。例如，在“尖塔计划”被披露之后，涌现了一系列关于美国国家安全局的新闻文章（该机构一度被称为“不存在的机构”），聚焦于其新的高科技情报搜集系统。[3] 除去一些比较知名的案例外，如电报审查事件，英国记者很少调查当前的情报问题。正如我们所看到的，大多数披露都与叛国者有关，例如在 20 世纪 30 年代被招募的潜伏在英国政府的苏联间谍菲尔比，他在第二次世界大战期间或战后时期对英国国防造成了巨大威胁。英国政府担心，当英国记者在美国媒体上读到有关美国国家安全局最新的卫星、电脑或监听站的报道时，他们自然会试图确定英国政府是否也会如此做，这是有道理的。1976 年 5 月，《地铁娱乐指南》发表了一篇名为《窃听者》的开创性双页文章，证实了白厅的担心不无道理。[4] 这篇文章大部分由邓肯·坎贝尔撰写，另一名驻伦敦的美国记者马克·霍森巴尔也有贡献。文章首次揭示了英国政府通信总部的存在，并详细介绍了其职能，包括其运作方式以及与美国国家安全局的合作关系。这篇文章的开篇写道：“英国最大的间谍网络组织不是军情五处或军情六处，而是一个电子情报网络，由科茨

---

[1]　原注：Aldrich, *GCHQ, p*. 356.

[2]　原注：R. J. Aldrich, *Espionage, Security and Intelligence in Britain 1945–1970* (Manchester University Press, 1998), p. 216.

[3]　原注：Aldrich, *GCHQ*, p. 358.

[4]　原注：D. Campbell and M. Hosenball, ‘The Eavesdroppers’, *Time Out*, 21 May 1976.

沃尔德郡一个小镇切尔滕纳姆控制。”[1]

《窃听者》是有史以来最耸人听闻、最大胆的新闻文章之一。当时，几乎没人知道英国在和平时期有一个情报机构专门负责搜集通信情报。直到1974年，从弗雷德里克·温特博瑟姆的回忆录《超级机密》（见第7章）中，公众才了解到布莱切利庄园破译密码的成就。坎贝尔和霍森巴尔冒了很大风险发表这篇文章。上一批敢于书写和平时期通信情报系统的人最后都被关进了监狱。1958年7月，牛津大学的两名本科生因为违反《官方保密法》第二款被判处3个月的监禁。他们利用服国民兵役期间查到的信息，在学生报《伊西斯》上发表了一篇文章，声称英国在俄罗斯边境的监测站记录苏联信号发射器的每一次“吱吱”声。[2] 尽管那篇文章没有提到英国政府通信总部，也没有披露任何美国媒体尚未披露的信息，但国家希望发出一个讯息，即窃听是一个被禁止讨论的话题。这个讯息表达得再清楚不过了。（英国警察部门）政治保安处的侦探采访了数十名牛津大学的学生。他们还临时封锁了《伊西斯》学生报的办公室，以便查阅档案。[3] 在全国新闻记者团中，有一种期望是，既然这两人都是家世背景良好、前途光明的年轻人，且注定要有一个黄金的未来，国家会对他们宽大处理。此外，这篇文章具有年轻人愚蠢行为的所有特征。然而记者们都错了。在涉及信号情报的问题上，国家毫不留情。

英国政府通信总部对《窃听者》感到不快，并考虑对其主要作者采取法律行动。然而，问题是坎贝尔没有违反任何法律。和平彻一样，他在从公开来源和采访中拼凑故事方面也有惊人的天赋。凭借一张借书证、一本电话簿和一笔旅行津贴，他就能发现常人不应该知道的事情。拥有物理学一级学位和运筹学研究生资格的坎贝尔，和平彻一样有足够

[1] 原注：D. Campbell and M. Hosenball, ‘The Eavesdroppers’, *Time Out*, 21 May 1976.

[2] 原注：‘Three-Month Sentence on “Isis” Case Undergraduates’, *The Times*, 19 July 1958.

[3] 原注：‘Police See Students about Isis Article’, *The Times*, 20 March 1958.

的能力去调查深奥而隐秘的课题。[1] 在“窃听者”一案中，他只是很好地发挥了自己的才能。

在没有证据支持起诉的情况下，英国政府通信总部希望通过其他方式达到惩罚的效果。官员们发现，文章中的一些信息来自佩里·费沃克，他是美国国家安全局一位心怀不满的前雇员。[2] 费沃克以 1972 年在加州左派杂志《堡垒》上化名温斯洛·派克吐露心声而出名。[3] 因为帮助了坎贝尔，费沃克被英国内政大臣梅林·里斯永远禁止进入英国境内。对霍森巴尔采取的措施则更为严厉。1976 年 11 月，里斯宣布霍森巴尔对英国国家安全构成威胁，并将其驱逐出境。前中情局官员菲利普·阿吉也收到驱逐令。自 1972 年定居英国以来，阿吉在西方情报界一直是不受欢迎的人物。中情局局长老乔治·布什曾表示，他“除了鄙视”这个人之外再无他意。[4] 在 1970 年离开中情局后，阿吉改信革命社会主义，并毫不掩饰他想“动摇”前雇主的想法。颇有争议的是，他成为一场运动的名义领袖，该运动旨在揭露在世界各地活跃的卧底特工。为了避免中情局的审查，他的揭秘书《中情局内幕》（*Inside the Company*）在英国出版，里面披露了大约 250 名特工的身份和地址。1975 年 12 月，美国中央情报局雅典站站长理查德·韦尔奇在家门口遭遇恐怖袭击身亡，责任立刻被推到阿吉的头上。尽管韦尔奇的信息不是被阿吉而是被其他出版物披露的，但公众的愤怒主要集中在这名变节者身上。当美国中央情报局要求英国政府驱逐阿吉以便审判他的罪行时，英国政府答应了。在英国居住期间，阿吉专门与一些反体制的新闻记者进行接触，其中包括霍森巴尔和革命期刊《平等者》的记者菲利普·凯利，该期刊以揭露英国军情六处的行动而闻名。重要的

---

[1]　原注：'The Aubrey/Berry/Campbell Case', 30 June 1977. Appendix, TNA DEFE 47/34.

[2]　原注：参见 P. Richardson, *A Bomb in Every Issue: How the Short, Unruly Life of Ramparts Magazine Changed America* (New York: New Press, 2009)。

[3]　原注：Hooper, *Official Secrets,* p. 105.

[4]　原注：CIA Records Search Tool (hereafter CREST), National Archives II, College Park, Maryland, CIA-RDP99–00498R000100020024–6.

是，当时盛传阿吉参与了《窃听者》一文的发表。[1]

针对阿吉和霍森巴尔的驱逐令激起了左翼的抗议，尤其是因为内政大臣拒绝为他的决定提供详细的理由。里斯坚决否认美国中央情报局曾敦促驱逐阿吉，称这位前特工对英国安全构成威胁，因为他与外国情报官员有联系。在霍森巴尔一案中，里斯甚至更加含糊其词，只是暗示该记者“寻找并发表了可能威胁国家安全的信息”。[2] 阿吉和霍森巴尔均对这一裁决提出质疑，且全国公民自由委员会（National Council for Civil Liberties）为他们两人成立了一个辩护委员会，积极地为他们能留在英国而奔走呼吁。委员会受到军情五处和政治保安处的骚扰，其成员发现自己成了非法入室、人身监视、文件盗窃和电话窃听的目标。[3] 然而，霍森巴尔和阿吉的命运并没有改变。1977 年 2 月，在帕尔购物中心的绅士俱乐部举行了一场特别审判，审判结果维持了内政大臣的决定。霍森巴尔和阿吉都在几周内离开了英国。由于阿吉被剥夺了美国护照，好几个国家都应美国的要求拒绝其入境，他继续过着四处流浪的生活，拖家带口往返于为他提供庇护的地方。2008 年 1 月，阿吉在古巴哈瓦那去世。

对政府对待霍森巴尔和阿吉的做法感到愤怒的人群中，有一个叫作约翰·贝里的人，是伦敦北部的一名社会工作者。几年前，他曾在位于塞浦路斯阿伊奥斯·尼古拉斯的英国信号情报基地担任第 9 信号团的下士。贝里作为信号情报操作员的职业生涯在特殊情况下结束了。1969 年 12 月，在法马古斯塔举行的一次“酗酒和吸毒派对”上，他给指挥官打了一通恶作剧的电话，警告说军士餐厅里有炸弹。[4] 因为这个恶作剧，他被送上军事法庭审判，降为一等兵。1970 年 8 月退伍后，贝里越来越同情左翼政治

[1] 原注：B. D. Nossiter, ‘Outcasts of the Island’, *New York Review of Books*, 14 April 1977.

[2] 原注：‘The Press: Back Out in the Cold’, *Time*, 29 November 1976.

[3] 原注：Rogers, *Secrecy and Power, p. 79; S. Dorril and R. Ramsay, Smear: Wilson and the Secret State* (London: HarperCollins, 1992), p. 314.

[4] 原注：‘Detention under the Official Secrets Act: Ex Corporal John Berry’, Director of Security (Army), 24 February 1977, TNA DEFE 47/34.

观点。阿吉—霍森巴尔案件将他的注意力聚焦到鼓动情报机构承担更大的责任上。因此，他联系了辩护委员会提供帮助。委员会随后让他与两名成员联系，分别是就职于《地铁娱乐指南》的克里斯平·奥布里和邓肯·坎贝尔。2 月 18 日，奥布里和坎贝尔拜访了贝里在马斯维尔山的公寓。他们聊了三个小时，贝里提供了一份详细的简历，描述他在军队情报部门所做的工作。坎贝尔录下谈话内容，但对其所披露的内容感到失望。几乎没有出现他还不知道的细节。对话中唯一敏感的内容涉及截获盟国的通信和监测属于“友好国家”的无线电网络。至于奥布里，他只咕哝了几句话，因为技术问题超出了他的能力范围。

但他们三人不知道的是，军情五处对这次会面了如指掌。因为肆意妄为的新闻调查，坎贝尔被列入监视名单，他的手机被窃听，他的行动被跟踪。因此，当坎贝尔、奥布里和贝里离开马斯维尔山的私人住宅时，他们被政治保安处的警官逮捕，并被带到当地警察局，在那里他们被拒绝请法律代表，并被关在牢房里两天。在这些人被单独关押的情况下，政治保安处进行了搜查和扣押行动。他们从坎贝尔位于布莱顿的公寓里搬走了一个装满文件的档案柜，以及一个有 400 多本书的私人图书馆。[1] 这些材料被认为非常敏感，因此需要用装甲运输车运到苏格兰场。在被关押 44 小时后，这三人根据《官方保密法》第二款受到指控，并被转移到布里克斯顿监狱一间安全级别最高的牢房。奥布里和坎贝尔等了好几天才获准保释，贝里则直到两周后才被释放。[2]

在被捕七周后，三人受到《官方保密法》第一款法规的指控，这与他们的录音谈话有关。这背后的争论是，这些人传递的信息被认为对国家的敌人是有价值的。如果罪名成立，在坎贝尔已经面临严峻的长期监禁的不利情形之外，他还将额外受到《官方保密法》第一款法规的罪名指控。在坎贝尔的住处，警察发现了数百页的信件、地图和笔记。这些材料显示了

---

[1]　原注：Hooper, *Official Secrets*, p. 107.

[2]　原注：‘Bail Refused for Three on Secrets Act Charge’, *The Times*, 22 February 1977.

其主人对国防设施、战争规划、信号情报、电子战发展、无线电设备和电话窃听拥有极大的兴趣。他们发现了大约 350 张幻灯片和 2000 张底片，主要涉及国防通信领域的相关禁区。[1] 警方还发现了大量联系人的名片索引，其中包括英国政府通信总部在职和退休员工的姓名，以及许多已被军情五处认为是危险分子的详细信息。[2]

与新指控相反的观点是，从坎贝尔公寓搜查到的所有东西都是已公开且可以合法获得的，任何一名技术娴熟的、想更多地了解通信情报在英国的布局和功能的记者都能够做到，既而能准确地告诉纳税人公共资金花在哪里。然而，政府却有不同的看法。根据国防部少将亨利·斯图奇的“专业意见”，这些材料“对敌人是有直接作用的”。[3] 事实上，这些材料是如何获得的，或用于什么目的都无关紧要。坎贝尔可以一直争辩到脸色发青，说自己是记者而不是间谍。指控的依据是这样一种论点：如果坎贝尔的研究被公之于众，他的所作所为就会为敌对势力做嫁衣，从而损害到这个国家的安全。

如果所有指控罪名成立，坎贝尔将被监禁 32 年；这个刑期比部分杀人犯、战犯和恐怖分子被关押的时间还长。目前还不清楚为什么政府会做出如此可怕的惩罚。毫无疑问，这一决定考虑到通信情报搜集的巨大敏感性，这种搜集被认为是了解敌人能力或意图最快速和最可靠的手段。这个案件的一个讽刺之处是，正如我们将看到的那样，这次审判给英国政府通信总部带来了比不采取法律行动时更多的公众关注。然而，证据似乎表明，起诉的根本原因是希望打压坎贝尔的报道，并向有类似想法的个人传达这样一个信息：在国家秘密方面制造独家新闻并获得声誉是不被容忍的。坎贝尔事件是白厅所有最糟糕的恐惧变成现实的具象化。正如《窃听

[1] 原注：'Note of a meeting between the MoD and the Security Services to discuss procedures and action on the forthcoming prosecution of Messrs Campbell, Aubrey and Berry. Held on Friday 27 May 1977', TNA DEFE 47/34.

[2] 原注：'The Aubrey/Berry/Campbell Case', 30 June 1977. Appendix, TNA DEFE 47/34.

[3] 原注：'Statement by Major-General Henry Arthur John Sturge', TNA DEFE 47/34.

者》一文所描述，用一位官员的话来说，坎贝尔是一位“非常聪明和能干的记者”，对他来说，似乎没有什么秘密是安全的。[1] 坎贝尔没有遵循理科毕业生的自然职业道路，而是选择利用自己的技能，从一个很少有记者能理解的专门领域中挖掘新闻。官员们有证据表明，坎贝尔参加了由与国防工业有联系的科学家们举办的会议，并不是以记者的身份介绍自己，而是以一名科学工作者的身份自称，以便从毫无戒心的与会代表那里获取最真实的第一手评论。[2] 令白厅担忧的是，在他们看来，坎贝尔不尊重权威：他与无政府主义者进行社会交往，认为国防机密通知制度是一种不合时宜的举措，并调查那些本是禁忌的话题。据一位官员说，他有一种“无政府主义倾向”。[3] 国家最不希望看到的是，坎贝尔成为挖掘和披露涉密信息的新闻先驱。

审判变成了一场灾难。从一开始，控方就因以荒谬的保密程度掩盖审判而受到批评。在交付审判程序的第二天，王室计划引入其专家证人，此人将对三小时的录音进行危害评估，并证明贝里泄密的严重性。被选中的人是陆军中校奥康纳，他是切尔滕纳姆情报部队的一员。[4] 在检方的坚持下，奥康纳的身份将是一个秘密：他将乘坐巨大的马车上下法庭，外部只知其名为“A 上校”，他在帘幕后提供证据。辩方认为这不仅夸张，而且行不通。他们必须了解他才能对证人进行有效的盘问。[5] 因此，他们向法

[1] 原注：'Note of a meeting between the MoD and the Security Services to discuss procedures and action on the forthcoming prosecution of Messrs Campbell, Aubrey and Berry. Held on Friday 27 May 1977', TNA DEFE 47/34.

[2] 原注：'Note of a meeting between the MoD and the Security Services to discuss procedures and action on the forthcoming prosecution of Messrs Campbell, Aubrey and Berry. Held on Friday 27 May 1977', TNA DEFE 47/34.

[3] 原注：'Note of a meeting between the MoD and the Security Services to discuss procedures and action on the forthcoming prosecution of Messrs Campbell, Aubrey and Berry. Held on Friday 27 May 1977', TNA DEFE 47/34.

[4] 原注：'J. A. Berry – Charges Under the Official Secrets Act', A. J. Hockaday, 20 June 1977, TNA DEFE 47/34.

[5] 原注：Robertson, *Justice Game*, p. 113.

官和辩护律师建议透露他的姓名。经过几天对提议的深思熟虑，检方决定不可能披露 A 上校的身份，即使是向少数选定的律师披露也不行，于是又寻找了一位“B 上校”代替他。虽然 B 上校仍需要乘马车上下法庭，但显然他的身份没有奥康纳那么敏感，这意味着至少他的真实姓名可以转达给辩方。

匿名 B 上校的出现最终会使该国陷入极大的难堪。毫无疑问，控方强调，B 上校的身份是一个需要严格保守的秘密。问题是辩方也知道这不是真的。所涉人员是休・约翰斯顿上校，他曾任阿伊奥斯・尼古拉斯第 9 信号团的指挥官。多年来，约翰斯顿的活动经常被报道在英国皇家通信兵公开发行的刊物《火线》上。在法庭上，约翰斯顿被出示期刊《火线》的一份复印件，里面有他最近发表的文章细节，他的照片和“地下通信组织的老头子”的声明。[1] 当法庭书记官普拉特先生不假思索地要求约翰斯顿说出他正在看的是哪一版杂志——“1974 年 12 月—1975 年 1 月”——房间里的每个人都得到了指认他的方法。在场的其中一人是一名《和平新闻》记者，他到大英图书馆查阅了相关的几期《火线》期刊。在接下来的几天里，B 上校的身份被揭穿了——他的名字不仅被《和平新闻》披露，而且在期刊《平等者》和《新闻记者》中也被披露，后者是全国记者联合会（National Union of Journalists，NUJ）的官方出版物。《平等者》期刊中的标题是：“你想骗谁，H. A. 约翰斯顿上校？”[2] 检察总长非但没有承认 B 上校的身份没那么神秘，反而试图以藐视法庭罪起诉那三家报刊，但没有成功。更滑稽的是，在惠特利湾举行的全国记者联合会年会上，当发现代表们在谈话中念叨约翰斯顿的名字时，两名政治保安处官员竟然被派去给工会秘书长作报告。如果政治保安处官员在涨潮前到达会议现场，他们就会看到约翰斯顿的名字被用 10

[1] 原注：Hooper, *Official Secrets*, p. 110.

[2] 原注：Hooper, *Official Secrets*, p. 110.

英尺（约3米）那么大的字母刻在沙滩上。[1]

当检察总长被迫承认陪审团经过安全部门秘密审查时，国家又陷入了更大的尴尬境地，这种做法自1975年以来进行了不少于24次，并非没有先例。[2] 在不通知辩方的情况下，陪审团所有陪审员的姓名和地址都已交给检方，表面上是为了让他们能够听到贝里公寓里的磁带录音。仅仅从一名轻率的法庭书记员那里得知这一点，辩方不出所料地开始警觉起来，特别是当后续调查显示陪审团有三名成员签署了《官方保密法》，其中包括陪审团主席——一名前英国特种空勤团士兵，此前曾在塞浦路斯从事保密工作。辩方担心这种情形下难以保证审判的公正，因此申请解散陪审团。法官最初拒绝了这一要求，并禁止媒体报道此事。令他反感的是，《新政治家》周刊记者克里斯托弗·希钦斯无视这一裁决，在伦敦周末电视台的一个访谈节目中谈到陪审团的组成，该访谈节目由拉塞尔·哈蒂主持。法官当时别无选择，只能要求重审。政府不觉得有趣，并考虑是否应该采取任何行动。周一上午，政治保安处突击搜查了伦敦周末电视台的总部，并没收了该访谈节目的视频。[3] 在这起事件中，没有采取任何后续行动——检察总长西尔金明智地断言道，政府不能再承受一场与一家大型电视公司的法庭冲突。

这次案件审判终于在1978年冬天结束。比之前18个月的尴尬更糟糕的是，国家未能获得它所希望的结局。10月24日，大法官马尔斯·琼斯宣布，他对《官方保密法》第一款的指控“极为不满”，称这些指控是“压迫性的”，震惊了法庭。[4] 他在事先准备好的讲话中宣称，法案第一款旨在惩罚间谍和破坏分子，而不是新闻记者，后者的工作是向公众通报宣传民主进程。用罗伯逊在审判中所用的措辞来说，坎贝尔是“一只雪貂，

[1] 原注：‘Colonel B is Named Three Times at NUJ Conference’, *The Times*, 20 April 1978.

[2] 原注：Hooper, *Official Secrets*, p. 111.

[3] 原注：Robertson, *Justice Game*, p. 128.

[4] 原注：G. Robertson, ‘Against Secrets and Lies’, *Guardian*, 12 January 1999.

不是臭鼬”。[1] 马尔斯·琼斯对坎贝尔通过搜集和解读在公共领域可以自由获取的信息而损害国家安全的这一观点进行了嘲讽，这一观点的明确含义是，所谓的“拼图游戏”犯罪是由国家制定的，以严格限制无孔不入的新闻调查。首席检察官眼看着政府的案子在眼前分崩离析，试图插嘴，却发现自己站在一个烂摊子的接收端：“如果检察总长能授权起诉，那他也可以撤销起诉。”[2] 为此，检方咨询了西尔金，不出所料，法案第一款的指控被撤销了。坎贝尔和同伴们自然喜出望外。此外，这些指控没被撤销，对英国新闻业的后续影响将是严重的；从理论上讲，任何无恶意使用公开资源的记者都会面临被起诉的危险。

审判又拖了几个星期，被告们继续对法案第二款的指控提出异议。到这个阶段，政府已不顾一切地要从这个旋涡中脱身而出了。外交大臣戴维·欧文曾是检方的坚定支持者，现在他私下里恳求政府律师接受任何形式的辩诉交易。他恳求道：“几乎任何妥协都是可取的。”[3] 被告最终获得轻微的非监禁判决，相当于无罪释放。奥布里和坎贝尔被有条件地释放，贝里则被判 6 个月徒刑，在审判的最后几天，这些人完全逃脱指控的可能性很大。法官在总结陈词时向陪审员解释说，严格的法律条文使他们别无选择，只能依法定罪。作为一名前皇家公仆，贝里无权将信息传达给未经授权的人，无论这些信息是否微不足道，也无论是否有道德义务让公众注意到这些信息。这名法官在法庭上强调说：“情报部门的告密者寻求新闻界或其他媒体的帮助来公布秘密，不管他们的动机是什么，我们都不能容忍。”[4] 尽管有明确的司法指示可以定罪，但陪审团还是在一家酒店里花了三个晚上的时间审议，才勉强做出裁决。一些陪审员对他们自己最后的裁决感到非常失落，他们在法庭的众目睽睽之下向被告道歉，解释说法案第

[1] 原注：'Man in Secrets Case "Ferret, Not Skunk"', *The Times*, 18 November 1977.

[2] 原注：Robertson, 'Secrets and Lies'.

[3] 原注：引自 Aldrich, *GCHQ*, p. 360。

[4] 原注：Hooper, *Official Secrets*, p. 119.

二款包罗万象的性质使他们没有其他选择。[1]

由于许多原因，这次审判对国家来说是一场彻头彻尾的灾难，也是英国官方保密史上的一个里程碑。英国政府本来是要上一门政治课，给那些不守规矩、无法通过国防机密通知制度加以约束的记者们一个教训，结果却因为使用《官方保密法》来保护正当的国防关切之外的理由而遭到痛斥。其法律官员被要求承认陪审团审查的做法，并且被一名威严的法官强迫，不光彩地撤回了第一款的指控。在接下来的几个月，这次审判引起的余波——自由主义的相关事业比以往任何时候都要强大。[2] 大臣们面临着陪审团干涉的问题，与此同时，一项尚未完善的信息自由法案却在下议院完全无争议地进入提案的二读程序。从长远来看，这次审判使公民自由团体对情报问题更加敏感。激进的运动组织如雨后春笋般涌现，他们的使命是“监督观察者”，其中最著名的是由托尼·邦扬领导、约瑟夫·朗特里基金会资助的“国家观察”组织（Statewatch）。因此，正如坎贝尔在 1979 年为《社会主义纪事报》撰写的一篇文章中所指出的那样，“国家安全神话——这堵文官们和政客们可以便利地用来屏蔽非自由主义活动的空白墙——遭到了明显的破坏”。[3]

令国家政体感到担忧的是，审判表明，在安全敏感案件中，它不能依赖司法部门作为盟友。批评人士长期以来一直在争论，法官不适合作为反对国家的人权捍卫者，这表明，如果当局决心要确保定罪，就可以忘记公正和独立的要求。[4] 然而，这次案件的法官拒绝屈服于巨大的压力。隐姓埋名的目击证人秘密到达法庭的场面对他没有任何影响。当目击者开

[1]　原注：P. Hain, *Political Trials in Britain* (London: Allen Lane, 1984), p. 210.

[2]　原注：参见 D. Campbell, ‘Official Secrecy and British Libertarianism’, *Socialist Register*, 16 (1979), 75–87。

[3]　原注：D. Campbell, ‘Official Secrecy and British Libertarianism’, *Socialist Register*, 16 (1979), p. 76.

[4]　原注：Robertson, *Justice Game*, p. 131.

始“念咒语”“危害国家安全”时[1]，他简直不敢相信。这是一种长期以来给法庭留下深刻印象并使他们对潜在的利害关系视而不见的策略。马尔斯·琼斯意识到，官员们有不可告人的政治动机，想要打击调查性新闻报道的核心，并指责他们为了达到这一目标而援引《官方保密法》第一款法规。他被当之无愧地誉为捍卫公民自由权的英雄。

对白厅而言，此次审判最具破坏性的方面之一，是对英国政府通信总部的空前曝光。因此，正如联合情报委员会成员安东尼·达夫所承认的，现在不可能“拒绝承认我们在和平时期执行通信情报活动或者拒绝承认英国政府通信总部参与其中”。[2] 尽管目击者没有指名提到该组织，但他们在公开法庭上的出现，是英国在战争之外第一次公开承认一直在进行通信情报搜集的活动。在听证会上，辩方透露了官员们不愿意透露的大量信息，包括信号情报、通信情报和电子情报等常人难懂的官方用语。[3] 除了坎贝尔的简报外，辩方还收到对英国政府通信总部不满的前雇员乔克·凯恩的信息，并随后在法庭上公布。[4]（凯恩后来写了一本回忆录，书名为《英国政府通信总部：消极资产》，这本书被政治保安处没收，至今未出版。）

法庭外，为支持被告而成立的辩护委员会采取了一种咄咄逼人的策略，试图尽可能多地曝光英国政府通信总部。在审判的第一天，200多名成员在伦敦中央刑事法院入口处组成纠察队，形成了一条对进入大楼议员们进行羞辱的走廊。在这里，他们分发徽章和传单，其中大部分照片上都印有“秘密”天线或通信塔，并伴有诸如“这座建筑是官方秘密”或“别看——官方秘密”之类的标语。其他标语包括“谁在窃听你的电话”“ABC代表政治审判”“针对你设立的‘官方保密法’”。[5] 更有破坏性的宣传接踵而至。1978年5月27日，300名成员在切尔滕纳姆游行。抗

[1] 原注：Robertson, *Justice Game*, p. 109.

[2] 原注：‘ABC Case’, A. Duff, 9 November 1978, TNA DEFE 13/1303.

[3] 原注：Hooper, Official Secrets, p. 113.

[4] 原注：Robertson, *Justice Game*, p. 119.

[5] 原注：Some of these flyers can be found in TNA DEFE 13/1303.

议者们聚集在本霍尔英国政府通信总部大楼外，这里位于时尚的温泉小镇的东部，然后向西步行5英里（约8公里）到达该组织在奥克利的主要办公地点。一路上，数千份传单被分发出去，一张秘密反对票被留在一家私人俱乐部，前英国政府通信总部主任伦纳德·霍珀爵士是这里的成员。此外，数百个气球被放飞到空中，上面印有A和B两个上校的真实姓名。用委员会一份时事通讯的话说，“切尔滕纳姆好久没有像这样盛大的示威活动了”。[1]

坎贝尔在法庭上花了近两年的时间为自己正名，但没过多久，他又做回自己最擅长的事情：发掘白厅的秘密，令其尴尬不已。坎贝尔越来越多地与其他记者合作，并与第三部门即议会和欧洲区域建立了网络联系。在1979年年末和1980年年初，坎贝尔主要为《新政治家》杂志工作，发表了一系列关于情报机构的启示性文章，其中最具爆炸性的一篇文章声称，未经内政大臣威廉·怀特劳批准，数千部电话正在被非法窃听。结果，怀特劳在议会中被要求立案调查的呼吁所包围。[2] 坎贝尔发表在《新政治家》上的文章，在重新激起人们对国防机密通知的敌意方面起到推波助澜的作用，尽管国防机密通知制度仍在努力担当政府和媒体之间诚实中间人的角色。海军少将威廉·阿什是国防机密通知机要秘书，通过发布一份备忘录提醒编辑们，两份国防机密通知制度——第10号（关于“英国情报部门”）和第11号（关于“密码和通信”）仍然“有效”，禁止了《新政治家》上最近讨论的话题。[3]《新政治家》主编布鲁斯·佩奇表示愤怒，认为这明显是在阻止新闻界涉及任何关于情报工作性质和有用性的辩论。在写给阿什的一封措辞强硬的信中，他谴责国防机密通知制度委员会自1971年8月发布12份国防机密通知以来，再没有进行过更新。就

[1] 原注：‘Cheltenham Picket-nic’, *ABC Newsletter*, TNA DEFE 13/1303.

[2] 原注：H. Noyes, ‘Tapped Telephones Allegations Denied by Both Mr Whitelaw and Mr Rees’, *The Times*, 1 February 1980, p. 2.

[3] 原注：Wilkinson, *Secrecy and the Media*, p. 377.

目前的形势而言，国防机密通知第10号和第11号是不适当的，因为它们是在20世纪70年代公布的。[1]

佩奇的投诉促使国会议员们成立下议院国防委员会调查小组，以审查国防机密通知制度体系的运作情况并提出建议。该委员会10月份发布的报告让官员们感到不快，报告证实，英国舰队街的关键人物已经背弃国防机密通知制度这一体系。在书面证据中，哈罗德·埃文斯将该体系称为“一个巨大的无关紧要的东西”，正逐渐“死于衰老”。[2] 来自英国报业协会的戴维·奇普表示，最近针对记者采取的法律行动清楚地表明，政府认为“媒体与官方之间舒适的磋商”已成为过去。[3] 尽管官员们不愿意做出全面的改变（阿什曾警告不要做“片香肠式”的修改）[4]，但到1982年，国防机密通知的数量已经减少到8份，还要考虑在公共领域所披露的情况而重新起草。

坎贝尔后来受英国广播公司苏格兰分部的委托，制作了一部名为《秘密社会》(*Secret Society*）的6集纪录片，在10年里引起了进一步的轰动。1986年夏天，官员们发现其中一项拍摄计划正聚焦于新的通信卫星“锆石号”，这是一个高度机密的防御项目。揭露锆石卫星的存在并不是白厅的主要担忧。正如国防部前常务副大臣弗兰克·库珀爵士所说：“谁都知道谁的卫星在哪里，你可以在国防期刊上看到谁发射了什么、在哪里发射以及卫星轨道数据的明细。”[5] 纪录片中有争议的问题是对议会的责任。坎贝尔通过与下议院公共账户委员会（一个强大的金融监管机构）主席罗伯特·谢尔顿的谈话，引出一个爆炸性的细节，即该项目的成本，估计为5亿英镑，被议会隐瞒了。披露这一点有可能会引发一场宪法危机。因此，官员们向英国广播公司驻伦敦的高级管理层提出了请求。12月5

[1] 原注：P. Hennessy, ‘Editor Calls for D-Notice Review’, *The Times*, 2 April 1980, p. 3.

[2] 原注：P. Hennessy, ‘D-Notice System Is an Anachronism, Editor Tells MPs’, *The Times*, 23 July 1980, p. 4.

[3] 原注：引自 Wilkinson, *Secrecy and the Media,* p. 380。

[4] 原注：Wilkinson, *Secrecy and the Media,* p. 380.

[5] 原注：引自 ‘Chronicle: Government Censors’, *Third Way*, March 1988, 4。

日，英国政府通信总部负责人彼得·马力丘奇会见该公司的总负责人阿拉斯代尔·米尔恩，指出该计划出于安全层面考虑而需被搁置。英国广播公司的主管们一开始就质疑雇用坎贝尔这种“激进”记者的合理性，在主管们的压力下，米尔恩同意了。

在这种情况下，愤怒的坎贝尔不顾检察总长发布的对这一故事的禁令，在《新政治家》发表了一篇文章，透露了影片的内容。[1] 文章中提到有可能是消息来源的几名国防官员，促使政府对这种从表面看违反了《官方保密法》的行为进行调查。政治保安处警官带着搜查令突击搜查了《新政治家》和英国广播公司苏格兰分部在格拉斯哥的办公室，以及坎贝尔和他的一些研究人员的家。电视摄像机实时捕捉到警察在坎贝尔的公寓破门而入的情景。警方查获了所有的纪录片胶片以及相关的研究资料。英国广播公司对其财产被没收感到惊骇不已，并向政府表达了自己的感受。在议会中，苏格兰国务大臣马尔科姆·里夫金德面临着一连串的批评：建筑物被洗劫的景象，就像乔治·奥威尔的反乌托邦小说《一九八四》中的场景。[2] 作为回击，坎贝尔试图让议会的议员们看到锆石影片。当检察总长通过进一步的禁令禁止这样做时，坎贝尔在附近场地安排了一场私人放映。两年后，锆石这一集影片的修正版最终播出，但由于成本原因，该卫星项目当时已被取消，警方对潜在泄密事件的调查也就此搁浅。讽刺的是，《秘密社会》系列的拍摄导致米尔恩失业。1987 年 1 月，马默杜克·赫西迫使他辞职。几个月前，赫西刚被玛格丽特·撒切尔任命为英国广播公司董事会主席。在英国广播公司的保守派中，赫西被公认为政府的走卒，被指控清除该公司所谓的左翼偏见。[3]

---

[1] 原注：D. Campbell, ‘The Parliamentary Bypass Operation’, *New Statesman*, 23 January 1987.

[2] 原注：参见 P. Gill, ‘Allo, Allo, Allo, Who’s in Charge Here Then?’, *Liverpool Law Review*, 9:2 (1987), 189–201。

[3] 原注：参见 A. Milne, *DG: Memoirs of a British Broadcaster* (London: Hodder & Stoughton, 1988)。

我们是少数人。毫无疑问。我可不想站在白厅的立场上。

查普曼·平彻，2007年[1]

1979年3月29日，也就是查普曼·平彻65岁生日的那天，他从《每日快报》退休，开始了他的第二职业：全职间谍小说作家。当他离开时，和1945年他作为一名充满活力的年轻记者加入时相比，舰队街已经是一个非常不同的地方。在之后几年里，英国的新闻界已发展成对这个秘密国家更大的挑战。平彻在新闻编辑室的34年见证了一种新型记者的出现，他帮助塑造了这种记者，令其独树一帜。这类新记者非常善于确定敏感信息。在这一时期，他们以前所未有的方式说服有影响力的人发表非公开的言论。重要的是，他们利用许多官员有私人或部门议程要推进、不加考虑地利用渴求新闻的记者来推动这些事业的情况，在政府机器内部建立了庞大的联系网络。英国政府的一个矛盾之处在于，尽管官员们在大多数情况下都主张保密的重要性，但在自认为合适的时候，他们却乐于支持故意而为的泄密。有充分理由相信，这种双重标准广泛地严重损害了公众对政府保密需求的信任。平彻尤其擅长让官员们主动开口。作为喜欢建立人际关系的友好人士，平彻花了数年时间去了解与他打交道的人并取得他们的信任——带他们去吃午饭，一起参加俱乐部里的社交活动，满足他们对传统的英国野外运动的热情。绅士的言行举止是一种优势：平彻的联系人，不管是达官贵人还是普通民众，信任他是因为和他是同一个圈子的人。

在战后时期，记者们越来越善于利用公开资源揭露政府机密。有了科学背景和训练，像平彻和坎贝尔这样的人将原本安全的技术出版物中深奥的细节拼凑在一起，写出了令当局感到震惊的文章。此外，记者们在海外发现了一些国内无法获得的、被认为不可亵渎的材料，这证明全球化带来的危机日益严重。对于政府来说，难以不尴尬地阻止从公开来源获取信息

[1] 原注：引自对查普曼·平彻的采访。

写就的破坏性文章。当试图这样做时，比如对美国广播公司进行审判，官员们因为捍卫根本不是真正的秘密而受到谴责。战后从事新闻工作的新一代记者的另一个特点是，对政府控制的顺从减弱。到 20 世纪 60 年代末，国防机密通知制度体系受人尊敬的地位难以为继，埃文斯等知名新闻记者在认识到政府利用国防机密通知制度显然是为了政治便利，而不是为了真正的国家安全或防御事务之后，都选择无视该体系。对国防机密通知制度缺乏尊重，是这个注重保密国家更大问题的一个缩影：也就是说，现在要以“国家安全”为口号来证明保密的正当性变得无比困难。而在以前，记者们一想到要质疑这句口号就会退缩，现在他们则做得理所当然。

尽管各届政府尽了最大努力，但事实证明，他们在很大程度上基本已无法应对转型后的舰队街所带来的挑战。最后，只能采取强硬措施。在控制媒体方面，哈罗德·威尔逊没有任何顾忌，甚至认为为了减少媒体对其政府的攻击，抹黑洛翰上校这个被认为是麻烦制造者的做法是合适的。20 世纪 70 年代，官员们在绝望中两次求助于终极末日武器——《官方保密法》，结果酿成灾难性后果。比之更温和的处理手段，采取法律行动的一个不利因素是，政府最终总是不可避免地对敏感问题进行了更多的曝光。在 1977 年坎贝尔被起诉前夕，虽然切尔滕纳姆以其赛马场、文学节、摄政遗址和建筑闻名，但只有时尚杂志的读者才知道这个地方。18 个月的庭审闹剧之后，切尔滕纳姆被全世界公认为是一个巨大的全球窃听中心的所在地。正如第 8 章和第 9 章将会提到的，使用法律武器带来的负面效果，加上国防机密通知制度体系的日渐式微，将有助于使各届政府确信采用“主动进攻式”的信息管控策略是必要的。出版官方情报史的初衷就是旨在提前阻止和抵消不听话媒体的揭秘。

第三部分

保密与政治回忆录

第6章

内阁大臣们的自白：从丘吉尔到克罗斯曼

我坚信，对于一个将毕生精力都奉献给内阁政府的人，把他的一生展示给民众，不管是他的奋斗、失败和成功，对后世都是有益而无害的。

莫里斯·汉基爵士，1957年5月30日[1]

本书第2章提到，英国政府在战争时期努力防止政界大佬通过自传作品透露敏感信息。但在大多数情况下，保密官员们会发现，那些写自传的政界元老并不把“保密规则”放在心上。本章将重点介绍20世纪70年代中期发生的克罗斯曼事件（Crossman Affair）。当时，英国政府试图通过法律手段来阻止理查德·克罗斯曼的日记出版。这种颇具争议的做法不仅最终徒劳无功，反而让坊间舆论和“开放政府”的鼓吹者见猎心喜。在二战结束后的30年间，为了防止政界人士的回忆录泄密，政府官员左支右绌、捉襟见肘。可是那些政界大佬总认为自己凌驾于法律和民众之上，不愿配合保密工作。可以肯定的是，前任首相们会得到一些优待，但这只会促使官衔较低的退休官员们也争取同等对待。

这一时期对保密工作的最大挑战是，卸任阁员们为了尽快留下“即时

[1] 原注：M. Hankey, ‘The Banned Book: The Supreme Command 1914–1918’, 30 May 1957, CCC HNKY 25/1.

历史”，他们在撰写回忆录时通常不会顾及保密问题。另外，由于政治斗争冷酷无情，这些政治人物在退出政坛时或多或少都会带有政治污点。因此，对于像安东尼·艾登这种急于通过出版回忆录来洗清自己政治生涯污点的政客来说，这一时期更是机不可失。除此之外，由于民众对政府“内部消息”都抱有猎奇心态，因而出版商和报社都愿意花高价获得第一手资料，所以那些政客通过尽快出版回忆录还能大赚一笔。

但是，对于英国政府来说，即时回忆录无疑会给威斯敏斯特政府体制带来挑战。政府担心，如果这些回忆录过于详细地描述内阁大臣及其制定政策的过程，或者指名道姓地评论某些文官及其政见，文官之间的互信就会瓦解。此外，由于英国内阁的集体责任原则要求内阁大臣们必须一致支持政府做出的决策，所以一旦回忆录披露某些阁员对政策颇有微词，或者他们之间意见不一，那么这一原则将会遭到动摇。然而，回忆录的作者以及出版商并不考虑这么多。他们认为作者有权记录自己的言行，民众也有权了解政府的内部运作模式。

在本章记录的这段时期，政府在保密方面面临的最大困难是，如何在不侵犯民众知情权的同时兼顾保密原则。这种平衡很难把握，而且经常招来非议。[1] 一般情况下，政府会使用非正式策略，力求私下解决，而避免使用法律手段解决。1948 年，时任检察总长哈特利·肖克罗斯就把使用法律手段解决喻为“大锤子砸坚果”，小题大做。[2] 每当遇到棘手的回忆录，最佳方案就是由内阁秘书长出面与回忆录作者谈判，直至把敏感内容清除。某些时候，双方甚至要花上数月时间，来往沟通无数次才能找到解决之策。有时为了达到目的，内阁秘书长还会使用一些上不得台面的手段，比如故意拉长审批流程以拖延回忆录的出版。但是，要想让这种非正式策

[1] 原注：Precisely this problem was the subject of a 2005–6 House of Commons Public Administration Select Committee. See *Whitehall Confidential? The Publication of Political Memoirs, HC 689-I* (London: HMSO, 25 July 2006).

[2] 原注：H. Shawcross, 7 January 1948, TNA LCO 2/3219.

略最终能够奏效，两个条件必须首先得到满足。第一，就像伯克·特伦德指出的，官方要学会“谈判和妥协”。[1] 如果一味强制而不懂变通，谈判就会破裂，促使作者立刻出版而不计后果。第二，回忆录作者要知所进退。他们在谈判中也要展现善意，否则官方不会一直保持耐心，而会使用强力的法律手段。这就像彼得·亨尼斯提出的“政府版好人理论”[2] 一样，政府官员处理问题时会努力地把握分寸，不会太过分。他们会克制自己，避免被视作“坏人”而遭驱逐出体制。

在很长一段时期内，这种自我克制的策略被频繁使用。虽然有时会遭遇挫折甚至失败，但英国政府总能设法用它来解决问题。而且基于对英国体制的信心，政府在不断试错的过程中还强化了这种策略，以至于在达到目的之前可以保持定力和耐心。这样一来，所谓的“保密规则手册”就渐渐成形。就像复写本一样，新规则可以不断被添加进来并取代老规则。然而，真正让世人认清这些规则界限的，正是无数的政治回忆录以及它们的作者们。

> 在我看来，（温斯顿·丘吉尔）首相在写作回忆录时似乎可以引用任何资料，并且畅所欲言，毫无顾忌。当然，他是个特例！
>
> 出版商约翰·穆雷，1954 年 6 月 30 日写给汉基的信 [3]

每当争议事件或战争结束后，大量的政治回忆录就如雨后春笋般出现。原因在于，内阁大臣们都希望通过回忆录来确立自己的历史地位，民众也想通过它们进一步了解重大历史事件。第二次世界大战就是典型案例。二战刚刚尘埃落定，许多政治人物就迫不及待地把他们的战时经历总

[1]　原注：B. Trend to E. Heath, 18 June 1971, TNA CAB 164/1332. 也可参见 B. Trend to D. Allen, 10 July 1970 in ‘Harold Macmillan Publication’, J. M. Moss, 13 May 1975, TNA CAB 164/1295。

[2]　原注：Hennessy, *Whitehall*, p. 352.

[3]　原注：J. Murray to M. Hankey, 30 June 1954, CCC HNKY 25/2.

结成书，出版发行。政府对此颇为担心，因为一战结束后出现的泄密案仍然历历在目。所以，1946 年春，时任内阁秘书长爱德华·布里奇斯（见图 16）专门起草了一份文件以规范回忆录的出版。同年 5 月 23 日，该文件得到内阁批准生效。其中大多数内容沿袭了前任秘书长汉基的相关规定，要求阁员在出版回忆录之前必须取得政府同意，而且书中不能引用涉密资料，不能损害英国的外交利益。同时还规定只有在“极个别情况下”，回忆录才能大量引用官方文件。[1]

但这份文件很快就被丘吉尔抛之脑后。[2] 通过一系列的暗箱操作，这位战时首相获准在回忆录中引用大量的涉密资料，甚至连他的研究助理都获准查阅政府秘密档案。至于丘吉尔的回忆录透露了多少政府秘事，戴维·雷诺兹在他的《掌控历史》一书中有详细描述，本文不再赘述。[3] 但毫无疑问的是，丘吉尔的做法使得其他战时内阁成员也都如法炮制，政府的保密工作更加捉襟见肘。这些阁员包括掌玺大臣塞缪尔·霍尔、外交大臣哈利法克斯子爵、财政大臣约翰·西蒙、副首相克莱门特·艾德礼以及商务大臣休·道尔顿。[4] 到 60 年代初，政府便默许内阁大臣在回忆录中畅谈有关一战和二战的任何话题。原因在于，在当时再披露战争时期的信息，不管是关于敌我双方的你死我活还是政客之间的纵横捭阖，都不会再损害外交利益或者让政党政治难堪。[5]

虽然丘吉尔和他的阁员亲信在出版回忆录时几乎不受限制，但这种待

[1] 原注：引自 Reynolds, ‘Official History’。

[2] 原注：引自 Reynolds, ‘Official History’。

[3] 原注：Reynolds, *Command of History*.

[4] 原注：S. Hoare, *Ambassador on Special Mission* (London: Collins, 1946); S. Hoare, *Nine Troubled Years* (London: Collins, 1954); Viscount Halifax, *Fullness of Days* (New York: Dodd, Mead, 1957); J. Simon, *Retrospect: The Memoirs of the Rt Hon. Viscount Simon* (London: Hutchinson, 1952); C. Attlee, *As It Happened* (New York: Viking Press, 1954); H. Dalton, *Call Back Yesterday: Memoirs 1887–1931* (London: Muller, 1953).

[5] 原注：‘Disclosure of Official Information’, N. Brook to H. Macmillan, 8 February1960, TNA PREM 11/4660.

遇并不适用于一般官员。在二战前，汉基花了大量心血写作回忆录，但在出版前却因为受到官方审查而屡屡碰壁。1946 年春天，汉基再一次申请出版回忆录。虽然当时首相已换成艾德礼，但和丘吉尔一样，他也认为这本书会影响内阁大臣与文官之间的紧密关系。因此，他要求汉基必须删除回忆录所引用的日记内容，以及他与内阁大臣日常来往的有关描述。即便如此，这本回忆录能否出版仍未定，因为政府还要对修改后的版本再次审查。[1] 汉基原本打算按照政府的要求再次删改回忆录，但经过深思熟虑和亲友的劝告，他意识到如果这样做，整部作品就会被“彻底毁掉”。[2] 陆军元帅扬·史末资曾对他说：“如果你删改了回忆录，那它还称得上是一流的历史记录吗？”史末资还说，“时间只是次要因素，质量才是关键；千万不要本末倒置，去出版一本平平无奇的回忆录。”[3] 之前为了通过“谨小慎微的政府审查”[4]，汉基已对回忆录做了上百处删减，以至于和最初版本相比，最新的版本已被改得面目全非。对汉基来说，眼前只剩两个选择，一是不经批准私自出版，二是继续等待。他最终选择了后者，因为他觉得贸然出版的风险太大，而且他坚信英国政府总有一天会让步的。[5] 在给艾迪生子爵一封信中，汉基乐观地写道：“我现在强烈地感觉到，最近几年政府有关部门对回忆录出版的态度已经开始软化。”[6]

汉基显然是太过乐观了。1953 年，在处理前内阁副秘书长托马斯·琼斯自传一事时，政府仍然毫不留情。本书第 2 章曾提到，琼斯最初只是对内阁办公室封杀汉基回忆录的决定感到不解。在他看来，如果丘吉尔和劳合·乔治可以违反保密规定出版回忆录，而退休文官却不能，这是极度不合理的。但在读完汉基回忆录手稿后，他态度骤变，转而支持政府的决定。然

---

[1]　原注：M. Hankey to N. Flower, 20 June 1946, CCC HNKY 25/2.

[2]　原注：M. Hankey to N. Flower, 20 June 1946, CCC HNKY 25/2.

[3]　原注：M. Hankey to Viscount Adison, 29 May 1946, CCC HNKY 25/1.

[4]　原注：M. Hankey to Viscount Adison, 29 May 1946, CCC HNKY 25/1.

[5]　原注：M. Hankey to N. Flower, 20 June 1946, CCC HNKY 25/2.

[6]　原注：M. Hankey to Viscount Adison, 29 May 1946, CCC HNKY 25/1.

而，当 1953 年他的自传也被政府禁止出版后，琼斯又为此大鸣不平。

琼斯的自传遭到政府的全力封杀。时任内阁秘书长诺曼·布鲁克给出两个主要的封杀理由。第一，自传中提及琼斯曾为内阁大臣代写演讲稿，甚至有时越俎代庖制定政策。[1] 鉴于此，不少人都奉劝琼斯把这些内容删掉。布鲁克的第二个理由则是非常隐晦，他担心如果批准琼斯自传出版，汉基肯定要求比照办理，出版自己的回忆录《最高司令部》。另外，已经调任财政部常务大臣兼国内文官事务大臣的布里奇斯，在读完琼斯自传的文稿后也极力反对。在他看来，最不可接受的一点是，琼斯在书中记录了许多政治人物的私生活，尤其是他们的“恶癖”。根据琼斯的描述，内阁大臣们最普遍的癖好就是酗酒。比如，琼斯在书中写道，“和劳合·乔治在一起的时候，喝酒总是一个有趣的话题”。[2] 另外，按照琼斯的记录，博纳·劳卸任首相的原因也是酗酒。布里奇斯则认为，“人们不应该抓住博纳·劳喝酒的事情不放”。[3] 琼斯还在自传里记录了许多内阁大臣私下说的闲言碎语，其中很多是非常有冒犯性的。比如，1918 年 1 月，在得知赫伯特·塞缪尔即将出任国家救助委员会（National Salvage Board）主席后，据说劳合·乔治曾小声说道：“正合适——让犹太人去收旧衣服吧”。[4]

在晚年第二次入主唐宁街担任首相时，丘吉尔不再像以前一样强烈地反对回忆录出版。现在，他认为“（流逝的）时间只有通过记录才能体现其意义”。“每个事件都必须根据它的是非曲直来处理，因为个例也会影响人们的评判。”[5] 他还意识到保密规则不可能一成不变，所以提出要以开放的心态来审查官员们的回忆录。然而，他这种开放的心态肯定不适用于琼斯的自传。因为在自传里，琼斯把很多政治人物都批评得体无完肤，而其中被骂得最惨的就是丘吉尔。“丘吉尔根本不会用人，”琼斯在自传中写

[1] 原注：N. Brook to W. Churchill, 28 May 1953, TNA CAB 21/3743.

[2] 原注：'Objectionable Passages', E. Bridges, 20 July 1953, TNA CAB 21/3743.

[3] 原注：'Objectionable Passages', E. Bridges, 20 July 1953, TNA CAB 21/3743.

[4] 原注：'Objectionable Passages', E. Bridges, 20 July 1953, TNA CAB 21/3743.

[5] 原注：W. Churchill to N. Brook, 2 July 1953, TNA CAB 21/3743.

道，“要是纳尔逊[1]将军仍然活着，他绝不会让德国佬的舰队从日德兰半岛[2]溜掉。”[3]琼斯还对丘吉尔的《第一次世界大战回忆录》大加鞭笞。他批评丘吉尔自命不凡，为了表现自己而故意曲解历史事件。比如，通过对历史资料的整理，琼斯指责丘吉尔对其 1911 年担任海军大臣一事做了不实描述。琼斯明确写道：“在《第一次世界大战回忆录》中，丘吉尔关于他被任命海军大臣的描述与事实有出入。”[4]

丘吉尔对此大发雷霆。琼斯不仅玷污他作为政治家和军事家的光辉形象，甚至还指责他编造历史。对丘吉尔来说无法容忍。于是他表示：“琼斯的文稿绝对不适合出版，我坚决反对。”[5]他还指示布鲁克彻底封杀琼斯自传，并且要做得不留痕迹。事实上，布鲁克处理此事的方法的确很老到。首先，他诉诸集体责任原则：“作为高级幕僚，你的工作意味着你经常会接触到机密。而机密不仅限于内阁讨论，你听到的小道消息以及任何与政策和官员有关的信息都属于机密。”[6]于是，布鲁克要求琼斯在书中不能记录官员们的私下言论和个人隐私，因为“任何人在他的仆人眼里都不是英雄，但无论如何仆人都不应该泄露主人的秘密”。[7]他还劝说琼斯把文官替内阁大臣代笔演讲稿的记录全部删除。布鲁克这种诉诸情怀的策略最终奏效。琼斯相信了布鲁克的说辞，动摇了出版自传的决心。另外，已是耄耋之年的琼斯也无力对文稿进行大幅修改，便索性把日记都捐给牛津大学出版社，希望过世后当成遗作出版。1969 至 1971 年间，共有三卷（日记）出版。[8]

[1]　译注：霍雷肖·纳尔逊（Horatio Nelson, 1758—1805），英国海军将领及军事家。
[2]　译注：此处指 1916 年的日德兰海战。
[3]　原注：‘Objectionable Passages’, E. Bridges, 20 July 1953, TNA CAB 21/3743.
[4]　原注：‘Objectionable Passages’, E. Bridges, 20 July 1953, TNA CAB 21/3743.
[5]　原注：W. Churchill to E. Bridges, 4 August 1953, TNA CAB 21/3743.
[6]　原注：N. Brook to T. Jones, September 1953, TNA CAB 21/3743.
[7]　原注：N. Brook to T. Jones, September 1953, TNA CAB 21/3743.
[8]　原注：T. Jones, *Whitehall Diary*, ed. K. Middlemas, 3 vols. (Oxford University Press, 1969–71).

琼斯的例子说明，幕僚文官出版回忆录的唯一办法就是把它们留到过世后发表。但 1965 年亨利·班伯里与政府之间的龃龉印证，事情远非如此简单。亨利·班伯里是威廉·布雷斯韦特私人日记的编辑。1911 年，赫赫有名的《国家保险法案》(National Insurance Act) 颁布时，布雷斯韦特是财政大臣劳合·乔治的高级助理。

虽然过世已近 20 年，但布雷斯韦特的家人长期以来仍然坚持他才是英国现代社会福利体系的实际奠基者。然而，由于当年的一些复杂原因[1]，这项本属于布雷斯韦特的功劳却一直记在时任教育部常务大臣罗伯特·莫兰特的名下。1956 年 10 月，布雷斯韦特回忆录进入政府审查程序。副财政大臣托马斯·帕德莫尔、布里奇斯和布鲁克先后审阅了这本回忆录。虽然书上记录的都是 45 年前的事情，但帕德莫尔仍然不同意该书出版。他认为，该书随处可见对官员的冷嘲热讽，并且暗示整个政府充斥着尔虞我诈和政治倾轧。比如，莫兰特在书中被称为"一条靠不住的狗"，李斯特·斯特德被形容为"迟钝"而且"木讷"。[2] 就算对颇有名望的文官，比如休伯特·卢埃林·史密斯爵士，该书也挖苦他无德无能。布雷斯韦特对内阁大臣们更是出言不逊。与琼斯自传异曲同工的是，这些大臣在布雷斯韦特笔下也全是酒鬼。自由党籍首相赫伯特·阿斯奎斯是"每餐必喝醉"，而且每次醉酒后"路都走不稳""浑身污渍""精神萎靡"。[3] 帕德莫尔认为这些侮辱性的语言完全不合时宜。除此之外，令他更为不满的是，该回忆录居然是基于日记写成的。他担心，如果内阁大臣知道自己手下的文官幕僚会"在家偷偷记录自己的一言一行"[4]，那么他们之间的互信就荡然无存。布里奇斯对此表示赞同："我们绝不允许这位已去世官员的回忆录破坏内阁大臣与文官幕僚之间的关

[1] 原注：T. Padmore to E. Bridges and N. Brook, 11 October 1956, TNA T 215/504.
[2] 原注：N. Brook to H. Bunbury, 22 October 1956, TNA T 215/504.
[3] 原注：N. Brook to H. Bunbury, 22 October 1956, TNA T 215/504.
[4] 原注：N. Brook to H. Bunbury, 22 October 1956, TNA T 215/504.

系。”[1] 因此，班伯里不得不对书稿进行大量删减，以至于最后出版的版本与原书稿大相径庭。[2]

50 年代末，汉基再次闯关，敦促内阁办公室批准他出版一战回忆录。由于担心自己死后回忆录难逃政府篡改，汉基并不愿意把这本书留作自己的遗著。有趣的是，他这次闯关的起因是一封祝寿信。在 1957 年 3 月 31 日写给汉基的信中，首相哈罗德·麦克米伦祝贺汉基 80 岁生日快乐，并且高度肯定他为英国内阁政府体制所做的“突出贡献”。[3] 没想到的是，汉基在回信中居然为自己的回忆录鸣冤叫屈，而且还提出“三个新的辩护理由”。[4] 第一，书中所记录的事件最晚也是发生在 40 年前（1918 年停战协定 [5]）。第二，除了当时“不具政治名望”[6] 的丘吉尔，书中提到的其他政治人物早已离开人世。第三，陆军元帅艾伦布鲁克子爵 [7] 的回忆录《潮起潮落》（*Turn of the Tide*）也是基于日记写成，而且已经获准出版。在汉基看来，此事证明政府在出版问题上“态度软化”。[8]

但是麦克米伦并不为所动。和十年前的丘吉尔一样，麦克米伦也认为“该书对政府内部运作的描写会伤害内阁大臣与文官的紧密关系”。[9] 他还进一步重申，内阁秘书长不应该写日记，他说：“如果现在的内阁秘书长有记私人日记的习惯，我和他之间的工作关系一定会受到影响。”[10] 汉基对此勃然大怒。因为自 1918 年以来，他亲眼看见过多次“秘闻爆料”，而

[1]　原注：E. Bridges to T. Padmore, 1 October 1956, TNA T 215/504.

[2]　原注：W. Braithwaite, *Ambulance Wagon*: *Being the Memoirs of William J. Braithwaite*, ed. H. Bunbury, (London: Methuen, 1957).

[3]　原注：H. Macmillan to M. Hankey, 31 March 1957, CCC HNKY 25/3.

[4]　原注：M. Hankey to H. Macmillan, 1 May 1957, CCC HNKY 25/3.

[5]　译注：1918 年 11 月 11 日，德国与协约国签署第一次世界大战停战协定。

[6]　原注：M. Hankey to H. Macmillan, 1 May 1957, CCC HNKY 25/3.

[7]　译注：艾伦·弗朗西斯·布鲁克，第一代艾伦布鲁克子爵（1883—1963），二战中任英国陆军元帅和帝国总参谋长。

[8]　原注：M. Hankey to H. Macmillan, 1 May 1957, CCC HNKY 25/3.

[9]　原注：H. Macmillan to M. Hankey, 23 May 1957, CCC HNKY 25/3.

[10]　原注：H. Macmillan to M. Hankey, 23 May 1957, CCC HNKY 25/3.

这些爆料并没有给内阁大臣与文官的关系带来多大影响。[1] 况且在那些年里，汉基还利用自己的知识和资历帮助了无数自传作者和历史学者完成他们的著作。然而，现在他自己的回忆录却被封杀，这使得他倍感不平。[2] 此次碰壁之后，汉基开始转而考虑不经批准强行出版。作为内阁保密制度的奠基人，他的这种转变实在令人唏嘘感慨。为了不触犯《官方保密法》，汉基聘请前检察总长莱昂内尔·海德爵士担任自己的法律顾问。后者认为"《官方保密法》不够严谨且定义模糊不清，以致根本不能根据它做出准确的判断"。[3] 所以，他强烈建议汉基不要冒险私自出版回忆录。

即便如此，为了泄愤，汉基还是故意向政府放话，声称自己要强行出版。他的一些人脉甚广的朋友，比如伊斯梅勋爵 [4]，也在政府里散播传言，说他"志在必得"，就算被政府告上法庭也不会屈服。[5] 但实际上，当时汉基连愿意出版自己回忆录的出版社还没找到。由于民众对第一次世界大战发生的事件不感兴趣，卡塞尔出版社已经违背先前的承诺，拒绝出版汉基的回忆录，也没有其他出版社愿意和他签约。哈金森出版社的一位匿名书评人指出，这本书"晚出现了 40 年"。他在书评中写道："如果把它放到 1918 至 1925 年间，甚至 1918 至 1929 年间出版，这本书肯定能和艾伦布鲁克子爵回忆录一样取得巨大成功。但现在是 1958 年，1914 年发生的事对现在已经没有多大意义了，现在与一战之间就像隔着一座喜马拉雅山。"[6] 所以，汉基面对的处境可谓左右为难。一方面，出版社觉得他的作品内容太过陈旧而不愿出版；另一方面，政府却认为它的内容太敏感而不批准出版。

[1] 原注：M. Hankey, 'The Banned Book: The Supreme Command 1914–1918', 30 May 1957, CCC HNKY 25/1.

[2] 原注：M. Hankey, 'The Banned Book: The Supreme Command 1914–1918', 30 May 1957, CCC HNKY 25/1.

[3] 原注：L. Heald to M. Hankey, 13 January 1958, CCC HNKY 25/3.

[4] 译注：伊斯梅勋爵（Lord Ismay，1887—1965），英国政治家，北大西洋公约组织首任秘书长。

[5] 原注：Roskill, *Hankey*, p. 616.

[6] 原注：'Extracts from Reports on Supreme Command from Hutchinson', CCC HNKY 25/4.

汉基遇到的麻烦远不止于此。他曾联系许多行会出版社[1]，希望通过它们出版自己的回忆录，但由于书中的语言对政治圈外的人来说太过官腔，艰深难懂，甚至哈金森出版社的一位书评人都“被那些名目众多、错综复杂的委员会名称搞糊涂了”。[2] 另外，作为卸任幕僚文官，汉基在回忆录中政治立场中立，而且对政治人物的描述几乎都是一笔带过。一位书评人甚至抱怨，汉基对丘吉尔的描述就跟《泰晤士报》讣告的写法一样。对于一般读者来说，他们希望读到的是“对丘吉尔性格的描写，以及他在面对重大事件时的软弱和伟大”。[3] 另外，出版商们还嫌汉基“太过于谨慎，以至于连一件像样的秘闻和无关紧要的流言蜚语都不愿透露”。[4] 有位读者认为，读完这本书的感觉就像打开亨伯特夫人的宝箱[5]，真是“失望透顶”。[6]

最后，汉基找到艾伦与昂温出版公司，并且在 1959 年 7 月 6 日签订出版合约。幸运的是，这本书由记者 V. R. T. 克拉克秘密编辑。[7] 当然，来自政府的阻力并没有消失。按照海德之前的建议，汉基要求麦克米伦把自己的案子交由已经退休的索尔兹伯里勋爵仲裁。但是，索尔兹伯里以无法客观做出仲裁为由拒绝了。实际上，他坚信“任何担任过内阁秘书长这一职务的人在生前都不该出版回忆录”。[8]

可是到 1961 年初，事情发生了意想不到的变化。麦克米伦居然毫无征兆地撤销了对汉基回忆录的出版禁令。于是，该书在当年 4 月中旬出版，《星期日泰晤士报》也以连载的形式刊登了汉基的回忆录，稿酬是每

---

[1]　译注：行会出版社（trade publishers），指的是专门出版某一行业刊物的出版社。

[2]　原注：‘Extracts from Reports on Supreme Command from Hutchinson’, CCC HNKY 25/4.

[3]　原注：‘Extracts from Reports on Supreme Command from Hutchinson’, CCC HNKY 25/4.

[4]　原注：‘Extracts from Reports on Supreme Command from Hutchinson’, CCC HNKY 25/4.

[5]　译注：亨伯特夫人的宝箱，指的是 20 世纪初法国的一起诈骗案，挥霍无度的亨伯特夫人的宝箱里实际上空无一物。

[6]　原注：‘Extracts from Reports on Supreme Command from Hutchinson’, CCC HNKY 25/4.

[7]　原注：Naylor, *A Man and an Institution*, p. 289.

[8]　原注：H. Macmillan to L. Heald, 30 April 1958, CCC HNKY 25/3.

期 1000 英镑。[1] 虽然销售数字惨淡，但汉基回忆录的出版绝对是英国保密历史上具有划时代意义的一件大事。在此之前，保密规则不允许文官生前出版任何含有政府信息的作品，但汉基回忆录打破了这个规则。

心愿得偿之后，汉基把一本亲笔署名的回忆录送给丘吉尔。丘吉尔在回信中动情地写道："我永远都忘不了你在那些历史事件中所做的重大贡献。这本书也让我回忆起我们共同经历的美好往事，谢谢！"[2] 汉基回忆录的执笔人斯蒂芬·罗斯基尔曾说："汉基在 1942 到 1943 年间经历的磨难和痛苦，到晚年都烟消云散了。"[3]

人们不禁要问，当年到底是什么原因促使麦克米伦态度骤变？罗斯基尔曾指出，布里奇斯和布鲁克从未想过让步，所以他们不可能授意麦克米伦那样做。[4] 历史学者约翰·内勒推测，在 1958 年《公共档案法》颁布之后，麦克米伦其实已经别无选择。该法律规定，政府档案的保密期只有 50 年，民众有权在档案保密期过后查阅它们。在《公共档案法》审议期间，部门档案委员会（Committee on Departmental Records）向政府建议，50 年已经"可以涵盖普通人的一生"，足以保证"文件撰写的无意识性"。[5] 简而言之，50 年保密期意味着从 1964 年开始，有关第一次世界大战的政府档案就要逐步解密。到 1968 年，所有一战档案都应该公之于众。除此之外，另一个可能影响麦克米伦决定的因素是另外一本政治回忆录。它的意义不仅让其他作品相形见绌，而且在当时引起了轩然大波。这本回忆录就是《周而复始》（*Full Circle*）。

> 我收到诺曼·布鲁克的一封信。他言辞非常激烈，但却让我非常兴奋，因为我只需承受入狱的惩罚，就可以查阅内阁里的所

---

[1] 原注：Roskill, *Hankey*, p. 618.

[2] 原注：Roskill, *Hankey*, p. 618.

[3] 原注：Roskill, *Hankey*, p. 618.

[4] 原注：Roskill, *Hankey*, p. 619.

[5] 原注：Naylor, *A Man and an Institution*, p. 290.

有文件。

（研究助理）艾伦·霍奇写给安东尼·艾登的信，

1957年11月28日[1]

作为第一代亚芬伯爵，安东尼·艾登非常在意自己的历史地位和官场名望。[2] 1956年之前，他“伟大的英国人”的形象在国内是不可动摇的。他坚定反对绥靖主义。1938年2月，他因为反对内维尔·张伯伦[3]承认意大利吞并埃塞俄比亚而主动辞职（“有些时候我要不顾一切地展示自己的政治信念”）。[4]在第三次担任外交大臣期间（1951—1955），艾登通过自己的表现又巩固了自己光辉的历史地位。丘吉尔甚至在回忆录《风云紧急》（*The Gathering Storm*）中称他为“（战时）政府中最坚定勇敢的人物”。[5]艾登于1954年获封爵士，成为英国光彩夺目的明星。第二年，他又登上首相宝座，达到人生巅峰。在民众心目中，他是一位拥有“坚定信念”与卓越从政经验的政治家，而且精通现代外交技巧。所以，他通往首相的道路上“充满鲜花，毫无障碍”。[6]詹姆斯·马加奇曾在书中写道：“无论从任何角度来看，艾登都理应成为一代名相。”[7]但是，苏伊士运河事件[8]让他

---

[1] 原注：A. Hodge to A. Eden, 28 November 1957, Cadbury Research Library, Special Collections, University of Birmingham, Avon Papers (hereafter UBL), AP 33/3/ 2/32.

[2] 原注：这一主要论点来自 D. Dutton, *Anthony Eden: A Life and a Reputation* (London: Arnold, 1997)。

[3] 译注：内维尔·张伯伦（Neville Chamberlain，1869—1940），英国政治家，1937到1940年任英国首相，因第二次世界大战中积极主张绥靖政策而闻名。

[4] 原注：*Hansard*, 5th Series, 332, 21 February 1938, col. 42.

[5] 原注：W. Churchill, *The Gathering Storm* (Boston: Houghton Mifflin, 1948), p. 190; Dutton, *Eden*, p. 4.

[6] 原注：R. R. James, *Anthony Eden* (London: Weidenfeld & Nicolson, 1986), p. 404.

[7] 原注：Margach, *Abuse of Power*, p. 100.

[8] 译注：1956年7月，埃及总统纳赛尔宣布把英国和法国掌握的苏伊士运河公司收回。英、法为了重新霸占苏伊士运河，伙同以色列于同年10月底发动对埃及的侵略战争。埃及人民奋勇抗战，终于在11月6日迫使英、法和以色列同意停火，随后相继撤军。

名誉扫地，一蹶不振。

苏伊士运河事件标志着大英帝国从世界强权沦落为二流国家。艾登在事后成为千夫所指的对象，所有人都把责备的矛头对准他。就如戴维·达顿[1]所说："正因为他之前的形象太过光辉，所以受到的打击才会如此猛烈。"[2]虽然其他人（法国外长克里斯蒂安·比诺、法国总理居伊·摩勒和英国外交大臣哈罗德·麦克米伦）也参与其中，但只有艾登因此事受到毁灭性打击。哈罗德·麦克米伦甚至在此事之后飞黄腾达，接任首相。

这段短暂而失败的首相经历让艾登在文学作品中也饱受批判。在保罗·约翰逊[3]的《苏伊士战争》（1957年）一书中，艾登被描述为一个双手沾满鲜血，在中东地区宣扬和实施暴力的政客。[4]伦道夫·丘吉尔[5]在《安东尼·艾登爵士兴衰录》（1959年）中甚至刻薄地认为，若非长着一副好面孔且精于谄媚，艾登根本不会身居高位。[6]由于苏伊士运河事件以及来自批评者的诋毁，艾登在民众心中沦落为平庸之辈。"性情脆弱"和"政治投机主义"已经和"在议会中游刃有余"一样成了他的代名词。

对艾登的评价显然有失公允。就如索普所说，那些批评者的做法都是一种"后见之明"（即基于结果做判断）。[7]话虽如此，艾登仍然为自己的历史地位深感忧虑。于是，他在退休之后极力为自己辩护，重点就是澄清自己在苏伊士运河事件中的表现。1960年，艾登出版了回忆录《周而复始》，希望借此书为自己讨回公道。他在序言里写道："虽然本书会揭开历

[1] 译注：戴维·达顿（David Dutton），英国利物浦大学历史学教授。

[2] 原注：Dutton, *Eden*, p. 5.

[3] 译注：保罗·约翰逊（Paul Johnson），英国著名历史学家。

[4] 原注：P. Johnson, *The Suez War* (London: MacGibbon & Kee, 1957).

[5] 译注：伦道夫·丘吉尔（Randolph Churchill），首相温斯顿·丘吉尔之子，保守党议员。

[6] 原注：R. Churchill, *The Rise and Fall of Sir Anthony Eden* (London: MacGibbon &Kee, 1959).

[7] 原注：Thorpe, *Eden*, p. 602.

史的伤疤，但这是为了更好地治愈它们。”[1] 书中记录了从他担任外交大臣到辞去首相期间的历史（1951 年 10 月—1957 年 1 月）。另外，书名源自莎士比亚戏剧《李尔王》中的名言“命运之轮周而复始”，这也表现出艾登致力于洗清苏伊士运河事件给自己带来的政治污点，为自己的政治生涯寻求平衡。为了彰显自己“以史为鉴”的人生信条，艾登以“20 世纪 30 年代的教训及其对 50 年代的启示”作为回忆录的主题。[2] 在书里，他认为埃及总统贾迈勒·阿卜杜勒·纳赛尔是和希特勒、墨索里尼一样的大独裁者，因此绝不能对其采用绥靖政策。

从战后保密的角度来看，很少有政治回忆录比《周而复始》的影响更为深远。由于该书在苏伊士运河事件爆发短短 4 年后就出版，它属于最早的一批“即时性”历史文献。而在此之前，其他回忆录描述的要么是关于两次世界大战，要么就是 19 世纪末 20 世纪初发生的事件。除了在即时性上前无古人之外，《周而复始》还大量引用政府档案，开了未有之先河。

不论艾登是如何获准出版这本回忆录的，它无疑给政府带来了新麻烦。该书出版后，许多民间学者对此表示强烈不满。他们认为，政府的“50 年保密规定”禁止公众接触近代历史事件的档案，而那些位高权重的人根本不受此限制。更麻烦的是，回忆录越即时，就越有可能影响现时政治。对苏伊士运河事件的描述必须慎之又慎，因为它可能会影响英国的中东政策，甚至会损害其与美国的关系。所以对《周而复始》进行审查时，内阁办公室关心的不是“它会不会危害国家安全”，而是“它会不会激怒美国人”。一些历史学者，比如理查德·兰姆甚至认为：“人们已经无法知道，在塞尔文·劳埃、诺曼·布鲁克以及外交

[1] 原注：A. Eden, *The Memoirs of Sir Anthony Eden: Full Circle* (Boston: Houghton Mifflin, 1960), Foreword.

[2] 原注：A. Eden, *The Memoirs of Sir Anthony Eden: Full Circle* (Boston: Houghton Mifflin, 1960), Foreword.

部的劝说下，艾登对回忆录进行了多大程度的修改。”[1] 然而事实并非如此。国家档案馆以及伯明翰大学保存的许多文件都证明，政府直接对这本回忆录动了手脚。

对于英国政府保密制度的研究者来说，《周而复始》更具吸引力的地方在于，它歪曲和掩盖了苏伊士运河事件的许多关键信息。在没有政府授意的情况下，艾登故意回避了英国、法国和以色列 1956 年出兵埃及前是否协调行动的问题。他否认事先与其他国家签订过密约，并且坚称英国在那场战争中是维持和平的力量，一直努力调停埃及与以色列的冲突。他说 ：“英国的首要目的是结束这场冲突……只要双方停火，我们就会撤兵。”[2] 这与他当年在议会的说法如出一辙。当时他也说 ：“我们之前并不知道以色列会袭击埃及，完全不知情。”[3] 但是，许多当事人的证词以及后来解密的政府档案（尤其是 1987 年 1 月国家档案馆解密的 1956 年文件）都证明，事实并不像艾登说的那样。[4] 事实是，1956 年 10 月 24 日，也就是以色列袭击埃及前几天，英国、法国和以色列的代表在巴黎附近的塞夫勒签署了一份秘密协议，史称《塞夫勒协议》。这份协议的内容是 ：由以色列率先发起进攻，然后英法以此为借口介入，最终目的是夺取苏伊士运河的控制权。

按照斯图亚特·霍尔（Stuart Hall）的解码编码理论，我们可从三个角度审视《周而复始》：创作过程（编码），文本本身，接受过程（解码）。据此，我们可回答以下几个问题 ：内阁办公室对该书的出版持何态度？书中被删减的内容是什么？为什么删减这些内容？一个重要结论是 ：《周而

[1] 原注 ：R. Lamb, *The Failure of the Eden Government* (London: Sidgwick & Jackson, 1987), p. 310.

[2] 原注 ：Eden, *Full Circle*, p. 437.

[3] 原注 ：*Hansard*, 5th Series, 502, 20 December 1956, col. 1,457.

[4] 原注 ：A. Nutting, *No End of a Lesson: The Story of Suez* (London: Constable, 1967); C. Pineau, *Suez 1956* (Paris: R. Laffont, 1976); M. Dayan, *Story of My Life* (New York: Morrow, 1976); S. Lloyd, *Suez 1956: A Personal Account* (London: Cape, 1978).

复始》并没有像艾登说的那样为一些历史事件“提供无可辩驳的解释”。[1] 即便在 1960 年出版审查趋严的情况下，书中还是遗留了英、法、以三国密谋的蛛丝马迹，这证明艾登掩盖真相的企图并没有得逞。

时间回到 1957 年 1 月 9 日。艾登在当天黯然离任首相，他的政治生涯就此结束。此后，他的健康情况每况愈下。由于收入微薄而医疗费用暴增，他一度濒临破产。[2] 正如他的官方传记执笔人罗伯特·罗兹·詹姆斯所说：“政治冷酷无情，人们都认为他彻底完了。”[3] 但是，艾登毕竟曾连续担任内阁大臣 20 多年，而且作为亲历者见证了苏伊士运河事件和慕尼黑阴谋这两个 20 世纪最具轰动性的政治事件。这些经历让他自然而然地成了出版商们的香饽饽。在艾登不知情的情况下，他的好友布伦丹·布雷肯向《泰晤士报》总经理马修·威尔森提议，艾登以回忆录形式记录自己的从政经历，并把其全球版权卖给《泰晤士报》。[4] 威尔森最初提供的价格是 10 万英镑。他显然低估了艾登回忆录的市场价值。据说《每日电讯报》的报价是 15 万英镑，而《每日快报》的老板比弗布鲁克爵士甚至开出了 100 万英镑的天价。所以，只要回忆录能够出版，丰厚的版权收入足以让艾登购买一栋乡间别墅，过上“惬意的田园生活”。[5] 除了经济收入外，布雷肯还意识到这本书也有助于重塑艾登的声誉，从而影响历史对他政治生涯的评价。

艾登最初拒绝了出版商们的盛情。他糟糕的健康状况是原因之一。但最主要的原因是，包括《泰晤士报》在内的大多数报纸媒体当年都不支持他的中东政策，这让他耿耿于怀。

在很长一段时期内，虽然缺乏过硬的证据，但有关英、法、以三国密谋出兵埃及的传言一直存在。1957 年，梅里·布隆伯格和谢尔盖·布

[1] 原注：P. L. Hahn, *'Suez'*, *Reviews in American History*, 20:4 (December 1992), p. 567.

[2] 原注：James, *Eden*, p. 603.

[3] 原注：James, *Eden*, p. 603.

[4] 原注：James, *Eden*, pp. 603-4.

[5] 原注：James, *Eden*, pp. 604, 613.

隆伯格出版了新书《苏伊士的秘密》，并在书中指控艾登在议会撒谎。这证明，艾登如果把名誉“留给后世评说”，注定不会有好结果。[1] 于是同年秋天，为了给自己辩护，艾登改变主意，开始创作自己的回忆录。1957 年 10 月 5 日，他与《泰晤士报》达成协议，出让回忆录的出版权和连载权。[2] 协议规定，《泰晤士报》先期一次性支付给艾登 10 万英镑，并且按年支付稿酬，出版后还要与他平分销售利润。但是，由于担心艾登活不到写完全书，并且为了尽快得到苏伊士运河事件的“猛料”[3]，《泰晤士报》直到他把有关苏伊士运河事件的章节交稿后才支付年度稿酬。其实，艾登自己也希望先把苏伊士运河事件解释清楚。这件事一直是他的心病，况且他也自知来日无多，就像他夫人说的，不知道什么时候他就“倒下”了。[4]

为了完成回忆录，艾登还招揽了一批优秀的研究助理。其中包括《今日历史》杂志的编辑艾伦·霍奇、牛津大学圣安东尼学院的布赖恩·卡特里奇和戴维·迪克斯、牛津大学基督教会学院的罗伯特·布莱克，以及第三代伯肯黑德伯爵罗宾·弗诺。[5] 艾登给这些研究助理提供的报酬相当丰厚。弗诺一年的津贴是 750 英镑，外加报销在伦敦的房租。[6]

在写书过程中，艾登认为自己应该受到和丘吉尔一样的待遇，所以他请求内阁办公室允许自己的研究助理查阅政府档案。令人意外的是，这一请求很快就获得批准。从表面来看，这么做是因为他体弱多病，难以承受舟车劳顿。其实原因远不止于此，后文会详细说明。由于之前在情报部门担任过高级助理，霍奇还获准查阅（以及摘抄）一些敏感资料，其中甚至

[1] 原注：M. and S. Bromberger, *The Secrets of Suez* (London: Pan Books, 1957).

[2] 原注：'The Eden Memoirs', J. M. Moss, 18 June 1975, TNA CAB 164/1297.

[3] 原注：Thorpe, *Eden*, p. 553.

[4] 原注：M. Amory (ed.), *The Letters of Ann Fleming* (London: Collins Harvill, 1985), p. 217.

[5] 原注：'Disclosure of Information', N. Brook to H. Macmillan, 8 February 1960, TNA PREM 11/4660.

[6] 原注：W. Edwards to R. Furneaux, 9 December 1959, UBL AP 33/3/3/47.

包括外交部的电报，以及汉基在 1938 年外交政策委员会会议上做的“粗糙笔记”。[1] 平心而论，如果汉基知道此事，再回想起当年自己碰壁的经历，他一定会唏嘘感慨。

1958 年 5 月，艾登把写好的章节交给布鲁克审核。布鲁克很快就发现一个大问题：艾登对苏伊士运河事件的描述，含蓄地表达了他对美国的不满，并且把已故美国国务卿约翰·福斯特·杜勒斯单独列出来大加批判（见图 17）。当年，为了帮助艾森豪威尔总统在大选中获得连任，杜勒斯曾公开反对英法出兵苏伊士运河。然而，根据艾登的说法，英国本来想要寻求经济与外交手段，迫使埃及放弃将苏伊士运河国有化。正是由于杜勒斯从中作梗，英国才被迫诉诸武力。在文稿中，艾登称杜勒斯“在数月的谈判中把英国要得团团转”。[2] 事件结束后，杜勒斯在病床上又向英国外交大臣塞尔文·劳埃“抱怨我们（英国）没有把纳赛尔赶下台”。对此，艾登指责杜勒斯是典型的两面派。考虑到“英美特殊关系”的重要性，布鲁克认为艾登在书中的指控非常不合时宜。但是，艾登并不愿意为了照顾美国人的面子而让步。在给布鲁克的信中，他说自己对美国人的批评已经“非常克制”，他原本可以更加“不留情面”。[3]

1958 年 7 月，布鲁克把这些章节的副本转给政府有关方面。他们给出的反馈意见如出一辙：艾登口无遮拦，会招致美国人不满。哈罗德·麦克米伦的机要秘书菲利普·德祖鲁塔看到艾登的书稿后十分震惊，因为艾登在书中披露时任外交大臣麦克米伦是内阁中的头号鹰派。[4] 正是他不顾华盛顿的意见，不断敦促艾登采取军事行动。现在作为首相的麦克米伦正在努力修复与美国政府的友好关系，艾登的披露显然会让麦克米伦尴尬难堪。所以，德祖鲁塔不断对外强调：“我们目前与美国关系之好是前所未

[1]　原注：Naylor, *A Man and an Institution*, p. 294; N. Brook to H. Macmillan, 1 January 1958, TNA PREM 11/332.

[2]　原注：'The Eden Memoirs', J. M. Moss, 18 June 1975, TNA CAB 164/1297.

[3]　原注：A. Eden to N. Brook, 18 May 1958 cited ibid.

[4]　原注：'The Eden Memoirs', J. M. Moss, 18 June 1975, TNA CAB 164/1297.

有的。”[1] 此话所言不虚，双方于 1957 年 3 月在百慕大签署协议，允许美国在英国部署 60 枚雷神导弹。另外，德祖鲁塔还担心，艾登在描述中东政治人物时的“直言不讳”会给英国带来负面影响。比如说，虽然伊朗国王对纳赛尔恨之入骨，但这种仇恨绝对不该由英国人表达出来。

塞尔文·劳埃也写了一份清单，详列他对艾登回忆录的不满。在清单上他加了一则附言：“本清单只限首相一人阅读，并由布鲁克酌情处理。”[2] 劳埃的不满包括：第一，整篇书稿充斥着强烈的反美情绪，特别是对杜勒斯的“毫不留情批评”。杜勒斯去世还不到一年，此时出版该书将严重损害“英美特殊关系”。[3] 况且美国中央情报局局长艾伦·杜勒斯正是这位已故国务卿的弟弟，两国的情报合作势必会因此书的出版受到负面影响。第二，艾登在以色列与埃及的冲突中明显偏袒以色列，这会损害英国在中东地区的外交利益。他在书中“盲目相信以埃冲突有利于自由世界”，外界会因此怀疑，他不仅是这场冲突的始作俑者，而且对以色列的军事行动早已知情。[4] 第三，这本书的预定出版日期（1960 年）距离苏伊士运河事件太近。书中提到的许多人物仍然活跃在政坛，如果他们被证明是艾登回忆录的信息源，这些人会陷入尴尬境地。鉴于以上三点，劳埃最后说，他原本认为这本回忆录能够“客观、宽容且有政治家风度”，可以经得起历史的考验，配得上艾登的地位[5]，但它却充斥着艾登的个人恩怨。

与政府烦恼相反的是，艾登的研究助理担心书中内容还不够翔实。布莱克曾写道：“毫无疑问，这本书的核心内容是苏伊士运河事件，所以我们必须回应人们对此事的所有疑问，不能留下任何含混之处。”[6] 布莱克具体列出三点。第一，文稿没有阐明英法介入的“确切动机”。虽然艾登声

[1] 原注：‘The Eden Memoirs’, J. M. Moss, 18 June 1975, TNA CAB 164/1297.
[2] 原注：S. Lloyd to N. Brook, 8 August 1959 cited ibid.
[3] 原注：S. Lloyd to N. Brook, 8 August 1959 cited ibid.
[4] 原注：S. Lloyd to N. Brook, 8 August 1959 cited ibid.
[5] 原注：S. Lloyd to N. Brook, 8 August 1959 cited ibid.
[6] 原注：R. Blake to A. Eden, 2 March 1959, UBL AP 33/3/1/33.

称其目的是避免战争扩散到整个中东，以及确保苏伊士运河的畅通，但他既没有说明内阁做出干预决定的时间，也没有说明英法两国达成合作的时间和地点。[1] 考虑到当前的纷繁舆论，布莱克建议艾登“明确地”处理英法共谋一事，否则难逃“悠悠之口”。[2] 虽然布莱克对流言蜚语有所耳闻，但他显然并不了解实情。[3] 在一封信中，他还驳斥了“苏伊士小组”（笔者认为这一称呼非常准确）对艾登的指控，否认艾登曾去巴黎“与法国人策划神秘而险恶的计划”。[4]

第二，艾登没有为英国撤兵提供合理的解释。一般读者不会相信，英国撤兵的原因仅仅是以色列和埃及达成了停火协议。虽然英国确实在某种程度上“调停了交战双方”，但原本的计划是彻底解决苏伊士运河问题，并把纳赛尔拉下台。布莱克还认为，不像那些“满口礼义廉耻的左翼知识分子”，“一般民众根本不关心英法之间是否存在密谋”。然而，他始终不能理解，为什么“英国没有一鼓作气占领运河，把运河疏通，然后逼纳赛尔在谈判中接受我们的要求”。[5]

第三，艾登对苏伊士运河事件中的军事方面着墨不多。[6] 回忆录里并没有提及英法军队在军事干预上的分歧。布莱克认为，英国军方坚持对埃及进行长时间的空袭，法国却倾向于在 48 小时的密集轰炸后就派伞兵空降。

有不少人赞同布莱克的观点。前殖民地事务大臣、保守党人钱多斯勋爵也认为：“与其对英法密约讳莫如深，还不如把事情说清楚。”[7] 但艾登

---

[1]　原注：R. Blake to A. Eden, 2 March 1959, UBL AP 33/3/1/33.

[2]　原注：R. Blake to A. Eden, 2 March 1959, UBL AP 33/3/1/33; R. Blake to A. Eden, 14 April 1959, UBL AP 33/3/1/45.

[3]　原注：R. Blake to A. Eden, 2 March 1959, UBL AP 33/3/1/33.

[4]　原注：R. Blake to A. Eden, 14 April 1959, UBL AP 33/3/1/45.

[5]　原注：R. Blake to A. Eden, 2 March 1959, UBL AP 33/3/1/33; R. Blake to A. Eden, 14 April 1959, UBL AP 33/3/1/45.

[6]　原注：R. Blake to A. Eden, 2 March 1959, UBL AP 33/3/1/33; R. Blake to A. Eden, 14 April 1959, UBL AP 33/3/1/45.

[7]　原注：Lord Chandos to A. Eden, 29 September 1959, UBL AP 23/17/37.

固执己见，不愿把事情交代得太明白。他说：“考虑到当前人们对我的指控，我认为处理这件事最好的办法就是保持客观的描述。”[1]

其实，布鲁克为《周而复始》的出版提供了大量帮助，以至于有人怀疑这位内阁秘书长是否拿了艾登的好处。作为一个博学多才又精通史学的人，布鲁克在读完文稿之后提出很多中肯的修改意见。另外，他巧妙地调整了书稿中的用词、断句和语言风格，减少了部分内容的敏感性。回忆录第 3 章的开头就是个很好的例子。艾登在原稿中写的是：“杜勒斯夸夸其谈，避重就轻，告诉我们不应该选择好望角航线，不能采取汽油定量配给政策。这全是老生常谈。”[2] 布鲁克修改之后，这部分内容就不再那么咄咄逼人：“杜勒斯没有提供有效的建议。他只是强调好望角航线和汽油配给政策的缺点。”[3] 布鲁克还劝艾登删去对艾森豪威尔政府的尖锐批评。比如，以下内容就因为可能会“招致美国强烈抗议”而被删除：“南非和利比里亚之所以成为中东和非洲最落后的国家，美国的作用不可忽略。”[4] 由于担心《周而复始》一书会引发民众对苏伊士运河事件的兴趣，麦克米伦指示布鲁克说服艾登把出版时间推迟到 1959 年大选之后。之前，艾登曾认为这本书的出版有助于保守党赢得选举，因为英国对埃及的干预成功阻止了纳赛尔把中东搅得天翻地覆。[5] 另外，布鲁克还多次审校书稿，确保

[1] 原注：A. Eden to Lord Chandos, 1 October 1959, UBL AP 23/17/37.

[2] 原注：‘Comments on Memoirs’, N. Brook, TNA PREM 11/4234; ‘Comments on Books II and III of Volume II.The Period of Premiership’, Brook, 20 July 1959, TNA PREM 11/4234; ‘The Eden Memoirs’, J. M. Moss, 18 June 1975, TNA CAB 164/1297.

[3] 原注：‘Comments on Memoirs’, N. Brook, TNA PREM 11/4234; ‘Comments on Books II and III of Volume II.The Period of Premiership’, Brook, 20 July 1959, TNA PREM 11/4234; ‘The Eden Memoirs’, J. M. Moss, 18 June 1975, TNA CAB 164/1297.

[4] 原注：‘Comments on Memoirs’, N. Brook, TNA PREM 11/4234; ‘Comments on Books II and III of Volume II.The Period of Premiership’, Brook, 20 July 1959, TNA PREM 11/4234; ‘The Eden Memoirs’, J. M. Moss, 18 June 1975, TNA CAB 164/1297.

[5] 原注：‘Comments on Memoirs’, N. Brook, TNA PREM 11/4234; ‘Comments on Books II and III of Volume II.The Period of Premiership’, Brook, 20 July 1959, TNA PREM 11/4234; ‘The Eden Memoirs’, J. M. Moss, 18 June 1975, TNA CAB 164/1297.

其中没有任何关于丘吉尔的不当言论。正因如此，丘吉尔后来才会承认艾登“不负盛名”。[1]

人们不禁要问，为什么布鲁克对此事如此热心？其实在某种程度上，他别无选择。[2] 对于艾登来说，无论政府态度如何，他都决心出版回忆录。布鲁克曾向内阁大臣们解释道："对于像艾登这样的人物，我们能做的只有好言相劝。”[3] 也许布鲁克对艾登动了恻隐之心。艾登曾说过，自己才是苏伊士运河事件中真正的受害者。另外，布鲁克在 1956 年正是艾登政府的内阁秘书长。所以可以肯定的是，与艾登保持良好关系符合他的既得利益。爱德华·希斯在回忆录《我的一生》中回顾了苏伊士运河事件，透露艾登在当时曾命令布鲁克销毁所有与英、法、以密约相关的文件。在执行这件吃力不讨好的任务时，据说布鲁克看上去就像“一个被命令自裁的老武士”，非常沮丧。[4]

但是，在评价内阁秘书长的作用时，人们更多想起的是布里奇斯与布鲁克对丘吉尔《第二次世界大战回忆录》发挥的作用。[5] 在雷诺兹看来，他们二人认为丘吉尔的回忆录“不仅必要而且正当其时”，足以“媲美官方历史”。[6] 二战结束后，各种稗官野史和街谈巷议“席卷整个大西洋”，而丘吉尔作为政治家和历史学者，他的回忆录可以说是正本清源，清除了那些无稽之谈带来的影响。[7] 虽然没有确凿的证据，但人们有理由相信，布鲁克也是如此看待艾登回忆录的。当时，一些“外人”的作品已经慢慢出现，比如亨利·阿齐奥的《苏伊士陷阱》、米歇尔·巴尔 - 佐哈尔的《苏

[1] 原注：A. Hodge to A. Eden, 20 October 1959, UBL AP 33/3/2/314.

[2] 原注：戴维·雷诺兹对丘吉尔的战争自传也持同样的观点。

[3] 原注：'The Eden Memoirs', J. M. Moss, 18 June 1975, TNA CAB 164/1297.

[4] 原注：引自 M. Jones, 'Operation Musketeer', *Sunday Times*, 6 September 1998; E. Heath, *The Course of My Life* (London: Hodder & Stoughton, 1998)。

[5] 原注：Reynolds, *Command of History*, pp. 57–8.

[6] 原注：Reynolds, *Command of History*, p. 58.

[7] 原注：Reynolds, *Command of History*, p. 58.

伊士的超级机密》和德怀特·艾森豪威尔的《白宫往事》。[1] 布鲁克担心法国人、以色列人和美国人会在此事上先声夺人，夺走话语权。[2] 而对此最好的反制就是出版一本“精心雕琢”过的畅销书——艾登的回忆录。

《周而复始》是否代表了官方的态度？很多证据证明这个问题的答案是肯定的。麦克米伦曾说过“艾登可以（或者必须）受到特别对待”。[3] 正因如此，艾登才可以自由地调阅政府档案。另外，政府长期以来严禁用邮件方式传递秘密文件。[4] 但是针对艾登，有关部门竟然为了规避这项禁令，使用密封布袋向他邮递文件。为了确保“万无一失”，内阁办公室有时甚至为他提供专门的快递服务。[5] 此外，他的助手也获得了难以置信的特权。霍奇——“冒着稍不谨慎就会被判入狱的风险”[6]——居然获准查阅大量文件，甚至机密的情报资料。外交部甚至给霍奇配了一辆公务车（后备厢很大，可以“装满大量文件”），以便于他能够把那些文件带出伦敦。[7] 在回忆录创作期间，布鲁克就像一位随叫随到的“家庭医生”，夜以继日地帮助艾登查阅档案，提供修改意见，有时甚至直接代笔写作。在回忆录即将出版之际，政府担心其他历史学者也要求获得同等待遇，所以索性把它归类为官方史。1961 年，麦克米伦发布了一份声明，强调和平时期政府的例行规定不适用于艾登的回忆录，今后在处理类似的出版申请时将

---

[1] 原注：参见 E. B. Childers, *The Road to Suez: A Study of Western–Arab Relations* (London: MacGibbon & Kee, 1962); A. J. Barker, *Suez: The Seven-Day War* (New York: Praeger, 1964); L. Epstein, *British Policy in the Suez Crisis* (Urbana: University of Illinois Press, 1964)。

[2] 原注：H. Azeau, *Le Piège de Suez* (Paris: R. Laffont, 1964); M. Bar-Zohar, *Suez Ultra Secret* (Paris: Fayard, 1964); D. Eisenhower, *The White House Years:Mandate for Change 1953–6* (Garden City: Doubleday, 1963); D. Eisenhower, *The White House Years: Waging Peace 1956–61* (Garden City: Doubleday, 1966).

[3] 原注：H. Macmillan to N. Brook, 9 February 1960, TNA PREM 11/4660.

[4] 原注：有关传递机密文件的政策，参见 TNA CAB 21/2839 and TNA CAB 21/2407。

[5] 原注：A. Eden to A. Hodge, 10 September 1957, UBL AP 33/3/2/1.

[6] 原注：A. Hodge to A. Eden, 28 November 1957, UBL AP 33/3/2/32.

[7] 原注：A. Hodge to A. Eden, 28 November 1957, UBL AP 33/3/2/32; A. Hodge to A. Eden, 9 December 1957, UBL AP 33/3/2/40.

采用“更严格的标准”。[1]

然而，让布鲁克等人倍感苦恼的是，尽管他们愿意把《周而复始》认定为半官方历史作品，并且为此特意做了一些安排，但艾登仍然坚持己见。让内阁办公室大为恼火的是，他仍旧在书稿中保留对艾森豪威尔政府的尖锐批评，并坚持对杜勒斯冷嘲热讽。在他眼中，杜勒斯是“世界政坛上的伪君子”，“说话不顾后果”。艾登还举出实例论证自己的观点。1956 年 10 月，杜勒斯宣称美国要在受殖民主义影响的地区扮演“中立的角色”。[2] 艾登在书中一针见血地回应道：“美国在捍卫他们在巴拿马运河的权利时，绝对不会把自己的行动称作殖民主义。”[3] 他对杜勒斯的蔑视在第 484 页表露无遗：“（杜勒斯）对盟友的虚伪表现摧毁了伙伴关系。他的做法告诉我们，英国外交政策被迫要做出选择，要么与美国分道扬镳，要么对美国俯首帖耳。”[4] 考虑到艾森豪威尔当时仍是总统，英国外交部迫切想要艾登在出版前修改书稿。更糟糕的是，它的预定出版日期（1960 年）恰巧是美国的大选年。共和党总统参选人理查德·尼克松在当年（1956 年）正是艾森豪威尔政府的副总统。来自盟友英国的指责会让他颜面扫地，让他在竞选中处于不利地位。但是，艾登告诉布鲁克自己已经收到“来自白宫的非常令人愉快的信息”，因而拒绝进一步修改书稿。[5] 艾登要用《周而复始》为自己辩解，所以对美国政府的批评必不可少。

最终，麦克米伦还是批准了该书的出版（“现在已经别无选择，只能接受这本书的现状”）。[6] 但他非常清楚，这本书会在英国和美国引起轩然

[1]　原注：H. Macmillan, July 1961, TNA PREM 11/4660.

[2]　原注：Eden, *Full Circle*, p. 64.

[3]　原注：Eden, *Full Circle*, p. 499.

[4]　原注：Eden, *Full Circle*, p. 484; Lamb, *Eden Government*, p. 307.

[5]　原注：A. Eden to N. Brook, 27 August 1959 cited in ‘The Eden Memoirs’, J. M. Moss, 18 June 1975, TNA CAB 164/1297.

[6]　原注：N. Brook to H. Macmillan, 2 November 1959, cited ibid.

大波。1960 年 1 月 11 日《泰晤士报》也开始连载刊登此书。与此同时，麦克米伦给艾森豪威尔发去了一封“绝密”电报，说明这本回忆录只代表作者观点，与英国政府无关。[1] 麦克米伦在电报中提到百慕大会议，强调两国在会上已经同意把苏伊士运河事件中的不愉快抛诸脑后。在电报最后，他还提议禁止政治人物参与创作历史回忆录 :“我认为历史应该交由真正的历史学家来研究。你我都已经受够了这些年的纷纷扰扰。”[2]（几年后的麦克米伦肯定不会再坚持这个观点，因为他自己在 1966 至 1973 年间接连出版了 6 本回忆录。）发去电报之后，他又邀请艾登到契克斯庄园（首相乡间官邸）进行私人会晤，要求他别再发表任何与苏伊士运河事件有关的言论，整个事情“到此为止”。[3]

20 世纪 60 年代初，艾登成为第一位出版有关战后历史事件回忆录的高级别阁员。另外，《周而复始》是一本不折不扣的畅销书。截至 1960 年 10 月 14 日，它的销量就达到了 7.7 万本，每本售价 35 先令。[4] 布莱克估算，由于连载这本回忆录，《泰晤士报》的发行量增加了 15%。对于一份销量非常固定的报纸来说，这已经是“十分显著”的增长。[5] 该书的热卖也带来了丰厚的经济收益。按照与《泰晤士报》签订的多层合约，再加上版税收入，艾登总共进账 16 万英镑，相当于现在的 280 万英镑，在当时的政治回忆录作者中是最高的。[6] 在美国，该书获得的评价和销量

[1] 原注：‘The Eden Memoirs’, *The Times*, 11 January 1960, p. 4; ‘Note for the Record’, N. Brook, 3 November 1959, TNA PREM 11/4234; H. Macmillan to D. Eisenhower, 5 January 1960, TNA PREM 11/4234.

[2] 原注：H. Macmillan to D. Eisenhower, 5 January 1960, TNA PREM 11/4234.

[3] 原注：‘Note for the Record’, N. Brook, 3 November 1959, TNA PREM 11/4234. Guidance was also given to the press explaining that, ‘These are the personal memoirs of Sir Anthony Eden and Her Majesty’s Government are not responsible for the views expressed in them.’ (‘Note: Guidance to the Press’, TNA PREM 11/4234.)

[4] 原注：Thorpe, *Eden*, p. 559.

[5] 原注：R. Blake to A. Eden, 9 February 1960, UBL AP 33/3/1/158.

[6] 原注：根据零售物价指数换算，1957 年 10 月的 1000 英镑相当于 2007 年 12 月的 17575 英镑。据此推测，艾登的收入约等于现在的 280 万英镑。

也非常高。前《纽约时报》驻外记者德鲁·米德尔顿形容这本书是“当代最重要的外交回忆录之一”。[1] 他甚至认为艾登是“最伟大的国际谈判代表”。[2] 1960 年 2 月 10 日，唐宁街收到一封来自白宫的电报，称美国对这本书出版的反应“温和”，媒体对它的评论也“声量较小”。[3] 绝大多数读者都不再纠结入侵苏伊士的是非对错，认为它不过是一场不明智的冒险而已。按照英国著名国际关系专家马丁·怀特的观察，美国人认为苏伊士运河事件的重要性“从国际角度上看，比不上拿破仑三世远征墨西哥；从国内来看，比不上从喀土穆营救戈登[4] 的失败”。[5] 美国舆论对这本书的冷淡，恰恰反映出“美国人远不像英国人对苏伊士运河事件那样介怀”。[6] 就像一位评论家尖锐指出的，1956 年之后的英国就像“一只满足于在世界边缘飞舞的蝴蝶”；[7] 相比之下，美国则进一步巩固了自己超级大国的地位，拥有无可匹敌的实力。

无论是大众媒体还是官方媒体，英国对艾登回忆录的评价并不正面。马丁·怀特认为“在媒体眼中，艾登的回忆录比他的首相生涯更糟糕”。[8] 很多评论家批评这本书的语言艰涩难懂，没有照顾普通读者的阅读感受。伦道夫·丘吉尔在写给《新政治家》杂志的文章中指责这本书的语言“枯燥”“呆板”，让读者感觉不到政治背后的人情味。[9] 工党议员弗朗西

---

[1] 原注：D. Middleton, ‘The Clash of Two Men’, *The Times*, 29 February 1960, p. 11.

[2] 原注：D. Middleton, ‘The Clash of Two Men’, *The Times*, 29 February 1960, p. 11.

[3] 原注：‘The Eden Memoirs’, J. M. Moss, 18 June 1975, TNA CAB 164/1297.

[4] 译注：查理·乔治·戈登（Charles George Gordon，1833—1885），英国将军，在苏丹镇压叛乱过程中被杀。

[5] 原注：M. Wight, ‘Brutus in Foreign Policy: The Memoirs of Sir Anthony Eden’, *International Affairs*, 36:3 (July 1960), 309.

[6] 原注：M. Wight, ‘Brutus in Foreign Policy: The Memoirs of Sir Anthony Eden’, *International Affairs*, 36:3 (July 1960), 309.

[7] 原注：‘Redefining That Special Relationship’, *Time*, 2 February 1970.

[8] 原注：Wight, ‘Brutus in Foreign Policy’, 300.

[9] 原注：‘Two Views of the Eden Memoirs: I Randolph Churchill’, *New Statesman*, 5 March 1960, pp. 335–6.

斯·诺埃尔·贝克也批评这部作品冷峻无情，而且只有一家之言。贝克还认为，艾登有意曲解某些文件以使自己的观点更具说服力。[1] 对艾登写作风格的指责明显是来自政治偏见。事实上，《周而复始》的语言风格和行文节奏与备受推崇的丘吉尔作品并无二致，比如喜欢使用“disarray”（混乱）、“sustain”（持续）、“crunch”（紧缩）等词汇，喜欢在句子中连续使用动词等。[2]

艾登对苏伊士运河事件的描述招来潮水般的尖刻评论。《新政治家》专栏作家保罗·约翰逊指责，尽管获得国家档案馆的全力支持，但艾登书中的言论都是陈词滥调，毫无新意。“他对苏伊士运河事件的描述还不如像约翰·康奈尔和托马斯·乌特利这样的记者。”[3] 另外，约翰逊指责艾登在《周而复始》中刻意隐瞒真相，根本没有回应外界的质疑。比如书中对外交事务国务大臣安东尼·纳丁辞职一事讳莫如深。而更令人不解的是，纳丁自始至终都没有对此事发表过任何看法。除此之外，艾登在全书都没有提及“合谋”一词。按照他的描述，以色列的军事行动与英法毫无关系。伦道夫·丘吉尔认为艾登在书中的自我辩解是缺乏说服力和不诚实的，没人会相信英国短短两天的武力介入就能阻止中东爆发一场大规模战争，并且促成联合国在该地区建立维和力量。[4] 其他章节的内容也远非诚实客观。艾登在书中强调“阿拉伯国家没有抵制我们的行动”，这完全不符合事实。事实是，沙特已经因苏伊士运河事件与英国断交，伊拉克也提议将英国踢出《巴格达条约》[5]。[6] 另外，艾登在书中讽刺休·盖茨克尔的飞

[1] 原注：F. N. Baker to H. Macmillan, 11 August 1963, TNA PREM 11/4660; Dutton, *Eden*, p. 11.

[2] 原注：Eden, *Full Circle*, pp. 178, 184; Wight, ‘Brutus in Foreign Policy’, 299.

[3] 原注：‘Two Views of the Eden Memoirs: II Paul Johnson’, *New Statesman*, 5 March 1960, pp. 335–6.

[4] 原注：‘Two Views of the Eden Memoirs: I Randolph Churchill’.

[5] 译注：《巴格达条约》（Baghdad Pact）是中东地区性的军事同盟条约，1955 年 2 月 24 日签订于伊拉克首都巴格达。

[6] 原注：Eden, *Full Circle*, p. 543.

黄腾达是“国家悲剧”。盖茨克尔对此大为恼火，称他对艾登的意见“有过之而无不及”，并认为反对党在苏伊士运河事件中发挥的作用被《周而复始》一书“严重歪曲”。[1] 伦道夫·丘吉尔认为，最不可让人接受的是，艾登在书中仍然拒不认错，就像一个女仆在打碎珍贵瓷器之后大喊“这件瓷器是自己碎的”。[2]

《周而复始》的出版还引发了学术界对“50 年保密期规定”的不满。按照该规定的要求，艾登回忆录中引用的档案原本到 2006 年才能解密。然而，前首相（艾登）在创作回忆录的时候享有特权，历史学者却要一直等到 21 世纪才能接触那些文件，这种差别待遇让 A. J. P. 泰勒无法接受。另外，《观察家报》主编特里斯坦·琼斯表达了在民间弥漫的不满情绪：“达官贵人和平头百姓在法律面前并不平等。”[3] 他说：“达官贵人有权发布自己对事件的看法，并阻止其他人（与他们意见相左的人）对他们提出质疑。”[4] 于是，在《周而复始》出版之后，许多历史学者开始呼吁修改相关法律。在之后的很多年里，《泰晤士报》的通讯专栏上爆发了一场激烈的论战，一方是以泰勒为代表的改革派学者，另一方是力求维持现状的政府官员。双方你来我往，唇枪舌剑。

麦克米伦也意识到双重标准可能会带来各种不满，于是他迅速采取措施，确保未来不会出现类似《周而复始》的书。1963 年，他提出“苏伊士禁令”，禁止内阁大臣和其他官员在没有首相许可下调阅有关苏伊士运河事件的文件。（作为现任首相颁布的条令，此禁令只能由后任首相撤销。）同年，他还恢复了研究助理不得单独查阅官方档案的规定。[5]

第一位受此禁令影响的是前任大法官戴维·基尔穆尔。1963 年 11 月，他把自己的回忆录《政治冒险记》提交政府审查。该书的大部分内容都是

[1] 原注：Gaitskell, 引自 ‘The Unhappy Memory’, *Time*, 14 March 1960。

[2] 原注：‘Two Views of the Eden Memoirs: I Randolph Churchill’.

[3] 原注：T. Jones to B. Trend, 4 January 1964, TNA PREM 11/4660.

[4] 原注：T. Jones to B. Trend, 4 January 1964, TNA PREM 11/4660.

[5] 原注：B. Trend to S. Lloyd, 1 May 1963, TNA PREM 11/4938.

"无懈可击的"。[1] 时任首相亚历克·道格拉斯-霍姆认为，该书对苏伊士运河事件的描述都是"当时已在议会讨论过的内容"。[2] 负责该书具体审查工作的是新任内阁秘书长伯克·特伦德。起初，特伦德认为这项工作并不好做。他说："我不觉得自己有资格评价那些让我困惑的内容。"[3] 但是他很快就进入正轨。后来证明，他的眼光十分独到，能准确地甄别出敏感内容。比如，基尔穆尔在原文中写道："11月6日（苏伊士）的停火归功于联合国的介入。"如果换作其他人来审查，或许这句话就被忽视了。但特伦德却立即意识到，它与之前英国给自己定义的"维和角色"不一致。所以，他把这句话改为"停火是因为当时联合国已可以接替英国的维和工作"。[4] 按照规定，内阁大臣级别委员会的名称不能公开，于是特伦德把书中"苏伊士委员会"一词改为"内阁大臣会议"。[5] 另外，和历任内阁秘书长不同的是，特伦德非常关注回忆录的连载情况。他敏锐地意识到这是致命的漏洞，因为在连载过程中，报纸媒体最喜欢断章取义，以凸显"最有争议的段落"。[6]

60年代中期，英、法、以合谋的内幕逐渐被曝光，艾登歪曲历史的做法也慢慢被世人认清。1964年5月，在一次为宣传新书《苏伊士危机中的杜勒斯》而接受的电视访谈中，政治学家赫尔曼·芬纳展示了一封法国前外长克里斯蒂安·比诺的亲笔信。比诺在信中揭露，时任英国外交大臣塞尔文·劳埃曾秘密前往巴黎与自己和以色列总理本-古里安商议针对纳赛尔政权的联合行动。[7] 两年后的1966年，比诺亲自承认他在苏伊士运河事件期间撒了谎，并把真相公之于众。7月，在接受英国广播电台的访问

---

[1] 原注：B. Trend to H. Macmillan, 19 November 1963, TNA CAB 21/5848.

[2] 原注：'The Kilmuir Memoirs', J. M. Moss, 7 May 1975, TNA CAB 164/1295; 'Note for the Record', T. Bligh, 5 December 1963, TNA CAB 21/5848.

[3] 原注：B. Trend to H. Macmillan, 19 November 1963, TNA CAB 21/5848.

[4] 原注：B. Trend to Lord Kilmuir, 12 December 1963, TNA PREM 11/4115.

[5] 原注：B. Trend to Lord Kilmuir, 12 December 1963, TNA PREM 11/4115.

[6] 原注：W. Deedes to B. Trend, 8 April 1964, TNA CAB 21/5848.

[7] 原注：H. Finer, *Dulles Over Suez: The Theory and Practice of His Diplomacy* (Chicago: Quadrangle Books, 1964); R. Scott, 'Joint Plan over Suez Admitted', *Guardian*, 6 May 1964.

时，他提到“英、法、以三国协议”一词。这不可能是他的无心之举，因为英国广播公司会在回答问题之前中断录音，用法语再提问一遍，以确保提问没有出错。同年 11 月，在苏伊士运河事件爆发 11 周年之际，比诺又在法国《世界报》刊文揭露，英、法、以密约是在法国城市塞夫勒签订，时间是“1956 年 10 月的最后 10 天”。[1] 这印证了盖茨克尔几年前的预言：如果三国密约真的存在，那么签订它的人早晚会“互相出卖”。[2]

在比诺的文章发表之后，包括迈克尔·富特在内的许多工党议员发起动议，要求政府对苏伊士运河事件的起因和当时政府的作为展开正式调查，就像一战之后的达达尼尔海峡战事调查委员会 [3] 一样。[4] 但是，政府要员们对此表示强烈反对，特伦德甚至认为对密约的调查会导致“无法预测的国际后果”。[5] 比如，以色列标榜的军事成就会因受到外国援助而大打折扣，从而削弱以色列对阿拉伯国家的震慑。

但是，苏伊士运河事件的秘密最终还是大白于天下。1967 年，一系列揭露真相的作品将事件真相的碎片拼在一起，其中包括休·托马斯的《苏伊士运河事件》和彼得·卡沃科雷西的《十年间的苏伊士》。[6] 但是，迄今为止关于苏伊士运河事件最重要的作品无疑是前国务大臣安东尼·纳丁的《永远的教训》。这是第一次由英国政府内部人士披露《塞夫勒协议》背后的故事。在从政初期，纳丁曾屡受艾登提携，他也把艾登当作导师看待。因此，在丘吉尔任首相的最后几年里，外界普遍认为纳丁将接替艾

[1]　原注：C. Tickell to C. Lush, 9 November 1966, TNA FO 371/190241.

[2]　原注：E. Monroe, ‘Suez Secrets: The Jigsaw Continues’, *Observer*, 24 July 1966.

[3]　译注：在第一次世界大战中，英军在达达尼尔海峡登陆战中遭遇惨重损失，之后英国成立达达尼尔海峡战事调查委员会（Dardanelles Commission）调查此次失败。

[4]　原注：‘Note to B. Trend’, 29 July 1966, TNA CAB 103/628.

[5]　原注：Miscellaneous Note, B. Trend, TNA CAB 103/628. Also see ‘Cabinet Still Undecided on Suez Inquiry’, *Daily Telegraph*, 8 November 1966; ‘Inquiry into Suez Affair Denied,’ *Guardian*, 12 December 1966.

[6]　原注：H. Thomas, *The Suez Affair* (London: Weidenfeld & Nicolson, 1967); P. Calvocoressi, *Suez: Ten Years On* (London: British Broadcasting Corporation, 1967).

登，担任外交大臣。[1] 可是和他的导师一样，纳丁最终也因苏伊士运河事件一蹶不振。在得知英国进攻埃及的秘密计划后（认为这是“肮脏的手段……道德上站不住脚，是政治上的自杀”[2]），他于 1956 年 10 月 31 日向艾登递交了辞职信，表示自己不愿在民众面前为如此奸诈的计划辩护。11 月 5 日，也就是英国军队登陆埃及塞得港的当天，纳丁又辞去议员一职。另外，他预计在三国密约曝光之后，此届政府必定会因此垮台，所以并没有按照惯例在下议院发表辞职演讲。他在事后解释说：“只要苏伊士战争的发动者还身居高位，我就不能揭露真相……否则会对国家造成严重损害。”[3] 虽然纳丁保持沉默的出发点是好的，但却给自己招来更大的麻烦。面对自己亲信的背叛，艾登恼羞成怒。因此，他在议会里散布纳丁的谣言和坏话，声称苏伊士运河事件只是纳丁辞职的借口。此外，许多保守党的后座议员也认为纳丁的辞职不怀好意。所以，尽管后来的事实证明纳丁的所有预测都是正确的，这位“第二金童”[4] 却成了保守党中不受欢迎的人物。艾登再也没有和他有过任何交流，劳埃也讽刺他的政治孤立是“咎由自取”。[5] 纳丁把自己的处境形容为“众叛亲离，众矢之的，不受信任，在忠于原则和忠于朋友同事之间左右为难”。[6]

尽管年仅 36 岁就被逐出政坛，人格也遭受质疑，但在苏伊士运河事件后的头 10 年里，纳丁并不愿揭露密约的真相。他的沉默牺牲了他本来光明的前程，值得敬佩。但是，1967 年初，纳丁突然告知英国政府，要把

---

[1] 原注：N. Nicholson, ‘Nutting, Sir (Harold) Anthony, third baronet (1920–1999)’, *Oxford Dictionary of National Biography*, Oxford University Press, 2004; online edn, (www.oxforddnb.com/view/article/72010, accessed 11 February 2008); D. R. Thorpe, ‘Obituary: Sir Anthony Nutting,’ *Independent*, 3 March 1999.

[2] 原注：Nutting, *No End*, pp. 14, 96.

[3] 原注：‘*No End of a Lesson* by A. Nutting’, J. M. Moss, 6 May 1975, TNA CAB 164/ 1295.

[4] 译注：艾登在英国素有“外交金童”的称号。作为他的得意门生，纳丁被称为“第二金童”。

[5] 原注：*Independent*, 3 March 1999.

[6] 原注：*Independent*, 3 March 1999.

事实真相公之于众。他向特伦德说："此事的当事人都已不再担任公职，但这一届英国政府却仍然不愿为苏伊士运河事件承担责任。"[1] 出身豪门望族的纳丁绝不是为了挣钱而出版回忆录，他的动机很简单：回应外界对他背叛上司和同僚的指控，以及澄清他在苏伊士运河事件中的立场。1967 年 4 月 3 日，特伦德收到寄来的回忆录样稿，并附有纳丁的留言，表明虽然没有查阅官方文件，但他仍乐意帮助政府完善保密规定和内阁制度。[2] 由于该书预定于 4 月 29 日在《泰晤士报》开始连载，留给特伦德审查的时间并不多。因此，特伦德立即把书稿转交给艾登、外交部和时任首相哈罗德·威尔逊。书稿中有对《塞夫勒协议》相关事件的详细描述：1956 年 10 月 14 日法国空军参谋长莫里斯·查勒将军在法国代理外交部长阿尔伯特·格拉泽陪同下拜访首相官邸，并向艾登提交了一份以"调停冲突，熄灭战火"为幌子的入侵埃及的方案。[3] 纳丁也出席了这场会见。按照他的描述，这份方案与艾登的想法不谋而合。因为艾登极度仇视纳赛尔政权，所以在看到这份方案后他"几乎无法抑制自己的喜悦"，并指示当值私人秘书（Duty Private Secretary）盖伊·米拉德对该方案不要做任何文字记录。此次会见结束后，艾登又陆续安排另外两场会议，一场在法国总理官邸马提尼翁宫，一场在塞夫勒，并当场签订密约。

纳丁的书稿为英国政府投下一枚震撼弹。艾登在写给特伦德的信中强烈抗议："他必须为此受到惩罚，他的做法是对集体责任原则的'粗暴践踏'。"[4] 在给布鲁克的信中（当时布鲁克已获封诺曼布鲁克勋爵），艾登提出更多具体的反对意见。他认为纳丁的说法仅仅是基于对同事间谈话的模糊记忆："我不记得自己曾说过那些话，它们也不像是我说过的话。"[5] 此外，纳丁在书中还透露，艾登身患胆管疾病的病因是"经常受到精神

[1] 原注：'*No End of a Lesson* by A. Nutting', J. M. Moss, 6 May 1975, TNA CAB 164/1295.

[2] 原注：'*No End of a Lesson* by A. Nutting', J. M. Moss, 6 May 1975, TNA CAB 164/1295.

[3] 原注：Nutting, *No End*, pp. 91–3.

[4] 原注：Cited in James, *Eden*, p. 614.

[5] 原注：A. Eden to Lord Normanbrook, 25 April 1967, UBL AP 20/49/41.

压力”，而且他“莫名其妙地痛恨希腊人”。艾登认为这些说法“荒谬绝伦”。[1] 另外，艾登还震惊于纳丁“喋喋不休地”强调他们两人之间的意见分歧。他说：“如果当时纳丁的观点是反映在他的情绪上，我承认之前确实没有注意到它们。”[2] 但是，最让这位前首相难堪的是，这本书形容他“渴望与埃及为敌”。他反驳道：“纳丁对我的指控简直不可理喻。内阁的所有人都不会认同这一指控。”[3]

但当纳丁回忆录出版之后，艾登却一反常态，没有发表任何评论。他告诉布鲁克，自己之所以选择沉默，是因为“还在犹豫是否需要披露更多的信息”。[4] 他担心，如果把一些内幕消息公之于众，会给某些现任官员带来极大的影响。[5]

与艾登一样，外交部也是如鲠在喉。三国密约的曝光无疑会影响外交工作，同时也有损于英国的国际关系。[6] 另外，由于《塞夫勒协议》的合法性颇受质疑，并且可能违反“强制法”（关于维护和平与禁止使用武力的最高国际法准则），它的曝光也让英国颜面扫地。可是对于纳丁来说，他认为自己长达 10 年的缄口不言已经仁至义尽。如果换作是一个“肆无忌惮”“口无遮拦”的人，政府又能如何？[7] 首相哈罗德·威尔逊气愤地说：“我本来就不指望纳丁能有绅士风度。”这意味着对于出版商，以及对纳丁本人而言，代价都会非常沉重。[8] 在威尔逊眼中，最无法接受的并不是纳丁违反《官方保密法》，而是他的行为“没有绅士风度”。虽然威尔逊在众人面前常常以自己的工人阶级出身为荣，并且致力于消除社会壁垒，

[1] 原注：A. Eden to Lord Normanbrook, 20 April 1967, UBL AP 20/49/19.
[2] 原注：A. Eden to Lord Normanbrook, 24 April 1967, UBL AP 20/49/21.
[3] 原注：A. Eden to Lord Normanbrook, 24 April 1967, UBL AP 20/49/21.
[4] 原注：A. Eden to Lord Normanbrook, 24 April 1967, UBL AP 20/49/21.
[5] 原注：A. Eden to Lord Normanbrook, 24 April 1967, UBL AP 20/49/21.
[6] 原注：'*No End of a Lesson* by A. Nutting', J. M. Moss, 6 May 1975, TNA CAB 164/ 1295.
[7] 原注：'*No End of a Lesson* by A. Nutting', J. M. Moss, 6 May 1975, TNA CAB 164/ 1295.
[8] 原注：'*No End of a Lesson* by A. Nutting', J. M. Moss, 6 May 1975, TNA CAB 164/ 1295.

但他内心仍相信国家应由绅士管理，而他们必须保守政府秘密。总而言之，由于泄露了《塞夫勒协议》的秘密，纳丁被排挤出上层社会。[1]

1967 年 4 月 20 日，在外交大臣保罗 · 戈尔布斯陪同下，特伦德与纳丁会面，探讨修改文稿的可能性。为了彰显绅士风范，特伦德把这次会面安排在伦敦西区（富人区）的一家会员制私人俱乐部进行。特伦德向纳丁挑明，回忆录的内容“严重背离”集体责任原则。但纳丁并不接受这一指控。他不仅援引了《周而复始》的先例来反驳特伦德，而且还反指苏伊士运河事件是对英国外交传统的“颠覆”。他同意删除当时某些外交官的言论（比如 1956 年驻埃及大使汉弗莱 · 特雷维廉），但坚决不同意删除有关密约的内容。在他眼中，删除密约的内容会“引来阴谋论”，还会“删去书中最核心的真相”。[2]

4 月 27 日，内阁在经过一阵激烈的“唇枪舌剑”[3] 之后，最终批准出版纳丁的回忆录——《永远的教训》。时任检察总长埃尔温 · 琼斯在事后透露，此次内阁会议差一点就把纳丁从枢密院顾问名册上删除。[4] 如果那样的话，纳丁将是英国有史以来第一位遭此对待的前内阁大臣。

按照《克罗斯曼日记》的记载，“特伦德坚称批准出版决定是由他一人做出的，因为和其他工党籍阁员一样，首相也无权查看反对党的会议记录”。[5] 这与后来解密的信息不符。实际上，特伦德并不愿意被夹在政府和纳丁中间承受双方压力。这意味着最后决定批准出版纳丁回忆录的正是首相本人。

---

[1]　原注：See P. Murphy, ‘Telling Tales out of School: Nutting, Eden and the Attempted Suppression of *No End of a Lesson*’, in S. C. Smith, *Reassessing Suez 1956: New Perspectives on the Crisis and Its Aftermath* (Aldershot: Ashgate, 2008), pp. 195–214.

[2]　原注：See P. Murphy, ‘Telling Tales out of School: Nutting, Eden and the Attempted Suppression of *No End of a Lesson*’, in S. C. Smith, *Reassessing Suez 1956: New Perspectives on the Crisis and Its Aftermath* (Aldershot: Ashgate, 2008), pp. 195–214.

[3]　原注：Castle, *Diaries*, p. 246.

[4]　原注：‘*No End of a Lesson* by A. Nutting’, J. M. Moss, 6 May 1975, TNA CAB 164/1295.

[5]　原注：Crossman, *Diaries*, Volume II, pp. 343–4.

至于威尔逊为什么这样做，政府文件中没有提及。有人推测，威尔逊当时在筹备自己的回忆录，所以才没有对纳丁回忆录“赶尽杀绝”。据说，威尔逊在内阁讨论中还谈到封杀纳丁对未来回忆录作者的“抑制作用”。[1] 有人推测，威尔森作为工党领袖，其实乐见纳丁回忆录对保守党造成打击。在苏伊士运河事件中，保守党政府的表现左支右绌。另外，由于威尔逊对国防机密通知事件的处理造成民意对工党政府十分不利，所以此时允许纳丁回忆录出版，可以转移外界的注意力。实际上，他在 4 月 10 日给特伦德的信中就写道：“该书在政党政治中会起到重要作用，对现任政府大为有利。”[2]

但是，《永远的教训》并未引起多大的反响。戴维·卡尔顿指出，这本书距离事件发生的时间太过久远，所以无论纳丁多么可敬和正确，他都“没有机会塑造历史”；“如果它能在 50 年代出版，将会在政坛上引起轩然大波”。[3] 另外，该书出版恰逢第三次阿以战争（Arab–Israeli War）爆发。此时，就连当初艾登的批评者都开始回心转意，转而支持他当年的政策。从 1967 年回看历史，英国参与苏伊士密谋的原因绝不止于纳丁在书中披露的那样，而是如艾登在 1956 年所指出，初期的欧洲共同市场并没有给英国带来任何好处。[4]

《永远的教训》对后来的回忆录也没有造成多少影响。哈罗德·麦克米伦在回忆录第四卷《乘风破浪：1956—1959》（1971 年出版）中完全没有提及纳丁所披露的内容。[5] 另外，虽然《星期日泰晤士报》出价 2 万英镑，希望塞尔文·劳埃披露真相，但他在 1978 年出版的回忆录《1956 年

[1] 原注：‘*No End of a Lesson* by A. Nutting’, J. M. Moss, 6 May 1975, TNA CAB 164/1295.

[2] 原注：H. Wilson to B. Trend, 10 April 1967, TNA PREM 13/1556.

[3] 原注：D. Carlton, *Anthony Eden: A Biography* (London: Allen Lane, 1981), p. 472.

[4] 原注：E. Stock, ‘Reviewed Work: *No End of a Lesson* by Anthony Nutting’, *Political Science Quarterly*, 84:1 (March 1969), 136–7.

[5] 原注：H. Macmillan, *Memoirs*, 6 vols., Volume IV *Riding the Storm 1956–1959* (London: HarperCollins, 1971).

的苏伊士》里仍然谎称塞夫勒会议非但没有签署任何密约，反而阻止了一项秘密协议。[1]

尽管批准出版了《永远的教训》，政府仍然拒绝提供有关苏伊士—西奈战役的官方档案。尽管尝试了多次，历史学者们还是屡屡碰壁。对此，特伦德声称："一旦为了满足一位历史学者的要求而违反保密期原则，我们就相当于打开潘多拉的盒子。而在苏伊士运河事件这样敏感的问题上，如此做的后果不堪设想。"[2]

对于艾登而言，他在私下"比以往任何时候都更加确信，英美军队在 1956 年采取的行动是不可避免的"。他坚信，军事干预在当时"更糟、更危险的情况下"避免了另一场阿以战争。[3] 在公众场合，他却拒绝进一步说明自己在《周而复始》中的观点。

事情的发展就像纳丁当初预想的一样，"揭露真相就像在教堂里告解一样令人难堪，没有人愿意主动尝试"。[4]

> 它确实让我们看清了政府的统治手腕。它向我们呈现了幕僚文官参政的事实、参政的方式以及媒体是如何被政府操控的。
>
> 哈罗德·埃文斯，1975 年 6 月 22 日在英国广播公司上的讲话[5]

1975 年 6 月，首相威尔逊命令有关部门颁布法令，强行禁止《一位内阁大臣的日记》第一卷出版发行。该书的作者是理查德·克罗斯曼（见图 18），他在书中描述了自己在 1964 到 1966 年 22 个月期间担任住房及地方政

---

[1] 原注：Lloyd, *Suez 1956*; G. Watson to H. Evans, 18 April 1978, Selwyn Lloyd Papers, Churchill College, Cambridge, CCC SELO 9/89.

[2] 原注：B. Trend, 引自 H. Harcombe to B. Cheeseman, 30 May 1973, TNA FCO 12/155。

[3] 原注：A. Eden to N. Brook, 24 April 1967, UBL AP 20/49/21.

[4] 原注：'*No End of a Lesson* by A.Nutting', J.M. Moss, 6May1975, TNACAB164/1295.

[5] 原注：'Transcript of the programme "The Editors", Recorded and Transmitted BBC1, Sunday 22 June 1975', TNA PREM 16/466.

府事务大臣（Minister of Housing and Local Government）的经历。这是历史上英国政府首次使用司法手段禁止内阁大臣回忆录的出版。此事后来被称作“克罗斯曼事件”。它不仅对日后政治回忆录的写作影响巨大，而且对英国保密工作都有深远影响。约翰·内勒认为：“一边是政府高层对机密的保护，另一边是公民对政府行为的知情权，两边都对民主精神至关重要。”[1]

在威尔逊的授意下，内阁秘书长约翰·亨特被强制带到高等法院，代表首相澄清颁布禁令的理由。威尔逊把亨特推到聚光灯下，任由他和克罗斯曼的律师就禁令问题针锋相对。《新政治家》杂志的知名主编安东尼·霍华德形容亨特“从神坛坠落到民间”——“一个特殊职位（内阁秘书长）的神秘面纱被掀开”。[2] 在此之前，历任内阁秘书长几乎从不抛头露面，他们存在的唯一证明只是政府名册上的条目而已。人们不禁要问，英国政府为什么放弃与回忆录作者协商交涉的绅士策略，而突然转向法律手段？要回答这个问题，就必须再次回到艾登的《周而复始》寻找答案。

《周而复始》的出版改变了政治回忆录的出版模式。许多政治人物都希望效仿艾登，在卸任后短时间内出版回忆录。尽管官方试图把该书归类于特例，但仍然堵不住悠悠众口。这对政府来说无疑是一个警示。他们意识到，为了满足市场需求，出版商和报纸媒体愿意花大价钱购买此类“即时历史”。一般来说，回忆录的即时性越弱，市场价值就越低。在特伦德担任内阁秘书长时，政府有信心可以通过非正式渠道控制这些回忆录。特伦德曾在1970年7月说过：“我们不指望这一切都没有发生，我们只能竭尽所能确保事情不会失控。”[3] 总之，只要特伦德在任，政府就不会诉诸法律手段。

实际上，特伦德也曾多次经受考验。其中最棘手的就是杰里米·布雷

[1] 原注：Naylor, *A Man and an Institution*, p. 1.

[2] 原注：A. Howard, ‘The Decline and Fall of the August Cabinet Secretary’, *Guardian*, 13 February 2001.

[3] 原注：B. Trend to D. Allen, 10 July 1970, 引自 ‘Harold Macmillan Publication’, J. M. Moss, 13 May 1975, TNA CAB 164/1295。

所写的《政府的决策》。布雷是一位计量经济学家，从 1967 年起在新设立的科技部担任科技大臣托尼·本恩的副手。他的书中充满了数据、预测和表格，与其说是一本回忆录，不如说是一本有关“白热”时代经济政策的教科书。值得一提的是，布雷与维克多·戈兰茨出版社签订的合约金额只有 500 英镑，显然不能让他发大财。[1] 但当这本书进入审查程序后，却给政府带来不少麻烦。对特伦德来说，首要问题是布雷当时还没有卸任。因此，批准此书出版显然有损于内阁集体责任原则。特伦德还担心，如果此例一开，其他现任官员也会群起效仿。到那时，内阁办公室将左右为难。“最终，政府将再无秘密可言。”[2] 威尔逊也担心，该书出版后可能会导致内阁成员之间爆发“回忆录之战”。[3] 但是，威尔逊的反对还另有原因。布雷在回忆录中指责，威尔逊政府的经济政策不仅失当而且无效，应该进行彻底改革。另外，如果布雷的书出版发行，选民会认为工党的内阁大臣们不务正业，拿着纳税人的钱写书。[4]

其他内阁大臣也认同威尔逊的意见。经济事务大臣（Secretary of State for Economic Affairs）彼得·索尔对布雷“颇有微词”。他在写给布雷的信中说：“从政治上说，在大选前出版这部作品是彻头彻尾的愚蠢之举。”[5] 内阁中只有托尼·本恩反对威尔逊的观点。本恩是“开放政府”的坚定支持者，认为“禁止现任内阁大臣评论政府事务将是一个极大的遗憾”。[6] 另外，他也不认为保守党中央办公室（Tory Central Office）能从这本书中获

[1]　原注：G. Gordon to J. Bray, 7 February 1969, Jeremy Bray Papers, Churchill College, Cambridge, BRAY 97/13, Churchill College, Cambridge, CCC BRAY 97/13.

[2]　原注：B. Trend to H. Wilson, 4 March 1969, TNA CAB 164/587.

[3]　原注：'Notes of a Meeting between the Prime Minister and the Secretary of State for Economic Affairs and the Minister of Technology, 13 March 1969', TNACAB 164/587.

[4]　原注：'Notes of a Meeting between the Prime Minister and the Secretary of State for Economic Affairs and the Minister of Technology, 13 March 1969', TNACAB 164/587.

[5]　原注：'Notes of a Meeting between the Prime Minister and the Secretary of State for Economic Affairs and the Minister of Technology, 13 March 1969', TNACAB 164/587.

[6]　原注：T. Benn to H. Wilson, 2 May 1969, CCC BRAY 97/13.

得政治利益或选票。相反，他相信通过揭示英国面临的未来挑战，布雷的回忆录将帮助工党政府与工业、高等教育等领域的意见领袖和有识之士重新建立联系。[1]

但是，托尼·本恩的意见并没有受到重视。1969 年 9 月 24 日，在一封由特伦德代笔的信中，威尔逊告知布雷《政府的决策》被禁止出版："我别无选择，必须秉持本届政府的集体责任原则；我知道你对本届政府决策所倚重的统计分析方法有不同看法，但作为内阁大臣，你完全可以在自己的岗位上解决这些问题。"[2] 布雷对此非常愤怒，在备忘录中写道："我关心的根本不是统计分析方法。"[3] 和本恩一样，布雷并不认为自己的书会给威尔逊政府带来负面影响。相反，他相信通过对政府管理经济的方式提出意见，这本书可以向世人表明本届政府愿意在必要时进行变革。或许很多内阁大臣已经忘记，变革正是 1964 年工党竞选时的主要口号之一。"在我们收获选举胜利的果实之际，"布雷说，"我们不能忘记变革的初心。"[4]

数年后本恩回忆，当时他一边试图说服威尔逊，就算布雷"强行出版回忆录"也不要罢黜他，一边劝布雷不要太过执拗以免被革职。[5] 但他"两边都落了空"。9 月 24 日下班之前，布雷便提交辞职报告，并立即获准。如此一来，他就能以无党籍学者的身份出版作品，不受政党政治的影响。新闻媒体对此喜出望外。[6] 布雷一直是技术革新的代表人物，他的辞职无疑是对政府信誉的重大打击。另外，虽然《富尔顿报告》已经出炉一年有余（《富尔顿报告》建议政府应向民众提供更多信息），布雷的短暂公职生涯再次证明，政府在减少官方机密方面毫无诚意。令威尔逊最恼火的

[1] 原注：T. Benn to H. Wilson, 2 May 1969, CCC BRAY 97/13.

[2] 原注：H. Wilson to J. Bray, 24 September 1969, CCC BRAY 97/13.

[3] 原注：H. Wilson to J. Bray, 24 September 1969, CCC BRAY 97/13.

[4] 原注：J. Bray to H. Wilson, 24 September 1969, TNA CAB 164/587.

[5] 原注：Cited in T. Dalyell, 'Jeremy Bray: Obituary', *Independent*, 5 June 2002.

[6] 原注：See 'Publish and Be Fired', *The Times*, 26 September 1969; 'Minister Quits in Dispute over Publication of Book', *Financial Times*, 26 September 1969.

是，该书出版后赢得了诸多赞誉。甚至有好事者提议把它搬上荧幕。[1]

在克罗斯曼事件之前，另一本让特伦德感到头疼的即时回忆录是《个人记录下的工党政府：1964—1970》。作者不是别人，正是哈罗德·威尔逊本人。威尔逊在 1970 年 6 月竞选连任首相失败后，随即签了一份利润丰厚的书约，记录他执政期间的经历。1971 年 1 月，他将书稿提交审查。书稿里充斥着匆忙写作的痕迹、语法错误和语无伦次之处。然而，让特伦德烦恼的并不是这些语言问题。威尔逊在书稿中对许多国外的政治人物都出言不逊，其中不乏现在活跃在政界的。比如，他曾两次用“非常不友善的语言”描述马拉维总统海斯廷斯·班达。[2] 但是，如果威尔逊能够在下一次选举中重返首相宝座，他今后难免要与这些政治人物共事。难道这本书不会让他尴尬？另一个问题是，为了干扰反对党首相的施政，威尔逊故意在回忆录中泄露机密信息。其中最为敏感的是 1969 年的索姆斯事件（Soames Affair）。当年，法国总统戴高乐向英国驻法大使克里斯托弗·索姆斯建议，英国应在申请加入欧洲共同体之前，首先与法国就两国的利益签署一份秘密协议。但是，威尔逊很快就把这一建议泄露出去，引发法国对英国失信的不满。特伦德认为，在首相希斯就英国加入欧洲共同体进行谈判之际，威尔逊意图再次利用此事干扰英法关系。[3] 由此可见，政治回忆录已然变成竞选的工具。

特伦德苦口婆心，奉劝威尔逊修改文稿，但收效甚微。威尔逊的律师已经提前审阅了几十本政治回忆录，试图找到对自己有利的内容。最终他们发现，过去的一些内阁大臣并未受保密规则限制，他们在回忆录中依旧能够畅所欲言。所以，每当特伦德要求威尔逊修改文稿，他总能援引他们的例子作为拒绝的借口。通常情况下，他的回应是：“丘吉尔肯定不会修改文

---

[1]　原注：'Jeremy Bray: Obituary', *Daily Telegraph*, 5 June 2002.

[2]　原注：B. Trend to H. Wilson, 12 February 1971 in *'The Labour Government 1964–1970: A Personal Record'*, J. M. Moss, 12 May 1975, TNA CAB 164/1295.

[3]　原注：B. Trend to E. Heath, 2 May 1971, ibid.

稿。”[1] 特伦德对此无言以对，无可奈何。于是，威尔逊在书中保留了索姆斯事件，以及对外国政治人物的批评。除此之外，他还在书中披露，军情五处曾向他提供共产党渗透全国海员工会（National Union of Seamen）的情报。

后来的回忆录作者都竞相效仿威尔逊，聘请专人检索过去的作品，试图找到有利于自己的保密漏洞。麦克米伦就是一个典型。1973 年年初，这位前首相将回忆录《长日将尽》提交审查。由于他对回忆录的审查流程了如指掌，特伦德对他无计可施。为了维护“英美特殊关系”（麦克米伦作为苏伊士运河事件后第一位首相，曾努力修复与美国的关系），特伦德希望麦克米伦不要在书中引用美方信息，尤其是古巴导弹危机期间他与肯尼迪总统的通话记录。特伦德为此向他列举了一个实例。美国前军事分析员丹尼尔·埃尔斯伯格曾泄露五角大楼的绝密文件，从而拆穿了美国为入侵越南而编造的谎言。为此，直到 1973 年，美国人仍然耿耿于怀。因此，特伦德对麦克米伦说：“鉴于五角大楼文件泄密案的巨大影响，我们绝不应该再次激怒美国人。”[2] 然而，麦克米伦仍然拒绝删除敏感内容。他还搬出威尔逊的回忆录为自己辩护，指出威尔逊在书中对美国总统约翰逊出言不逊，但并未对英美关系造成负面影响。除了麦克米伦，乔治·威格也相信自己可以顶住审查压力。他曾非常自信地说：“现在大家都不按常理出牌，所以我也没有必要按规矩办事。”[3]

威格的话准确揭示了政府所面对的棘手问题，即政治回忆录已不再是绅士的作品。现在的作者为了出版作品，可以不择手段。于是，政府只剩下两个选择：一是继续按照现有的方法游说作者，寄希望于他们能遵守规矩；二是采取法律手段。当温和派特伦德在 1973 年卸任之后，政府开始倾向于第二个选项。

[1] 原注：H. Wilson to B. Trend, 12 February 1971, in '*The Labour Government 1964–1970: A Personal Record*', J. M. Moss, 12 May 1975, TNA CAB 164/1295.

[2] 原注：B. Trend to H. Macmillan, 2 March 1973, TNA CAB 164/1332.

[3] 原注：G. Wigg to B. Trend, 14 April 1971 in '*The Labour Government 1964–1970: A Personal Record*', J. M. Moss, 12 May 1975, TNA CAB 164/1295.

克罗斯曼日记由口述录音而成，记录的时间从 1952 年一直到 1970 年年底。在这期间，克罗斯曼每周六晚上都会在书房里工作几小时，总结本周的活动并整理办公室转给他的文件。等到了周日，当记忆清晰，手边又有现成的文件，他就会录音记录自己担任内阁大臣的经历。最终，磁带记录的内容达到 150 万字。[1] 克罗斯曼的目标是，“撰写一部巨著，揭露被民主神话所掩盖的政府真相，从而履行 100 年前巴杰特《英国宪法》一书中提及的职责”。[2] 具体来说，他最想揭露的是“首相制政府”的崛起——战后英国的权力从内阁集中到首相一人手中。在他看来，这项工作只能由熟悉政府运作的内部人士来完成。

克罗斯曼的创作动机并不出乎意料，也不是毫无预兆。在生活中，他竭力反对英国的保密政策，把它称为“英国的病因所在”和“英国政府的慢性病”。[3] 他对传统观点（保密可以确保政府决策不受掣肘）嗤之以鼻，而狂热支持“开放政府”。威尔逊曾称他为“痴迷于沟通的人”。[4] 卡斯尔在日记中也记录了克罗斯曼与媒体沟通时的“无比坦诚”。[5] 另外，克罗斯曼还全力支持将政府文件的保密期从 50 年缩短到 30 年。所以，当内阁于 1966 年 8 月 5 日开会讨论此事时，他称这次会议“姗姗来迟”，并说：

> 目前的禁令，除了其他缺点之外，最不能容忍之处在于：内阁大臣，尤其是首相，在撰写回忆录时可以享有使用官方文件的特权。但是，他们却利用回忆录为自己正名和辩护。所以，与其赋予他们特权，还不如尽快解密官方文件，让学术界好好利用它们。[6]

[1]　原注：引自对克罗斯曼遗孀安妮的采访。

[2]　原注：Crossman, *Diaries*, Volume I, p. 11.

[3]　原注：Crossman, ‘Real English Disease’, *New Statesman*, 24 September 1971, p. 1.

[4]　原注：T. Dalyell, ‘Anne Crossman: Widow and Literary Executor of the Labour Minister Dick Crossman’, *Independent*, 1 November 2008.

[5]　原注：Castle, *Diaries*, p. 361.

[6]　原注：Crossman, *Diaries*, Volume I, p. 304.

其实，内阁办公室很早便注意到克罗斯曼出版回忆录的计划，并试图阻止他。1967 年 1 月 26 日，威尔逊首相在一篇由特伦德代笔的演讲中奉劝内阁同僚，不要签订有损内阁政府的图书出版合约。克罗斯曼在回忆录中认为，虽然威尔逊没有指名道姓，但“他设法编织了一张充满敌意的网，把我包围起来”。[1]

政府的策略很快就从危言恫吓变成公然阻挠。1971 年，考虑到自身健康状况不允许自己再频繁前往伦敦查阅资料，克罗斯曼询问特伦德，是否可以把自己查阅内阁文件的权限移交给回忆录的编辑珍妮特·摩根。特伦德回绝了这个请求，并且没有给出任何解释。克罗斯曼非常生气，抗议道：“难道丘吉尔或艾登的学术助理也不被允许查阅内阁文件？”[2] 他紧接着又反问道，“难道丘吉尔也要亲自坐在内阁办公室里查阅文件吗？”特伦德冷漠地回应道，丘吉尔和艾登都是特例，他们的健康状况特别差，而且他们在远离伦敦的地方工作。[3] 他还补充说，这些特例通常只会“照顾”卸任首相。克罗斯曼并没被说服，他搬出乔治·布朗的案例，质疑为什么这位健康的前外交大臣在创作自传《以我的方式》时，能让珍妮特·艾略特代替他查阅政府文件。[4] 按照特伦德的说法，那是因为艾略特在担任外交部高级秘书时已经看过那些文件。克罗斯曼决定不再继续争吵，因为他意识到，不管他提出多少质疑，特伦德总能找到借口。这场战役已经失败，但战争才刚刚开始。

不久之后，克罗斯曼被确诊为癌症晚期。于是他把全部精力都投入到自己作品上来。他倾向于把自己的作品以日记的形式出版。在他看来，之

[1] 原注：Crossman, *Diaries*, Volume II, p. 210.

[2] 原注：R. Crossman to B. Trend, 13 May 1971, TNA PREM 15/902.

[3] 原注：B. Trend to R. Crossman, 1971, MRC MSS 154/3/LIT/33/1–26. See also ‘Advice to B. Trend’, TNA PREM 16/24.

[4] 原注：R. Crossman to B. Trend, 20 May 1971, TNA PREM 16/24; R. Crossman to E. Heath, 22 July 1971, TNA PREM 16/24. The case of George Brown’s memoir is documented in TNA CAB 164/588.

前有关英国政治的回忆录抓不住事件的精髓，而且总是“篡改事实”，没有灵魂，其中的评论鼠目寸光，都是后知后觉和自私自利的产物。[1] 就像克罗斯曼说的：“回忆是不可靠的……正因如此，我们绝对不能信赖政治人物的自传（即便他有权查阅内阁文件）。”[2] 所以他选择使用日记的形式，并希望借此让公众更准确地了解内阁大臣的生活。另外，他决定对日记不做任何删改，指示珍妮特・摩根“把一切都保留下来”。[3]

1974 年 4 月 5 日，克罗斯曼去世。遵从死者遗愿，他的文学遗产执行人开始着手将日记付印。这些执行人包括乔纳森凯普出版社的总经理格雷厄姆・格林，克罗斯曼的遗孀安妮（她曾在布莱切利庄园工作过，所以对机密并不陌生），以及克罗斯曼的生前好友迈克尔・富特。由于富特是威尔逊的内阁成员之一，他的参与在当时尤其引人注目。富特自始至终都站在克罗斯曼一边，而不是忠于自己所属的政党。按塔姆・达里尔[4] 所说，他“一路奋战”，确保克罗斯曼日记能够出版。[5]

到春末，执行人和白厅之间的私下谈判暂停。虽然克罗斯曼生前曾提醒遗嘱执行人，不要期望与政府的谈判会一帆风顺，但他们遇到的阻力还是出乎预料。1974 年 5 月，外界传言克罗斯曼录音的文字稿在交给出版商后被神秘地删去了。[6] 更糟的是，6 月 21 日，新任内阁秘书长约翰・亨特宣布，克罗斯曼日记要等到 30 年后才能出版，理由是它会破坏内阁大臣与同僚及文官之间的互信。[7] 在宣布这个决定之前，亨特曾咨询过许多政府要员。在看过克罗斯曼日记文稿中对文官队伍的描述后，他们都深感忧

[1]　原注：‘Crossman Picks Girl Diary Editor’, *The Times*, 13 September 1971.

[2]　原注：Crossman, *Diaries*, Volume I, p.12.

[3]　原注：J. Morgan to R. Crossman, 21 November 1971, MRC MSS 154/3/LIT/32/1–58.

[4]　译注：塔姆・达里尔（Tam Dalyell），英国工党议员。

[5]　原注：T. Dalyell, ‘Michael Foot: The Last of a Dying Breed’, *Telegraph*, 17 March 2011.

[6]　原注：C. Walker, ‘Labour MP Seeking Corruption Inquiry’, *The Times*, 16 May 1974. See also PREM 16/465.

[7]　原注：H. Evans, *Good Times, Bad Times* (New York: Atheneum, 1984), p. 18.

虑。从最开始，文官的形象就是第五权力[1]，用 C. J. 柴尔德的话说是“内阁中的内阁”。他们对内阁大臣处处掣肘，却对财政部百般讨好，因为他们清楚财政部的高官才能决定他们能否升迁。[2] 此外，他们华而不实，还不如一辆光鲜亮丽的劳斯莱斯汽车。克罗斯曼在日记中列出许多高级幕僚文官，对他们大加批判。时任文官部第二常务大臣伊恩·班克罗夫特看到日记文稿后大为吃惊：

> 在我看来，也许是因为克罗斯曼在担任内阁大臣时和他手下的幕僚文官关系不佳，才会主观地把他们的无能、外表和举止描述得如此不堪。他就像是在编小说，而他笔下的幕僚文官都是小说中虚构的人物。而实际上，他们都是有血有肉的人，他们有自己的家庭和同事，他们需要尊严。如果克罗斯曼的日记出版，文官们可能也会出书记录自己眼中的内阁大臣。他们的记忆力很好，手上有现成的素材，同时也有能力以牙还牙。所以，文官部认为，这本日记会给内阁大臣与幕僚文官之间关系带来严重的，甚至是不可弥补的破坏。它一旦出版，一切就再也回不到过去。[3]

亨特十分在意文官制度的声誉，所以他完全同意班克罗夫特的看法，必须尽一切力量阻止克罗斯曼日记出版。因此，政府与克罗斯曼遗嘱执行人之间的非正式谈判就陷入停顿。

为了解开僵局，遗嘱执行人向古德曼勋爵寻求帮助。古德曼是一位建制派调解人，因擅长调解体制内外的矛盾而闻名，在唐宁街 10 号首相府中也颇具声望。他的斡旋立竿见影。亨特同意，只要按照政府的要求修

[1] 译注：由于媒体能够对权力进行监督制衡，在西方传统中被称为“第四权力”。而根据克罗斯曼的描述，内阁幕僚文官的影响力非常大，所以称为“第五权力”。

[2] 原注：C. J. Child to J. Hunt, ‘The Crossman Diaries’, 31 May 1974, TNA CAB 164/1256.

[3] 原注：I. P. Bancroft to W. Armstrong, ‘The Crossman Diaries’, 7 June 1974, TNA CAB 164/1256.

改，罗斯曼日记就可以出版。但在讨论修改细节时，双方又产生了矛盾。亨特坚持要求把日记中所有关于内阁会议和幕僚文官的章节全部删除。但对遗嘱执行人来说，这显然是不能接受的。于是，古德曼再次介入调解。这次调解的对话十分有趣。古德曼质问亨特："我们到底能在日记中写什么？难道写克罗斯曼坐在书桌旁，闲来无事，安静地欣赏圣詹姆斯公园[1]的美景？"亨特思考了片刻，说："这完全可以，前提是你们没有指明和他坐在一起的还有谁。"[2]

《星期日泰晤士报》斥巨资购买了克罗斯曼日记的连载权，所以对双方的僵局格外关注。亨特的决绝态度与 1972 年特伦德在弗兰克斯委员会作证时的发言前后矛盾。特伦德当时说，内阁办公室在"审查"中的工作仅仅是彬彬有礼的规劝。[3] 但亨特的态度完全谈不上彬彬有礼。于是，《星期日泰晤士报》主编哈罗德·埃文斯做出一个大胆的决定，强行连载这些日记。自 1967 年报道菲尔比间谍案以来，埃文斯已经成为英国新闻业的翘楚。作为火车司机的儿子，他在事业上的成功实属不易，因为当时的舰队街被认为是精英和牛津剑桥毕业生的专属领地。所以在克罗斯曼事件中，作为被公认为敢打敢拼的媒体人，埃文斯是挑战现有保密体制的理想人选。在他看来，最好的办法是趁政府不备，赶在法院颁布禁令之前刊登日记的第一卷。埃文斯还担心富特会把计划泄露给他在政府中的同事。因此，他从一开始就把富特排除在计划之外。

最后的决定是在 1975 年 1 月 25 日（星期六）晚上做出的。当时在场的只有少数报纸媒体人和律师，其中包括《星期日泰晤士报》总编辑丹尼斯·汉密尔顿。埃文斯告诉他们，虽然此事之后《星期日泰晤士报》会受到政府刁难，但连载克罗斯曼日记的风险是值得冒的。他认为，为防止政

---

[1]　译注：圣詹姆斯公园面对白金汉宫，是伦敦市中心最美丽的公园。

[2]　原注：I. P. Bancroft to W. Armstrong, 'The Crossman Diaries', 7 June 1974, TNA CAB 164/1256, p.19.

[3]　原注：Naylor, *A Man and an Institution*, p. 306.

府将他们告上法庭，以致日记无法全文发表，连载的第一卷内容必须石破天惊。而且为了将政府对他们进行法律报复的可能性降到最低，埃文斯还建议，首次刊登的内容不要包含过于冒犯性的语言，以免刺激到白厅。应该呈现一位大臣被其手下文官温柔引领的情形。汉密尔顿同意他的意见，于是日记开始付梓印刷。[1]

正如预料的那样，突然刊登的连载文章让白厅措手不及。亨特当时甚至不在国内。在英国保密历史上最轰动的事件发生之时，这位内阁秘书长正在美国华盛顿出访。出国之前，他向威尔逊保证，自己已交代副手，如果埃文斯打来电话告知要强行出版克罗斯曼日记，就在最后一刻颁布禁令。当然，埃文斯并没有事先打这通电话。事件爆发后，威尔逊在备忘录上写道："我们措手不及。"[2]一从美国回来，亨特就请求威尔逊下令禁止第二波连载文章发表。他认为，被披露的信息还只是"冰山一角"。[3]但连载的内容迟早会触及日记的"核心"，即克罗斯曼出台违背幕僚文官意愿的政策。这会给人一种印象，即幕僚文官是政府之外的另一个权力组织。日记第一卷大部分的戏剧内容，是关于克罗斯曼与住房部常务大臣伊夫林·夏普女爵之间的冷淡关系。[4]克罗斯曼形容夏普精于混淆视听和玩弄权术。另外日记还披露，克罗斯曼在任时最沮丧的事情就是，他所有的政策都要透过"女爵"（人们对夏普的称呼）执行。他在日记中写道："我与夏普合不来。她是位杰出的女性，但她总想按照自己的方式管理住房部，我和她之间矛盾不断。"[5]英国广播公司电视剧《是，大臣》中有一个角色叫作汉弗莱·阿普比。他是一位才华横溢，但也诡计多端的两面派高级官

[1] 原注：Evans, *Good Times, Bad Times*, p. 21.

[2] 原注：Cited in B. Fenton, 'How Whitehall was Beaten to the Punch by the Crossman Diaries', *Daily Telegraph*, 2 January 2006.

[3] 原注：J. Hunt to H. Wilson, 17 March 1975, TNA PREM 16/466.

[4] 原注：夏普职业生涯的生动写照，参见 K. Theakston, 'Evelyn Sharp', *Contemporary British History*, 7:1 (Summer 1993), 132–48。

[5] 原注：Crossman, *Diaries*, Volume I, p. 48.

员。据说这个角色的原型就是夏普。

威尔逊进退两难。一方面，他同意亨特的观点，担心连载的日记将威胁内阁大臣与幕僚文官之间的紧密关系。而且，日记内容暗示威尔逊实际上架空了内阁，他相当于事实上的“英国首相”。[1] 正如 C. J. 柴尔德关注到的，日记指责威尔逊“过于信赖亲信和幕僚”。[2] 另一方面，威尔逊也想让政府决策过程更公开透明。实际上，这一事项与改革《官方保密法》都是他在 1974 年竞选时做出的主要承诺。此时阻止日记连载，就等于违背当时的承诺。

令事态更复杂的是，在希斯执政期间，保守党在“开放政府”领域成绩显著。当年，在《弗兰克斯报告》发表后，希斯表态要在披露政府信息的“艺术和技术”方面进行“根本性的改变”。[3] 他倡议把政府的工作文件和其他咨询性文件都向社会开放，以向外界展示政府的决策过程和依据。这项建议曾遭到幕僚们的强烈反对。时任首相首席私人秘书罗伯特·阿姆斯特朗认为这种做法“太过极端，不具操作性”。[4] 阿姆斯特朗试图用典型的官僚手段，如电视剧中汉弗莱那般，来劝阻希斯，鼓吹推行开放政府就像其他政务改革一样，是要付出代价的。他强调，在任何情况下都必须权衡信息所创造的价值与“获取、处理和发布信息”所带来的成本。[5]

尽管如此，希斯依旧下定决心推进自己的想法。1972 至 1974 年间，他采取了一系列措施逐步提高政府透明度。第一，他规定每项重大政策举措都应附带绿皮书加以解释，并且发布年度白皮书对政府支出进行说明。第二，他责成中央新闻署（Central Office of Information）每周都要公布政府的公告和新闻。第三，内阁大臣每周都要召开新闻发布会，回答“热点

[1]　原注：详见 M. Foley, *The Rise of the British Presidency* (Manchester University Press, 1993)。

[2]　原注：C. J. Child to J. Hunt, ‘The Crossman Diaries’, 31 May 1974, TNA CAB 164/1256.

[3]　原注：‘Public Presentation of Government Policy’, Note by the Prime Minister, CP (72) 70, 3 July 1972, TNA PREM 15/1682.

[4]　原注：‘Open Government’, R. T. Armstrong, 1972, TNA PREM 15/1682.

[5]　原注：‘Open Government’, R. T. Armstrong, 1972, TNA PREM 15/1682.

问题”。第四，他要求阁员们经常参与时事节目，包括“听众来电直播节目”。(各部门担心大臣们会被民众拉去即兴辩论，因此他们会安排“自己人”来电询问事先准备好的问题。)[1] 此外，希斯还打破了幕僚文官长期以来不参加公开活动的传统形象，鼓励他们在期刊上发表专业文章，甚至参加电台节目，比如英国广播公司第四频道的节目《不，大臣》。

威尔逊不愿意打出政治乌龙球，最初他顶住高级文官要求颁发禁令的压力，选择了更为灵活的审查策略，要求内阁秘书长重启与埃文斯的谈判，并在保证最低损害的前提下监督克罗斯曼日记出版。在为期 9 周的连载过程中，亨特一直在与《星期日泰晤士报》“玩猫捉老鼠的游戏”，成功删除部分内容，但仅此而已。[2] 在这期间，大约有 10 万字的日记内容被连载见报，而且日记的全文出版似乎也指日可待。

然而到了 6 月，当克罗斯曼日记第一卷准备付印时，检察总长山姆·西尔金上诉高等法院王座分庭（Queen's Bench Division），下令禁止日记出版。这个决定着实令人震惊，因为这个禁令无异于亡羊补牢。埃文斯不愿坐视克罗斯曼的遗嘱执行人孤军奋战，于是在没有得到官方批准的情况下，刊登了一系列新的未经删减的日记章节作为报复。[3] 由于这种挑衅行为，他也被法庭传唤。威尔逊首当其冲受到公众批评，但后来解密的文件证实，主要责任应由内阁高级幕僚文官承担。在日记连载的第一期出版之后的数周，威尔逊的高级文官幕僚们就反复劝他一定要采取强硬立场。亨特是其中的代表性人物，他说过：“由于克罗斯曼日记揭露了内阁讨论的许多细节，这不可避免地会引发一些问题，因此它的出版可能标志着某种分水岭。”[4] 文官事务大臣威廉·阿姆斯特朗更为夸张：“克罗斯曼打破了

[1] 原注：'Press Comments and Regulations with the Press', General Secretary to E. Sugden, 18 December 1975, MRC MSS 415, Box 90.

[2] 原注：Evans, *My Paper Chase*, p. 364.

[3] 原注：Evans, *My Paper Chase*, p. 23.

[4] 原注：B. Fenton, 'How Whitehall Was Beaten to the Punch by the Crossman Diaries', *Daily Telegraph*, 2 January 2006.

幕僚文官相互信任的传统，破坏了绅士精神。”在连载发表后，他还警告威尔逊：“从此之后，一切都会改变。”[1] 如果泉下有知，克罗斯曼一定会含笑九泉。因为威尔逊对文官意见的重视完美地验证了他的观点：掌握权力的不是民选政客，而是幕僚文官们。

该案由首席大法官约翰·威杰里审理。令人惊讶的是，西尔金并没有依据《官方保密法》提出指控，而是选择援引晦涩难懂的保密法则，指控日记泄露内阁会议内容。这其实对克罗斯曼的遗嘱执行人是有利的，因为如果根据《官方保密法》第二款的一般性规定起诉，将意味着要进行有陪审团在场的刑事审判。作为克罗斯曼遗产执行人的辩护人，古德曼也承认如果根据第二款起诉，政府将会胜诉。[2] 但奇怪的是，政府的律师团队并没有这么做。因为在政府看来，利用《官方保密法》起诉成功的必要条件是，证明披露秘密的克罗斯曼与接收秘密的出版商之间确有联系。但是，由于克罗斯曼已经离世，找到他们之间联系的证据几乎不可能。其实，政府也不可能使用《官方保密法》，因为在当时的舆论压力下，官员们正准备重新审议该法案。在最近一次接受格拉纳达电视台的采访中，内政大臣刚刚承诺过要对《官方保密法》进行“彻底的修改”。[3] 因此，政治上争议较小的保密法则成为替代方案。

1975年10月1日，威杰里做出了最终判决。这份判决书被形容为“宪法律师们的梦想”，因为其中满是对含糊公约的解释，以及对道德和法律义务之间差异的思考。[4] 它甚至在宪法词典中引入了一个新词——“界限”。不过这位首席大法官很快承认，这个词在本案中被滥用了。威杰里的判决让外界对于究竟是谁真正赢了官司众说纷纭。判决之后，政府

[1] 原注：W. Armstrong, May 1975, TNA PREM 16/466.

[2] 原注：Evans, *Good Times, Bad Times*, p. 24.

[3] 原注：Cited in ‘Drafts: Report of the Committee of Privy Councillors on Ministerial Memoirs’, TNA CAB 164/1294.

[4] 原注：D. G. T. Williams, ‘Case and Comment: The Crossman Diaries’, *Cambridge Law Journal*, 35:1 (April 1976), 1.

对结果很满意，因为威杰里在判决中强调了集体责任原则的重要性，并且表明内阁大臣有义务遵守这一原则。至关重要的是，他还支持西尔金的观点，即保密法则也适用于内阁议事过程，而不是像克罗斯曼的法律团队所主张的那样，只适用于婚姻和行业秘密。司法上对这一点的承认是起诉方的一项重大突破。

然而，这项突破代价高昂。威杰里不仅解决了实质问题（到底什么需要保密？），还顾及时限问题（保密期应该多长？）。[1] 他的态度是，信息的保密性必须有一个时间限制。在克罗斯曼一案中，他认为日记内容的保密期已过，它的出版不会对当今内阁的自由讨论构成威胁。况且，日记第一卷中描述的许多事件都是 10 年前发生的，这期间已经历三次大选，大量类似作品已经出版。鉴于此，他判决克罗斯曼日记可以立即出版。对此，克罗斯曼的遗孀非常兴奋："这是一个意外而又正确的判决。"显然她很高兴能完成丈夫遗愿。[2] 这场审判带来的宣传效应使克罗斯曼日记很快声名大噪，一时间销量大涨。事实上，乔纳森凯普出版社给这本书的宣传语就是"政府试图禁掉的书"。

克罗斯曼日记的出版也是"开放政府"的支持者们所乐见的。他们把日记第一卷，以及分别于 1976 年和 1978 年出版的第二卷和第三卷视为与政府斗争的胜利。此后，大多数观察人士都相信，政府已经越来越难以隐瞒信息，尤其是内阁大臣私下言论中涉及的内容。虽然政府仍然有权审查政治回忆录或官员日记，根据其内容来决定能否付梓，但幕僚文官们提出的建议突然有了保密期限。在此之前，它们是永远不会被公开的。[3] 就像备受争议的记者伯纳德·莱文所说，克罗斯曼事件的意义在于"它推开了之前被紧紧锁

[1] 原注：D. G. T. Williams, 'Case and Comment: The Crossman Diaries', *Cambridge Law Journal*, 35:1 (April 1976), 2.

[2] 原注：'Anne Crossman: Obituary', *Daily Telegraph*, 8 October 2008.

[3] 原注：B. Trend to G. Wigg, 2 April 1971 cited in 'The Memoirs of George Wigg', J. M. Moss, 30 May 1975, TNA CAB 164/1296.

死且被严密看守的保密体制之门”。[1] 当然，循着克罗斯曼日记的先例，许多回忆录性质的日记也都陆续出版。这其中就包括克罗斯曼的内阁同僚芭芭拉·卡斯尔和托尼·本恩，以及后来的保守党阁员艾伦·克拉克的日记。

但是，宣称克罗斯曼事件后一切都顺风顺水并不确切。在对簿公堂的过程中，辩方需要承担高达 7 万英镑的诉讼费用。如果没有《星期日泰晤士报》支付这笔费用，遗嘱执行人根本无力承担。所以，在 2005 年的一次采访中，克罗斯曼的遗孀安妮说：“我们非常感激埃文斯，如果没有他的帮助，就不会有这次申辩机会，那么政府就能得逞了。”[2] 实际上，这场官司相当于为政府创造了一种经济制裁模式。从那以后，如果回忆录作者或者出版商财力不足，内阁办公室就会以花费不菲的庭审威胁，让对方因经济负担而让步，从而通过代理人实现审查。[3]

对未来回忆录作家不利的是，经过克罗斯曼事件的教训，官方机密的一众看门人已经意识到他们需要强化出版审查的内部机制。1975 年 4 月，也就是提起诉讼的两个月前，一个由枢密院委员组成的调查委员会成立，主席由拉德克利夫勋爵担任。他曾多次在政府深陷危局时伸出援手，所以在他的主持下委员会很快就展开了秘密调查。到 12 月，调查报告出炉，并立即得到政府核准，成为《内阁大臣守则》的附件，意味着官方机器可能已经设立某些监管举措。[4] 报告提出的建议等于是一种倒退，也明显是修补克罗斯曼事件所暴露出来漏洞的尝试。出于政府内部保密的考虑，拉德克利夫建议内阁大臣必须在 15 年封锁期后才能自由出版作品。虽然这段限制时间比历史学者面对的封锁要短得多（他们在 30 年后才能使用政府文件），但仍然比威杰里法官在克罗斯曼事件中认定的 10 年期限长了 5

[1]　原注：B. Levin, ‘The Light that Mr Crossman Lets in Can Never Again be Shut Out’, *The Times*, 3 June 1976, p. 14.

[2]　原注：对安妮·克罗斯曼的采访。

[3]　原注：Leigh, *Frontiers of Secrecy*, p. 71.

[4]　原注：J. Naylor, ‘British Memoirs and Official Secrecy: From Crossman to Thatcher’, in Egerton (ed.), *Political Memoir*, p. 332.

年。拉德克利夫还建议，即使在15年封锁期后（“足以包含三届议会的会期”），回忆录作者们也不能在书中透露内阁幕僚文官私下提供的政策建议。[1] 此外，如果文件涉及国家安全或国际关系，封锁期可被无限延长。拉德克利夫还建议，每一位内阁大臣在就任和离任时，都要签署声明宣誓忠诚，类似于参照《官方保密法》签署的文件，承诺知晓其未来手稿的可接受性将被依照“参数”进行评判。

拉德克利夫的调查报告明确了政府在处理政治回忆录时的首选方法。虽然在克罗斯曼事件中使用了强硬的法律手段，白厅如今准备回归非法律途径控制的机制。尽管这机制远非完美，却能让政府免于陷入无休止的官司当中，而且取得过一定的成功。拉德克利夫承认，就算“偶有反叛”或“泄密”也无碍。他在报告中说：“只要大多数人遵守我们的规则，就算有个别人犯规，即使一时间搅起轩然大波，也无法彻底颠覆整个保密体系。”[2] 和汉基时代一样，这种保密体系有赖于政府对内阁大臣们的规劝以及大臣们的自我审查。在拉德克利夫看来，内阁秘书长的职责就是审查文本，平衡公共利益的各个方面，然后提醒内阁大臣有道德义务维护政府的利益。他声称：“从过去到现在，只有内阁秘书长才能向内阁大臣们清楚地解释他们能做什么、不能做什么。”[3] 这种方法虽然不尽完美，但对回忆录作者来说还是非常客气的。当时正筹备出版第二本回忆录的威尔逊说道：“真正的服从应该是心悦诚服地接受。”[4] 尽管后来也进行过许多调查，但没有更合适的方案能够替代这种审查方法。所以，政府当前仍然采用拉德克利夫的建议。简而言之，这种温和的审查方法仍然是当前的主流。

[1] 原注：*Report of the Committee of Privy Councillors on Ministerial Memoirs*.
[2] 原注：*Report of the Committee of Privy Councillors on Ministerial Memoirs*.
[3] 原注：*Report of the Committee of Privy Councillors on Ministerial Memoirs*.
[4] 原注：H. Wilson, January 1976, TNA PREM 16/904.

第四部分

情报秘密、间谍回忆录和官方历史

第7章

战时欺骗："超级机密"与"双十字计划"

"超级机密"不仅在战争期间被视为最高机密，而且在战后30年里仍然受到严格保密——这种情况在历史上前所未有。

彼得·卡沃科雷西，历史学家，

布莱切利庄园前雇员，1980年[1]

英国情报部门在第二次世界大战中的表现可圈可点，其中最耀眼的成就就是在布莱切利庄园进行的密码破译工作。从1940年开始，在绝对保密的情况下，一批破译人员在那里截获并成功破译了德国的机械密码（恩尼格玛）。由此取得的情报——对外统称为"超级机密"——为盟军提供了"有关敌方军事行动的极为重要和准确的信息"。[2] 尽管一些修正主义者，比如拉尔夫·班尼特[3]，不断质疑"超级机密"的重要地位（他认为"情报工作只能作为军事行动的辅助，而不能独立存在"[4]），但主流观点还是认为"超级机密"为盟军取得胜利发挥了决定性作用。另外，盟军最高指挥官艾森豪

[1] 原注：P. Calvocoressi, *Top Secret Ultra* (New York: Littlehampton, 1980), p. 14.

[2] 原注：JIC (45) 223 (0) Final, 'Use of Special Intelligence by Official Historians', 20 July 1945, TNA CAB 103/288.

[3] 译注：拉尔夫·班尼特（Ralph Bennett），英国军官，二战期间曾在布莱切利庄园工作。

[4] 原注：R. Bennett, 'FORTITUDE, ULTRA and the "Need to Know"', *Intelligence and National Security*, 4:3 (July1988),498; R. Bennett, 'ULTRA and Some Command Decisions', *Journal of Contemporary History*, 16:1 (January 1981), 131–52.

威尔将军曾说过，布莱切利庄园的破译工作“拯救了成千上万的盟军生命，并在很大程度上加速了敌人的溃败和投降”。[1] 二战英国官方情报史作者哈利·辛斯利推测，“超级机密”将战争缩短了 2 到 4 年。[2]

到 21 世纪，布莱切利庄园渗透并破译希特勒通信帝国的故事已经广为人知。它被图书报纸广泛传颂，并且被改编为影视作品。参与破译的天才们成为民众心中的英雄，甚至被歌颂为“英国精神”的化身。但人们不应忘记，就是这样一个对英国影响深远的事件，直到 20 世纪 70 年代中期，也就是二战结束 30 年后，才被公之于众。1945 年后出版的二战官方历史中没有布莱切利庄园的只言片语。就连一向口无遮拦的温斯顿·丘吉尔，在其畅销书《第二次世界大战回忆录》中对这个问题也讳莫如深。知名官方史学家迈克尔·霍华德也认为，二战史中如果没有记载“超级机密”，将是一大遗憾，就好比“莎士比亚在《哈姆雷特》中没有写鬼魂这个角色”。[3] 直到 1974 年，随着空军上校弗雷德里克·温特博瑟姆出版《超级机密》一书，这个“二战中最伟大的秘密”才最终浮出水面，并令天下人瞠目结舌。[4] 正如彼得·卡沃科雷西所说，如此程度的保密“在历史上前所未有”。[5]

布莱切利庄园的破译工作，在战争期间被严格保密是可以理解的。因为一旦稍有不慎，让敌人知道它的存在，后果将不堪设想。然而，是什么原因让它在战后 30 年里仍然被严格保密？这一个巨大的疑问。英国破译德国密码并以此打败希特勒是非凡的壮举，为什么不能大力宣传和庆祝？1974 年，在《纽约时报》的一篇文章中，美国记者戴维·卡恩表示，英

[1] 原注：Cited in F. W. Winterbotham, *The Ultra Secret* (London: Weidenfeld & Nicolson, 1974), p.18.

[2] 原注：H. Hinsley, ‘The Enigma of Ultra’, *History Today*, 43:9 (September 1993), 15–20.

[3] 原注：M. Howard, *Captain Professor: A Life in War and Peace* (London: Continuum, 2006), p. 188.

[4] 原注：Andrew, *Secret Service*, p. 125.

[5] 原注：Calvocoressi, *Top Secret Ultra*, p. 14.

国之所以一直隐藏这个秘密，是因为他们在二战结束后把"二手"恩尼格玛密码机转卖给第三世界国家，从而窃取这些国家的情报。[1] 最近，理查德·奥尔德里奇又指出，长期隐瞒"超级机密"是为了避免影响战后英国与德国的和解，否则德国人会觉得当年是被英国"从背后捅刀子"。[2] 然而，以上两种说法只能解释战后短时间内保守"超级机密"的原因，并不能说明为什么这个秘密被隐藏到 1974 年。本章将证明，英国不公开"超级机密"是为了隐瞒政府通信总部的存在，而它正是战后负责监听信号情报的机构。英国直到 1983 年才承认政府通信总部的存在（1983 年，它的一位前雇员杰弗里·普莱姆因涉嫌为克格勃工作而被告上法庭，政府通信总部因此被曝光），而在此之前官员们担心，"超级机密"的公开会引发民众质疑为什么英国在二战胜利后仍然在破译密码。

人们不禁要问，英国如何能够在长达 30 年的时间里保守"超级机密"？或许有人会认为这项工作并不难。他们的理由是，当初在布莱切利庄园工作的 12000 名破译人员不仅被《官方保密法》堵住了嘴，他们还接受了专门训练，成为"守口如瓶的人"。1941 年 9 月 6 日，在视察布莱切利庄园时，丘吉尔甚至把那里的工作人员形容为"不会叫的鹅"。但本章将说明，隐藏这个秘密其实极其困难，而且为此还引起白厅内外许多人士的强烈不满。

在二战结束之后，许多政府官员迫切地想把自己的战时经历和成就写进回忆录，所以他们一再要求政府解密相关文件。这些人都是达官显贵，而且知道没人敢把他们告上法庭，所以他们是政府的大麻烦。其中最具代表性的就是丘吉尔。他是出了名的口无遮拦，而且对审查制度的态度反复无常。除了官员以外，一些博学多才的历史学者通过自己的调查和研究，也接触到"超级机密"的内幕。由于没有法律可以限制他们的研究，这些

---

[1]　原注：D. Kahn, 'The Ultra Secret: Enigma Unwrapped', *New York Times*, 29 December 1974, p. 5.

[2]　原注：Aldrich, *Hidden Hand*, p. 2.

人对政府来说也非常棘手。因此，政府对付这些“内部人士”和“外部人士”的方法无非是通过内阁办公室和国防机密委员会进行劝说，希望能哄着他们自行修改文稿。大部分时候，说客的角色是由内阁秘书长担任。他一方面必须不惜一切代价确保秘密不会泄露，另一方面还要顶住那些作者们的压力。可是到 60 年代末，随着越来越多的人按捺不住，想要成为揭露“超级机密”的历史第一人，内阁秘书长的劝说工作已经捉襟见肘。至于政府为何在 1974 年允许温特博瑟姆出版《超级机密》，传统的解释是，20 世纪 70 年代出现的电子密码机已大大降低了恩尼格玛的实用性，因此没必要再对其保密。然而，本章将证明，官方主动公开“超级机密”完全是不得已而为之，因为政府已无力阻止它通过“非官方”渠道泄露出去。

> 特别情报应该永久保密。虽然可以偶尔公开与特别情报有关的一些活动，但至关重要的是，对特别情报本身必须保持绝对的沉默。
>
> 联合情报委员会，
>
> 1945 年 7 月 20 日[1]

“超级机密”是二战期间保密级别最高的秘密之一。英国最重要的军事战略情报协调机构——“伦敦控制小组”(London Controlling Section)裁定，一切有关把信号情报用于战争的信息都应列为最高机密。即便在政府内部，也只有大约 30 名工作人员和个别内阁大臣才知道“超级机密”的存在，并有权接触其信息。[2] 在军队中，只有“有必要知道”的极个别军官——通常是战区指挥官——才能接触“超级机密”提供的信息。他们

[1] 原注：'JIC: General Directive to Chief Historians for Safeguarding Special Intelligence Sources in Compiling Official Histories', 20 July 1945, TNA CAB 103/288.

[2] 原注：See J. Keegan, *Intelligence in War: Knowledge of the Enemy from Napoleon to Al-Qaeda* (London: Key Porter Books, 2003), pp. 190–6; C. Andrew, 'Churchill and Intelligence', *Intelligence and National Security*, 3:3 (July 1988), 181–93.

向下属解释情报来源时，必须谎称情报是来自潜伏在敌人总部内的特工。1944 年 4 月，在登陆法国的战役即将发动之前，联合情报优先目标委员会（Combined Intelligence Priorities Committee）成立，专门负责销毁欧洲解放区内有关"超级机密"的文件。到 8 月，随着轴心国军队屡屡战败，很多德国档案被缴获。经过各方同意，英国派遣一名"具有判断力，并受过反审讯训练"的外交部档案保管员随同盟军地面部队前进，执行保护特殊情报的任务。[1] 至于战时密码破译的神经中枢——布莱切利庄园，保密工作更是重中之重。庄园外围被铁丝网环绕；进出口均由哨兵把守；木屋（破译人员工作的地方）的门缝被堵死，上面还挂着铃铛；另外，庄园内还有通行口令，并且每天早上 8 点准时更换口令，确保天黑之后只有获得授权的人员才能进入。[2]

1945 年春，随着欧洲战事接近尾声，英国最重要的信号情报机构——伦敦信号情报委员会（London Signals Intelligence Board），开始筹备战后的保密工作。早在 1942 年战事前景不明之际，英国陆军部就开始着手编修二战历史。此事由官方历史控制委员会（Committee for the Control of Official Histories）主席 R. A. 巴特勒主持，对当时战争进行了广泛的研究。[3] 由于第一次世界大战官方历史长期以来被诟病"没有体现人性"，而且"忽略了人民的作用"[4]，巴特勒要求此次二战史中一定要兼顾军事话题和平民内容。因此，这部史书将大量引用敏感材料。1942 年 2 月，《英国公民》系列丛书主编基思·汉考克曾报道过这次修史计划："政府各部

[1] 原注：'Security of Deception: Development up to Mid-January 1946', London Controlling Section, TNA DEFE 28/28; M. Vyvyan to H. Jenkinson, 3 August 1944, TNA FO 371/39171; Anon. to Major Cave G2 Division Supreme Headquarters Allied Expeditionary Force, 10 August 1944, TNA FO 371/39171.

[2] 原注：Miscellaneous Notes, 12 April 1941, TNA HW 50/22.

[3] 原注：R. A. Butler, 'Preliminary Histories of the War', Head of Military Branch, 10 November 1944, TNA ADM 116/5558.

[4] 原注：M. Hankey to R. Howorth, 21 July 1941, TNA CAB 21/2165.

门都大力配合。它们在执行政府政策方面一向非常积极。它们意识到，记录历史对未来有利，并且坚信这项工作在从战争向和平过渡的过程中具有实际价值。”[1] 但是，这次修史计划让伦敦信号情报委员会倍感忧虑。他们担心，当巴特勒把缴获的德国文件和英国文件进行比较之后，就会发现盟军当时掌握了一些不可能由间谍提供的重要情报，而这些情报只可能来自“超级机密”。[2] 其中最明显的就是盟军对轴心国行动的快速反应：比如及时改变护航舰队的航线，从而避免德国 U 型潜艇的攻击；依据德军部署重新调动地面部队；采取反制措施削弱德国空袭效果等等。[3]

1945 年 7 月，伦敦信号情报委员会把此事汇报给联合情报委员会。伦敦信号情报委员会强调，官方二战史绝不能够提及以下内容：

1.“超级机密”是英国验证战略计划合理性和有效性的基础；

2. 对德国的战时欺骗在各个战线上都是协调一致的；

3. 在战争中曾使用双面间谍误导敌人。[4]

联合情报委员会预见到，披露“超级机密”及其所提供的情报，对于政府通信总部（布莱切利庄园在战后的继任者）来说，将引发一系列特殊问题。第一，“未来还会有敌人”；如果苏联知道“超级机密”的作用如此巨大，那他们一定会堵上通信密码的漏洞。[5]（政府通信总部根本不知道的是，苏联间谍金·菲尔比和安东尼·布朗特等人早就把英国二战期间战时欺骗的秘密泄露出去。）第二，“不能给德国人（或日本人）提供任何战败

[1] 原注：'Report: Progress of the Official Histories', K. Hancock, 18 February 1942, TNA FO 370/692.

[2] 原注：Telegram, Cabinet Office to JSM (Washington), July 1945, TNA CAB 103/288.

[3] 原注：JIC (45) 223 (0) Final, 'Use of Special Intelligence by Official Historians', 20 July 1945, TNA CAB 103/288.

[4] 原注：'Security of Deception', Memorandum by Controlling Officers, 17 February 1946, TNA DEFE 28/28.

[5] 原注：'JIC: General Directive to Chief Historians for Safeguarding Special Intelligence Sources in Compiling Official Histories', 20 July 1945, TNA CAB 103/288; 'Special Order', E. Travis, 7 May 1945, TNA HW 3/29.

的借口"。如果知道自己二战期间的所有计划都被盟军窃取，德国人就不会像 1918 年那样"输得心服口服"。[1] 法西斯复仇主义和德国"因背叛而战败"的思潮就会甚嚣尘上，希特勒的不败神话或许会因为这种不光彩招数的曝光而死灰复燃。长期以来，"超级机密"的受益者也都承认它确实有"背后捅刀子"的意味。就像 1944 年 7 月，在收到一份特别的"好东西"（情报）之后，美国陆军第 7 军情报官打趣道："你也知道，这并不是件光彩的事。"[2]

如果"超级机密"被公之于众，西方国家的情报合作也有可能受到影响。二战期间，盟军各方都强调要精诚团结。但是，由于对盟国的情报疏漏相当不满，英国有意向他们隐瞒了许多已破获的情报。已经解密的布莱切利庄园文件证实了英国的隐瞒行为。比如，1943 年 11 月，英国情报官员仅仅向法国人提供了低级别的密码，理由是"我们不是不相信法国人，而是因为我们实在不放心他们的通信安全"。[3] 英国对法国的保留是有根据的。按照一名被俘纳粹密码分析师的交代，德国曾成功破译法国在叙利亚的密码，从而全面掌握了戴高乐部队的虚实，以及英国军队行动的细节。同时，英国在与美国的密码交流上也有所保留。1942 至 1943 年，美国的失误（在情报中过度使用浅显易懂的语言，以及坚持使用"不可靠的"哈普林密码机）为德国情报机构提供了"源源不断的信息"。[4] 之后，英国对于向美国提供情报就变得非常谨慎。由于英美两国在 1943 年 5 月签署了信号情报交换协议，如果美国知道英国隐瞒情报，肯定会给英美两国的信

[1]　原注：'JIC: General Directive to Chief Historians for Safeguarding Special Intelligence Sources in Compiling Official Histories', 20 July 1945, TNA CAB 103/288; 'Special Order', E. Travis, 7 May 1945, TNA HW 3/29.

[2]　原注：Cited in S. Schoenherr, 'Code Breaking in World War Two', 13 March 2007. http://history.sandiego.edu/gen/ww2timeline/espionage.html.

[3]　原注：Miscellaneous Notes, 17 November 1943, TNA HW 50/22.

[4]　原注：Miscellaneous Notes, 17 November 1943, TNA HW 50/22; 'Compromise of Co-belligerents by Cypher Communications', May 1953, TNA HW 50/22.

号情报合作蒙上阴影，甚至危及更广泛的“英美特殊关系”。

联合情报委员会相信，布莱切利庄园的工作人员绝对不会泄露“超级机密”。[1] 首先，那里的所有工作人员都签署了《官方保密法》承诺书，宣誓绝不泄密。另外，那里极端保密的工作环境给他们灌输了强烈的心理暗示，使他们对泄密产生本能的抵触。此外，联合情报委员会也不担心内阁大臣、高级幕僚文官以及军队统帅会泄露“超级机密”。原因在于只要“超级机密”不被曝光，那些将军和司令们就能放心地把军事胜利全部归功于自己在战场上的运筹帷幄和精准判断。因此，漏洞只会出在那些民间历史学者身上。禁止他们查阅文献是不切实际的，禁止他们写书更会激起众怒。[2] 最后，联合情报委员会提出了一个方案：把“超级机密”向官方二战史作者和盘托出，但要求他们决不能在书中提及该秘密。1945 年 7 月底，方案的历史部分发布并附带一条总指示，强调“切记，永远不要让外人知道你们已经得知‘超级机密’”。[3] 指示还要求他们不能接触信号材料，不能“深究”那些战争时期明显不合常理的军事命令，并且要签署承诺书，保证不在书中提及“超级机密”。[4] 同期，美国也出台了类似的指示。1945 年 9 月 7 日，在写给伦敦控制小组的一份备忘录中，美国参谋长联席会议写道：“在编写官方历史时，有必要采取适当措施保护信号情报的来源。”[5] 让人意外的是，没人反对这一提案。就像理查德·奥尔德里奇所言：“编写官方历史已成为第二次世界大战中最后的战

[1] 原注：JIC (45) 223 (0) Final, ‘Use of Special Intelligence by Official Historians’, 20 July 1945, TNA CAB 103/288; ‘JIC: General Directive to Chief Historians for Safeguarding Special Intelligence Sources in Compiling Official Histories’, 20 July 1945, TNA CAB 103/288.

[2] 原注：Telegram, Cabinet Office to JSM (Washington), July 1945, TNA CAB 103/288.

[3] 原注：JIC (45) 223 (0) Final, ‘Use of Special Intelligence by Official Historians’, 20 July 1945, TNA CAB 103/288; ‘JIC: General Directive to Chief Historians for Safeguarding Special Intelligence Sources in Compiling Official Histories’, 20 July 1945, TNA CAB 103/288.

[4] 原注：‘Summary: London Signals Intelligence Board Meeting. No. 13’, 18 July 1945, TNAWO 208/5126.

[5] 原注：Cited in A. Cave Brown, *Bodyguard of Lies* (London: HarperCollins, 1976), p. 826.

时欺骗行动。" [1]

但是，信号情报的神秘面纱还是逐渐被揭开。1945 年秋，澳大利亚国防部长杰克 · 比斯利公开谈起美国海军情报工作在珊瑚海海战中的重要作用。《华盛顿邮报》给此事定的新闻标题就是，"嘘……美国当年破译了日本海军密码，现在总算真相大白"。[2] 另外，1945 年 11 月到 1946 年 7 月，美国国会针对珍珠港事件曾展开调查。调查过程中，"魔术行动"的秘密逐渐浮出水面。（"魔术行动"是二战期间美国破译日本军事及外交通信密码的行动。）

在当时的美国，战时欺骗已成为回忆录作者的"热门话题"。在《我与艾森豪威尔的三年时光》一书中，艾森豪威尔的前海军副官哈利 · 布彻上校披露了盟军在北非行动前使用的计谋，并提到一些非常隐秘之事，比如被称为"一次性密钥"[3] 的加密技术。美国驻莫斯科军事使团团长约翰·迪恩少将在《奇怪的联盟》一书中详细描述了"保镖行动"[4] 的经过，并称它"成功掩护了第二战场"。[5] 美国政府虽然竭尽所能，但仍无法阻止这些回忆录的出版。就像驻华盛顿联合参谋团（Joint Staff Mission）团长康沃尔 - 琼斯准将所抱怨的，因为美国没有《官方保密法》的威慑，政府最多只能让那些作者"低调一点"。[6]

---

[1]　原注：Cited in Aldrich, *Hidden Hand*, pp. 3–4.

[2]　原注：E. G. Hastings, 3 February 1948, TNA CAB 104/282.

[3]　译注：一次性密钥（one-time pads），是加密过程中随机产生的一种密钥，不会有任何重复的可能，这种方式可以避免敌人通过枚举法来破解信息。

[4]　译注：保镖行动（Operation Bodyguard），是二战盟军诺曼底登陆行动之前实施的一次战略欺骗计划，旨在登陆时间、兵力规模、登陆方向三个方面欺骗德军。

[5]　原注：'Proposal for an Official History of Intelligence Activities in World War Two', The Intelligence Co-ordinator, 19 June 1969, TNA CAB 163/133; J. R. Deane, *The Strange Alliance: The Story of Our Efforts at Wartime Co-operation with Russia* (London: John Murray 1947); 'Exasperation in Moscow', *Time*, 13 January 1947.

[6]　原注：Director of Military Intelligence to London Controlling Section, 17 January 1946, TNA DEFE 28/28; 'Security of Deception', Memorandum by Controlling Officers, 17 February 1946, TNA DEFE 28/28.

鉴于美国破译日本密码的事情已举世皆知，英国政府不得不担心，英国破译德国密码的秘密迟早也会大白于天下。因为有关这一秘密的蛛丝马迹太多，学者们不可能不注意到它。就像一名官员所说 ：“我们现在就像打桥牌一样，只能先计算好赢墩和输墩，才知道接下来如何出牌。”[1]

最有可能把秘密泄露出去的不是别人，而是忙于创作长篇二战回忆录的丘吉尔。长期以来，丘吉尔一直对军事中的“特殊谋略”颇感兴趣。而且布莱切利庄园对他来说还有特殊的意义。1940 年 5 月，不顾参谋长们的反对，丘吉尔执意每天亲自查阅从布莱切利庄园的“母鸡”那里得到的原始情报。罗纳德·勒温曾表示，密码的魔力和神秘“对时常孩子气的丘吉尔有着不可抗拒的吸引力”。[2] 但是，正统史学观点认为“丘吉尔在未经任何提醒的情况下，就在回忆录中自发回避了‘超级机密’”。[3] 在一些学者看来，丘吉尔的这种谨慎是源于一次惨痛的历史经验。1927 年 5 月，时任首相斯坦利·鲍德温在议会上公开宣读一份破译的苏联电报，致使苏联立刻更换电报密码，从而使英国失去了获取苏联情报的重要渠道。

最近解密的档案证明，丘吉尔在当时压根没有考虑过鲍德温。他在自传第一卷《风云紧急》的样稿中提到“博尼费斯”[4] 一词，而这正是他对“超级机密”的委婉称呼。样稿中还提及“最秘密的信息源”和“特殊情报”——两者都是战时信号情报的别称。

于是，内阁秘书长诺曼·布鲁克在 1948 年 1 月 27 日找到丘吉尔，讨论后者回忆录中的涉密情节。虽然向布鲁克承诺自己不会泄露“超级机密”，但丘吉尔仍然坚持 ：“如果完全不写破译敌方密码的情节，自己

[1] 原注 : Director of Military Intelligence to London Controlling Section, 17 January 1946, TNA DEFE 28/28; ‘Security of Deception’, Memorandum by Controlling Officers, 17 February 1946, TNA DEFE 28/28.

[2] 原注 : R. Lewin, *Ultra Goes To War* (London: Book Club Associates, 1978), p. 183.

[3] 原注 : L. Johnson, *Strategic Intelligence*, Volume I (Westport: Greenwood, 2007), p. 53.

[4] 译注 :“博尼费斯”(Boniface)，英文中常见男性名，来自拉丁文 bonifatius，意为“好命运”。

的回忆录就不完整。"[1] 伦敦信号情报委员会的 E. G. 黑斯廷斯对丘吉尔的态度感到非常忧虑。在他看来，由于世人公认丘吉尔的回忆录是对"战争的真实描述"，所以它会带来"不可挽回的损失"。[2] 另外，一旦丘吉尔披露信号情报的秘密，那么其他"了解内幕"的人肯定也会放松保密意识，在朋友和同事面前显摆。后果将一发不可收拾。[3] 但是，丘吉尔最终还是屈服于"苦口婆心"的劝说；"超级机密"被彻底从《风云紧急》中删去。[4]

令布鲁克吃惊的是，在回忆录第二卷《最光辉的时刻》的样稿中，丘吉尔又一次提到盟军曾截获敌方通信密电。在描述韦维尔将军 1940 年 12 月 9 日在埃及反攻意大利军队时，丘吉尔写道："在首相官邸唐宁街 10 号，他们每个小时都会给我送来刚刚截获的战场密电。"[5] 布鲁克劝丘吉尔删除这段内容："这段话会让其他人误认为可以把破译密码的经历公之于众。"[6] 最终，"截获"一词被丘吉尔删除。必须要承认的是，虽然长期以来丘吉尔惯于我行我素，不受世俗束缚，但他在自己的二战回忆录中展现出极强的自制力。[7] 在书中，他把截获的信号情报谎称为来自"长着两条腿的情报来源"（人力情报）或者来自缴获的敌军文件。另外，"坚韧行动"（Operation Fortitude，盟军利用"超级机密"编造在加来海峡 [8] 登陆的假象）也被从回忆录中删除。[9] 即使关于"超级机密"的间接描述，比

[1] 原注：N. Brook, 28 January 1948, TNA CAB 104/282.

[2] 原注：E. G. Hastings, 3 February 1948, TNA CAB 104/282.

[3] 原注：E. G. Hastings, 3 February 1948, TNA CAB 104/282.

[4] 原注：E. G. Hastings, 3 February 1948, TNA CAB 104/282.

[5] 原注：'W. Churchill's *Second World War* Volume II, Book IV: Points for Consideration', N. Brook, 7 April 1948, TNA CAB 21/2176.

[6] 原注：N. Brook to W. Churchill, 1 June 1948, TNA CAB 21/2176.

[7] 原注：D. Reynolds, 'The Ultra Secret and Churchill's War Memoirs', *Intelligence and National Security*, 20:2 (June 2005), 211.

[8] 译注：是法语对多佛尔海峡的称呼。位于英吉利海峡的东部，介于英国和法国之间，是连接北海与大西洋的通道。

[9] 原注：N. Brook to W. Churchill, 1 June 1948, TNA CAB 21/2176.

如“虽然‘敌军的命令中’仍把伦敦设定为主要目标”，也都因“打擦边球”的嫌疑被修改。[1]

然而，在1952年出版的《为欧洲而战》一书中，澳大利亚官方历史学家切斯特·威尔默特才是真正的口无遮拦。按照前瞻计划理事会（Directorate of Forward Plans，冷战时期执行战时欺骗计划的机构）约翰·德鲁的说法，威尔默特对于“坚韧行动”的描述让丘吉尔“相形见绌”。[2] 戴维·雷诺兹认为，作为信号情报工作的狂热爱好者，丘吉尔已做出“巨大妥协”，但这对布莱切利庄园的工作人员来说意义非凡，因为如果他们的战时首相泄露秘密，他们也会效仿。[3]

> 我刚刚拜读完你的大作。在此由衷钦佩你能创作出如此精彩的作品。作为惊悚小说的拥趸，我必须承认这份报告是有史以来最惊悚的作品之一！然而遗憾的是，它的出版发行要受到严格限制。
>
> 军情五处处长戴维·皮特里给约翰·马斯特曼的信，
> 1945年12月11日[4]

1945年夏，英国军情五处处长戴维·皮特里委托约翰·马斯特曼（见图19）起草一份关于“双十字计划”的绝密报告。二战期间英国情报部门曾策反德国间谍，而马斯特曼就是“双十字委员会”（Twenty [XX] Committee）的前任主席（该委员会是1941年1月成立的利用双面间谍向敌人传送假情报的机构）。作为内参，这份报告记录了许多机密，不仅披露“双十字计划”的主要目的是策反德国间谍，还涉及诺曼底登陆前盟军

[1] 原注：Anon. to N. Brook, 27 April 1948, TNA CAB 104/282; N. Brook, 12 July 1949, TNA CAB 21/2187.

[2] 原注：J. A. Drew to G. Liddell, 3 November 1952, TNA CAB 21/3759.

[3] 原注：See Reynolds, ‘Ultra Secret’; Reynolds, *Command of History*, p. 499.

[4] 原注：D. Petrie to J. Masterman, 11 December 1945, John Masterman Papers (hereafter JMP), Worcester College (hereafter WC), Oxford, 10/1/128/1.

实施的战时欺骗计划。在皮特里坚持下，这份报告只复印了 100 份[1]，其中部分下发给情报部门官员，其他的也仅限于高级政府官员查看，比如内阁秘书长爱德华·布里奇斯。之后，绝大部分复印件都被用火销毁。但令人意想不到的是，马斯特曼赴任牛津大学伍斯特学院教务长时，竟私自带出一份该报告的装订本放到自己的书架上，并把它称为自己"宝贵（虽然不合法）的财富"。[2] 马斯特曼私自留存绝密报告实在令人错愕，因为作为战时双面间谍计划的领导人，他应该知道保密的极端重要性。更加令人错愕的是，他后来竟然要出版这份报告。[3]

1954 年 12 月，马斯特曼向时任军情五处处长迪克·怀特承认，自己私存了那份报告，并希望将之出版发行。怀特听闻之后大惊失色。虽然马斯特曼删去有关"超级机密"的内容，但仔细阅读后仍能发现蛛丝马迹。如果没有密电破译提供的情报支撑，双面间谍根本不可能长期取得巨大成功。[4] 鉴于此，怀特拒绝了马斯特曼的出版请求。另外，怀特还担心，如果有人能够出版涉密材料而全身而退，其他人也都会效仿，那么将后患无穷。

由于马斯特曼在政坛中颇具名望[5]，怀特强烈建议内阁一定要坚持原则，拒绝他出版那份报告。怀特说："我的法律顾问坚决反对马斯特曼的请求，因为他们到现在还在处理蒙塔古带来的问题。"[6]1953 年，由于政府没能阻止前海军情报官伊文·蒙塔古出版回忆录《谍海浮尸》，具有传奇色彩的"肉馅行动"才被披露出来：二战期间，为了迷惑敌军，盟军故意把虚构的威廉·马丁少校的尸体丢弃在西班牙海岸。并且在那具尸体上放

[1]　原注：D. Petrie, 6 December 1950, WC JMP 10/1/128/1.

[2]　原注：J. Masterman to Lord Swinton, 20 April 1961, WC JMP 10/1/128/1.

[3]　原注：J. Masterman to D. White, 2 December 1954, WC JMP 10/1/128/1.

[4]　原注：J. P. Campbell, 'An Update on the Interpretation of the Ultra Documentation', *Archivaria*, 26 (September 1988), 184.

[5]　原注：N. Annan, *Our Age: Portrait of a Generation* (London: Weidenfeld & Nicolson, 1990), p. 5.

[6]　原注：D. White to J. Masterman, 10 December 1954, WC JMP 10/1/128/1.

置一份假情报，谎称盟军要从希腊南部登陆。[1] 英国政府当时也曾竭力阻止《谍海浮尸》出版，皮特里甚至威胁使用法律手段："政府会坚决打击任何可能的泄密行为，所有情报人员都要对自己经手过的情报负责，决不能泄密。"[2] 他还说，"如果连情报人员都不值得信任，后果将非常严重和危险。"[3] 但事与愿违,《谍海浮尸》最终还是得以出版。[4] 但对马斯特曼来说，政府的强烈反对让他知难而退，暂时放弃了出版计划，等待时机再做打算。

虽然马斯特曼没有为难政府，但"双十字计划"的其他知情者可不是省油的灯。其中的典型人物是埃迪·查普曼。二战前，他是一个惯犯，曾多次入室抢劫并且擅长撬窃保险箱。二战初期，查普曼还为德国人刺探过情报。但他在 1942 年被军情五处发展成双面间谍，代号"Zig-Zag"。之后，他参与过多次重要的战时欺骗行动。1943 年 1 月，在军情五处授意下，他向德国情报机构谎称自己要对德哈维兰德飞机工厂实施破坏活动。由于该工厂是新型蚊式轰炸机 [5] 的主要生产工厂，德国人对这个计划非常感兴趣。于是，在舞台魔术师和伪装专家贾斯珀·马斯基林的协助下，查普曼在工厂中制造了一起"巨大爆炸"，并成功迷惑了德军侦察机。事后，军情五处又指使《每日快报》刊登出一条假新闻，谎称工厂被敌军特工炸毁。

这次战时欺骗行动取得巨大成功。查普曼回到德国时受到英雄般的欢

[1] 原注：军情五处估计，西班牙总参谋部把这份情报转交给纳粹德国最高统帅部。德国最高统帅部原本将防御力量分散部署到整个欧洲，收到该情报后将之视为"最需关注"，因而忽略了盟军的真正目标——从西西里岛登陆进军意大利。T. R. Rawer, 22 October 1945, TNAWO 208/3163.

[2] 原注：D. Petrie to J. Masterman, 19 February 1953, WC JMP 10/1/75.

[3] 原注：D. Petrie to J. Masterman, 19 February 1953, WC JMP 10/1/75.

[4] 原注：See Aldrich, 'Policing the Past', 929–31.

[5] 译注：蚊式轰炸机，是由德哈维兰公司设计制造的木质轻型轰炸机，被视为英国航空史上的创新之作。在第二次世界大战期间，该轰炸机创造了皇家空军轰炸机作战生存率的最佳纪录。

迎，还被阿勃维尔授予一枚"铁十字勋章"[1]。直至今天，他仍是唯一获得该勋章的英国人。但是，他对盟军的最大贡献体现在诺曼底登陆之后。随着战局越来越不利，德国开始使用 V-1 导弹攻击盟军的后方城市。查普曼在给德国人的报告中夸大了 V-1 导弹造成的伤亡，并且成功欺骗德国向人烟稀少的地区发射火箭。[2]

虽然查普曼在战争期间功劳颇大，但军情五处从未完全信任他。他本是出身于工人阶级的街头地痞，喜欢过花花公子的放浪生活，与情报工作的性质格格不入。战争结束后，他果然又回到花天酒地的生活中去，并且常常和酒鬼们谈论自己过去的英勇事迹。由于入不敷出，他打算利用自己在战争时期的经历挣钱。早在 1945 年 12 月，查普曼就曾把自己秘密创作的回忆录节选卖给了一家巴黎报纸。为此他被秘密起诉，并被罚款 50 英镑。[3] 为了找到回忆录剩余的部分，军情五处搜查了他在女王门酒店的房间。最终，他们找到并没收了书稿。[4]

几年后，查普曼找到弗兰克·欧文，希望重写回忆录。欧文当过《每日邮报》主编，还作为蒙巴顿元帅的参谋在缅甸作战。虽然查普曼找他的主要目的是代笔撰写回忆录，但也希望利用他与高层的关系帮助自己的回忆录顺利通过审查。[5]1953 年春，欧文完成回忆录的写作，并把连载权高价卖给《世界新闻报》。[6] 随后，政府内部对此事展开了激烈的讨论。怀特

[1] 译注：二战期间，德国用铁十字勋章表彰在战场上表现英勇的士兵，以及为战争胜利做出其他贡献的人员。

[2] 原注：有关查普曼战时活动的更多信息，参见 N. Booth, *ZigZag: The Incredible Wartime Exploits of Double Agent Eddie Chapman* (London: Piatkus, 2007); B. Macintyre, *Agent ZigZag: The True Wartime Story of Eddie Chapman: Lover, Traitor, Hero, Spy* (London: Bloomsbury Publishing, 2007)。

[3] 原注：'Edward Arnold Chapman', 6 May 1953, TNA DEFE 28/137.

[4] 原注：私人信息源。另参见 Booth, *ZigZag*, p. 302。

[5] 原注：'Edward Arnold Chapman', 6 May 1953, TNA DEFE 28/137.

[6] 原注：'Edward Arnold Chapman', 6 May 1953, TNA DEFE 28/137.

强调：“查普曼为我们做事的内容无论如何也不能发表。”[1] 在最后一刻，国防机密通知委员会负责人汤姆森海军少将成功说服《世界新闻报》主编休·卡德利普删除了查普曼为军情五处工作的内容。

但是，查普曼仍然追求把自己的回忆录完整出版。军情五处认为，一旦给查普曼开了绿灯，之后就再也拦不住其他人。但前瞻计划理事会的约翰·德鲁认为，问题远不止于此。查普曼在回忆录中透露，战时内阁选择由伦敦的朗伯斯和南华克两个地区“首先承受 V-1 导弹的袭击”，而没有选择人口更少的地区。[2] 于是，军情五处和前瞻计划理事会都强烈警告查普曼，如果暴露双面间谍的经历，就会依据《官方保密法》把他告上法庭。

军情五处法律顾问伯纳德·希尔曾认为，就算经过删改，查普曼回忆录“仍然会吸引所有人的眼球”。[3] 但事实并不是如此。由于有关查普曼为军情五处工作的内容被全部删除，读者们只看到他一直在为德国工作！所以，民众竟然质疑政府为什么没有因叛国罪绞死查普曼。了解真相的评论家，比如《观察家报》的莫里斯·理查森，批评政府对这本书“矫枉过正”。[4] 理查森评价，该书“被悲惨地阉割过，有失偏颇”。德鲁后来也意识到，政府确实过度使用《官方保密法》威胁查普曼。他认为：“未来我们对待这类事情时不应过度使用法律手段。”因此，他给所有高级官员写了一份备忘录，建议未来要尽力与当事作者“谈判”，最好的策略就是“安抚”。[5]

20 世纪 60 年代末，就像本书第 4 章提到的，英国媒体由于金·菲尔比事件喧闹沸腾了很长一段时间。作为剑桥大学的高才生，菲尔比竟然在英国情报机关高层潜伏长达 30 年，为苏联源源不断地提供情报。这是对

[1] 原注：D. White to J. Drew, 15 May 1953, TNA DEFE 28/137.
[2] 原注：J. Drew to H. Palmer, 14 September 1953, TNA DEFE 28/137.
[3] 原注：B. Hill to J. Drew, 14 September 1953, TNA DEFE 28/137.
[4] 原注：M. Richardson, ‘Top Secret Agent’, *Observer*, 1 November 1953.
[5] 原注：J. Drew, 7 October 1953, TNA DEFE 28/17.

英国情报机构的巨大嘲讽，显示出情报官员像白痴一样无能，竟然被阶级偏见蒙蔽双眼，相信像菲尔比这样出身上层的人绝对不会背叛。

在此背景下，马斯特曼感觉时机已到。1967 年 10 月 3 日，在写给怀特的信中，马斯特曼强调军情五处和军情六处都因菲尔比事件颜面扫地，所以急需"一剂强心针"来挽回形象。[1] 他认为，自己关于"双十字计划"的回忆录就是那剂强心针。因为该计划是英国情报系统引以为傲的杰作，并取得巨大成功。怀特承认，菲尔比事件确实让整个英国情报系统都"士气低落"，于是把马斯特曼的信转发给军情五处新任处长马丁·弗尼瓦尔·琼斯。[2] 琼斯对此事并不热心，担心这本回忆录会让潜在敌人窥探到英国双面间谍的内情。另外，他还担心这本书的出版会进一步打击国防机密通知制度，因为在窃听丑闻被披露后，该计划已经"奄奄一息"。[3] 如果此时马斯特曼回忆录获准出版，国防机密通知委员会势必将承受更大压力。更糟的是，新闻媒体也会毫无顾虑地报道战时情报工作的内情。对琼斯来说，如果撇开其他战时欺骗策略，仅出版"双十字计划"，对挽回声誉不会有太大效果。而一旦扩大涉及面，就不可避免会谈到"超级机密"，也就有可能把政府通信总部牵扯进来。所以，琼斯坚决反对这本回忆录出版。

对此，马斯特曼并不服气。在他看来，琼斯关于"国防机密通知计划"的说法忽略了一点：如果允许媒体对战时情报工作"刨根问底"，他们或许会宣传情报战线取得的巨大成功。[4] 马斯特曼认为，过去那种沉默不语、遮遮掩掩、对任何事情都无可奉告的保密传统已经不能适应时代。他在写给琼斯的信中说道："无论我们喜不喜欢，民众都在受新闻媒体的影响。可是他们从媒体上读到的都是负面新闻，从未听说过成功的案

[1]　原注：J. Masterman to D. White, 3 October 1967, WC JMP 10/1/128/1.

[2]　原注：D. White to J. Masterman, 5 October 1967, WC JMP 10/1/128/1.

[3]　原注：M. F. Jones to J. Masterman, 1 December 1967, WC JMP 10/1/128/1.

[4]　原注：'Notes for Meeting', 1968, WC JMP 10/1/128/1.

例。”[1] 而这本关于“双十字计划”的回忆录恰恰可以提供成功的故事，是挽回军情五处形象的“天赐良机”。[2] 对此，马斯特曼的许多好友和同事都赞同他的观点。前军情五处官员、现任牛津大学法学教授赫伯特·哈特相信，“这本书的出版可以在很大程度上抵消菲尔比事件的负面影响”。[3]《第二次世界大战历史》英国军事系列主编詹姆斯·巴特勒，持有类似意见：“我支持出版一部作品来替代菲尔比事件的热度。”[4] 此外，军情五处战时双面间谍部门负责人汤米·罗伯逊，也不认为马斯特曼回忆录会对情报安全构成威胁：“阻止这本书出版已经毫无意义，因为书中描述的所谓秘密和情报技术早已尽人皆知。”[5] 1970 年 4 月，内阁终于开会讨论此事。但由于琼斯仍然强烈反对，内阁再次驳回了马斯特曼的出版请求。[6]

马斯特曼对这一结果怒不可遏。为表示自己的决心，他甚至把这本书列入自己 1971 年的出版计划。此外，他开始接触美国的出版商，以求冲破《官方保密法》的围堵，在美国出版此书，并把这项计划称为“扯铃计划”(Plan Diabolo)。很快，这一计划便在英国政府中传开。作为马斯特曼的挚友，东南亚司令部战时欺骗计划前负责人彼得·弗莱明警告军情五处和军情六处，马斯特曼已经下定决心，会不顾一切出版回忆录。他还对马斯特曼说：“我把你的扯铃计划告诉政府了，并向他们强调如果计划受阻，你将会不择手段。”[7]

除“扯铃计划”之外，马斯特曼还把“双十字计划”的内情告诉了民间作家。其中和他关系走得最近的是美籍匈牙利裔作家拉迪斯拉斯·法拉戈。当时，法拉戈正在创作一本介绍德国在英美两国从事间谍活动的

[1] 原注：J. Masterman to M. F. Jones, 12 December 1967, WC JMP 10/1/128/1.
[2] 原注：J. Masterman to M. F. Jones, 12 December 1967, WC JMP 10/1/128/1.
[3] 原注：H. Hart to J. Masterman, 9 June 1968, WC JMP 10/1/128/1.
[4] 原注：J. Butler to J. Masterman, 29 December 1967, WC JMP 10/1/128/1.
[5] 原注：T. Robertson to J. Masterman, 31 March 1968, WC JMP 10/1/128/1.
[6] 原注：P. Allen to J. Masterman, 2 April 1970, WC JMP 10/1/128/2.
[7] 原注：P. Fleming to J. Masterman, 5 July 1968, WC JMP 10/1/128/1.

书——《狐狸游戏》。另外，他还是一位对轰动事件有敏锐嗅觉的兼职记者，所以政府绝对不乐见马斯特曼和他走得很近。1963 年，法拉戈在美国出版《阅后即焚》。书中对英国军情六处多有批评之词，甚至还提到“C”这个名称。军情六处处长怀特对此大为恼火，于是设法让担任某英国出版社董事的弟弟撒谎，污蔑此书事实不准确，从而阻止了该书在英国出版。[1] 1971 年 6 月，法拉戈与马斯特曼在牛津大学见面。按照法拉戈的说法，他们之间的谈话只是对“双十字计划”的“泛泛之谈”。[2] 此次会面之后，法拉戈同意帮助马斯特曼完成“扯铃计划”。可事情并不顺利。他们先后接触了 20 多家美国出版社，但都被拒绝。一些出版社给出的理由是，这本书更像“原始资料集”，难以吸引大众读者；还有几家出版社认为它“太英国化”，不贴近美国市场。[3] 实际上，绝大多数出版社是因为害怕遭到政府报复才拒绝的。例如，柯蒂斯·布朗出版社就回复他们：“你们的出版动机让我们倍感忧虑。”[4] 但法拉戈仍然积极奔走，向出版社保证，只要《狐狸游戏》出版，英美政府就不可能再采取任何法律行动。最后，耶鲁大学出版社伸出橄榄枝，与马斯特曼签订书约[5]，并且预付 5000 美元。[6] 马斯特曼夙愿得偿，非常高兴，打算把自己书稿的复印件送给法拉戈以示感谢。但是，为了防止法拉戈提前泄露书稿内容，耶鲁大学出版社阻止了马斯特曼。[7]

---

[1]　原注：L. Farago to J. Masterman, 18 August 1971, Ladislas Farago Papers (hereafter LFP), Howard Gotlieb Archival Research Center (hereafter HGARC), Boston University, Box 51, Folder 1; L. Farago to R. Denniston, 18 March 1972, HGARC LFP, Box 68; L. Farago, *Burn after Reading: The Espionage History of World War II* (New York: Macfadden-Bartell, 1963).

[2]　原注：L. Farago to J. Masterman, 17 August 1971, HGARC LFP, Box 51, Folder 1.

[3]　原注：J. Masterman to J. Osborn, 27 October 1970, WC JMP 10/1/128/3.

[4]　原注：G. Watson to J. Masterman, 9 April 1970, WC JMP 10/1/128/2.

[5]　原注：L. Farago, 7 July 1971, HGARC LFP, Box 51, Folder 1.

[6]　原注：L. Farago, 7 July 1971, HGARC LFP, Box 51, Folder 1; A. D. Peters & Co. Literary Agents to J. Masterman, 23 June 1971, WC JMP 10/1/128/3.

[7]　原注：C. Kerr to L. Farago, 7 July 1971, HGARC LFP, Box 51, Folder 1.

正如马斯特曼所料，在寻求回忆录出版的过程中，法拉戈的参与受到英国政府的关注。1971 年 8 月初，内政大臣雷金纳德·马尔丁、外交大臣亚历克·道格拉斯 - 霍姆与马斯特曼会面。在会谈中，他们问马斯特曼："在整个事情中，法拉戈到底介入了多深？"[1] 为了让政府批准自己的作品出版，马斯特曼谎称法拉戈"一清二楚"。[2] 之后，他给法拉戈写去一封信，要求这位新朋友在面对有关部门询问时应和他"保持一致"。[3] 马斯特曼的计策奏效了。在之后的几个月内，军情五处和军情六处手忙脚乱，频繁开会，把工作重心转移到法拉戈的身上。1971 年 8 月中旬，霍德 & 斯托顿出版社的主编罗宾·丹尼斯顿把法拉戈《狐狸游戏》的草稿寄给英国政府。这份草稿让军情五处和军情六处更为恼火，因为其中的脚注里竟然提到 1945 年的"双十字计划"报告。[4] 巧合的是，罗宾·丹尼斯顿的父亲艾雷斯泰·丹尼斯顿，曾是布莱切利庄园的负责人。出于保密原因，在他 1961 年死后连份讣告都没有，他的贡献也被抹去。对于父亲的遭遇，罗宾·丹尼斯顿非常失望，所以他把这份草稿寄给政府，提醒官员们"超级机密"不会永远不见天日，像法拉戈这样的体制外人士正在一步一步接近真相。

法拉戈引发的恐慌在政府官员之间弥漫。1971 年夏天，军情五处先发制人，批准出版《假冒间谍》。它的作者是《每日快报》记者塞夫顿·德尔默。二战期间德尔默曾在政治作战部[5] 工作过。《假冒间谍》主要介绍二战期间的双面间谍，尤其是诺曼底登陆日的潜伏特工"嘉宝"（GARBO），为北非和欧洲战场的军事行动做出的贡献。德尔默很精明，他主动把自己的回忆录推销给政府，用作对法拉戈的反击。他声

[1] 原注：L. Farago to R. Denniston, 11 August 1971, HGARC LFP, Box 51, Folder 1.

[2] 原注：L. Farago to R. Denniston, 11 August 1971, HGARC LFP, Box 51, Folder 1.

[3] 原注：L. Farago to R. Denniston, 11 August 1971, HGARC LFP, Box 51, Folder 1.

[4] 原注：L. Farago to C. Kerr, 1971, LFP, Box 51, Folder 1.

[5] 译注：政治作战部（Political Warfare Executive），是英国二战时期对德国展开心理战和宣传战的机构。

称，《狐狸游戏》充满"错误和混乱"；相比之下，《假冒间谍》才是"真实的历史"。[1] 起初，政府对德尔默反应冷淡。政府通信总部还一度非常紧张，因为《假冒间谍》第一稿中谈到英国可以轻松破解德国 U 型潜艇的密码。[2] 另外，军情六处也不满德尔默在书中列举双面间谍的姓名。另一个问题是，德尔默涉嫌严重抄袭罗杰·赫斯基的《坚韧行动》一书。赫斯基曾威胁起诉德尔默，称《假冒间谍》"剽窃和改编"了自己的作品。[3]

联合情报委员会在最终决策之前，同意国防机密通知委员会秘书长诺曼·丹宁的观点："与其任由法拉戈的书在市场上散播关于我们的假消息，不如先下手为强，用德尔默的书来抵消法拉戈的影响。"[4] 所以，《假冒间谍》被批准出版。作为补偿，赫斯基拿到一大笔庭外和解费。另外，书中的敏感内容被全部删除或修改。例如，"嘉宝"被换成虚构的名字"卡托"（Cato）。

1971 年 9 月，内阁终于让步，允许马斯特曼回忆录在修改后出版。这一决定的背后包含很多因素。第一，内阁大臣们意识到，必须用相对客观准确的书来制衡《狐狸游戏》的影响。按照法拉戈的说法，官员们把《狐狸游戏》看作是"大杂烩"。[5] 既然马斯特曼回忆录的出版已毫无悬念，所以顺势批准它出版对英国政府来说算是两害相权取其轻，否则就要和马斯特曼对簿公堂，并与耶鲁大学出版社陷入"无休止的纠纷"。[6] 第二，马斯特曼人脉很广，与许多位高权重的官员私交甚好。另外，由于马斯特

---

[1]　原注：'Book by Sefton Delmer', JIC Addendum to JIC (A) (70) (SSC) 157, 22 September 1970, TNA CAB 163/194. See also: N. Denning to JIC (A), 21 January 1969; 'Note: Ladislas Farago', P. Allen, 2 August 1971, TNA FCO 73/158.

[2]　原注：'Comments by GCHQ', TNA CAB 163/194.

[3]　原注：Kent to Wolf, 14 March 1972, TNA CAB 163/194.

[4]　原注：N. Denning to JIC (A), 21 January 1969, TNA CAB 163/194; 'Book by Sefton Delmer', JIC Addendum to JIC (A) (70), 4 November 1970, TNA CAB 163/ 194.

[5]　原注：L. Farago to J. Masterman, 17 August 1971, HGARC LFP, Box 51, Folder 1.

[6]　原注：N. West (ed.), *The Guy Liddell Diaries Volume I: 1939–42* (London: Routledge, 2005), p. 3.

曼能文能武，在很多领域都出类拔萃，因此就连新上台的保守党政府中也有许多官员对他非常仰慕。他不仅是一位优秀的学者，还打过温布尔顿网球赛，代表英格兰参加过曲棍球比赛，并随马里波恩板球俱乐部到处巡回表演。早年，他在牛津大学基督教会学院当历史老师时，现在的许多政坛明星还是他的学生，比如外交大臣亚力克·道格拉斯 - 霍姆和首相爱德华·希斯。令人惊讶的是，这两人现在都想要报答自己早年的恩师。道格拉斯 - 霍姆后来承认，虽然军情五处不断施压，但他从未想过要“为难这位英国最优秀的曲棍球投球手”。[1]

可以想见，军情五处处长琼斯对政府的决定非常不满。在写给外交大臣的信中，他说：“我无法理解，为什么你们认为在道义上应该批准他出版。”[2] 琼斯把怨气全部发泄到马斯特曼身上，称这位耄耋老人“恬不知耻”。[3] 在写给马斯特曼的私人信件中，琼斯指责道：“在战后离开情报部门之时，你亲自签过一份承诺书，但你现在的作为恰恰违背了你当年的承诺。”[4] 琼斯绝不是唯一持这种观点的人。马斯特曼在二战时期的不少同事，比如约翰·马里奥特，都不理解他的做法，从此和他断绝来往。

耶鲁大学出版社原计划在 1972 年年初正式宣布英国政府的决定。但是，1971 年 10 月，法拉戈将这一消息提前泄露给媒体，并通过《每日快报》开始连载自己的作品，其中描述了马斯特曼与“双十字计划”的关系，甚至很多内容的消息来源直指马斯特曼。此举让耶鲁大学出版社大为光火。社长切斯特·科尔写信向法拉戈抗议：“像你这样经验丰富的人肯定知道，提前透露内容会让故事的效果大打折扣。因此，我们之间的合作到此为止。”[5] 在科尔看来，法拉戈的行为完全是为了推广自己的新书《狐狸游

[1] 原注：Cited in M. Howard, ‘Reflections on Strategic Deception’, in W. R. Louis (ed.), *Adventures with Britannia* (Oxford: I. B. Tauris, 1994), p. 237.

[2] 原注：M. F. Jones to A. Douglas-Home, TNA FCO 73/158.

[3] 原注：M. F. Jones to J. Masterman, 4 August 1971, WC JMP 10/1/128/4.

[4] 原注：M. F. Jones to J. Masterman, 4 August 1971, WC JMP 10/1/128/4.

[5] 原注：C. Kerr to L. Farago, 18 October 1971, HGARC LFP, Box 51, Folder 1.

戏》。之后，双方开始谩骂和相互指责。法拉戈指责科尔“精神错乱”；科尔毫不示弱，称法拉戈“无理取闹，信口雌黄”。[1] 在《狐狸游戏》整书出版之后，耶鲁大学出版社对法拉戈更为不满。因为该书的很大一部分内容与尚未出版的马斯特曼回忆录非常相似，其中有 150 句更是原封不动照搬 1945 年的“双十字计划”报告。[2] 注意到此事后，英国政府也很疑惑，法拉戈为何能如此了解这份报告？难道马斯特曼把报告的复印件送给了他？而对法拉戈来说，他怀疑这是“恶意诽谤”的一部分，是由耶鲁大学出版社编造的，目的是败坏《狐狸游戏》的名声。[3] 为了证明自己的清白，他坚称这本书是自己花了 5 年时间，经过艰苦、独立的调查研究才写成的，而且书中的涉密内容全部来自纳粹阿勃维尔的档案，以及对幸存目击者的采访。[4]

最后，在经过多轮的辱骂和指责之后，耶鲁大学出版社和英国政府都猜测，法拉戈极有可能是从戴维·麦凯出版社那里得到的那份报告。1970 年初，在与耶鲁大学出版社合作之前，马斯特曼的文学经纪人给大多数美国出版社都发送过“双十字计划”报告的复印件，其中就包括戴维·麦凯出版社。作为该出版社的签约作者，法拉戈很可能看到那份报告。当然，上述猜测无从证实。

1972 年春，在成稿 27 年后，《二战期间的双十字计划》（*The Double Cross System in the War of 1939 to 1945*）终于出版。书中没有提到有关“超级机密”的内容，并且用“高级军官”取代马斯特曼战时同事们的名字。但是，该书的销量仍然远超预期。尤其在北美地区，截止到 1972 年 6 月 1 日，这本书的销量高达 38000 本。[5] 就如美国外交官约翰·坎贝尔所说，该书在美国市场的热卖是因为它的主题——渗透和战时欺骗——正好符

[1]　原注：L. Farago to J. Masterman, 23 October 1971, HGARC LFP, Box 51, Folder 1;C. Kerr to J. Masterman, 15 November 1971, WC JMP 10/1/128/5.

[2]　原注：R. Denniston to G. Thomson, 11 February 1972, HGARC LFP, Box 51, Folder 2.

[3]　原注：L. Farago to R. Denniston, 18 March 1972, HGARC LFP, Box 68.

[4]　原注：L. Farago to R. Denniston, 20 February 1972, HGARC LFP, Box 51, Folder 2.

[5]　原注：C. Kerr to J. Masterman, 1 June 1972, WC JMP 10/1/128/7.

合当时“美苏冷战的氛围”。[1] 但令英国政府失望的是，《二战期间的双十字计划》的销量，在法拉戈的《狐狸游戏》面前犹如小巫见大巫。《狐狸游戏》精装本销量一举冲破 10 万本，更是在 1972 年 3 月荣登《纽约时报》最畅销非小说类图书排行榜榜首。[2] 法拉戈比马斯特曼年轻将近 20 岁，而且个性鲜明，这让他拥有更大的市场号召力。此外，他还参加过一次大型促销之旅，为《狐狸游戏》赢得了不少销量。[3] 但毫无疑问的是，《二战期间的双十字计划》的意义更为重大。耶鲁大学出版社罗纳德·曼斯布里奇认为，仅就让军情五处放松长期以来的保密政策这一点来说，该书的重要性不亚于 1948 年打破性学禁忌的《金赛性学报告》。[4] 英国政府已经明白，在允许《二战期间的双十字计划》出版之后，“超级机密”的公开也只是时间问题。因为“双十字计划”和信号情报本就交织在一起，不可分割。

> 《超级机密》一书糟糕透顶，但却是对保密禁令的重大突破。
>
> 帕特里克·比斯利，1975 年 11 月 3 日 [5]

20 世纪 60 年代末，对二战期间战略欺骗行动的保密慢慢开始松动。许多作家不经意间在作品中影射到“超级机密”。戴维·卡恩在 1967 年出版的《破译者：人类密码史》中披露，阿勃维尔的通信电报被“足以装满好几栋房子的机器”破译（见图 20）；弗拉迪斯瓦夫·科扎祖克在 1967 年的《秘密战》中声称，波兰密码专家早在 1939 年之前就破译了恩尼格

[1] 原注：J. P. Campbell, ‘Masterman, Sir John Cecil (1891–1977), *Oxford Dictionary of National Biography*, Oxford University Press, September 2004; online edn, October 2009 (www.oxforddnb.com/view/article/31420, accessed 24 November 2009).

[2] 原注：L. Farago to R. Denniston, 18 March 1972, HGARC LFP, Box 68.

[3] 原注：C. T. Anthony to A. Waghaler, 8 February 1972, HGARC LFP, Box 68.

[4] 原注：R. Mansbridge to J. Masterman, 9 February 1972, WC JMP 10/1/128/6.

[5] 原注：P. Beesly to Guy Hughes, 3 November 1975, Patrick Beesly Papers, Churchill College, Cambridge, CCC MLBE 2/15.

玛；金·菲尔比也在《我的无声战争》中指出，密码破译远比人力情报活动更重要。[1] 在介绍二战英国海军情报局的作品中，唐纳德·麦克拉克伦提到"X 站"，而这正是布莱切利庄园的代号。[2] 此外，他在书中还描述了几次英国缴获德国机密的事件，包括 1941 年 5 月从 U-110 号德国潜艇上缴获机密材料。但是，让政府官员们暗自庆幸的是，上述书籍并没有造成多大影响。相反，学术界把麦克拉克伦等人斥为骗子，认为他们缺乏学术素养，不值得信任。比如，《军事》杂志就曾刊文批评麦克拉克伦的作品缺乏可信性，且"引用不权威，注解不恰当，证据不充分"。[3]

1968 年冬，英国政府宣布，将于 1972 年 1 月 1 日解密二战"核心"档案，供公众查阅。对此，官员们讨论的重点就是，"超级机密"是否会因此曝光。为了帮助研究人员全面研究二战，首相哈罗德·威尔逊决定把有关档案"整体"解密，而不是按照"30 年保密期规则"每年分批解密。当然，法律并没有要求"超级机密"也必须解密。《公共档案法》第 3（4）条"无限"豁免条款规定，上议院大法官对与情报有关的所有档案都有自由裁量权。尽管如此，联合情报委员会仍然没有掉以轻心。1968 年 11 月 13 日，联合情报委员会给内阁大臣们送去一份报告，详细分析了解密战时信号情报档案的原因和利弊。[4] 支持解密"超级机密"的理由有：第一，通过大量的回忆录和民间历史书籍，大多数针对纳粹的战时欺骗行动已被外界了解。虽

[1]　原注：D. Kahn, *The Codebreakers: The Story of Secret Writing* (New York: Macmillan, 1967)（中文译本 2021 年 6 月已由金城出版社翻译出版。——编注）; W. Kozaczuk, *Bitwa o Tajemnice. Sluzby wywiadowcze Polski i Rzeszy Niemieckiej 1922–1939* (Warsaw: Ksiazka i Wiedza, 1967); K. Philby, *My Silent War: The Soviet Master Spy's Own Story* (New York: Grove Press, 1968); 'Published Material on Intelligence in World War Two', GCHQ to Intelligence Co-ordinator, 27 May 1969, TNA CAB 163/134.

[2]　原注：D. McLachlan, *Room 39: Naval Intelligence in Action 1939–45* (London: Atheneum, 1968).

[3]　原注：R. Bublitz, 'Review: Room 39: A Study in Naval Intelligence by D. McLachlan', *Military Affairs*, 33:1 (April 1969), 278.

[4]　原注：'The Release of SIGINT Records', JIC (58) 46, 13 November 1968, TNA PREM 13/3252.

然“超级机密”仍然不为人所知，但民众对战时欺骗计划的兴趣意味着“超级机密”不可能再保持神秘。第二，国防机密通知委员会和内阁秘书长在保护秘密方面已经越来越无能为力。马斯特曼的例子证明，如果退休官员没有屈服于政府的压力，而是执意出版自己的作品，那么除了诉诸《官方保密法》之外，政府别无他法。最后一个原因是，由于叛逃者的泄密，苏联已经对英国的密码工作了如指掌。[1] 正如本书上文交代过的，英国之所以迟迟不愿解密“超级机密”，就是因为担心苏联人可以借此了解政府通信总部的活动。众所周知的是，这些情况早就被剑桥间谍泄露出去。

然而，解密那些档案仍然有相当大的风险。报告指出，解密“超级机密”的任何细节都会让外界“关注整体（信号情报工作）”，致使政府通信总部更加难以保密。[2] 所以，在发布官方声明和回答议会质询时，内阁大臣们都会以涉密为借口避谈政府通信总部，从而“打压不知真相者的好奇心”。[3] 如果解密“超级机密”档案，哪怕仅仅是二战期间的档案，都会让这些努力前功尽弃，并让更多人臆测政府通信总部战后的活动。另外，如果把战争期间英国信号情报工作的成绩公之于众，其他国家就会加强通信领域的安全措施。

联合情报委员会为此提出几点规范建议。第一，第一次世界大战期间的信号情报档案（有关“40号房间”的档案）可以立即解密，前提是不能给协约国的胜利造成“尴尬、怨恨或误解”，也不能影响当前的情报行动。[4] 第二，政府部门和内阁办公室保管的“超级机密”相关档案可以解

[1] 原注：'The Release of SIGINT Records', JIC (58) 46, 13 November 1968, TNA PREM 13/3252.

[2] 原注：'The Release of SIGINT Records', JIC (58) 46, 13 November 1968, TNA PREM 13/3252.

[3] 原注：'The Release of SIGINT Records', JIC (58) 46, 13 November 1968, TNA PREM 13/3252.

[4] 原注：'The Release of SIGINT Records', JIC (58) 46, 13 November 1968, TNA PREM 13/3252.

密，但必须要经过修改，并且要"慢条斯理"，分多年逐步解密，从而用时间"冲淡民众的兴趣"。[1] 第三，两次世界大战间隔期间，以及二战之后的信号情报档案，应由大法官豁免解密。第四，政府通信总部掌握的"超级机密"档案均不能解密。第五，不允许任何个人接触信号情报档案。无论是学者还是官方传记作家，一旦违反这条规则，都可能导致"一发不可收拾"的泄密后果。

1969 年年底，政府采纳了上述建议。对政府来说，这其实是个大胆的举动。因为如果把战时信号情报工作的档案逐步解密，那么毫无疑问的是，内阁大臣将会通过回忆录使"超级机密"成为尽人皆知的常识。但内阁秘书长伯克·特伦德认为，历史研究者可能要花几年，甚至几十年才能意识到档案中"博尼费斯"和"最秘密的信息源"这些名词的意义。于是，1970 年 11 月 9 日，他向首相爱德华·希斯强调，如果把政府通信总部掌握的"超级机密"档案区别对待，既"反常"又"引人注目"，所以他建议这些档案应该和其他二战"核心"档案同时解密。[2] 特伦德还说，如果官方解密的"超级机密"信息不能让内阁大臣们满足，他们就会找其他"他们无法掌控的人"为他们去挖掘更多的信息。

戴维·卡恩为了推广《破译者：人类密码史》已经准备要参加一档电视栏目，似乎他即将揭开这个秘密。同样，戴维·希尔也正在创作一本关于 20 世纪 40 年代情报工作的书。据说，后者获得了一份由政府通信总部前官员撰写的秘密报告，该报告描述了该机构的起源以及战后的发展。[3] 特伦德认为，政府主动解密"超级机密"档案会阻止"不负责任的作

[1]　原注：'The Release of SIGINT Records', JIC (58) 46, 13 November 1968, TNA PREM 13/3252.

[2]　原注：'Release of SIGINT Records', B. Trend to E. Heath, 9 November 1970, TNA DEFE 31/8.

[3]　原注：'Release of SIGINT Records', B. Trend to E. Heath, 9 November 1970, TNA DEFE 31/8; 'Release of Official Records', B. Trend to H. Wilson, 25 March 1969, TNA DEFE 13/615.

品”，还能向公众展示政府致力于开放透明的态度。[1] 另外，针对有人担心解密“秘密档案”会引起美国和英联邦国家的不满，特伦德也排除了这种顾虑。他之前已与美国中央情报局局长理查德·赫尔姆斯以及澳大利亚、加拿大和新西兰的情报官员沟通过，证实他们均“正式支持和欢迎”自己的意见。然而，希斯却驳回他的建议。

结果就像特伦德预想的一样，涉及欺骗计划的书籍仍然不断涌现，而且其中许多都提到“超级机密”。法拉戈在《狐狸游戏》中披露，英国在1941 年曾破获一个波兰—瑞典间谍网，并缴获一台尚能工作的恩尼格玛密码机。[2] 法国情报机构国外情报与反间谍局（Service de Documentation Exterieure et de Contre-Espionnage）前副局长古斯塔夫·伯特兰在回忆录中声称，自己才是“恩尼格玛真正且唯一的破解者”，并且认为破译恩尼格玛的“所有功劳和荣誉”都应属于一个法国和波兰合作团队。[3] 另外，马斯特曼的回忆录还介绍了“伦敦控制小组”的工作内容。1973 年，政府注意到，安东尼·卡夫·布朗正在筹备一本全面介绍二战期间盟军战时欺骗计划的书，书名为《兵不厌诈》。和法拉戈一样，布朗也是一位直言不讳的记者。1963 年 3 月，他第一次引起英国政府的注意。当时，他把弗雷迪·摩根将军非法借给他的一份英国参谋长会议文件拿到纽约帕克勃内拍卖行拍卖。[4] 其实，英国大使馆的领事人员在此之前就发现，由于花钱大手大脚、入不敷出，布朗试图通过拍卖那份机密文件来维持奢侈的生

[1] 原注：'Release of SIGINT Records', B. Trend to E. Heath, 9 November 1970, TNA DEFE 31/8; 'Release of Official Records', B. Trend to H. Wilson, 25 March 1969, TNA DEFE 13/615.

[2] 原注：L. Farago, *The Game of the Foxes: The Untold Story of German Espionage in the United States and Great Britain During World War II* (New York: David McKay, 1971), p. 664.

[3] 原注：'Book Reviews: The Cryptologists who Briefly Came in from the Cold', G. F. Goodhall, 15 May 1974, TNA HW 25/16; G. Bertrand, *Enigma ou la plus grande enigma de la guerre* (Paris: Libraire Plon, 1973).

[4] 原注：J. Roper to J. H. Robertson, 8 February 1963, TNA CAB 21/5865; British Defence Staffs (Washington) to the Ministry of Defence, 19 March 1963, TNA CAB 21/5865.

活。[1] 为了阻止他泄密，官员们对他苦口婆心，好言相劝。但那些老掉牙的手段对他根本不起作用，反而让他更加专注于"从档案中挖掘情报"。[2] 除了采访退休官员和圈内人士外，他还从外国图书馆和档案馆中挖掘有用信息。1966 年 7 月 4 日，美国总统林登·约翰逊签署《信息自由法》（Freedom of Information Act）。从那之后，布朗便频繁进入美国进行调查研究。对他来说，美国就像是"阿拉丁的宝库"或者"人间仙境"，可以在那里淘到各种各样的"宝贝"。[3] 但是，他的活动并没有逃过英国政府的眼睛。1966 年 11 月，内阁办公室历史部门的威廉·麦金多伊警告国防情报通知委员会，布朗"需要被严密监视"。[4] 具有讽刺意味的是，卸任的美国中央情报局局长艾伦·杜勒斯却背地里给布朗提供支持，甚至还把他推荐给哈伯罗出版社。[5]

1971 年年底，哈伯罗出版社开始出售《兵不厌诈》的英国出版权。在推销过程中，哈伯罗出版社声称，《兵不厌诈》曝光了大量机密，其中之一被称作"超级机密"，它"极具轰动性，被认为是战时最大的秘密"。[6]（正因如此，该书出版权的起步价高达 10 万美元。）在这种情况下，英国政府随即安排丹宁上将与布朗会面，试图挽回局势。但这次会面无功而返。布朗强调，他了解"超级机密"的渠道与英国毫无关系，因此不会向英国政府让步。之后，为了免受英国政府的骚扰，他带着所

[1]　原注：'Biography of Anthony Cave Brown', 9 November 1962, TNA CAB 21/5865; I. Adams to R. W. Ford, 4 December 1962, TNA CAB 21/5865.

[2]　原注：R. J. Aldrich, 'The Secret State', in P. Addison and H. Jones (eds), *A Companion to Contemporary Britain* (Oxford: Wiley-Blackwell, 2005), p. 336.

[3]　原注：See Aldrich, 'Never-Never Land and Wonderland?'

[4]　原注：W. McIndoe to S. Lohan, 19 November 1966, TNA CAB 21/5865.

[5]　原注：M. Wyeth, Jr, to M. Jaffe, 18 February 1972, Anthony Cave Brown Papers (hereafter ACBP), Georgetown University Special Collections (hereafter GU), Second Accession, Box 1.

[6]　原注：M. Wyeth, Jr, to M. Jaffe, 18 February 1972, Anthony Cave Brown Papers (hereafter ACBP), Georgetown University Special Collections (hereafter GU), Second Accession, Box 1.

有文件移居美国。哈伯罗出版社甚至在纽约总部为他提供了一间专属办公室。[1] 鉴于布朗的不合作态度，此事上升到内阁级别。在分析过当前情况后，内阁大臣们认为《兵不厌诈》的出版已经势不可当，所以必须赶在 1975 年该书出版前把“超级机密”解密。但是，情报官员仍然反对解密政府通信总部持有的“超级机密”档案。因此，内阁只好决定以出版官方授权回忆录的形式公开“超级机密”。于是，由布莱切利庄园前工作人员、空军上校弗雷德里克·温特博瑟姆（见图 21）撰写的史上第一部介绍“超级机密”及其重要战略意义的英文著作——《超级机密》——于 1974 年出版。

事实上，温特博瑟姆当年在布莱切利庄园的工作是文件保管员。与监听和破译相比，这个岗位微不足道，而且他对密码分析的技术细节也一无所知。为了赶在布朗之前出书，这本书写得非常匆忙。另外，政府不允许他查阅相关档案，他只能靠自己的回忆写作。即便如此，韦登菲尔德和尼科尔森出版社在收到书稿后如获至宝，即刻将之付印出版。巧合的是，这家出版社的新任副董事长正是前文提到的罗宾·丹尼斯顿。想必他的父亲如果泉下有知，见到这迟来的认可也会感到欣慰。

虽然时间紧迫，作者对密码不甚了解，《超级机密》有不少瑕疵，但瑕不掩瑜，它仍具有重要意义。在报道此事时，世界各地的报纸都配上醒目的标题，比如“英国人把耳朵贴在德国人的钥匙孔上”，不一而足。[2] 媒体还预测，由于“超级机密”被公开，有关二战历史的书籍将经历一次大规模的修订。对于之前着重研究将军元帅的军事史学者来说，《超级机密》也给他们提供了一个全新的视角来审视这段历史。民众现在知道，盟军对德国最高统帅部的所有行动命令和战略决策都一清二楚，这反而证明盟军本身在战争中的无能。令很多人不满的是，如果当

[1] 原注：M. Wyeth, Jr, to M. Jaffe, 18 February 1972, Anthony Cave Brown Papers (hereafter ACBP), Georgetown University Special Collections (hereafter GU), Second Accession, Box 1.

[2] 原注：'British Ear at the German Keyhole', *Christian Science Monitor*, 3 December 1974.

时盟军能够更充分地利用"超级机密"，有些灾难本是可以避免的。就像布朗在《兵不厌诈》中提到，在 1940 年 11 月纳粹轰炸考文垂[1]之前，盟军就已截获这一情报。但是，为了避免让德国人怀疑通信密码被破译，英国决定佯作不知，任由考文垂被轰炸。早在 1945 年，政府通信总部就曾警告，解密"超级机密"将引发对德国战败的同情。此言不虚，《新共和国周刊》对《超级机密》的评价就是："我之前从未想过有一本书会让我对希特勒心生同情。"[2]读者还在书中发现，希特勒的许多军事计划绝非鲁莽或狂妄，反而是非常英明。如果没有"超级机密"，这些计划很有可能成功。

除了温特博瑟姆，其他"超级机密"的知情者也开始出版相关作品，让外界对它有了进一步的了解。这些人包括策划"肉馅行动"的海军联络官伊文·蒙塔古，以及曾供职于海军行动情报中心（负责分析纳粹海军通信密电的机构）的帕特里克·比斯利。[3]作为"3 号小屋"[4]的值班军官，拉尔夫·班尼特基于自己的经历和 1977 年 10 月第一批向公共档案馆解密的"超级机密"档案，于 1979 年出版了《西方超级机密》，并声称要借此书驳斥"布朗书中的谎言"以及其他哗众取宠者。[5]蒙塔古、比斯利和班尼特的作品都表达出同一个观点，虽然"超级机密"使战争缩短了数月甚至数年，但最终的胜利还是取决于盟军在战场上的浴血奋战。

并非所有人都乐见这些书出版。曾在布莱切利庄园工作过盖伊·休

---

[1] 译注：考文垂（Coventry），英国城市。英国为了保护"超级机密"，没有对城内居民做出警告，也没有采取非常规防御措施，最终令这座城市被夷为平地。

[2] 原注：P. Tompkins, 'War Between the Machines', *New Republic*, 1 February 1975.

[3] 原注：E. Montagu, *Beyond Top Secret Ultra* (London: Coward, McCann& Geoghegan, 1977); P. Beesly, *Very Special Intelligence: The Story of the Admiralty's Operational Intelligence Centre 1939–45* (London: Doubleday, 1977).

[4] 译注：布莱切利庄园内破译密码的场所被称为小屋。

[5] 原注：R. Bennett, *Ultra in the West: The Normandy Campaign 1944–45* (London: Charles Scribners, 1979).

斯对“温特博瑟姆的糟糕作品”非常反感，并对“超级机密”的解密倍感痛心。[1] 克莱夫·洛尼斯曾是布莱切利庄园的密码破译员，后来成为政府通信总部的负责人。他承认这些披露“超级机密”的书让他“狂怒”。他在一封私人信件中写道：“在阅读温特博瑟姆的书时，我竟气得说不出话来。”[2] 他还说，“我不明白政府为什么要批准这些书出版，也无法理解支持这本书出版之人的观点。”[3]

事后来看，最不可思议的是，1974 年之前所有历史学者竟然都没有意识到“超级机密”的存在。其实，关于它的线索非常明显，按说不应被忽略。外界都知道英国在第一次世界大战期间破译了德国密码。当年“40 号房间”曾经截获德国发出的齐默尔曼电报[4]，从而加速美国对德宣战。这件事当时在媒体上广为宣传并获得赞誉。1946 年，在美国国会针对珍珠港事件的听证会上，“魔术行动”的秘密已被公开。奇怪的是，当时竟然没人想到英国人也有可能破译德国的密码。同样令人困惑的是，在 20 世纪 60 年代末，当少数“超级机密”的传闻逐渐进入公众视野时，历史学者竟没有给予它们应有的关注。历史学家克里斯托弗·安德鲁认为，战时信号情报历史之所以存在 30 年的空窗期，是因为历史学科内部普遍存在一种“认知失调”：学者们从内心里不愿对一个有可能颠覆二战基本认知的课题展开研究。[5] 尤其对于那些传统的军事和外交历史学者，他们长期以来被“伟人”决定历史进程的观念所误导，最不愿意重新审视自己的研究成果。“超级机密”被忽视的另一个原因是，历史学者（以及他们的出版商）受市场影响，倾向于研究情报战中“更吸引眼球”的方面。以特别

[1] 原注：G. Hughes to P. Beesly, 30 October 1975, CCC MLBE 2/15.

[2] 原注：C. Loehnis to P. Beesly, 6 November 1975, CCC MLBE 2/30.

[3] 原注：C. Loehnis to P. Beesly, 6 November 1975, CCC MLBE 2/30.

[4] 译注：齐默尔曼电报，是第一次世界大战时期德国外交部长齐默尔曼发给驻墨西哥大使的一封绝密电报，提议和墨西哥结盟进攻美国。

[5] 原注：C. Andrew, ‘Intelligence, International Relations and Under-Theorisation’, *Intelligence and National Security*, 19:2 (Summer 2004), 170–84.

行动处为代表的特工机构，远比坐在办公桌前研究电报、在外交信函中挖掘情报的故事更引人注目。虽然布莱切利庄园的数学家们日复一日辛勤工作，但他们的生活与詹姆斯·邦德式的特工生活相比显得平淡而枯燥。本书下一章将针对介绍特工机构的书籍展开详细探讨。

第 8 章

《特别行动处在法国》

保密确实非常重要，但是重树信心更加重要。

休·盖茨克尔，1961 年 5 月[1]

1966 年出版的《特别行动处在法国》是英国保密史上的一座重要里程碑。该书由 M. R. D. 富特创作，详细记录了二战期间英国特别行动处在法国的活动。特别行动处 1940 年 7 月由丘吉尔主持建立，是专门在欧洲大陆敌占区执行破坏和颠覆任务的情报机构。另外，此书还是英国官方授权出版的第一部记录情报机构历史的著作。因此，它的出版改变了英国政府长期以来遵守的规矩，即从不承认自己从事情报工作，以及除了在最高领导层之外，英国情报工作应该永远保密。那么，到底是什么促使英国政府批准出版这部史无前例的作品呢？富特在该书序言部分暗示，议会曾向他施压，要求他对特别行动处在二战中的作用进行“准确而冷静”的描述。[2] 富特在此问题上的含糊其词让保守党议员艾琳·沃德颇为恼火，认为富特埋没了她为这本书做的贡献。她在给媒体的一系列信件中也表达了她的愤怒。她之所以有这样的观点，是因为她曾于 20 世纪 50 年代末在下议院大力游说，要求对特别行动处管理不善和软弱无能的传闻展开官方调

[1] 原注：Gaitskell is cited in J. Masterman to D. White, 16 May 1968, WC JMP 10/1/128/4.

[2] 原注：M. R. D. Foot, *SOE in France* (London: HMSO, 1966), pp. ix–x.

查。[1] 沃德是一位雷厉风行的女性议员，她对特别行动处女特工因领导无方而丧命的传闻一直非常关注。

长期以来，史学界的共识是，沃德的游说对于迫使政府出版相关历史记录发挥了决定性作用。特别行动处前雇员帕特里克·豪沃思在 1980 年写道："艾琳·沃德发起的议会论战产生了积极的效果。首相哈罗德·麦克米伦曾承诺，将出版一本关于特别行动处在法国活动的官方历史著作。"[2] 然而，这一共识在最近受到质疑。在 2003 年为《历史杂志》撰写的一篇重要文章中，克里斯托弗·墨菲[3] 表明，沃德在促成《特别行动处在法国》出版方面的作用并不像她自己认为的那么大。[4] 墨菲在文章中证明，早在沃德向议会提出要求之前，英国外交部已经考虑出版官方历史以展示特别行动处的功绩。原因在于，20 世纪 60 年代初，共产主义阵营的学者否认英国在欧洲抵抗运动[5] 过程中做过任何贡献。另外，亨利·米歇尔等法国学者也忽视了英国的作用。50 年代出版的关于美国战略情报局（Office of Strategic Services，OSS）的大量回忆录同样埋没了英国的贡献。墨菲认为，英国政府对此情况十分不满，于是才借助富特的作品彰显英国在二战欧洲抵抗运动中做出的巨大贡献。

本章将从全新的角度审视《特别行动处在法国》的创作动机，并且提供新的证据证明沃德的作用只不过是"顺水推舟"，而促成此书的真正原因并不是她。[6] 笔者将证明，该书之所以能够出版，是因为英国政府对自

[1]　原注：例如，可参见 Dame I. Ward, 'Letter to the Editor', *Daily Telegraph*, 29 April 1966。

[2]　原注：P. Howarth, *Undercover: The Men and Women of the Special Operations Executive* (London: Routledge, 1980), p. 162. See also N. West, *Secret War* (London: Hodder & Stoughton, 1992), p. 4.

[3]　译注：克里斯托弗·墨菲（Christopher Murphy），英国历史学家。

[4]　原注：C. J. Murphy, 'The Origins of SOE in France', *Historical Journal*, 46:4 (2003), 935–52.

[5]　译注：欧洲人民抵抗纳粹德国占领和傀儡政权的运动。

[6]　原注：这句话是富特在 1966 年与沃德爵士的私人通信中使用的。参见 M. R. D. Foot to Dame I. Ward, 21 March 1966, Oxford, Bodleian Library, Dame Irene Ward Papers, MS. Eng. c.6980, folder 190。

己的战争贡献被忽视越来越不满。美国夸大战略情报局的贡献，以及苏俄历史学者从共产主义视角解读欧洲抵抗运动，都让英国政府意识到必须把自己对抵抗运动的贡献展示出来。因此，一旦传统的保密策略失效，保密当局会以攻为守，主动揭开秘密。此外，墨菲的文章只回顾了 1960 年年末的事件，并没有揭示这本书在出版前的整个经过。现有史学观点倾向于认为，由于该书帮助政府揭开历史真相，政府便向它提供了全力支持，所以它的出版一帆风顺，毫无障碍。可事实并非如此。英国政府在 1960 年 11 月 9 日授权富特开始写作，但提出严格的限制条件，声明此书只是“试点”或“测试”[1]，而且没有承诺此书一定能获准出版。内阁办公室于 1963 年春收到该书样稿，并随即转发给各部门审查。审查的反馈非常消极，几乎将此书彻底推入深渊。有官员指责，它对某些个人和外国政府的描述太过负面，另一些人则认为根本不应该出版这本涉密的书。特别行动处的退伍军官，比如莫里斯·巴克马斯特中校和道格拉斯·多兹-帕克（当时已是知名保守党议员），甚至当面向首相表达反对意见。由此可见，该书的出版绝非某些人认为的一帆风顺。

> 令人忧心的是，美国战略情报局获得的广泛宣传似乎让美国和欧洲大陆忘记了英国的巨大贡献。[2]
>
> 外交部常务副大臣亚历山大·卡多根爵士，1945 年 11 月 13 日

与“超级机密”和“双十字计划”不同的是，特别行动处的存在在二战结束时并不是一个多大的秘密。它的职责（破坏、游击行动、心理战等）已被英国媒体广泛报道过。就像历史学者马克·希曼所说，特别行动处下辖多达 10000 名男特工和 3200 名女特工，可以说是“所有英国秘密

[1] 原注：‘The History of the Special Operations Executive in France’, B.Trend, 26 March 1964, TNA CAB 103/572; B. Trend, 11 May 1960, TNA PREM 11/5084.

[2] 原注：A. Cadogan to L. C. Hollis, 13 November 1945, TNA CAB 121/305.

机构中最不秘密的”。[1] 但是，英国政府仍然决定继续对它的部分活动保密。1945 年 8 月，第三任也是最后一任特别行动处处长科林 · 格宾斯说过 :“作为个人，我们希望永远都不再有战争 ；但作为政府官员，我们要时刻为下一场战争做准备，所以必须阻止任何对国家不利的机密被泄露出去。” [2] 1945 年 9 月 19 日，在一场关于“是否公开特别行动处”的会议上，高级情报官员们强调，它的许多活动“永远不能公开”。[3] 就损害国际关系和互信而言，最不能公开的是涉及违反中立原则或违反战争规则的活动。（对于“违反中立原则”，情报官员肯定是暗指在泰国、土耳其、瑞士和西班牙等中立国建立秘密据点 ；而“违反战争规则”有可能指的是“货币操作”，最著名的是“悔恨行动”［Operation Remorse］——操纵中国货币市场为营救盟军战俘融资。）[4] 另外，任何可能影响英国战后情报工作的信息也不能公开。其中包括 ：特别行动处执行任务的手段和设备，总部和培训中心的地址，以及执行破坏活动的技术细节。格宾斯还强调，在征得当事人同意之前，特别行动处特工的姓名绝不能泄露，否则会让特工对组织失去信任，也会招致敌对势力对他们的报复。他说 :“在东欧，如果有人承认自己曾是二战时期的英国特工，那么他（或她）的利益会受到极大的伤害。” [5] 因此，他要求所有人都要“尊重他们的沉默”。[6]

然而，愿意保守秘密是一回事，能不能守住秘密又是另一回事。1946

[1]　原注 : M. Seaman, ‘A Glass Half Full – Some Thoughts on the Evolution of the Study of the SOE’, *Intelligence and National Security*, 20:1 (March 2005), 29.

[2]　原注 : ‘Publicity of SOE Matters’, C. Gubbins, August 1945, TNA HS 8/863.

[3]　原注 : ‘SOE Publicity. Minutes of Meeting held at Air Ministry on 19 September 1945’, TNA HS 8/863.

[4]　原注 : See N. Wylie, ‘SOE and the Neutrals’, in M. Seaman (ed.), *Special Operations Executive: A New Weapon of War* (London: Routledge, 2006), pp. 157–78; R. Bickers, ‘The Business of a Secret War: Operation “Remorse” and SOE Salesmanship in Wartime ...’, *Intelligence and National Security*, 16:4 (December 2001), 11–36.

[5]　原注 : ‘Publicity of SOE Matters’, C. Gubbins, August 1945, TNA HS 8/863.

[6]　原注 : ‘Publicity of SOE Matters’, C. Gubbins, August 1945, TNA HS 8/863.

年 1 月 15 日，特别行动处解散。军情六处接收了其中 280 名特工，并成立特别行动科（Special Operations Branch）。特别行动处的培训和研究人员也被转调到军情六处。[1] 作为军情六处的新进人员，这些人被严禁透露自己之前的身份。但是，仍然有将近 13000 名特别行动处特工被遣散回到民间。格宾斯担心这些人很快就会放松保密意识。另外，在这 1 万多人中，不少人本来就没有“理想信念”，仅仅是因为有一技之长而且愿意在敌后工作才被招募进特别行动处。问题最有可能出在这种人身上。让格宾斯恼火的是，虽然原则上依据《官方保密法》的规定，可以在泄密事件发生后惩处泄密人，但在实践中预防泄密仍然要靠“人的主观判断”。[2]

1945 年 10 月中旬，在情报官员们决定不公开特别行动处存在一个月后，英国政府却开始重新考虑这个问题。原因来自美国。1945 年 9 月 20 日，美国总统杜鲁门签署行政令，限期 10 天解散美国战略情报局。在这之前的几周，战略情报局局长威廉·多诺万与联邦调查局局长埃德加·胡佛 [3] 等其他政敌之间发生激烈争吵。为了使战略情报局继续存在，多诺万孤注一掷，把其辉煌战果通过半官方渠道公之于众。这一做法让许多英国政府官员惊恐。10 月上旬，美国各大报纸和大众杂志上出现大量关于退役特工的回忆文章，宣扬战略情报局在“隐蔽战线”的卓越表现。多诺万甚至与好莱坞电影公司和导演合作，把战略情报局的功绩搬上银幕。[4] 让英国政府不愉快的是，多诺万在宣传过程中只关注美国特工的功劳和英雄事迹，完全无视特别行动处在欧洲抵抗运动中的贡献。比如，1945 年 10 月 1 日，华纳兄弟公司的电影《斗篷与匕首》（*Cloak and Dagger*）的宣传语

[1] 原注：S. Berg, ‘Churchill’s Secret Army Lived On’, *BBC Today*, 13 December 2008.

[2] 原注：‘SOE Publicity. Minutes of Meeting held at Air Ministry on 19 September 1945’, TNA HS 8/863.

[3] 译注：埃德加·胡佛（J. Edgar Hoover），美国联邦调查局第一任局长，任职长达 48 年。

[4] 原注：详见 J. I. Deutsch, ‘“I Was a Hollywood Agent”: Cinematic Representations of the Office of Strategic Services in 1946’, *Intelligence and National Security*, 13:2 (1998), 85–99。

是："这部电影将展示美国如何在一场没有硝烟的秘密战争中获胜。"[1] 对英国贡献的忽视在以下宣传语中表现得尤为明显："战略情报局的故事是一部伟大的战争史诗，其中有无数普通美国人在智慧和谋略上战胜了有数百年历史的欧亚间谍网。"[2]

特别行动处副处长 H. N. 斯波伯格对多诺万明目张胆的自吹自擂十分不满，于是写信向外交部建议，让英国广播电台播出一档介绍特别行动处的节目，而且应该被安排到"黄金收听时间段"播出，其中要涉及培训和战略规划等敏感领域的内容。与此同时，特别行动处也应举行一场新闻发布会，展示二战期间英国对敌占区抵抗运动的支持。[3] 外交部肯定了斯波伯格的建议："我们非常欣赏这一提议，因为目前美国公众只关注战略情报局的成功，而欧洲大陆也正在淡忘我们为抵抗运动所做的努力。"[4] 外交部常务副大臣亚历山大 · 卡多根十分欣赏此项建议，他说："令人忧心的是，美国战略情报局获得的广泛宣传似乎让美国和欧洲大陆忘记了英国的巨大贡献。"[5] 英国驻雅典公使哈罗德·卡西亚也持相同意见："战略情报局的高调宣传也让我们的宣传工作刻不容缓。"[6] 1945 年 11 月，此事交由联合情报委员会做最后决定。委员会裁定，驳回斯波伯格的提议，理由是目前政府披露特别行动处信息的国内外条件仍不成熟。[7]

1946 年年末，英国的沉默政策又一次受到质疑。虽然多诺万没能阻

[1]　原注：'Suggested Screen Treatment for: Cloak and Dagger', Lt-Colonel Corey Ford and Major Alastair Macbain, 1 October 1945, University of Southern California (USC), Warner Bros Archives, Cloak and Dagger Papers, 2:1.

[2]　原注：'Suggested Screen Treatment for: Cloak and Dagger', Lt-Colonel Corey Ford and Major Alastair Macbain, 1 October 1945, University of Southern California (USC), Warner Bros Archives, Cloak and Dagger Papers, 2:1.

[3]　原注：'The Question of BBC Broadcast on Resistance. Minutes of Meeting held on 18 September 1945', TNA HS 8/863.

[4]　原注：Bromley to H. N. Sporborg, 8 October 1945, TNA HS 8/863.

[5]　原注：A. Cadogan to L. C. Hollis, 13 November 1945, TNA CAB 121/305.

[6]　原注：H. Caccia, 9 November 1945, TNA HS 8/863.

[7]　原注：L. C. Hollis to Chief of the Air Staff, 27 November 1945, TNA CAB 121/305.

止战略情报局解散，但他仍大力为和平时期针对外国的情报机构——中央情报局寻求支持。为此，他没有停止宣传攻势，而是大肆宣扬美国特工在战争时期的丰功伟绩。[1] 正如他所希望的，好莱坞对特工的故事很感兴趣。仅 1946 年一年，就有三部介绍战略情报局的电影上映。第一部的片名就叫作《战略情报局》，领衔主演是派拉蒙电影公司的知名硬汉演员艾伦·拉德。影片描述的是一名特工在诺曼底登陆前空降到法国的故事。在电影片头中，制片方为感谢战略情报局对该片的大力支持，特意插入多诺万署名的一段话，高度赞扬美国特工在战争时期做出的贡献。第二部是弗里茨·朗导演的电影《斗篷与匕首》，讲述的是一位由加里·库珀饰演的科学家深入敌后，调查纳粹原子弹试验的故事。同样，该片也得到战略情报局的大力支持。在电影制作过程中，战略情报局的许多退伍军人以技术顾问的名义为其提供帮助，包括密码专家安德烈斯·德伊纳，以及多年后成为纽约扬基队主席的银星勋章 [2] 获得者迈克尔·伯克。对战略情报局的协助最感到高兴的是华纳兄弟电影公司经理乔治·斯库拉斯。为此，他在洛杉矶佩里诺餐厅举行盛大宴会，招待该片的所有技术顾问。据参与宴会的公司高层回忆，当时“觥筹交错，热闹非凡”。[3]

第三部电影是《曼德琳街 13 号》。影片中，当红影星詹姆斯·卡格尼饰演一位负责培养特工的教官，奉命向一名疑似德国奸细的学生传递假情报。许多战略情报局前特工，甚至多诺万本人，在拍摄初期对这部电影提供了大量帮助。二十世纪福克斯公司宣传总监哈利·布兰德承认，这部电影的原始素材就来自战略情报局的真实案例。这也印证了电影研究者詹

[1] 原注：See L. Valero, ‘We Need Our New OSS, Our New General Donovan, Now ...: The Public Discourse over American Intelligence, 1944–53’, *Intelligence and National Security*, 18:1 (Spring 2003), 91–118.

[2] 译注：银星勋章（Silver Star），是一项美国跨军种通用勋奖，用于表彰面对敌人时的英勇行为。

[3] 原注：Undated Correspondence, USC, Warner Bros Archives, Cloak and Dagger Papers, Folder 15.

姆斯·帕里什和迈克尔·皮茨的看法："在最初的三周时间内，战略情报局为电影公司打开了档案室的大门。"[1]（詹姆斯·德伊奇最近发表在《情报与国家安全》杂志上的一篇文章质疑这个观点。）[2] 但是，在该片制作到一半时，多诺万突然撤回对它的支持，并要求制片方把所有提及战略情报局的内容统统删掉。这迫使制片人路易斯·德罗奇门不得不把电影中出现的战略情报局名称全部改为"秘密情报部队"。在给德罗奇门的一封私人信件中，多诺万说："这部电影拍得不伦不类。虽然我们提供给你们大量的真实素材，但你们拍出的电影不仅缺乏真实性，而且荒谬绝伦。"[3] 拉塞尔·福根上校曾供职于战略情报局，退役后受多诺万委派成立了一个非正式委员会，专门负责向电影公司提供协助。福根也称《曼德琳街 13 号》的情节是"彻头彻尾的荒唐"。[4] 他还担心这部电影会惹怒英国。在剧本中，由于特别行动处没能按时完成任务，卡格尼饰演的角色不得不临危受命，被派往敌后。在最后一刻，他必须完成本来属于特别行动处的任务，设法重新组织起法国抗德武装。福根认为这些情节"荒谬至极"。[5] 但是，福根和多诺万的抱怨无济于事。电影公司辩解道："好莱坞有权在电影中进行艺术创作和加工。"[6]

以上三部影片无一例外都片面夸大了战略情报局的作用，并强调如果

[1] 原注：'Synopsis: *13 Rue Madeleine*', Harry Brand, Academy of Motion Picture Arts and Sciences (AMPAS), Los Angeles, Production Code Administration Records for *13 Rue Madeleine*; J. Parish and R. Pitts, *The Great Spy Pictures* (Metuchen: Scarecrow Press, 1974), p. 358.

[2] 原注：Deutsch, '"I Was a Hollywood Agent"', 85–99.

[3] 原注：W. J. Donovan to L. de Rochement, 3 July 1946, J. Russell Forgan Papers, Hoover Institute, Stanford University, 73089–8.36, Box 1.

[4] 原注：J. R. Forgan to W. J. Donovan, 1 March 1946, J. Russell Forgan Papers, Hoover Institute, Stanford University, 73089–8.36, Box 1.

[5] 原注：J. R. Forgan to W. J. Donovan, 1 March 1946, J. Russell Forgan Papers, Hoover Institute, Stanford University, 73089–8.36, Box 1.

[6] 原注：20th Century Fox to W. Casey, 19 March 1946, J. Russell Forgan Papers,Hoover Institute, Stanford University, 73089–8.36, Box 1.

没有美国特工的秘密行动，战争的结果会晦暗不明。果然，这种明目张胆的夸大宣传惹恼了英国政府。1947 年，一部名为《危险学校》的长篇纪录片获得英国政府授权发行。它主要描述特别行动处为欧洲抵抗运动提供人员、武器和其他协助。这部纪录片在 1944 年就制作完成，但一直限制在军队内部播放，主角由两名真实特工——哈里·雷上尉和杰奎琳·尼尔内本色出演。另外，英国在回忆录方面的立场也有所软化，批准出版一系列极端爱国主义作品。[1] 马克·希曼恰如其分地将这些作品描述为“引人入胜的惊险故事，但糟糕透顶的历史作品”。它们传递出的信息很清晰：抵抗纳粹统治的人并不孤单，因为他们的背后有特别行动处的支持，而且特别行动处是纳粹闻风丧胆的敌人。[2]

怒于美国的片面宣传，内阁秘书长诺曼·布鲁克在 1947 年 5 月向情报官员提议，政府应该组织编写一部介绍英国战时秘密情报机构的单卷历史作品。他说：“如果这时政府还不发声，我担心那些特工的功劳会被埋没。”[3] 布鲁克的提议并非空穴来风。在协助丘吉尔撰写回忆录的过程中，他越发赞同这位战时首相的观点，即英国不仅要创造历史，还应该学会记录历史。布鲁克还认为，这部作品应该分为四部分（反间谍、敌后抵抗、政治战和特别行动），从而向全世界展示战争时期的一些经典案例，比如：

1.“JOE K”的故事——百慕大帝国审查机构曝光了一个名为“JOE K”的间谍网。

2. 挪威爱国者奥德·斯塔海姆在公海上夺取德国“盖尔·特松德”号

[1] 原注：这些作品包括：G. Millar, *Horned Pigeon* (London: William Heinemann, 1946); I. Morrison, *Grandfather Longlegs*: *The Life and Gallant Death of Major H. P. Seagrim* (London: Faber& Faber, 1947); J. Amery, *Sons of the Eagle: A Study in Guerrilla War* (London: Macmillan, 1948); S. Moss, *Ill Met By Moonlight* (London: George G. Harrap, 1950)。

[2] 原注：M. Seaman, ‘Good Thrillers, But Bad History’, in K. G. Roberston (ed.), *War, Resistance and Intelligence: Essays in Honour of M. R. D. Foot* (London: Pen & Sword Books, 1999), pp. 119–33.

[3] 原注：‘History of Secret Organisations 1939–45’, N. Brook, May 1947, TNA CAB 103/256.

轮船的英勇事迹。

3. 布列塔尼造船工人希巴里尔独立协助 100 多人逃离德占法国的事迹。

4. 破坏纳粹设在挪威维莫克的重水工厂，以及惊险的冰上追逐故事。

5. 一名受伤的特别行动处特工藏身于一家酒店，而当时纳粹德国驻挪威总督恰巧也在这家酒店。[1]

军情五处处长迪克 · 怀特完全同意布鲁克的观点，认为这样安排可以取得良好的宣传效果。但他还建议把"哈德逊和迪肯的南斯拉夫行动"[2] 也加入进去，交代整个行动的起因以及这两名特工与铁托 [3] 取得联系的过程。这样就能回应苏联对英国的指控（在铁托崛起为南斯拉夫抵抗运动领导人之前，英国没有为他提供任何帮助）。令布鲁克和怀特失望的是，很多政府部门并不认同他们的想法。军情六处、陆军部以及外交部都对其"无理由否决"。[4] 唯一给出反对理由的部门是海军部。里士满 · 沃尔顿爵士认为："把特别行动处的方法和计谋透露出去，会危及我们今后类似的行动。"[5] 另外有人还担心，这部作品会把当时的特工置于危险之中，尤其当这些人已经回归平民生活。虽然布鲁克相信这些风险都可以通过匿名的方法来避免，但他的计划还是胎死腹中。[6]

> 我不清楚爱德华 · 布里奇斯和诺曼 · 布鲁克会不会把你当成冷战对抗的工具。
>
> 弗兰克 · 纽萨姆致珀西 · 西利托，1952 年 8 月 [7]

---

[1]　原注：D. White to D. Hubback, June 1947, TNA CAB 103/356.

[2]　译注：1944 年 5 月，英国向南斯拉夫空投一支小规模行动队，目的是鼓励南斯拉夫抵抗组织继续战斗，并且从事敌后破坏活动。这支小部队的首领是哈德逊和迪肯。

[3]　译注：铁托（Tito），国际共产主义战士，南斯拉夫政治家、革命家、军事家、外交家。1941 至 1945 年，领导南斯拉夫各族人民进行了英勇的反法西斯战争。

[4]　原注：N. Brook to S. Luke, 22 October 1947, TNA CAB 103/256.

[5]　原注：R. Walton to S. Luke, 24 June 1947, TNA CAB 103/256.

[6]　原注：N. Brook to S. Luke, 22 October 1947, TNA CAB 103/256.

[7]　原注：F. Newsam to P. Sillitoe, August 1952, TNA HO 287/1415.

20世纪50年代初期到中期，越来越多的前特别行动处官员开始撰写自己的回忆录。[1] 虽然这些人的文笔乏善可陈，而且其作品明显地有失偏颇，但英国政府通常会大开绿灯，批准它们出版。然而，给予他们出版自由只不过是法外开恩，并不意味着政府会对其放任自流。就像本书上一章提到的，查普曼和马斯特曼等人的回忆录都受到过政府的阻拦，这就是最好的证明。就政府来说，只要是涉及军情五处和军情六处的回忆录，其立场就会一如既往地强硬。可想而知，当军情五处处长珀西·西利托（见图22）在1952年8月准备出版自传时，政府高层会有多么吃惊。虽然这本自传讲述的主要是他在格拉斯哥担任警察局长期间打击黑帮的经历，但也记录了他在军情五处的见闻。他强调："人们都知道我是军情五处处长，所以如果我避谈这段经历，就会让我的书虎头蛇尾。"[2] 为了争取自传获准出版，西利托声称这本书可以用作冷战"教材"来教育民众，因为它指出了先审后立[3] 的优点，与盟友合作的必要性，以及共产党渗透工会的策略。[4] 这并不是西利托唯一一次以公共利益为名来强调宣传的价值。1957年，他委托"詹姆斯·邦德"系列小说作者，伊恩·弗莱明，创作了一篇关于国际钻石安全组织（International Diamond Security Organization）的文

[1] 原注：See M. J. Buckmaster, *Specially Employed: The Story of British Aid to French Patriots of the Resistance* (London: Batchworth, 1952); B. Marshall, *The White Rabbit* (London: Evans Bros., 1952); P. Churchill, *Of Their Own Choice: An Account of the Author's Secret Mission to France During the Second World War* (London: Hodder & Stoughton, 1952); P. Churchill, *The Spirit in the Cage: An Account of the Author's Experiences as a Prisoner of War* (London: Hodder & Stoughton, 1954).

[2] 原注：P. Sillitoe to E. Bridges, 24 September 1952, TNA HO 287/1415; E. Bridges to D. M. Fyfe, 28 November 1952, TNA HO 287/1415.

[3] 译注："（法案）先审后立"(positive vetting)，为立法程序术语，即先审议再立法，从字面理解意为正向审查程序；与之对应的是"（法案）先立后审"(negative vetting)，即先立法再审议，从字面理解意为反向审查程序。此处指对保密工作者进行正面审查或道德审查。

[4] 原注：P. Sillitoe to E. Bridges, 24 September 1952, TNA HO 287/1415; E. Bridges to D. M. Fyfe, 28 November 1952, TNA HO 287/1415.

章，以抵制非法贩卖非洲钻石。[1]

然而，这次从一开始西利托的胜算就不大。在军情五处，他与下属的关系非常不睦。1946年他被任命为处长时，军情五处的很多军官就持反对意见。当时的处长热门人选是反共首席专家盖伊·利德尔，然而内政大臣赫伯特·莫里森却执意把西利托"空降"到军情五处任处长。西利托的警察出身让他在军情五处缺乏资历和威望，在同事眼中他只是个"外人"。就算在苏俄间谍活动的高发期，军情五处的资深军官们也认为，他们最不需要的就是西利托——一个只擅长打击格拉斯哥黑帮的处长。另外，他在处长任上从未受到下属的拥戴，还经常有人讽刺他是"没有真功夫的书呆子"。[2]

因此，政府高级官员们本能地反对西利托出版自传。财政部常务大臣爱德华·布里奇斯爵士和内政部常务大臣弗兰克·纽萨姆爵士都列出许多反对意见。[3] 1952年11月，他们在把这些意见提交内阁审议时强调，任何有关军情五处的讨论，以及对行动目标、方法和程序的质疑，都将在很大程度上违反规定，即决不能泄露军情五处和其他类似机构的人员姓名，以及对外必须保持沉默。纽萨姆进一步说，一直以来人们都向他否认军情五处的存在，他从未去过，甚至连地址都不知道。[4]但似乎西利托要改变这一情况。另外，他和布里奇斯也不赞同西利托公开发动反共运动："他根本没有资格和权威来处理这方面的问题。"[5]

让西利托感到幸运的是，内阁大臣们并不反感他的自传。保守党内政

---

[1] 原注：I. Fleming, *The Diamond Smugglers* (London: Jonathan Cape, 1957).

[2] 原注：A. Simkins, 'Sillitoe, Sir Percy Joseph (1888–1962)', first published September 2004, 1,180 words, with portrait illustration. http://dx.doi.org/10.1093/ref: odnb/36092.

[3] 原注：E. Bridges to F. Newsam, 13 October 1952, TNA HO 287/1415; F. Newsam to Bridges, 17 October 1952, TNA HO 287/1415；E. Bridges to D. M. Fyfe, 28 November 1952, TNA HO 287/1415.

[4] 原注：F. Newsam to E. Bridges, 17 October 1952, TNA HO 287/1415.

[5] 原注：E. Bridges to D. M. Fyfe, 28 November 1952. TNA HO 287/1415.

大臣戴维·麦克斯威尔·菲夫认为，布里奇斯和纽萨姆太过执着于完全保密。相反，他对西利托炫耀军情五处成就的做法还很欣赏。因此，他指示布里奇斯，给予西利托足够自由来把自传“精雕细琢”。[1] 此外，西利托还获准到英国的名牌中学演讲，向英国的精英学生们讲述伯吉斯和麦克林叛变的故事，以及“与大学里的共产主义社团混在一起”的危害。[2]

1953 年，西利托卸任军情五处处长，之后便全心投入到自传创作中。同年冬，他写完书稿并提交审查。可是，在审查流程结束之前，《星期日泰晤士报》突然开始连载此书。[3] 西利托在军情五处的继任者迪克·怀特爵士，对此勃然大怒。怀特早就看西利托不顺眼，认为他只是一个“空想家”，还“喜欢哗众取宠”。[4] 这次连载事件让他印证了自己的看法。而且西利托没有按照之前的承诺在自传中宣传军情五处的功绩；恰恰相反，他提供给《星期日泰晤士报》的稿件中全都是不光彩的案例。他在书稿里声称：“虽然早在 1942 年就有克劳斯·福克斯与苏共暗通款曲的传言，但军情五处视而不见，结果被骗得团团转。”怀特认为这是“欲加之罪”。[5] 怀特还争辩，西利托在该事发生时并未调入军情五处，所以他的说法根本是无稽之谈。另外，1950 年 3 月，首相克莱门特·艾德礼已在议会上公开驳斥了对军情五处渎职的指控，并指出这次事故的原因是顶尖核科学家太过稀少，以致为了核武器的研制而忽视了福克斯的性格缺陷。

令怀特尤其愤怒的是，西利托对军情五处竟毫无感情可言。连载的第一部分显示，他从未把当上军情五处处长当作实现自己的毕生抱负，这就是他迫不及待地想要离开军情五处的原因。在他眼中，军情五处的办事风

[1] 原注：D. M. Fyfe to E. Bridges, 16 January 1953, TNA HO 287/1415.

[2] 原注：E. Bridges to F. Newsam, 29 January 1953, TNA HO 287/1415.

[3] 原注：P. Sillitoe, ‘The War against Crime: My Answer to Critics of MI5’, *Sunday Times*, 22 November 1953.

[4] 原注：A. Boyle, ‘Obituary: Sir Dick White’, *Independent*, 23 February 1993.

[5] 原注：Miscellaneous Note, 23 November 1953, TNA HO 287/1415.

格实在让人厌恶，尤其是“处处设防”的保密规定和“与世隔绝”的工作习惯。对于从事情报工作多年的怀特来说，西利托的这种态度简直是荒谬绝伦。

突然出现的连载文章还促使怀特亲自介入西利托自传的审查工作。他的主要目的是删除第 18 章《克劳斯·福克斯泄密案》全部内容[1]，因为其中不少段落都与艾德礼在议会上的发言相互矛盾。其中最棘手的内容是：“我必须承认，军情五处对福克斯看走了眼，但如果能在 1942 年而不是直到 1949 年才发现福克斯向苏联传递情报，那军情五处就更值得钦佩。”[2] 难道这般讽刺军情五处真的对公众有利吗？另外，第 18 章还可能揭开军情五处与美国联邦调查局之间的“旧怨”。怀特说过：“我们与他们（联邦调查局）的关系已经够糟了。”[3] 书中描述，由于英国拒绝把福克斯引渡到美国，联邦调查局便对英国官员冷嘲热讽。它还揭露，联邦调查局局长胡佛（因“听不进批评”而出名[4]）竟全然不顾英国法律的规定，蛮横要求在福克斯出庭之前就对其进行审问。[5] 可没想到，西利托非常强硬，向怀特表示无论如何都不会把第 18 章删除：“没有任何证据证明这些内容会对国家安全或公共利益构成威胁，所以我不会删掉它们。”[6] 他还援引丘吉尔的先例，质疑为什么自己“微不足道的作品”会被认为在惹是生非，而丘吉尔却能在回忆录中畅所欲言，毫无顾忌。[7]

---

[1] 原注：D. White to F. Newsam, 26 November 1953, TNA HO 287/1415; F. Newsam to P. Sillitoe, 4 January 1954, TNA HO 287/1415.

[2] 原注：Miscellaneous Note, 23 November 1953, TNA HO 287/1415.

[3] 原注：D. White to F. Newsam, 26 November 1953, TNA HO 287/1415.

[4] 原注：D. White to F. Newsam, 26 November 1953, TNA HO 287/1415.

[5] 原注：更多关于军情五处与联邦调查局之间恩怨的信息，可参见 M. Goodman, ‘Who Is Trying to Keep What Secret from Whom and Why? MI5–FBI Relations and the Klaus Fuchs Case’, *Journal of Cold War Studies*, 7:3 (2005), 124–46。

[6] 原注：P. Sillitoe to F. Newsam, 11 December 1953, TNA HO 287/1415; P. Sillitoe to F. Newsam, 29 January 1954, TNA HO 287/1415.

[7] 原注：P. Sillitoe to F. Newsam, 29 January 1954, TNA HO 287/1415.

西利托如此强硬，的确让审查官员们出乎意料。他们开始担心，如果这本自传出版，将会开一个非常不好的头。布里奇斯认为，“如果允许这本书出版，今后将再难阻止公职人员出版类似作品”。[1] 到 20 世纪 50 年代中期，泄密事件愈演愈烈，政府对此已经左支右绌。前文提到，尽管政府使尽全力试图阻止，但埃迪·查普曼的回忆录仍然最终出版，让官员们颜面尽失。[2] 最近（1953 年），皇家空军前导航员理查德·佩普出版了《勇气，做我的朋友吧》一书 [3]，也令联合情报委员会头疼不已。这本书主要讲述的是军情九处（MI9，英国专门负责援助盟军和营救战俘的机构）在二战中的表现。联合情报委员会认为这本书会造成严重后果，因为它透露军情九处曾用藏有暗语的包裹与盟军战俘联系；这不仅使此方法在今后再难奏效，而且会让未来的敌人拒绝释放有伤病的战俘。[4] 另外，该书还披露一些人道主义机构（比如红十字会）曾参与营救战俘。这也意味着，在未来的战争中敌人不再允许它们探视战俘。

然而，政府官员们最大的担忧是，西利托的自传会让他们无法控制涉及特别行动处的出版物。越来越多关于特别行动处的书籍慢慢出现，并且将注意力转向它的法国分支以及它被德国间谍渗透的传言。这些书包括：让·奥弗顿·富勒的《为牺牲而生》、鲁贝·明尼的《女英烈传》和伊丽莎白·尼古拉斯的《死神，你休要得意》。这三本书都是围绕同一个敏感事件创作的，即代号“繁荣”（PROSPER）的情报小组被纳粹破获。1943 年 6 月，该小组的特工空降潜入法国，但不久后就被纳粹帝国保安部 [5] 拘捕，并在饱尝酷刑后被处决。富勒等人怀疑他们是被特别行动处双面间谍亨利·德里库出卖的。德里库是飞行员出身，负责为潜入法国的特工寻找合适的着陆地点并接应他们。（直到今天人们仍然无法确认，德里库到底

[1] 原注：E. Bridges to F. Newsam, 10 March 1954, TNA HO 287/1415.
[2] 原注：Booth, *ZigZag*.
[3] 原注：R. Pape, *Boldness Be My Friend* (London: Elek, 1953).
[4] 原注：H. T. Smith to Director of Public Prosecutions, 14 November 1953, TNA TS 28/568.
[5] 译注：帝国保安部，是党卫队属下一个情报机关，与盖世太保关系密切。

是真正的叛徒，还是按照特别行动处的命令故意牺牲那些特工，以转移纳粹对诺曼底行动的注意力。）[1] 政府官员们此时已达成共识，为了阻止这三本书泄露“繁荣”小组的秘密，西利托的自传绝对不能出版。

在 1954 年一整年的时间里，出于泄愤，西利托仍然不断地向媒体提供自传的章节。其中有许多不宜公开的内容，比如 1952 年英国警察在明知帕维尔·库兹涅佐夫是苏联大使馆的二等秘书，并享有外交豁免权的情况下，仍然以间谍罪将其逮捕。[2] 1955 年年初，政府意识到他们已无力阻挡西利托自传出版。尽管西利托在情报系统声名狼藉，但他仍然结交了不少达官贵人，比如丘吉尔。他深信自己杰出王室官员的地位会让检察官有所忌惮，最终自己一定可以得偿所愿。后来，艾德礼也出面表示对西利托自传的支持，并为它写了序。这迫使官员们别无选择，只能批准这本书的出版，因为没人愿意公开顶撞前任首相。该书最终以《只有斗篷，没有匕首》之名出版。

该书的出版标志着西利托成为英国史上第一位出版自传的情报处长。当然，他这样做彻底得罪了军情五处。多年后，已经是伊斯特本一家糖果店老板的西利托发现，军情五处在他当年提交自传“最终版”之后，竟秘密篡改了这份稿件。他愤怒地说：“他们删掉了这本书的灵魂。”[3] 虽然事实到底如何已无从知晓（遗憾的是，西利托所说的那份“最终版”稿件目前还没有解密），但不可否认的是，这本书确实意义非凡。当然，新鲜感总会褪去。人们似乎已经忘记这本书当年曾轰动一时。1945 年，没人能预料到，军情五处的处长会泄露秘密。事实上，一般民众也不可能听说过他的名字。虽然西利托对军情五处秘密篡改他的自传颇为不满，但这本书还是有不少章节都揭露了情报工作的内幕。比如说，他对“军情五处对福

[1] 原注：See C. J. Murphy, *Security and Special Operations: SOE and MI5 during the Second World War* (Basingstoke: Palgrave, 2006).

[2] 原注：TNA HO 287/1415, F. Newsam to P. Sillitoe, 3 November 1954, TNA HO 287/1415.

[3] 原注：Hooper, *Official Secrets*, p. 193.

克斯看走眼”的指控并未被删除；美国联邦调查局试图从福克斯嘴里审出情报，以及警察不顾外交豁免权强行抓捕库兹涅佐夫等情节仍然出现在书中。同时，这些信息受到有心人的注意，从而引发出一系列事件，最终衍生出一本著作——《特别行动处在法国》。

> 在多次读过富特的书后，我愈发觉得当时选他没有错。因为他没有沉溺于对历史的热爱，而是认清了形势，知道出版这类书在政治上有多不容易。
>
> 彼得·威尔金森，外交部常务副大臣办公室官员，
>
> 1962 年 1 月 24 日 [1]

自西利托自传出版之后，政府已不可能再阻止其他人出书谈及“繁荣”小组。就像内阁秘书长布鲁克所抱怨的，政府能做的只有“好言相劝”。[2] 有些书披露，某些女性特工被叛徒出卖。这引起不少议员们的关注，而其中最为关切的就是艾琳·沃德。她终生都在为女权运动摇旗呐喊，并且喜好穿戴花哨的珠宝首饰和夸张的帽子。虽然特立独行，天性好斗，但她在特别行动处结交了不少朋友。1956 年 2 月 22 日，沃德在下议院呼吁政府主动揭开特别行动处的历史。[3] 1958 年年底，她频繁给政府高官写信（包括外交大臣塞尔文·劳埃），要求他们澄清德里库叛变一事。因为在她眼中，这个问题“兹事体大”。[4] 1958 年，巴克马斯特出版《他们独自战斗》。他在书中披露，由于荷兰情报网被纳粹渗透，许多潜伏荷兰的特工被逮捕和处决。巴克马斯特还暗示，政府故意向这些特工的亲属

---

[1] 原注：P. Wilkinson to Trend, 24 January 1962, TNA CAB 103/571.

[2] 原注：‘*The Hole in the Ground* (Later renamed *War at the Top*) by J. Leasor’, J. Hollis to N. Brook, 27 February 1958, TNA CAB 21/3773.

[3] 原注：*Hansard*, 22 February 1956, cols. 363–6.

[4] 原注：I. Ward to S. Lloyd, 20 October 1958, TNA PREM 11/5084.

隐瞒了死讯。[1] 读完《他们独自战斗》之后，沃德“激愤难忍”，便愈发致力于为那些枉死的特工请命。同年 10 月，她在议会发起动议，要求展开“彻底和客观”的调查。[2] 沃德的举动让很多内阁大臣感到困惑，而这证明他们对“繁荣”小组事件也不甚了解。劳埃说：“在她看来，官员们的沉默是为了掩盖特别行动处的败笔，而仅仅凸显它的功劳。”[3]

1958 年 11 月和 12 月，沃德和巴克马斯特一直在媒体上对政府大加责骂。[4] 一直强调情报保密的首相哈罗德·麦克米伦担心此事闹大（沃德曾写信给劳埃，声称“除非有人给我说实话，否则我会在议会上找情报部门的麻烦”），于是不得不按照他们的要求成立调查委员会。[5] 调查的结果是，“特别行动处既有辉煌的成就，也有惨痛的失败，功过相抵”，但所有失败都不是其领导层故意造成的。[6] 调查报告给出的结论是：“在战争中，混乱、无序和人为失误都不可避免。”[7] 更重要的是，这次调查还让政府意识到，应该开始考虑出版官方历史。于是，1959 年 3 月 17 日，在议会外交事务副国务大臣办公室（Parliamentary Undersecretary of State at the Foreign Office）约翰·普罗夫莫主持下，一个专职负责此事的工作小组成立。

组长由伯克·特伦德担任，他在 20 世纪 50 年代为财政部处理过情报机构的财务账目。小组中也有特别行动处的代表，比如格宾斯和罗宾·布

[1] 原注：M. Buckmaster, *They Fought Alone: The Story of British Agents in France* (London: Odhams, 1958); ‘Monstrous Assertion about British Agents’, *The Times*, 1 December 1958, p. 6; ‘SOE and Dame Irene Ward’, TNA PREM 11/5084.

[2] 原注：I. Ward to S. Lloyd, 29 October 1958, TNA PREM 11/5084; I. Ward to H. Macmillan, 31 October 1958, TNA PREM 11/5084.

[3] 原注：‘SOE and Dame Irene Ward’, TNA PREM 11/5084.

[4] 原注：Howarth, *Undercover*, p. 161.

[5] 原注：I. Ward to S. Lloyd, 29 October 1958, TNA PREM 11/5084.

[6] 原注：‘SOE and Dame Irene Ward’, TNA PREM 11/5084.

[7] 原注：‘SOE and Dame Irene Ward’, TNA PREM 11/5084.

鲁克准将。布鲁克曾指挥特别行动处在法国和低地国家[1]的行动，经验丰富，战功卓著。在工作小组第一次会议上，各方一致赞成，小组的最终决策决不能受沃德影响。外交部副大臣（Deputy Undersecretary at the Foreign Office）帕特里克·迪安曾说："如果只有沃德自己这样要求，那我们根本不用这么麻烦，直接把她的要求驳回就是了。"[2]另外，小组成员的工作也不应受之前的指控和责难影响。[3]他们认为，官方历史有三点好处。第一，它可以回应"主流学术圈"的诉求，为历史事件提供真实可信的解释。第二，它能够"真实客观地"反映出特别行动处在战争中的贡献。第三，它还可以向英国的盟友展示，英国为欧洲抵抗运动提供了必不可少的支持。[4]整个20世纪50年代，随着《古堡歼仇记》等好莱坞大片以及《我与战略情报局》等畅销回忆录的问世，美国人对战争中的特种作战行动兴致盎然，但对盟军支持抵抗运动的认知仍然非常片面。另外，共产主义阵营的学者也开始对历史进行诠释。在他们的作品中，抵抗运动的胜利归功于当地人的不懈斗争和共产主义运动的影响。鉴于此，工作小组意识到，出版官方历史已经刻不容缓。

出版官方历史的第一个棘手问题是，经费应该由哪个部门承担？内阁办公室原本资助了许多官方历史计划，但由于花费太大，内阁便要求外交部分担一部分花销。内阁办公室历史部门负责人爱德华·黑尔强调"创作这部官方史书的要求是外交部提出的"，所以应该由外交部承担所有费用。[5]另外一个同样微妙的问题是，如何保证这部书所记录的内容不会遭到"内部知情者"质疑？对于违反中立原则和"战争规则"的行动，政府

[1] 译注：低地国家指的是荷兰、比利时和卢森堡。

[2] 原注：P. Dean to B. Trend, 3 May 1960, TNA PREM 11/5584.

[3] 原注：'Official History of SOE: Further Report by a Working Party', 22 May 1959, TNA T220/1388.

[4] 原注：'Official History of SOE: Further Report by a Working Party', 22 May 1959, TNA T220/1388.

[5] 原注：E. Hale to N. Brook, 22 May 1959, TNA T 220/1388.

的立场和 1945 年 9 月并无二致，就是绝对不得出版。政府担心，任何历史著作都倾向于把失败指向个人原因，尤其是那些“因叛徒出卖而导致抵抗组织被敌人剿灭或渗透”的失败案例。[1] 因此，内阁办公室副秘书长 F. A. 毕晓普甚至认为，这样一部书很有可能激起而不是消弭民众对“繁荣”小组事件的激烈讨论。[2]

亟须解决的问题还包括该书的结构设定以及作者人选。一种方案是，重新启用时任空军委员会秘书长威廉·麦肯齐在 1945 年编写的特别行动处历史记录，并在修改后出版发行。出乎一些学者意料的是，麦肯齐本人对此事“并没有很积极”。[3] 在工作小组咨询他的意见时，麦肯齐认为删除高级原始素材将极其艰难，而且会打乱该书的整体结构。[4] 另一种方案是另起炉灶，以“试点”的形式出版特别行动处在某一地区的行动记录。最终，法国被认为是最合适的选择，因为“就行动的复杂性和政治背景的微妙性而言，在法国的特别行动都引发了最严重的问题”。[5]

1960 年 5 月，外交部批准了“法国方案”，但并不保证该书一定能出版。[6] 外交部副大臣迪安写道：“要想知道到底写什么才合适，唯一的方法就是先做试点。”[7] 之后，掌玺大臣爱德华·希斯把这个方案写信告诉了沃德。作为这个信息的交换条件，希斯要求沃德“克制自己，不要在公共场合找政府的麻烦”。[8] 希斯在信的最后还加了一条附文：“除外交部、内阁

[1] 原注：N. Brook to P. Dean, 31 July 1959, TNA T 22/1388.

[2] 原注：F. A. Bishop to N. Brook, 25 May 1959, TNA T 220/1388.

[3] 原注：Aldrich, ‘Policing the Past’, 937.

[4] 原注：‘Study of the Pros and Cons of Publication of Further Histories of SOE’, B. Salt, July 1969, TNA CAB 103/570.

[5] 原注：‘History of SOE in France’, B. Trend to A. Douglas-Home, 26 March 1964, TNA PREM 11/5084.

[6] 原注：‘SOE History: Notes of a Meeting’, 18 May 1960, TNA PREM 11/5084.

[7] 原注：P. Dean to B. Trend, 3 May 1960, TNA PREM 11/5084.

[8] 原注：E. Heath to I. Ward, 2 September 1960, Dame Irene Ward Papers, Bodleian Library, MS.Eng.c.6976.

办公室和财政部之外，我只把此事告诉了你一人。”[1] 此外，为了避嫌，任何现任官员都不能参与该书的创作。最终，政府选中牛津大学的一位独立历史学者 M. R. D. 富特（见图 23），作为这部官方历史记录的执笔人。给他的报酬是每年 1800 英镑，并在书稿完成后另付 300 英镑作为奖金。[2] 作为英国陆军特种空勤团前情报官，富特曾在诺曼底登陆后与法国抵抗运动组织密切合作，这为他的写作提供了坚实的基础。此外，富特的思想传统守旧，这让政府对他比较放心。[3] 政府为他在伦敦设立了专属办公室，并且允许他查阅特别行动处的文件、编年档案和内部历史资料，包括麦肯齐的秘密记录（政府规定，他在查阅资料时，必须被锁在一间没有安装电话的地下室里）。[4] 另外，政府拒绝富特采访历史当事人。否则，像巴克马斯特那样带有偏见的人会指控政府扭曲历史事实。[5] 政府拒绝了富特去法国档案馆查阅文献的请求。这让他非常沮丧，因为他认为引用法国文献会打消国内的质疑。[6] 此外，政府要求富特在写作过程中不能提及军情六处，

---

[1] 原注：E. Heath to I. Ward, 2 September 1960, Dame Irene Ward Papers, Bodleian Library, MS.Eng.c.6976.

[2] 原注：P. A. Wilkinson to M. R. D. Foot, 7 November 1960, TNA 11/5084; ‘A Biography: M. R. D. Foot’, P. A. Wilkinson, September 1960, TNA CAB 103/571; E. G. Boxshall, 23 September 1960, TNA CAB 103/571. For further details about Foot’s appointment, see C. Andrew and R. J. Aldrich, ‘The Intelligence Services in the Second World War’, *Contemporary British History*, 13:4 (Winter 1999), 130–69, esp. 145.

[3] 原注：In his most recent publication, the excellent and moving *Memories of an SOE Historian* (Barnsley: Pen & Sword Military Books, 2008), Foot explains that he is not and never has been a revisionist. The Second World War was a just cause against an evil foe. Even the firebombing of Dresden was right and proper. (P. J. Conradi, ‘Review: Memories of an SOE Historian, M. R. D. Foot’, *Independent*, 18 November 2008.)

[4] 原注：‘SOE History: Working Arrangements’, E. G. Boxshall, 23 September 1960, TNA CAB 103/571.

[5] 原注：‘SOE History: Working Arrangements’, E. G. Boxshall, 23 September 1960, TNA CAB 103/571.

[6] 原注：‘Some Lessons from the First Publication’, M. R. D. Foot, 19 July 1966, TNA CAB 103/576.

而是“权当它从未存在过”。

在富特投入书稿写作同时，政府还要处理其他一些棘手人物。对政府来说，相比于“内部人士”，“外部人士”通常更容易对付，因为他们更惧怕被起诉。例如，从 1961 年年初至 1962 年年底，独立电影导演弗雷德·费尔德坎普曾多次寻求政府批准，希望能拍摄一部基于埃迪·查普曼事迹改编的电影。该电影将由著名影星理查德·伯顿担纲主演。费尔德坎普的想法得到议员帕特里夏·霍恩斯比 - 史密斯的大力支持。1941 至 1945 年期间，霍恩斯比 - 史密斯曾供职于特别行动处的主管单位——经济战争部（Ministry of Economic Warfare）。战后，她加入特种部队俱乐部，与特别行动处仍然保持着联系。[1] 在她看来，这部电影可以向外展示英国情报工作的高超技术。如果禁掉它，好莱坞就会把它改编成一部“陆军部完全无法掌控的美式英雄电影”。[2] 当时坊间传闻，二十世纪福克斯和派拉蒙两大电影公司正在争夺该片的拍摄权，并且计划全部改用美国演员和制作团队。[3] 虽然政府并不反对利用电影展示英国对战争的贡献，但这部电影出现的时机显然不合时宜。在 1961—1962 年期间，尽管乔治·布莱克丑闻在国外媒体上已闹得沸沸扬扬，首相还是坚决禁止国内媒体报道此事。政府官员们担心，如果此时批准这部电影，英国媒体会指责他们表里不一。所以，国防机密通知委员会负责人乔治·汤姆森威胁费尔德坎普，如果一意孤行，将会面临“《官方保密法》的全面制裁”，而且“后果自负”。[4] 军情五处法律顾问警告他，拍摄这部电影已“绝无可能”。[5] 于是，费尔德坎普知难而退。

[1] 原注：Helen Jones, ‘Smith, (Margaret) Patricia Hornsby-, Baroness Hornsby-Smith (1914–1985)’, *Oxford Dictionary of National Biography*, Oxford University Press, Sept 2004; online edn, May 2007 (www.oxforddnb.com/view/article/39178, accessed 20 February 2010).

[2] 原注：P. Hornsby-Smith to J. Profumo, 25 September 1962, TNAWO 32/17807.

[3] 原注：参见 *Daily Mail*, 1 March 1957。

[4] 原注：F. Feldcamp to G. Thomson, 8 November 1960, TNAWO 32/17807.

[5] 原注：F. Feldcamp to G. Thomson, 8 November 1960, TNAWO 32/17807.

然而，政府在处理“内部人士”的问题时却束手无策。最典型的例子就是蒙哥马利·海德（Montgomery Hyde）。他在1962年出版了《那个安静的加拿大人》一书。[1]二战期间，海德曾在美国为英国安全协调局（British Security Co-ordination，BSC）从事反间谍工作。该局总部设在纽约洛克菲勒中心大厦，由加拿大人威廉·史蒂芬森担任局长，代表英国情报系统在整个南北美洲的利益。由于《那个安静的加拿大人》一书描写的主人公不是英国人，而是加拿大人，而且完全没有使用官方资料，所以海德在该书完成后拒绝把它交给英国政府审查。[2]因此，在该书出版前夕，英国政府紧急开会商议此事。联合情报委员会主席和军情六处处长都参加了此次会议。他们认为，这本书存在三点问题。第一，它揭露军情六处仍然存在，并且违反常规在书中透露二战时期处长斯图尔特·孟席斯少将的名字。第二，该书透露，已故意大利海军上将莱斯在美国担任武官期间曾遭女间谍色诱，泄露了意大利海军密码。第三，它的出版会让外界误认为英国政府放松了情报披露的规定。[3]即便如此，情报官员们仍然一致同意不能诉诸法律手段解决。原因之一是，海德在写作过程中获得了至少一位军情六处前官员的支持。政府律师认为，如果对簿公堂，法官很可能把这种支持视为军情六处授权为之。另外一个原因是，史蒂芬森在担任英国安全协调局局长期间，军情六处从未给他发过薪水。所以，他和英国政府的关系“十分微妙，若即若离”。[4]此外，海德与史蒂芬森之间的来往都发生在美国，不受英国法律管辖。

作为率先讨论军情六处的著作，《那个安静的加拿大人》在出版后被媒体趋之若鹜。《纽约时报》对它的评价是，“该书之于间谍文学的意义，

[1] 原注：M. Hyde, *The Quiet Canadian: The Secret Service Story of Sir William Stephenson* (London: H. Hamilton, 1962).

[2] 原注：‘C’ to B. Trend, 7 November 1962, TNA CAB 21/5864.

[3] 原注：A. Wyatt, 2 November 1962, TNA CAB 21/5864.

[4] 原注：‘Note for the Record: The Quiet Canadian’, A. W. Wyatt, 2 November 1962, TNA CAB 21/5864.

就像《查泰莱夫人的情人》之于纯文学一样”。[1] 在给《星期日泰晤士报》撰写的书评中，伊恩·弗莱明（“詹姆斯·邦德”系列小说的作者）认为该书会“让许多人气得浑身发抖”。[2] 正如官员们所担心的那样，该书的顺利出版让那些抱怨英国政府处事不公的人非常愤怒。1962 年 11 月 8 日，沃德在议会中激烈抗议政府的双重标准：“为什么政府只要求部分人必须遵守《官方保密法》，而其他人却可以为所欲为？这不公平！”[3] 为了不让沃德再次制造尴尬，麦克米伦邀请她到首相官邸，向她澄清此事“纯属误会”，只是因为海德误认为政府已经批准他出版。[4] 沃德通过常识判断麦克米伦没有说实话。于是她回应道：“海德绝对没有误会，他很清楚自己在做什么。”[5] 对政府来说幸运的是，沃德最后还是压制住怒火，因为她知道富特的书正在创作之中。

1961 年年初，各界开始重新关注特别行动处在抵抗运动中的历史功绩。学术界甚至专门开会研究这一话题。其中最有名的是当年 3 月在意大利城市米兰召开的研讨会。会前，为了避免左派历史学者借机宣传共产主义史观，外交部要求牛津大学圣安东尼学院院长威廉·迪肯发表论文，论述英国的“官方观点”。迪肯可以说是这项工作的不二人选，因为他曾跟随特别行动处在战争中立下赫赫战功。而且作为丘吉尔创作回忆录时的首席研究助理，他很习惯借助对历史的诠释来宣传英国观点。所以，他欣然接受外交部的要求，并因此获准查阅官方档案。[6] 另外，在 1959 年比利

[1]　原注：‘Promotional Material: The Quiet Canadian’, Montgomery Hyde Papers, Churchill College, Cambridge, CCC HYDE 1/9.

[2]　原注：I. Fleming, ‘Intrepid: Silhouette of a Secret Agent’, *Sunday Times* Magazine, 21 October 1962.

[3]　原注：*Hansard*, 5th Series, 8 November 1962, 666, cols. 1,153–4.

[4]　原注：‘Minute of Conversation between I. Ward and H. Macmillan’, 13 December 1962, TNA CAB 21/5864.

[5]　原注：‘Minute of Conversation between I. Ward and H. Macmillan’, 13 December 1962, TNA CAB 21/5864.

[6]　原注：W. Deakin to B. Trend, 8 June 1962, TNA CAB 103/571.

时城市列日举办的研讨会上，曾是特别行动处军官的巴里准将也和迪肯一样，当了英国政府的传声筒。

然而，米兰的那次会议并没有一帆风顺。与会的苏联和其他共产主义国家的历史学者在数量上远超西方国家，而且会前都被各自政府“面授机宜”。[1] 其中很多人带去翔实的历史材料，准备在此次会议上揭短特别行动处。东方集团国家的历史学者认为，二战时期的欧洲抵抗运动是共产党领导下的“社会运动”，目的是保证“反人民和反动的”政权不会在二战胜利后继续剥削劳动者。英美对抵抗运动的支持完全是出于自私自利：不是为了打败轴心国，而是为了在战后欧洲建立西方主导的政治经济霸权。这些学者还指控，1939 至 1940 年的“虚假战争”[2] 是英国施行绥靖主义的结果，目的是把德国人引向苏联，从而避免英国本土受到战火威胁。[3] 西方学者们对此评价为“老调重弹，毫无新意”。[4] 在给外交部的报告中，迪肯写道：“此次会议清楚地表明……社会主义阵营正在有组织、有计划地歪曲和诋毁英国在二战期间与敌占欧洲的关系，目的是在抵抗运动话题上建立起倾向苏俄的话语权。”[5]

米兰会议的走势也激怒了美国人。中央情报局国家评估办公室（CIA’s Office of National Estimates）主任谢尔曼·肯特愤怒地说道：“这与他们（苏联）在官方历史和政府文件上的说法如出一辙。”[6] 肯特认为，必须针对苏联史观给予反击：“西方国家不能任由共产主义国家书写二战和欧洲抵抗运动的历史，我们必须还原历史真相，并且让铁幕国家以及非

[1] 原注：W. Deakin to B. Trend, 8 June 1962, TNA CAB 103/571.

[2] 译注：二战中，当德国入侵波兰后，英法虽然对德国宣战，但却没有对德国展开进攻，史称“虚假战争”。

[3] 原注：*European Resistance Movements 1939–1945: Presentations at the First International Conference on the History of the Resistance Movements* (London: Pergamon Press, 1964).

[4] 原注：www.cia.gov/csi/kent_csi/docs/v05i4a14p_0001.htm.

[5] 原注：W. Deakin to B. Trend, 8 June 1962, TNA CAB 103/571.

[6] 原注：www.cia.gov/csi/kent_csi/docs/v05i4a14p_0001.htm.

盟国的民众了解真相。从米兰会议来看，这个任务还远未完成。”[1]

恰恰在此时，富特的书即将完成。1963 年春，内阁秘书长开始把部分章节送交内阁审查。到 1964 年年底，完整书稿进入审查程序。一些政府官员对此书评价很高。彼得·威尔金森（前特别行动处军官，后供职于议会外交事务副国务大臣办公室）曾说 ：“在读过富特的书后，我愈发觉得当时选他没有错。他没有沉溺于对史学的热爱，而是能够审时度势，知道出版这类书在政治上有多不容易。”[2] 第一位给这本书做出评价的是海军上校诺曼·莫特。莫特以“说话直白、爱抽烟斗、人缘甚好”闻名于官场，曾在二战期间负责特别行动处伦敦总部的安全保卫工作。[3] 他认为富特的书“非常好”，能够用合适的角度描述特别行动处的行动，修正了十几年来稗官野史中的偏颇和杜撰。[4] 他还认为，富特从“没有争议和确定的事实”出发，在书中既没有“过度折损法国人的面子”，也没有过多谈及法国抵抗战士的自恋心态。[5]《第二次世界大战历史》英国军事系列主编詹姆斯·巴特勒教授也称富特的书为“杰作”。[6]

但是，正面的反馈只是少数。特别行动处负责管理信息披露工作的顾问埃迪·柏克绍中校感觉，此书过于贬低法国抵抗组织的作用。富特曾声称“那些戴高乐主义者根本不理解情报安全的意义”，并提到“法国人在保密方面的粗心大意举世皆知”。[7] 在书中，富特还写道 ：“除非万不得已，英国从不会把秘密情报交给法国人。”[8] 格宾斯也认为富特书中所言不甚妥当，尤其是那些指名道姓的批评，比如对“巴克情报小组”（Réseaux

[1] 原注 ：www.cia.gov/csi/kent_csi/docs/v05i4a14p_0001.htm.

[2] 原注 ：P. Wilkinson to B. Trend, 24 January 1962, TNA CAB 103/571.

[3] 原注 ：Murphy, *Security and Special Operations,* pp. 4–5.

[4] 原注 ：N. Mott, 4 June 1963, TNA CAB 103/571.

[5] 原注 ：N. Mott, 4 June 1963, TNA CAB 103/571.

[6] 原注 ：P. Wilkinson to B. Trend, 16 December 1963, TNA CAB 103/571.

[7] 原注 ：E. G. Boxshall to P. Wilkinson, 10 October 1963, TNA CAB 103/571.

[8] 原注 ：E. G. Boxshall to P. Wilkinson, 10 October 1963, TNA CAB 103/571.

Buck）的指责。在书中谈及特工杰克·阿加扎里安因公牺牲却得不到抚恤时，富特指责巴克情报小组组长乔治·斯塔尔对此毫无愧疚，仍然“摩挲着顺滑的八字胡”。[1] 另外，尽管威尔金森之前对富特大加赞扬，但他在通读过书稿后，也提出自己的不满。他指责书中“不合时宜的段落”太多，甚至还详述了特别行动处、军情六处和外交部之间的钩心斗角。这些内容毫无意义，但肯定“会被好事媒体大肆报道”。[2]

除此之外，莫里斯·巴克马斯特对该书也表达了强烈不满。他指责富特在描述对个人“生死攸关的事件”时语气轻率。[3] 书稿对一些当事人的轻佻评论也让巴克马斯特不以为然。他认为，富特在书中把“最优秀的无线电报员，而且极具人格魅力”的阿尔诺形容为“满口污秽”简直是“骇人听闻”。[4] 难道这不会对阿尔诺的寡母造成无法弥补的伤害？让巴克马斯特气愤的还有富特对丹尼丝的描写。作为第一位空降到德占法国的女性特工，她在书中被形容为“性感诱人”。[5] 巴克马斯特强调，富特这种抓小放大的做法非常恶劣。另外，书中对“繁荣”小组的处理方法让巴克马斯特不满。富特把这个情报小组的失败原因归结为小组成员的无能和保密意识淡薄。特别行动处法国分支的特工招募、培训和管理工作也连带受到指责。[6] 富特还批判尼古拉斯·博林顿少校在行动中“鲁莽狂妄”，以致特工杰克·阿加扎里安白白牺牲。富特认为，到 1943 年，“繁荣”小组的特工已经良莠不齐，鱼龙混杂，而且人数众多，难以管理。

对于被捕后受不了审讯而投敌叛变的抵抗组织成员，富特笔下更是

[1] 原注：C. Gubbins to M. R. D. Foot, 5 February 1964, TNA CAB 103/572.

[2] 原注：E. G. Boxshall to P. Wilkinson, 10 October 1963, TNA CAB 103/571; C. Gubbins to M. R. D. Foot, 5 February 1964, TNA CAB 103/572; P. Wilkinson to B. Trend, 22 May 1963, TNA CAB 103/571.

[3] 原注：M. Buckmaster to E. Boxshall, 11 November 1964, TNA CAB 103/572.

[4] 原注：M. Buckmaster to E. Boxshall, 11 November 1964, TNA CAB 103/572.

[5] 原注：M. Buckmaster to E. Boxshall, 11 November 1964, TNA CAB 103/572.

[6] 原注：‘Lieutenant-Colonel Buckmaster’s Objections and Comments’, Principal Assistant Solicitor, 22 January 1965, TNA CAB 103/573.

毫不留情。巴克马斯特警告富特，给那些曾经忠心耿耿为国奋斗过的抵抗战士贴上“懦弱”的标签没有任何意义，只会让人们再也不愿应征从事情报工作。

巴克马斯特对富特的批评并不止于此。富特在书稿中指出，在特工牺牲或被捕后，作为法国分支的负责人，巴克马斯特没有给他们的家属写信通知噩耗。更令人吃惊的是，富特甚至指控巴克马斯特写信欺骗特工家属，谎称他们一切安好。在为自己辩护时，巴克马斯特解释道，他确实给很多特工的家属写过信，但由于是亲笔手写，所以从未复印存档。[1] 最令他不可忍受的是，他在书中被描述成坏人的形象。为此他说：“这本书充满了无端影射和主观臆断。我在书中竟被形容为不负责任、冷酷无情、行事不公、效率低下、盲目乐观、麻木不仁、错误百出。”[2] 道格拉斯·多斯-帕克站在巴克马斯特一边，要求内阁删除富特的这一段描述。作为保守党内颇具影响力的后座议员，以及首相面前的红人，多斯-帕克曾多次写信呼吁“决不允许富特的书出版”。[3] 在第一封信中，他强调该书会“引出不必要的事端”。[4] 比如，它会让法国分支之外的前特别行动处官员趁火打劫，为自己争取不应得的褒奖。在第二封信中，他声称这本书除了会让法国人不满之外，还会破坏特别行动处招募特工时立下的原则，即特工的活动“永不公开”：“当我们从事情报工作后……我们的工作应该会受到《官方保密法》的保护，而且应是一项双向义务。”[5]

这些负面评价似乎大大降低了该书出版的可能性。内阁大臣要求别再提及这本书的出版问题。该书中有太多段落中含有涉嫌诽谤的内容。但

[1] 原注：'Lieutenant-Colonel Buckmaster's Objections and Comments', Principal Assistant Solicitor, 22 January 1965, TNA CAB 103/573.

[2] 原注：M. Buckmaster to E. Boxshall, 11 November 1964, TNA CAB 103/572.

[3] 原注：D. Dodds-Parker to B. Trend, 28 November 1964, TNA CAB 103/572.

[4] 原注：'Historical Note: Decision to Write History', J. E. Jackson, 26 October 1965, TNA PREM 13/949; D. D. Parker to E. Boxshall, 21 April 1964, TNA CAB 103/572.

[5] 原注：D. D. Parker to E. Boxshall, 21 April 1964, TNA CAB 103/572.

由于在法国法律体系中，诽谤罪的追诉期是 10 年，所以英国政府的代理律师特别担心有人会利用这个法律漏洞。于是，最重要的事就是修改文稿。起初富特并不愿修改自己的作品，因为他认为自己创作的虽然是官方历史，但不是受官方控制的历史。另外他坚信，对于一个机构的历史记录来说，个人细节描写和偶尔的逸闻轶事都是必要的。在给柏克绍的信中，富特表达了自己的意见："我的工作是记录历史，而不是贬低或吹捧某些人。"[1] 他坚持自己对巴克马斯特的批评是合理的，后者气愤只是因为这些批评"有损他在媒体中的形象"。[2] 然而，由于整个书稿前途未卜，富特最后还是同意做出部分修改。修改主要包括两方面：第一，删除"对特别行动处官员的严厉批评"[3]；第二，为法国分支重塑形象，凸显它在困难条件下取得的成绩，而减少对那些残酷事实的赤裸描述。经过修改，最终的版本获得了各方的满意。巴克马斯特对其中的一条"郑重声明"尤其满意，因为该声明强调战争中的错误决策并不是有意为之，而是关心则乱，好心办了坏事。经过修改，书稿最后的结论是，尽管法国分支犯下许多错误，但它所取得的成就远远超出其创立者的预期。这也令巴克马斯特"心满意足"。[4]

1964 年 4 月 6 日，在富特完成修改工作后，《特别行动处在法国》一书终于获得出版批准。[5] 一周后，外交事务国务大臣彼得·托马斯在议会公布了这一决定。对于首相来说，批准该书出版主要有三个原因。第一，可以告慰那些为二战胜利默默做出贡献的特工。这也是政府公开强调的原因。第二，可以正本清源，让民众不再关注那些稗官野史和小道传言。当时外交部正因 E. H. 库克里奇即将出版新书而烦恼。他在之前出版的《英国特勤局探秘》（*Secrets of the British Secret Service*）一书中，竟然杜撰自

[1] 原注：M. R. D. Foot to E. Boxshall, 16 November 1964, TNA CAB 103/572.
[2] 原注：M. R. D. Foot to E. Boxshall, 16 November 1964, TNA CAB 103/572.
[3] 原注：'Record of Meeting', 29 October 1963, TNA CAB 103/571.
[4] 原注：M. Buckmaster to E. Boxshall, 20 April 1965, TNA CAB 103/753.
[5] 原注：'Resistance History to Be Published', *Daily Telegraph*, 14 April 1964.

己与乔治·布莱克有 18 年的交情。[1] 该书的出版社也拒绝把敏感的“英国特勤局”字眼换成模糊的“英国情报部门”。[2] 第三，批准《特别行动处在法国》出版还可以挫败“一些国家诋毁英国对抵抗运动的贡献”的企图。[3]

该书出版后，见到特工们的默默奉献终获认可，沃德“激动万分”。[4] 由于创作期间严格保密，富特的同事和朋友们见到此书后也是大吃一惊。在学术活动中（教学、参加学术会议等），富特丝毫没有提及自己的“官方身份”，声称对特别行动处的研究完全是自己的兴趣爱好。其实，政府曾经担心他口风不严泄露机密，或者有人因他长期往返伦敦而心生猜疑，更不用说三年时间的默默无闻已让他在学术圈内颇具神秘色彩。[5] 另外，这本书的出版自然引来媒体的关注。“秘密的冰山开始融化”等新闻标题层出不穷，许多评论人士也认为，《特别行动处在法国》的出版标志着英国保密系统的崩解。[6] 许多记者甚至乐观地相信，对英国情报体系的研究和写作已进入黄金期。但是，英国政府显然不这么认为。

> 等该书出版后，很多人会倍感尴尬，而我是最尴尬的那个。
>
> 富特，1964 年 4 月 17 日 [7]

每隔一段时间就会有一部著作横空出世，从出版那天起就赢得广泛

[1] 原注：A. Goodenough to J. Adams, 21 October 1966, TNA FO 146/4635.

[2] 原注：J. E. Jackson to D. Logan, 25 October 1966, TNA FO 146/4635.

[3] 原注：B. Trend to the Prime Minister, 26 March 1964, TNA CAB 103/572.

[4] 原注：'Resistance History to Be Published'.

[5] 原注：P. Wilkinson to B. Trend, 2 January 1963, TNA CAB 103/571.

[6] 原注：'Frozen Secrets Start to Thaw', *Sunday Telegraph*, 3 October 1965.

[7] 原注：'My Cloak and Dagger Book May Shock Top Brass Says Historian', *Daily Mail*, 17 April 1964.

赞誉并且获得惊人的销量。1966 年，由英国文书局[1]出版的《特别行动处在法国》就是其中之一。历史学者们对它评价甚高。艾森豪威尔的传记作者、知名美国史学家斯蒂芬·安布罗斯称它为“10 年来在文笔和结构上最优秀的书”。[2]媒体称赞它公平公正，并不在意富特为了满足政府要求而牺牲历史准确性。另外，读者惊讶于在无法与特别行动处官员核实信息的情况下，富特能把这本书写得如此完满。《特别行动处在法国》成功地为英国在抵抗运动中的贡献正名。安布罗斯看完书后也承认："和特别行动处相比，美国战略情报局的贡献微不足道。"[3]但是，美国人约翰·布罗斯在为中央情报局的内部期刊《情报研究》撰写书评时不禁质疑："美国人的贡献去哪儿了？"[4]富特在书中形容美国战略情报局特工训练不足、装备简陋且缺乏经验，在 1944 年夏天之前存在感“很弱”。布罗斯指责这种说法是英国的虚假宣传。他强调，在 1944 年 1 月 1 日到 10 月 1 日期间，共有 524 名美国人在法国敌占区战斗，美国飞机出动 2717 架次协助战略情报局和特别行动处执行任务。此外，在 1944 年前 9 个月，美国向战场提供了近 5000 吨装备，是英国的 2 倍。[5]

综上所述，富特的作品确实达到了预期目的。它为英国在法国抵抗运动中的贡献提供了权威支撑。更重要的是，它驳斥了美国和苏联所宣扬的片面史观。这也意味着，英国政府放弃长期以来对情报工作的保密政策是正确的。然而，正如有些官员在 1945 年秋警告过的，公开特别行动处的

---

[1] 译注：英国文书局（Her/His Majesty's Stationary Office，HMSO）是英国政府出版社，又称女王文书局。

[2] 原注：S. E. Ambrose, 'Reviewed Work: SOE in France: An Account of the Work of the Special Operations Executive in France, 1940–44', *American Historical Review*, 74:3 (February 1969), p. 1,006.

[3] 原注：S. E. Ambrose, 'Reviewed Work: SOE in France: An Account of the Work of the Special Operations Executive in France, 1940–44', *American Historical Review*, 74:3 (February 1969), p. 1,006.

[4] 原注：J. Bross, 'Review: SOE in France', *Studies in Intelligence*, 11:2 (Spring 1967).

[5] 原注：J. Bross, 'Review: SOE in France', *Studies in Intelligence*, 11:2 (Spring 1967).

活动会带来严重的后遗症。事后来看，富特在书中使用当事人真实姓名确实是一个严重的错误。劳伦斯·格兰德少将曾担任军情六处 D 科负责人（D 科于 1938 年成立，专门从事敌后破坏和颠覆活动，1940 年被合并进特别行动处），他对该书使用真实名称的做法非常不满："富特的工作超出了历史学者的职责范围。"[1] 退役之后，格兰德担任一家跨国工程公司的高管。他担心自己战时身份的曝光会影响目前的工作。他说："富特的书让人们以为我还在做情报工作，而这会带来数百万英镑出口额的损失。"[2]

令人惊讶的是，尽管官员们事先对其进行了严格的检查，富特在书中仍然保留了一些有针对性的刻薄评论。《新观察家》杂志等法国媒体对书中法国抵抗战士"嘴巴不牢"的形象深感气愤。富特在书中主张，所有新手特工都要被灌输一条金科玉律——除非万不得已，决不能把秘密告诉法国人。[3] 这让法国媒体十分愤怒，进而对富特大加批判。

此外，书中的刻薄言论让很多前特别行动处官员忍无可忍，以蓄意诽谤的罪名把富特告上法庭。但对他来说幸运的是，他的法律费用均由政府承担。奥黛特·桑索姆与他对簿公堂，是因为书中描述她在法国时曾用公款满足私欲。另外，富特对她遭盖世太保（德国秘密警察）刑讯的描述，也与她自己对此事的陈述大相径庭。桑索姆曾说盖世太保拔掉了她的脚趾甲。但富特认为这只是她的凭空想象。富特甚至暗示，她从法国回来时已经"精神失常"，处于一种"神经极度紧张的状态，以致不能分清幻想和现实"。[4]

彼得·丘吉尔[5] 对富特的诽谤性言论采取了法律行动。富特在《特

[1] 原注：L. D. Grand to H. Wilson, 26 April 1966, TNA PREM 12/949.

[2] 原注：L. D. Grand to H. Wilson, 26 April 1966, TNA PREM 12/949.

[3] 原注：E. Behr, 'La guerre secre`te des services secrets', *Le Nouvel Observateur*, TNAFO 146/4634.

[4] 原注：Solicitor to G. Wigg, 3 May 1966, TNA CAB 103/575; 'Threat of Libel Action by Odette Sansom', E. G. Boxshall, 14 April 1966, TNA CAB 103/575.

[5] 译注：彼得·丘吉尔（Peter Churchill），二战时期特别行动处特工。

别行动处在法国》一书中声称“耐心和外交手腕都不是彼得·丘吉尔的长项”，并且指控他“有私自留存密电的坏习惯”。[1] 第三位控告富特的是鲁贝·明尼。他的著作《女英烈传》记录了特别行动处传奇女特工维奥莱特·萨博的英勇事迹。但是，富特在书中批评明尼是“哗众取宠”，利用“低俗的想象”杜撰萨博遭受的酷刑，并借此推动《女英烈传》的销售。[2]

最终，出版《特别行动处在法国》的英国文书局被判支付巨额庭外和解费。彼得·丘吉尔和鲁贝·明尼各自获得 5000 英镑作为赔偿。另外，法庭判决富特向桑索姆道歉，并承诺在《特别行动处在法国》的未来版本中删除冒犯性内容。[3]

最初，《特别行动处在法国》曾被视为“试水之作”，目的是为今后出版系列丛书做铺垫。但是，该书出版后引发的争议让政府打了退堂鼓。1967 年 5 月，外交部、内阁办公室和军情六处的代表一致同意，不再出版针对其他国家的版本。因为虽然《特别行动处在法国》取得“历史角度上的成功”，但它“在政治上不合时宜”。[4] 此外，尽管这本书非常畅销，但法律诉讼和其他成本导致出版社最终亏损 42885 英镑。[5] 1967 年 1 月，英国政府决定，拒绝希腊政府史官查阅特别行动处档案。这进一步说明，政府不愿再看到特别行动处在其他国家的活动被公开。其实，英国官员们还担心，如果让希腊史官查阅档案，后者就会发现，英

[1] 原注：O. Nickson to HMSO, 24 June 1966, TNA CAB 103/575; ‘Writ between Peter Morland Churchill and M. R. D. Foot/HMSO’, 10 August 1966, TNA CAB 103/576.

[2] 原注：R. J. Minney, 15 July 1966, TNA CAB 103/576; ‘Writ Minney vs HMSO and Foot’, TNA CAB 103/577.

[3] 原注：R.Pitman,‘I Call This a Shocking Attack on a Brave Woman’, *Sunday Express*, 3 May 1966; ‘Agents Who Survived the SOE’, *Sunday Times*, 1 May 1966; J. E. Jackson, 29 April 1966, TNA CAB 103/575; ‘Statement to the Editor, M. R. D. Foot, *The Times*, 11 July 1966; B. Salt to G. Jones, 24 January 1969, TNA CAB 103/599; T. Johnson, ‘Secret Agent Gets Libel Settlement’, *Evening News*, 27 January 1969; ‘Minney Case: Terms of Settlement’, TNA CAB 103/579.

[4] 原注：‘Note of Meeting held at Cabinet Office’, 18 May 1967, TNA CAB 103/569.

[5] 原注：‘The Salt Report’, July 1969, Annexe A, TNA CAB 103/570.

国曾扶持希腊右翼抵抗组织，比如希腊民族共和联盟，对抗希腊共产主义力量。[1]

然而 1968 年年初，英国政府的态度再次发生变化，转而鼓励出版特别行动处活动的更多书籍。这次变化的起因是媒体对金·菲尔比事件的关注。本书在前文曾提起，《星期日泰晤士报》在 1967 年 11 月刊登了一系列文章，揭露英国情报机构在 1945 年后被苏联间谍渗透，门户大开。媒体批评英国情报机构无能且让人厌恶。这促使很多官员，包括约翰·马斯特曼这样的资深情报官，认为必须采取行动对媒体的抨击给予回应。此外很多后座议员提出，既然军情六处已被间谍渗透、无秘可守，继续禁止出版关于特别行动处的书籍毫无意义。在此背景下，特伦德便委托特别行动处驻丹吉尔（摩洛哥城市）机构原负责人芭芭拉·索尔特撰写一份报告，分析继续出版这类著作的利弊。报告于 1969 年 7 月完成，首先着重讨论的是作者人选问题。第一种选项是，允许“精心挑选的历史学者”在“严格的监督”下查阅秘密档案，而且鼓励他们通过商业机构出版作品。[2] 这样做的好处是减轻政府的负担，避免陷入法律纠纷。但是，索尔特认为这个选项不具实际操作性。因为在选拔作者的过程中，肯定会有人指控政府选人不公，政府则会陷入她所说的“关于史学的无尽争论”之中。[3]

所以索尔特认为，像富特的作品一样，只出版特别行动处在某一地区活动的单行本是最好的选择。因为这样的风险要比系列丛书更为可控，且成本显著降低。接下来的问题就是筛选合适的地区。荷兰比较不会引起争议，因为荷兰议会委员会已经解密了诺德波尔事件（Nordpol Affair）的许多材料（特别行动处在荷兰曾被纳粹阿勃维尔渗透破坏）。意大利也是

[1] 原注：Miscellaneous Note, January 1967, TNA CAB 103/569.

[2] 原注：‘Study of the Pros and Cons of Publication of Further Histories of SOE’, B. Salt, July 1969, TNA CAB 103/570.

[3] 原注：‘Study of the Pros and Cons of Publication of Further Histories of SOE’, B. Salt, July 1969, TNA CAB 103/570.

不错的选择，因为特别行动处在那里取得了“无可辩驳的成功”。[1] 1945年4月，特别行动处帮助盟军在意大利的最后一次军事行动中极大减少了伤亡；他们还守住了意大利波河盆地和阿尔卑斯河谷的经济重镇，为盟军的反焦土政策[2]提供了条件。此外，索尔特认为，意大利版单行本可以使用一个很有戏剧性的素材，即特别行动处在1943年9月“猴子行动”（Operation Monkey，指与意大利的停火谈判）中所发挥的作用。此次行动的成功，在很大程度上应该归功于无线电报员马拉比中尉。行动前几个月，他被意外地空投到米兰郊外的一片湖中并被捕。在英国要求下，意大利才将他释放。如果没有他在艾森豪威尔和巴多格利奥（墨索里尼接班人）之间建立起秘密无线电联系，停火协议可能永远不会达成，或者会被推迟。另外，为了改观当前出版市场对特别行动处在亚洲战场所发挥作用的忽视，还可以出版远东单行本，这样同时可以宣扬蒙巴顿所说的“新帝国精神”。英国政府在二战后期意识到远东国家迟早会获得民族独立，便命令特别行动处与当地人“并肩战斗”。[3]

但总体来说，索尔特的报告反对出版更多的单行本历史。当年政府同意《特别行动处在法国》出版，主要是为了在欧洲意识形态之争中为英国争取话语权。但在索尔特看来，英国在这场斗争中已经获胜，所以没必要再出版更多的单行本。索尔特咨询过很多历史学者的意见，尽管他们本能地认为历史书籍“多多益善”，但也都承认，市场中关于特别行动处的书籍已经饱和。[4] 另外，虽然民众，尤其是“伊恩·弗莱明的拥趸”，仍然对间谍故事很感兴趣，但菲尔比事件的曝光令他们更加关注“更现代的间

[1] 原注：‘Study of the Pros and Cons of Publication of Further Histories of SOE’, B. Salt, July 1969, TNA CAB 103/570.

[2] 译注：德国在二战后期曾施行焦土政策，破坏任何可能对盟军有用的东西。

[3] 原注：‘Study of the Pros and Cons of Publication of Further Histories of SOE’, B. Salt, July 1969, TNA CAB 103/570.

[4] 原注：‘Study of the Pros and Cons of Publication of Further Histories of SOE’, B. Salt, July 1969, TNA CAB 103/570.

谍手段”。[1] 索尔特强调，就算要出版特别行动处的第二部历史书籍，但当它问世时，像库克里奇那样的作家早已“瓜分完市场”。就连富特也已经与麦克米伦出版公司签约，开始筹备一部关于特别行动处的总体历史书籍。在索尔特眼中，无人能够替代富特作为更合适的作者人选。政府选择其他人写书都会带来巨大的隐患。让情况更复杂的是，随着特别行动处的解散，其档案管理工作也一片混乱。一群“没有清楚了解任务”的糊涂文员竟然不加区分地把档案全部销毁。[2] 另外，在 1946 年，特别行动处位于贝克街的伦敦总部突发大火，许多行政和财务文件被焚毁。富特曾描述：“幸存的文件也大多残缺不全。”[3] 所以，如果要再写一部特别行动处的历史，必然首先要花费大量时间和精力整理那些文件档案。而且许多当年的旧档案都混在“现在的秘密情报文件”之中，根本“无法区分”。[4] 更不用说那些档案还有一部分仍旧没有解密，比如关于“鹤嘴锄行动”（Pickaxe Operations）的文件。据说在该行动中，特别行动处曾协助共产党内务部[5] 20 多名秘密警察渗入敌后。历史学者认为特别行动处在这次行动中“与魔鬼合作”。[6]

1969 年 9 月 12 日，高级情报官员开会讨论索尔特报告。考虑到《特别行动处在法国》所引发的法律纠纷，会议决定搁置更多特别行动处单行本史书的出版计划。实际上，此次会议纪要上记录有如下内容：“决不能

[1]　原注：‘Study of the Pros and Cons of Publication of Further Histories of SOE’, B. Salt, July 1969, TNA CAB 103/570.

[2]　原注：‘Study of the Pros and Cons of Publication of Further Histories of SOE’, B. Salt, July 1969, TNA CAB 103/570; ‘Note of Meeting between B. Trend and B. Salt’, 6 October 1969, TNA CAB 103/569.

[3]　原注：‘Some Lessons Learnt from First Publication’, M. R. D. Foot, 19 July 1966, TNA CAB 103/576.

[4]　原注：‘Note of Meeting between B. Trend and B. Salt’, 6 October 1969, TNA CAB 103/569.

[5]　译注：内务人民委员部（NKVD）是苏联在斯大林时代的警察机构，1946 年改称内务部。

[6]　原注：D. O’Sullivan, *Dealing with the Devil: Anglo-Soviet Intelligence Cooperation in the Second World War* (New York: Peter Lang, 2009).

再出版类似《特别行动处在法国》的书籍，因为其中人身攻击的内容会带来麻烦和额外花销。”[1] 但是，这个决定背后真正的推手是特伦德。他当时正在推进一项更为雄心勃勃的计划：一部多卷本的战时情报工作官方史巨著。[2]

[1] 原注：'SOE: Pros and Cons. Notes of Meeting', 16 September 1969, TNA CAB 103/569.

[2] 原注：该论点来自 Aldrich, 'Policing the Past', 944。

第9章

反击：官方二战英国情报史

媒体或其他渠道泄露秘密是一回事，而政府主动公布秘密又是另一回事。

T. M. P. 史蒂文斯，国防部秘书处，1972年8月18日[1]

前文已经表明，20世纪60年代末对英国保密官员来说是一段非常痛苦的时期。1967年，也就是《特别行动处在法国》出版一年后，政府官员们曾试图阻止一系列颇具破坏性的信息披露，但最终未能成功。首先，查普曼·平彻泄露了英国政府秘密窃听国际电报的信息。之后，《星期日泰晤士报》曝光苏联间谍菲尔比潜伏英国情报机关长达30年。另外，《每日快报》还打破传统，在文章中公开了军情五处和军情六处负责人的身份。紧接着在1968年，流亡海外的菲尔比出版了自己的回忆录《我的无声战争》，让他昔日的英国上司们颜面扫地。[2] 该书得到克格勃的资助，并由纽约格罗夫出版社出版。在书中，菲尔比强烈批判了西方针对苏联的情报活动，并揭露英美情报机构内部钩心斗角、纪律败坏、计划混乱。此外，他在书中不仅详细描述了军情六处的工作流程和人员情况，而且冷酷地描写了被他出卖致死

[1] 原注：'Policy on Official Histories', T. M. P. Stevens, Defence Secretariat (DS 22), 18 August 1972, TNA DEFE 11/567.

[2] 原注：K. Philby, *My Silent War: The Soviet Master Spy's Own Story* (New York: Grove Press, 1968).

的人。在该书出版之前，菲尔比曾向英国政府提议，如果英国释放被关押在“苦艾丛监狱”的两名苏联间谍——彼得·克鲁格和海伦·克鲁格，他愿意停止出版此书。英国政府拒绝了他的条件。[1]

综上所述，大量敏感信息的泄露令英国政府深感懊恼，左支右绌。为此，官员们费尽心思，试图找到合适的对策。以乔治·威格为代表的一派观点是，政府必须画出红线，并且要勇于使用《官方保密法》惩罚越过红线的泄密者。这种简单粗暴的方法在20世纪70年代曾被使用，当时政府首先起诉了《星期日电讯报》，之后还把邓肯·坎贝尔和他的助手告上法庭。另外，还有一派官员认为，既然政府如何努力都无法阻止泄密，不如“反击”，即主动把经过筛选的信息向外界公开，借此抵消负面信息的影响。换句话说，这些官员相信“如果你不能打败他们，那就加入他们”。

这一派官员的代表人物是海军中将诺曼·丹宁爵士。他因牵头成立海军部作战情报中心（Admiralty's Operational Intelligence Centre）而声名鹊起。该中心在二战期间曾取得巨大成功。在本书第4章提到的1967年窃听事件曝光后，丹宁被任命为国防机密通知委员会负责人，直到1972年才卸任。其实早在60年代初，他便主张政府应该积极经营情报机构的公众形象。而且，作为英国战时情报工作辉煌成就的亲历者和见证人，丹宁对情报领域层出不穷的丑闻曝光和负面描述痛心疾首。为了纠正公众对情报机构的误解，他强烈建议政府向值得信赖的作家提供合适的官方协助，鼓励他们创作对情报工作有利的作品。他的同事将这个政策称为“丹宁方案”。[2] 第一位被他选中的是《星期日泰晤士报》的印刷顾问罗伯特·哈林。哈林在二战中经历丰富，并参与过多次军事行动。1940年5月，他随舰队营救过困守敦刻尔克的英军。一年后，海军情报局局长助理伊恩·弗

[1] 原注：'Philby Offers to Withdraw Book', *New York Times*, 19 December 1967.

[2] 原注：'The Significance of British Naval Intelligence during World War Two, and Postwar Security', J. H. Godfrey, 1965, CCC MLBE 6/3.

莱明选中他担任特工。在弗莱明的帮助下，他加入了“30 号突击队”(30 Assault Unit)。这支精英突击队被俗称为“红色印第安人”，负责在盟军发动进攻之前深入敌后搜集敌军文件和装备。[1] 1961 年 1 月，丹宁正式询问哈林是否愿意在海军档案的帮助下，创作一本介绍 30 号突击队经历的半虚构类回忆录。[2] 就在几天前，弗莱明曾向丹宁担保哈林“完全可靠”。[3] 不巧的是，当时哈林工作繁重、应接不暇，腾不出手来创作这本回忆录。

但是，丹宁并没有灰心。他耐心等待，直到 1964 年另一人选终于浮现。这一年，《星期日泰晤士报》委托约翰·皮尔森创作伊恩·弗莱明的传记（弗莱明在同年 8 月去世）。弗莱明是国宝级人物。他与菲尔比相反，具有许多英国情报官应有的品质：爱国、忠诚、勇敢、儒雅，并且坚持做正确的事。在担任海军情报官期间，弗莱明参与了许多成功的行动，绝对不像一些书里描述的那样笨手笨脚。丹宁立刻注意到这本传记，进而借机与皮尔森共进午餐。在用餐过程中，丹宁邀请皮尔森为政府写书，承诺可为他提供半官方协助。这些协助包括安排采访退休情报官以及提供相关信息。但在特定情况下，这些信息来源必须保密，因为这样既对弗莱明身后的名声有利，也有益于英国情报工作的形象。丹宁要求皮尔森“绝对不能泄露情报来源、与其他情报机构合作的信息，以及任何可能导致政治困扰的信息”。[4] 最后，皮尔森接受了丹宁的邀请。

在接下来的几个月中，丹宁请来许多退役情报官供皮尔森采访。其中包括政治作战部的宣传专家塞夫顿·德尔默，以及负责与美国海军部进行

[1] 原注：See C. Cabell, *The History of 30 Assault Unit: Ian Fleming's Red Indians* (London: Pen & Sword, 2009).

[2] 原注：N. Denning to I. Fleming, 19 January 1961, L. Russell MSS, Manuscripts Department, Lilly Library, Indiana University, Bloomington.

[3] 原注：I. Fleming to N. Denning, 12 January 1961, L. Russell MSS, Manuscripts Department, Lilly Library, Indiana University, Bloomington.

[4] 原注：Cited in 'The Significance of British Naval Intelligence during World War Two, and Postwar Security', J. H. Godfrey, 1965, CCC MLBE 6/3.

情报联系的前驻美助理海军武官彼得·史密瑟斯。[1]（史密瑟斯在二战中与弗莱明结识，并被一些人认为是詹姆斯·邦德的原型；实际上，当《每日快报》在 1957 年把邦德系列小说改编成漫画书的时候，弗莱明就曾建议以史密瑟斯的外表为模板创作邦德的形象。）但是，其中最重要的采访对象是弗莱明在海军情报局的上司——约翰·戈弗雷海军少将。外界普遍认为，戈弗雷就是小说中“007”上司“M”的生活原型。而且他与丹宁心有灵犀，也认为不该让媒体或心怀叵测的作者垄断情报历史的话语权。他说：“有侧重地宣传，外加开明地审查，才是我最欣赏的方法。”[2] 1965 年年初，皮尔森在卡文迪什酒店采访了戈弗雷。戈弗雷当时已年逾古稀，但身材魁梧，面色红润。在采访中，他详细介绍了海军情报局的主要工作。（海军情报局又称“39 号房间”，以它在海军部的办公室房间号而得名。）[3] 正如丹宁所希望的，皮尔森从戈弗雷那里听到许多英勇无畏的事迹和冒险刺激的经历。这些英勇事迹包括，30 号突击队曾在盟军进攻北非的“火炬行动”[4] 之前突袭了意大利在阿尔及尔的司令部，缴获了敌军的密码本和作战命令。在采访中，戈弗雷提到，弗莱明曾应美国战略情报局局长威廉·多诺万的请求，为中情局的成立起草了章程。为表示感谢，多诺万送给弗莱明一把“点三八口径”柯尔特左轮手枪，上面还刻有文字“向特勤机构致敬”。[5] 但是，戈弗雷提

[1] 原注：P. Smithers to J. Pearson, 25 January 1966, J. Pearson MSS, Manuscripts Department, Lilly Library, Indiana University, Bloomington, Indiana.

[2] 原注：‘The Significance of British Naval Intelligence during World War Two, and Postwar Security’, J. H. Godfrey, 1965, CCC MLBE 6/3.

[3] 原注：‘Interview: Admiral John Godfrey’, 3 March 1965, J. Pearson MSS, Manuscripts Department, Lilly Library, Indiana University, Bloomington.

[4] 译注：火炬行动 (Operation Torch)，指第二次世界大战中的北非登陆战役，是 1942 年 11 月美英盟军在法属阿尔及利亚和摩洛哥实施的登陆作战。

[5] 原注：‘Interview: Admiral John Godfrey’, 3 March 1965, J. Pearson MSS, Manuscripts Department, Lilly Library, Indiana University, Bloomington. 更多关于 CIA 起源的信息，详见 R. Jeffreys-Jones, ‘Why Wasthe CIA Established in 1947’, *Intelligence and National Security*, 12:1 (1997), 21–40; R. Jeffreys-Jones, ‘The Role of British Intelligence in the Mythologies Underpinning the OSS and Early CIA’, *Intelligence and National Security*, 15:2 (2000), 5–19。

供的这一情况无法得到证实。

当然，皮尔森并没有天真地认为这些受访者仅仅是出于善意就向他提供信息。他在私人笔记中写道："坚称海军部存在过类似邦德小说的惊险故事，对他们每个人都大有好处。"[1] 戈弗雷甚至毫不避讳，承认自己想让"海军情报部门得到应有的肯定"。[2] 虽说如此，皮尔森并不舍得放弃这些第一手材料，并利用它们获得了更多的内幕消息。最终，《伊恩·弗莱明的一生》这本出色的书出版了，其中不乏对这位英国最著名谍战作家的新看法。[3] 更重要的是，它还向外界展示了"39 号房间"的工作，皮尔森甚至称之为"传奇般的杰作"。[4]

菲尔比事件发生后，政府意识到必须要予以反击，以挽回情报机构的声誉。1969 年年初，赞同政府反击的官员越来越多，包括内阁秘书长伯克·特伦德（见图 24），以及首位内阁办公室情报协调员迪克·怀特。特伦德的态度并不完全出乎意料。他在《特别行动处在法国》出版一事中曾提出，要利用该书回应美国和苏联的历史观点。早在 1963 年，他就呼吁政府把秘密档案的保密期由 50 年缩减至 30 年，从而让英国学者能够系统地论述去殖民化历史。他强调："如果我们拒绝改变，社会大众就会通过稗官野史或者外国人书写的历史来评判印度的权力交接、马来西亚危机和非洲独立运动等历史事件。"[5] 但是，他的建议当时并没被采纳。同样，怀特对"反击"政策的支持也不令人吃惊。1963 年，美国中央情报局传奇局长艾伦·杜勒斯出版自传《情报术：间谍大师杜勒斯论情报的搜集处理》[6]，试图借此恢复

[1]　原注：'Interview: Admiral John Godfrey', 3 March 1965, J. Pearson MSS, Manuscripts Department, Lilly Library, Indiana University, Bloomington.

[2]　原注：'Interview: Admiral John Godfrey', 3 March 1965, J. Pearson MSS, Manuscripts Department, Lilly Library, Indiana University, Bloomington.

[3]　原注：J. Pearson, *The Life of Ian Fleming* (London: Companion Book Club, 1966).

[4]　原注：J. Pearson, *The Life of Ian Fleming* (London: Companion Book Club, 1966), pp.128-9.

[5]　原注：B. Trend to A. Douglas-Home, 22 November 1963, TNA CAB 21/5230.

[6]　编注：*The Craft of Intelligence*，其中文译本已由金城出版社翻译出版。

1961 年“猪湾事件”[1] 后中情局的声誉。该书实际是由霍华德·罗曼领导的一群中情局资深官员代写而成，主要介绍了情报工作的技术和手段，并且极力宣传中情局对美国政府的重要性。怀特对《情报术》印象深刻，并告诉杜勒斯这本书是自己下属的“必备读物”。此外，怀特还曾透露，自己也希望能够就情报和安全话题在社会中展开公开讨论。[2]

在特伦德和怀特看来，“丹宁方案”虽然有用，但效果有限。如果想挽回英国情报机构的声誉，重树情报人员的信心，就必须采取更大胆的策略。1969 年 2 月 26 日，他们在特伦德办公室召开会议，与会人员几乎囊括了英国情报系统所有头面人物，包括政府通信总部主任乔·霍伯、军情六处处长约翰·兰尼和军情五处处长马丁·弗尼瓦尔·琼斯。会上，特伦德首先概括了情报机构所面临的挑战：“我们必须做出选择。要么继续被动地应付层出不穷的‘民间’书籍（在这种情况下，公众对历史事件的认识是碎片化的，而且不准确，通常会对事件的当事人做出不公正的评价）；要么我们主动出击，在秘密档案的基础上创作我们自己的历史书籍。”[3] 特伦德认为官方史可以“有效纠正被扭曲的事实”，回击民间作者和媒体的杜撰。另外他相信，由于现有官方战争史从未系统论述过情报工作的重要意义，出版一部官方情报史将对澄清事实大有裨益。他的观点受到与会者的赞同。自菲尔比间谍案曝光后，这些情报界高官们一直愤懑难平，都希望可以一扫阴霾，重振情报机构雄风。他们都承认，英国的出版市场上充斥着关于情报工作的“胡编乱造”，这种现象必须加以制止。于是会议决定，由怀特执笔起草一份报告，向内阁阐述官方情报史计划。

[1] 译注：猪湾事件（Bay of Pigs Invasion），是 1961 年 4 月 17 日在中央情报局的协助下，逃亡美国的古巴人在古巴西南海岸猪湾向菲德尔·卡斯特罗领导的古巴革命政府发动的一次失败入侵。

[2] 原注：D. White to A. Dulles, 14 November 1963, Allen Dulles Papers, Folder 30, Box 57, Seely G. Mudd Manuscript Library, Princeton University.

[3] 原注：'Intelligence Activities 1939–45', minutes of meeting, 26 February 1969, TNA DEFE 24/656.

在接下来的几个月中，怀特深入英国情报系统听取各个情报机构的想法和建议。令人沮丧的是，他没有得到明确的支持，而只有担心和顾虑。政府通信总部的顾虑有两点。第一点顾虑是，如果官方情报史出版，民众可能会得寸进尺，迫使政府公开更多更敏感的内容，比如苏伊士运河事件。其实特伦德也有这样的顾虑。在苏伊士运河事件十周年之时（1966年），他整整一年都在极力阻止该事件被写进内阁办公室官方史系列丛书。特伦德意识到，苏伊士运河事件绝对不能成为"反击"政策的素材。所以，为避免再度引燃民众对它的兴趣，他多次写信强调"任何人不应再提起苏伊士运河事件"。[1] 第二点顾虑是，这部官方情报史可能会惹怒美国。《特别行动处在法国》已经让中央情报局的官员不悦，而且美国人似乎根本就不喜欢官方史。艾伦·杜勒斯在担任中情局局长期间，曾委托并资助惠特尼·谢泼森写一部战略情报局历史。作为当年战略情报局秘密情报部门的资深负责人，谢泼森不顾舟车劳顿，花费数年到各地走访搜集素材。但最后中情局却以"难度太大"为由终止了该书的出版计划。[2] 另外，美国国家安全局也对任何类似的出书计划百般阻挠。1968 年，当有关部门讨论公开战时信号情报档案时，国家安全局坚决反对，声称此举会让敌对国家加强戒备，不利于今后的行动。鉴于此，英国政府通信总部认为，无论如何润色包装，官方情报史都会让美国不满。[3] 政府通信总部还担心，英国出版官方情报史会逼迫美国政府不得不编撰二战、朝鲜战争，甚至越南战争的相关历史。

军情五处和军情六处也对出书计划表达了自己的顾虑。它们担心这本书会像《特别行动处在法国》一样指名道姓发表评论。因为一旦姓名被曝光，很多资深特工的职业生涯会就此终结。而且，很多二战时期的特工目前

[1]　原注：Trend, 引自 P. Gore-Booth, 19 April 1966, TNA FO 370/2913。

[2]　原注：'Proposal for an Official History of British Intelligence Activities in World War II', Report by the Intelligence Co-ordinator, D. G. White, 4 July 1969, TNA DEFE 13/615.

[3]　原注：'Proposal for an Official History of British Intelligence Activities in World War II', Report by the Intelligence Co-ordinator, D. G. White, 4 July 1969, TNA DEFE 13/615.

仍在从事情报工作，此时泄露他们的身份会给他们招致杀身之祸。所以，只有对特工的身份加以严格保密，才能维持现役人员的士气和信心。另外，以往的经验表明，只有政府承诺对特工的身份和行动永远保密，才会有人选择从事情报工作。因此，军情六处强调："无论如何都要维持特工对我们的信任。"[1] 军情五处和军情六处的法律顾问警告，公开特工的身份还可能引来官司。殷鉴不远，富特在《特别行动处在法国》中对某些人指名道姓的激进评论已引发巨大争议，政府不得不为此支付巨额赔偿金。

这三家情报机构（军情五处、军情六处和政府通信总部）还有一个共同的疑虑，担心官方情报史的出版会带来意想不到的政治后果。任何二战史都回避不了德国当年作为邪恶敌人的事实，而且情报战、特工破坏和颠覆对击败这个敌人发挥了关键作用。所以，在欧洲团结呼声高涨之际出版这样一本情报史，在政治上是否合适？另一个问题是，如果该书最终证明英国情报工作非常成功，民众就会质疑盟军为何没有提早赢得战争？人们可能会杜撰出各种解释，指责政客们没有充分利用情报。[2]

1969 年 7 月 4 日，怀特完成了这份长达 30 多页的报告。虽然其中有保留意见，但它仍然倾向于赞同出版官方情报史。怀特开门见山，在报告开头就提出两个重要的理由来论证官方情报史的必要性。第一，它"有助于消除目前公众对情报工作的负面观感，预防或驳斥私人出版歪曲历史的书籍"。[3] 第二，它有助于政府"回应民间诉求，填补二战历史中关于情报工作的空白"。[4] 虽然怀特在报告中有意避免使用"宣传"之类的词汇，但

[1] 原注：'Record of a Meeting between D. White and M. Oldfield', 12 March 1969, TNA DEFE 31/8.

[2] 原注：'Proposal for an Official History of British Intelligence Activities in World War II', Report by the Intelligence Co-ordinator, D. G. White, 4 July 1969, TNA DEFE 13/615.

[3] 原注：'Proposal for an Official History of British Intelligence Activities in World War II', Report by the Intelligence Co-ordinator, D. G. White, 4 July 1969, TNA DEFE 13/615.

[4] 原注：'Proposal for an Official History of British Intelligence Activities in World War II', Report by the Intelligence Co-ordinator, D. G. White, 4 July 1969, TNA DEFE 13/615.

他利用官方史书鼓舞情报人员士气、恢复情报机构声誉的目的还是显而易见。在报告中，他写道：

> 情报工作在二战中起到的作用，比在以往任何战争中都更显著。可以说盟军参加的所有战役，不管是陆战、空战还是海战，都或多或少依赖过情报的贡献。其中，英国对情报的贡献举足轻重。英国在二战中对情报工作的大规模和精细化使用，已经成为现代战争中的典范。当时美国在这方面自叹不如，只能跟在英国后面亦步亦趋。然而，美国现在却背弃它开放社会的理念，建构起严密的情报体系，正是因为美国人在二战中意识到情报工作的价值。

该报告还向坚持用“沉默”来保密的人发出明确警告：“我们必须资助出版官方情报史，否则形势将会非常严峻，不仅会损害英国情报机构的声誉，还会威胁国家安全。”[1] 与此同时，特伦德私下劝告内阁大臣们，为了挽回情报部门声誉，政府一定要主动作为。在一封秘密信件中，特伦德告诉首相哈罗德·威尔逊：“我们现在全面封锁官方二战英国情报史项目，难道这样对我们自己公平吗？”[2]

尽管怀特和特伦德大力游说，但直到 7 月底政府还没有做出最终决定。老派情报人员仍然持反对意见，担心该书会泄露情报来源和取得情报的方法，并且惹怒美国人。他们只能接受把该书作为内参，仅供体制内官员参阅。怀特对此非常沮丧，因为如果仅仅作为内参，该书“就不能纠正民众对情报工作的误解，也不能驳斥私人出版物对历史的歪曲”。[3] 怀

[1]　原注：‘Proposal for an Official History of British Intelligence Activities in World War II’, Report by the Intelligence Co-ordinator, D. G. White, 4 July 1969, TNA DEFE 13/615.

[2]　原注：B. Trend to H. Wilson, 25 March 1969, TNA DEFE 13/615.

[3]　原注：‘Proposal for an Official History of British Intelligence Activities in World War II’, Report by the Intelligence Co-ordinator, D. G. White, 4 July 1969, TNA DEFE 13/615.

特还认为，现在作为内参的官方史书已经够多了，仅仅关于政府通信总部的就有 60 卷之多。他强调："现在完全没必要再制造更多记录情报部门历史的内参。"[1] 随着各方意见陷入僵持，特伦德提出一个折中方案。在他看来，目前的矛盾点是，该书能否保证特工和情报体系的利益不受损失，同时保护情报来源的安全。为化解这一矛盾，特伦德提出"有限历史"的概念。[2] 和"全面历史"不同的是，有限历史不关注如何获得情报，而是把重点放到情报使用者身上，强调情报如何被使用。换句话说，有限历史不会谈及情报来源和获得情报的方法。

情报界接受了特伦德的提议，并且决定把出书计划正式提交内阁讨论。为保证该计划能顺利通过，特伦德事先向首相汇报了出版官方情报史"在政治上"的优势。1969 年 7 月 29 日，他私下游说首相，强调该计划能够消除人们对政府限制和干涉民间情报史创作的指责。简而言之，官方史出版之后，官员就能对民众有所交代：虽然政府禁止民间历史学者查阅情报资料，但却主动公开了情报工作在二战中发挥的作用。特伦德还点到威尔逊首相的痛点，即国防机密通知。如果政府继续阻挠有关情报工作的文章或书籍出版，频繁动用国防机密通知制度，内阁大臣就有可能卷入无休止的口水仗，就像窃听事件爆发时那样。于是，特伦德向首相建议："是时候减轻国防机密通知委员会的压力了。"[3] 他的游说最终奏效。谈话结束几个小时后，威尔逊就给他写信，说道："我决定批准你们的计划。"[4]

虽然获得威尔逊的支持，但出书计划想要真正实施，还要与反对党和美国沟通。反对党党魁爱德华·希斯对该书存疑，怀疑它是否真能确保搜集情报的细节不被泄露。前保守党首相安东尼·艾登以及哈罗

[1] 原注：'Proposal for an Official History of British Intelligence Activities in World War II', Report by the Intelligence Co-ordinator, D. G. White, 4 July 1969, TNA DEFE 13/615.

[2] 原注：B. Trend to N. Denning, 24 July 1969, TNA DEFE 13/615.

[3] 原注：B. Trend to H. Wilson, 29 July 1969, TNA DEFE 23/107.

[4] 原注：Trend, loose minute, 1 August 1969, TNA DEFE 23/107.

德·麦克米伦也有此意见。他们三人都认为，此事应三思后行。[1] 但让人意想不到的是，唯一无条件支持该计划的是美国中央情报局局长理查德·赫尔姆斯。赫尔姆斯低调寡言，不参加一切形式的公开活动。普利策获奖记者托马斯·鲍尔斯形容他为“天生的保密者”[2]，“活在自己的世界里”。[3] 在任中情局副局长期间，赫尔姆斯力劝时任局长约翰·麦凯恩终止谢泼森的战略情报局官方史计划。担任局长后，曾有多人向他推荐《最长的一天》的作者科尼利厄斯·瑞恩[4]，重新编写战略情报局历史，但他也全部回绝。[5] 所以，赫尔姆斯这次对英国出书计划的支持，确实令英国政府诧异。不仅如此，他还允许未来英国情报史的作者自由查阅战略情报局的档案。但事后英国政府才知道，赫尔姆斯当时曾指示中情局官员爱德华·普洛克特把战略情报局档案中冒犯英国的资料全部删除。[6]

又过了几个月，出书一事仍然没有最终确定。作为参与这部官方情报史写作的人选之一，彼得·弗莱明开始抱怨内阁“拖延怠工”。[7] 到 1971 年年初，出书计划的最后一关就是希斯。他在 1970 年 6 月刚刚取代威尔逊成为新任首相。于是，特伦德加紧游说希斯，争取尽快获得批准。[8] 就像对威尔逊一样，特伦德向希斯陈情，不批准该项目将给政府带来严重的

---

[1] 原注：E. Heath to H. Wilson, 17 April 1970, TNA DEFE 23/107.

[2] 原注：T. Powers, *The Man Who Kept the Secrets: Richard Helms and the CIA* (New York: Alfred Knopf, 1979).

[3] 原注：R. Helms, 15 November 1961, The Richard Helms Papers, Part I, Lauinger Library, Georgetown University, 4/22/327.

[4] 译注：科尼利厄斯·瑞恩（Cornelius Ryan），爱尔兰作家，晚年加入美国国籍。其主要著作《最长的一天》在世界各国引起轰动，并被福克斯公司拍成同名电影。

[5] 原注：W. Pforzheimer, ‘Memorandum for the Assistant Deputy Director for Intelligence: The OSS Archives’, 28 January 1970, CREST CIA-RDP72–0031R000200290016–8.

[6] 原注：‘Memorandum for the file’, 14 January 1970, CREST CIA-RDP84–00780R003600140018–1.

[7] 原注：P. Fleming to A. Douglas-Home, 8 October 1970, TNA CAB 164/1230.

[8] 原注：B. Trend to E. Heath, ‘Official History of Intelligence in the Second World War’, 16 November 1970, TNA PREM 15/424.

政治后果。继续禁止有关情报的历史作品对政府不会有任何好处，反而会让很多作者公开表达对政府的不满，甚至有些作者会被迫强行出版作品。就像本书之前所提及的，马斯特曼曾与法拉戈联手，威胁要在美国强行出版有关“双十字计划”的回忆录。另外，为了打消希斯对泄露情报来源和情报方法的顾虑，特伦德向他保证，情报部门已经发明出“一套特别的半匿名称谓体系”，确保绝大部分机密细节不会被泄露。特伦德甚至建议，就算史书被创作完毕，它能否出版仍然由政府决定。在写作过程中，内阁大臣可以随时检查，然后再视情况决定是否允许出版。他强调：“是好是坏，试过才知道。”[1]

1971 年 2 月 19 日，希斯收回反对意见，出书计划终于开始实施。但谨慎起见，政府专门成立指导委员会监督计划的执行。委员会主席由詹姆斯·巴特勒（《第二次世界大战历史》英国军事系列主编）担任，各个情报机构都派代表参加。此外，委员会成员还包括情报工作协调总监以及许多“对情报工作有经验或有研究”的学术界人士。[2]（这些学术界人士的名单不可考，但特伦德曾推荐过休·特雷弗·罗珀[3]、F. W. 迪肯[4]和迈克尔·霍华德[5]。）按照设想，该书将是一部多卷本历史著作，包括四部分内容：战略情报、作战情报、反情报和战略欺骗。虽然该书由一位主编牵头，但每个部分都由该领域的专家学者参编。大多数人认为，由多位历史学者共同参与编撰，可以“避免个人恩怨和外界争议为此书带来负面影响”。[6] 过去，单一作者创作的官方史总会招来学术界的激烈批评。比如在

[1] 原注：B. Trend to E. Heath, 1 March 1971, TNA DEFE 23/107.

[2] 原注：B. Trend to E. Heath, 10 February 1970, TNA DEFE 23/107.

[3] 译注：休·特雷弗·罗珀（Hugh Trevor-Roper），研究近代英国和纳粹德国的历史学家。

[4] 译注：F. W. 迪肯（F. W. Deakin），英国历史学家。

[5] 译注：迈克尔·霍华德（Michael Howard），英国军事历史学家。

[6] 原注：‘Official History of Intelligence: Meeting at Burke Trend’s Room’, 26 February 1969, TNA DEFE 24/656.

1951 年，《辉格党人的历史诠释》的作者赫伯特·巴特菲尔德就曾遭到学术界的口诛笔伐。最终他忍无可忍，激烈回应道："就我所知，欧洲还没有一个国家真正愿意让人民了解真相。"[1] 另外，巴特菲尔德以消息灵通著称，他定然能够得知"超级机密"的真相，所以他在对学术界的回应中还说："在放满抽屉的屋子中，政府只给历史学者一个抽屉的钥匙，当这个学者发现这个抽屉里没有秘密，政府便向外界宣称所有的抽屉里都没有秘密。"[2] 鉴于此，只有多人共同编撰才可能避免学术界的猜忌。

主编的人选很快就确定了。特伦德曾建议，虽然"优秀的史学素养"是必备条件，但最重要的是主编人选必须"政治可靠而且值得信赖"。[3] 换句话说，政府需要的是一位能够审时度势、坚持原则、值得信任、与政府立场一致的主编。哈利·辛斯利就是不二人选。二战结束以来，辛斯利的学术成就无人望其项背。他长期担任剑桥大学圣约翰学院国际关系学教授，在这个领域建树颇丰。另外，他对二战时期情报工作的了解也无人能及。早在 1939 年，他曾应征来到布莱切利庄园的政府代码和密码学校海军分部，并在后来成为破译纳粹海军无线通信的权威。[4] 指导委员会还发现辛斯利对保密工作有与生俱来的敏感。多年来，除了自己的妻子，他没有向任何人透露过"超级机密"的信息。而他的妻子希拉里·布莱特 - 史密斯也是布莱切利庄园的退役军官。

在接手主编工作后，辛斯利花费数年时间完成了全书第一卷。在这几年里，他与情报机构就查阅档案和报批手续等问题发生过多次不愉快。与辛斯利私交甚密的理查德·朗霍尔曾宣称，辛斯利"在写作过程中遇到过各种各样的敏感问题，国内和国外的都有，甚至一度想要辞去这项

---

[1] 原注：H. Butterfield, *History and Human Relations* (London: Longman, 1951), p. 186.

[2] 原注：H. Butterfield, *History and Human Relations* (London: Longman, 1951), p. 186.

[3] 原注：B. Trend to H. Wilson, 25 March 1969, TNA DEFE 13/615.

[4] 原注：有关辛斯利的更多传记信息，可参见 P. Linehan, 'Obituary: Professor Sir Harry Hinsley', *Independent*, 19 February 1998; R. Langhorne, 'Professor Sir Harry Hinsley: An Appreciation', *Diplomacy and Statecraft*, 9:2 (July 1998), 212–21。

工作”。[1] 其实发生这种摩擦并不奇怪，因为他主编的这部书对于25年前还信奉“沉默是金”的英国情报系统来说，已经是一个前所未有的进步了。当1969年迪克·怀特征求情报人员意见时，三个情报机构均承诺让作者“在档案室内获得充分的自由”，但前提是这位作者必须接受严格的审查。[2] 军情五处和政府通信总部履行了自己的承诺，但军情六处却拒绝提供档案。1976年5月28日，辛斯利私下告诉《极为特别的情报》（*Very Special Intelligence*）的作者帕特里克·比斯利：“国防部和外交部都积极配合我的工作，但军情六处却变卦了。”[3] 令他沮丧的是，军情六处在涉及个人信息方面态度坚决，不留任何回旋余地。这让辛斯利担心书中的内容会因此变得枯燥无味。而且由于军情六处的抵制非常强烈，内阁办公室为了安抚辛斯利，决定提前授予他爵士头衔，但他并没有接受。[4]

1978年5月，该书第一卷通过了美国政府、英联邦政府和一众官方审查者的审核。接着，首相詹姆斯·卡拉汉要对它的出版做出最终决定。[5] 由于这个项目历经联合政府阶段，并且是由当时的保守党首相批准实施的，所以卡拉汉便征询保守党党魁玛格丽特·撒切尔的意见。但是撒切尔夫人——这位20世纪80年代“保密史传奇时期”的守护者，坚决反对出版。[6] 她批示道：“我对它还有顾虑。”[7] 尽管该书已经过严格审查，但她仍担心它会威胁国家安全。她说：“难道真要向居心叵测之人敞开大门，让他们了解我们的情报工作？”[8] 此外，她还质疑美国中央情报局对该书的

---

[1] 原注：R. Langhorne, 'Hinsley, Sir (Francis) Harry (1918–1998), *Oxford Dictionary of National Biography* (Oxford University Press, 2004).

[2] 原注：'Record of a Meeting between D. White and M. Oldfield', 12 March 1969, TNA DEFE 31/8.

[3] 原注：H. Hinsley to P. Beesly, 28 May 1976, CCC MLBE 2/12.

[4] 原注：私人消息源。

[5] 原注：J. Hunt to J. Callaghan, 22 May 1978, TNA DEFE 13/1304.

[6] 原注：Aldrich, 'Policing the Past', 950.

[7] 原注：M. Thatcher to J. Callaghan, 17 July 1978, TNA DEFE 13/1304.

[8] 原注：M. Thatcher to J. Callaghan, 17 July 1978, TNA DEFE 13/1304.

支持，甚至暗示这个有污点的美国情报机构根本不值得信赖。在历史上，中情局的秘密档案曾被记者和前雇员曝光，之后它居然允许国会调查自己的档案并且将其公之于众。所以，撒切尔说："鉴于中情局之前的表现，我实在不敢信任他们在出版物方面的判断。"[1] 她的态度证明，英国政府内的部分官员仍然坚持传统的保密政策，认为"情报"和"公开"不可能共存。这一点在她最后总结的话中体现得淋漓尽致："我以前的两位法律老师现在都当上了法官。他们教会我一个道理：永远不要承认任何事情，除非你不得不承认；即使不得不承认，也必须要有充足的理由且在一定的限度下承认。这个道理让我在处理复杂事务时受益匪浅，所以我会一直把它奉为行事准则。"[2]

然而，撒切尔的反对并没有影响卡拉汉。他认为第一卷内容"博学、全面、冷静"，是对"其他官方二战史的有益补充"。[3] 时任内阁秘书长约翰·亨特也赞同这一观点，说："撒切尔夫人的无端怀疑站不住脚。"[4] 最终，该书第一卷付梓印刷，并于 1979 年出版。与其他情报著作不同，辛斯利的作品获得媒体的一致好评，也赢得学术界众多评论家的广泛赞誉。情报官出身的美国学者沃尔特·普福尔茨海默将其称为"有史以来最伟大的情报史著作"，并为今后有关这一主题的书籍树立了标杆。[5] 评论家们普遍认为，这本书在很大程度上增进了公众对第二次世界大战的了解。一位评论人士说："它为公众提供了至关重要的信息。"[6] 关于该书的负面评论很少，而且主要指责它没有公开历史当事人的身份。据说，军情六处前负责

---

[1] 原注：M. Thatcher to J. Callaghan, 17 July 1978, TNA DEFE 13/1304.

[2] 原注：M. Thatcher to J. Callaghan, 17 July 1978, TNA DEFE 13/1304.

[3] 原注：J. Callaghan, 14 July 1978, TNA DEFE 13/1304.

[4] 原注：J. Hunt to J. Callaghan, 28 July 1978, TNA DEFE 13/1304.

[5] 原注：Cited in K. Boyd, *Encyclopedia of Historians and Historical Writing: Volume 1* (London: Fitzroy Dearborn, 1999), p. 592.

[6] 原注：有关辛斯利著作的评论，可见 http://intellit.muskingham.edu/uk_folder/ukwwii_folder/ukwwiihinsley.html。

人莫里斯·奥德菲尔德曾说："这本书给人的印象是，我们的情报战争是由坐在办公室里的官僚而不是默默奉献的特工们赢得的。这纯粹是一本由官员发起，围绕官员展开，并且为官员歌功颂德的书。"[1] 一些评论家还批评该书没有揭露新的内幕，尤其是关于剑桥大学间谍案的情况。《经济学人》杂志评论道："令那些爆炸新闻爱好者失望的是，政府这次只是展示了冰山一角。"[2] 虽然有一些负面评论，但该书总体上获得了应有的赞誉。它确实是一部杰出的学术著作，为今后的类似作品树立了更高的标准，而且让情报学研究彻底摆脱了只是惊悚故事的定位。

不幸的是，辛斯利的著作以及大量关于"超级机密"成就的作品所带来的正面宣传效果，很快就被 1979 年 11 月安东尼·布朗特苏联间谍案的曝光抵消。自从 1968 年金·菲尔比回忆录出版之后，剑桥大学间谍网便销声匿迹了一段时间。那些怀疑还有"第四人"的文章偶尔出现在报纸上，供人们在无聊的时候消遣。但是，正当民众都认为英国情报工作举世无双之际，布朗特间谍案曝光。曝光的起因是，英国广播公司《世界纵览》节目的创办人安德鲁·博伊尔在 11 月 5 日出版《叛变之季》，并在书中暗示布朗特是苏联间谍。虽然博伊尔没有直接挑明安东尼·布朗特就是"第四人"，但他书中的主人公莫里斯·布朗特，和安东尼·布朗特一样也是同性恋。对读者来说，要表达的意思一目了然。该书出版 11 天后，时任首相撒切尔在议会承认博伊尔的指控属实，从而揭开了这个埋藏 15 年的秘密。此事一出便立即引发严重的后果。几个月前，许多报纸还在报道剑桥高才生对布莱切利庄园的贡献，但现在它们立刻调转枪口发起对政府的责难。布朗特早在 1964 年就已承认自己的间谍身份，可并没有被判入狱，反而保留了自己的王室身份，并且不久之后又被封爵。在各方压力

[1] 原注：Cited in P. Hennessy, 'Ultra's Shadowy Secrets Emerge', *The Times*, 9 September 1981, p. 5.

[2] 原注：'A Corner of the Veil: British Intelligence in the Second World War', *Economist*, 2 June 1979.

下，撒切尔不得不暂停出版辛斯利作品的其余卷本，所以迈克尔·霍华德主笔的关于战略欺骗的那一卷虽然在1980年就已完成，但直到1990年才获出版。同时，有关布莱切利庄园的回忆录也被禁止出版。于是，庄园内“6号小屋”的负责人戈登·威尔士曼只能在1982年远赴美国出版自己的回忆录。[1]

但是，撒切尔对出版官方情报史的厌恶仅代表她自己，并不能代表整个政府的态度。所以，在这位铁娘子和她的追随者离开政坛后，很多官方史又陆续出版，向公众展示了特别行动处在低地国家以及在海洋上执行的秘密行动。[2] 威廉·麦肯齐创作的《特别行动处秘史》作为内参被尘封50多年后，终于在2000年解密，并被圣尔敏出版社出版。[3] 约翰·库里在二战结束后创作的《安全机构：1908—1945》一书当初也被列为“机密内参”，直到1999年才出版。[4] 但仍然有批评者认为，这些书扭曲了英国情报工作的历史真相，只是片面介绍了他们与纳粹德国展开的情报战争，却对其监控英国人民、中立国和盟友的事实置若罔闻。[5]

这类批评声音很快就销声匿迹，因为2002年12月18日军情五处宣布委托克里斯托弗·安德鲁教授编写一部记录该机构百年历程（1909—2009）的史学著作，并预计于2009年出版发行。无独有偶，作为成立百年的纪念，军情六处也邀请基思·杰弗里教授编写一本著作，以记录它从1909至1949年的历史。

---

[1] 原注：参见 William Bundy Papers, Seely G. Mudd Manuscript Library, Princeton University, MC 189, Series 1, Boxes 4 and 5, as well as Series 2, Boxes 6, 7 and 8。

[2] 原注：M. R. D. Foot, *SOE in the Low Countries* (London: St Ermin's Press, 2001); Sir B. Richards, *Secret Flotillas: Clandestine Sea-Lines to France and French North Africa* (London: HMSO, 1996).

[3] 原注：W. J. Mackenzie, *The Secret History of SOE: Special Operations Executive, 1940–1945* (London: St Ermin's Press, 2000).

[4] 原注：J. Curry, *The Security Service 1908–45* (London: Public Record Office Publications, 1999).

[5] 原注：Aldrich, 'Policing the Past', 952.

和过去大不相同的是，英国政府已经把出版官方历史著作当成信息管理的重要策略。这种做法让保密和公开的界限逐渐模糊，可以最大限度满足各方面的要求。对于反对信息公开的保守派官员来说，官方历史的作者受到《官方保密法》的制约，并且书稿完成后要先经过政府的严格审查，所以他们不必担心秘密会被泄露出去。而保密对于情报机构更是重中之重。由于民间历史学者不会站在情报机构的立场考虑问题，所以情报机构也不会对他们门户大开。总之，保密对情报机构是头等大事。如果它们不重视保密，未来就不会有人愿意从事情报工作。如果情报人员的身份被公开，他们的士气和工作效率会受到影响，连带他们的家庭也会受到威胁。确实如此，时间的流逝并不一定意味着秘密会被遗忘，对间谍的报复也不一定仅限于一代人的时间；有些国家非常“记仇”，对间谍的调查甚至可以追溯几十年。[1]

通过出版官方历史，英国政府得以在众多的媒体报道、民粹主义历史书籍和回忆录中发出自己的声音，表明自己的立场。丹宁、特伦德和怀特从惨痛的历史教训中总结出一条经验：让民间作家垄断情报史的创作会后患无穷。那些新闻记者、回忆录作者和揭露性文章的写手之中，只有小部分人的作品还算公正开明，而绝大多数只是哗众取宠，无限夸大负面信息。因此，政府在受到他们责难时理应设法为自己辩护，并主动批判和纠正那些被歪曲的历史。尤其是，对于充斥着主观臆断和阴谋论的情报史领域，政府更应该主动作为，澄清事实。美国中情局前局长艾伦·杜勒斯曾在 1963 年说：“情报工作是世界上最不被人理解但最容易被误解的行业。”[2] 对英国政府来说，官方史的出版可以转移社会对档案解密问题的注意力。虽然民间历史研究者认为档案的研究价值更高，但他们也愿意退而求其次去研究那些官方情报史。总之，随着官方情报史的出版，政府可以堂而皇之地宣称自己是“开放的”，同时继续封锁那些他们不想公开的内容。

[1] 原注：Aldrich, ‘Policing the Past’, 953.

[2] 原注：A. Dulles, *The Craft of Intelligence* (New York: Harper & Row, 1963), p. 39.

学术界的有些人出于嫉妒，会对官方史冷嘲热讽。他们指责官方史的作者们本应拥有独立的思想，从“象牙塔”内自由地评论外面的世界，而不该成为御用学者，利用自己的名气为政府做宣传。[1] 巴兹尔 · 利德尔·哈特曾说：“官方史只有官方，而没有历史。”[2] 另外，由于体制外的人很难查证官方史的内容，所以许多人质疑官方史的准确性。确实，官方史的注脚或者参考文献通常不会交代重要的信息来源。以军情五处和军情六处的官方史为例，为了防止多事的学者利用《信息自由法》调查秘密档案，许多参考文献都被省略。[3] 这种做法让历史学者大为不满，因为对于历史著作来说，注释是“证据”，可以证明作者的观点确有真凭实据。就像安东尼 · 格拉夫顿说的，内行人通过看作品的注释就能区分出谁是行家里手，谁是旁门左道。[4] 还有人质疑，为什么只有官方史的作者可以查阅秘密档案，而民间学者却不能？这种质疑在涉及秘密历史时尤为常见，因为“30 年保密期规定”并不适用于情报档案和机密文件，这就意味着民间研究者永远都不可能接触到那些文件。还有人担心这种特权会让官方史的作者垄断史学界的话语权，以致对历史的任何修正都会被推迟数十年。

然而，这些批评者都多虑了。官方情报史的出版令一向严肃的学术界也开始对情报史感兴趣。另外，由于官方情报史都由学富五车的学者执笔，且历经多年潜心研究而成，它们也打破了情报书籍“故弄玄虚、哗众取宠”的传统形象。自从辛斯利的著作在 1979 年出版之后，外交史等学科的学者们不再像以前那样对情报研究冷嘲热讽，而是将它视为一个严肃的研究领域。在世界各国，每年都有大量的研究生和博士后研究者投入到

[1]　原注：L. Scott and P. Jackson, ‘The Study of Intelligence in Theory and Practice’, *Intelligence and National Security*, 19:2 (Summer 2004), 152.

[2]　原注：Liddell Hart, cited in R. Lowe, ‘Official History’. www.history.ac.uk/makinghistory/resources/articles/official_history.html.

[3]　原注：私人信息源。

[4]　原注：A. Grafton, *The Footnote: A Curious History* (Harvard University Press, 1999).

情报研究中，许多专门的研究机构也应运而生。由于无法获取第一手秘密档案，这一领域的学者们通常利用横向思维，找到创造性的解决方案，例如采访当事人、使用社会科学技术等。他们还从内阁办公室安全与情报档案咨询小组（Cabinet Office Advisory Group on Security and Intelligence Records）得到不少帮助。该小组于2004年成立，负责召集政府部门的负责人和民间学者探讨档案解密政策。总而言之，官方历史根本无法像有些人担心的那样蒙骗民间学者。此外，随着民间研究百花齐放，官方历史也很难长期垄断史学研究。正如美国学者罗宾·海厄姆所说，官方历史只是开场序曲，而不是谢幕终曲。[1]

[1] 原注：Higham, cited in J. Grey, 'Introduction', in J. Grey (ed.), *The Last Word? Essays on Official History in the US and British Commonwealth* (Westport: Praeger, 2003).

后　记

从赖特到维基解密

如果想要在21世纪获得民众的支持和理解，开放透明是不得不冒的险。

军情五处前处长斯特拉·里明顿，

2002年[1]

在当今开放的社会里，没有一个政府机构总能被无罪推定[2]。

军情六处处长约翰·索尔斯，

2010年10月28日[3]

不可否认，英国的保密政策在过去20年里有了大幅度的宽松，且程度已超出很多人的想象。1989年，已有百年历史的《官方保密法》终于被修订，废除了无所不包的第二款，取而代之的是对机密信息的更准确认定。2005年1月1日，英国学习其他民主国家制定了《信息自由法》，让民众有权查阅大多数政府机构的档案。而在30年前，情报官员还在内阁大臣面前捕风捉影，试图阻止人民了解真相。可以说，《信息自由法》打

[1]　原注：S. Rimington, *Open Secret: The Autobiography of a Former Director-General of MI5* (London: Hutchinson, 2001), p. 286.

[2]　译注：无罪推定是指"未经审判证明确定有罪前，推定被控告者无罪"的法律原则。

[3]　原注：www.fco.gov.uk/en/news/latest-news/?view=Speech&id=23107618.

破了英国数百年来“秘密属于国家，不属于人民”的保密传统。现在，信息是公共财产，国家必须为隐瞒信息提供正当理由。如果政府无理由阻拦或拖延信息的公开，第三方信息督查员有权督促政府执行并且向政府课以罚金。

自 1989 年以来，英国情报机构逐渐走出幕后，进入公众视野。1989 年，军情五处有史以来第一次有了明确的法律地位。另外，斯特拉·里明顿在 1991 年 12 月接任军情五处处长后，成为英国历史上第一位公开身份并接受媒体拍照的情报首长。1993 年，军情五处还出版了一套名为《军情五处：安全机构》（*MI5: The Security Service*）的精美宣传册来介绍自己的职能，里明顿甚至为它写了序言。[1] 一年后，1994 年 6 月 12 日，里明顿参加了 BBC 直播的理查德·迪姆布雷比纪念讲座。2001 年，她成为珀西·西利托之后第一位出版回忆录的情报处长，书名为《公开的秘密》。

军情六处和政府通信总部于 1994 年获得了法律定位。《情报机构法》（Intelligence Services Act）生效之后，议会成立情报与安全委员会（Intelligence and Security Committee，ISC），负责监督军情五处、军情六处和政府通信总部的政策、管理和支出。1994 年 2 月 22 日，《情报机构法》仍在下议院审议时，外交大臣道格拉斯·赫德曾自豪地宣称，该法案将向英国人民展示政府“扩大开放”的决心。[2] 更令人惊讶的是，1992 年 5 月 7 日，首相约翰·梅杰在议会上公开了科林·麦考尔军情六处处长的身份。[3] 在这之前，军情六处现任处长的身份一直是高度保密的。绝大多数政府官员，甚至许多高官也只知道处长的代号是“C”（该代号来源于首任处长曼斯菲尔德·卡明英文姓氏的首字母）。

近年来，情报机构的开放还反映在解密政策上。许多攸关国家安全的历史档案也被解密。1981 年，公共档案委员会（Committee on Public

[1] 原注：W. E. Schmidt, ‘Britain’s Spy Agencies Begin to Come out from the Cold’, *New York Times*, 22 August 1993.

[2] 原注：Cited in K. Robertson, ‘Recent Reform of Intelligence in the UK: Democratisation or Risk Management?’ *Intelligence and National Security*, 13:2 (Summer 1998), 145.

[3] 原注：‘The Secret’s Out: Top British Spy Identified’, *New York Times*, 7 May 1992.

Records）主席邓肯·威尔森曾呼吁，“永远不能”一词永远不应再与任何公共档案联系到一起。[1] 现在，这种愿望已成为现实。1993年，作为对梅杰首相“公开政府”倡议的支持，军情六处把尚未公开的特别行动处档案，以及大量1909年之前的档案公之于众。从1997年开始，军情五处逐渐把档案解密，并把它们转移到位于邱园的英国国家档案馆供民众查阅。到目前为止，军情五处已解密大约4000件“具有历史意义的文件”（在正式用法中，一件可以表示整个文件或文件的一部分），包括二战期间德国间谍和双面间谍的档案、关于冷战早期苏联情报行动的材料，以及军情五处历任处长的照片。[2] 截至2004年，政府通信总部历时10年，把1919至1945年8月16日（二战对日作战胜利日）期间绝大多数政府代码和密码学校的档案整理完毕并解密。之后，作为对美国国家安全局解密文件的补充，政府通信总部也解密了“维诺那计划”的相关文件，让外界知道英美曾在1940至1949年间成功破译苏联间谍密电。随着解密工作的推进，情报史研究在英国方兴未艾，蒸蒸日上。

另外，情报机构协助出版了大量的情报历史书籍，进一步证明保密政策出现了松动。所谓的“丹宁方案”在20世纪90年代末被重新启用，向特定作家提供协助。其中最知名的受益人就是戈登·布鲁克-谢泼德和艾伦·贾德。布鲁克-谢泼德在创作1917年以来西方情报机构对付俄国布尔什维克的半官方历史时，获得军情六处的大力支持，甚至获准查阅“王牌间谍”西德尼·赖利的机密档案。[3] 同样，在创作卡明的自传过程中，贾德也获准查阅这位传奇情报之父的日记。[4] 除此之外，英国情报机构还

---

[1] 原注：Wark, ‘In Never-Never Land?’, 195–203.

[2] 原注：www.mi5.gov.uk/output/retention-and-destruction-of-files.html; S. Rayment, ‘MI5 Brings to Light the Faceless Figures Who Built the Service’, *Telegraph*, 11 December 2005.

[3] 原注：G. Brook-Shepherd, *Iron Maze: The Western Secret Services and the Bolsheviks* (Basingstoke: Macmillan, 1998).

[4] 原注：A. Judd, *The Quest for Mansfield and the Founding of the British Secret Service* (London: HarperCollins, 1999).

两次批准克里斯托弗·安德鲁接触苏俄叛逃人员，为创作克格勃历史积累素材。第一次，安德鲁获准采访奥列格·戈迪耶夫斯基（潜伏克格勃10年的英国间谍），并基于此次采访于1990年创作出《克格勃：内幕消息》（*KGB: The Inside Story*）。[1] 1999年，基于瓦西里·米特罗钦提供的苏联档案复印件，安德鲁又出版了关于克格勃在欧洲行动的作品。（米特罗钦曾在克格勃负责档案工作，后来被军情六处策反并叛逃。）[2] 2005年，同样是由于米特罗钦的协助，安德鲁创作出第二卷，介绍克格勃在世界范围内的行动。[3] 最近，为纪念成立100周年，军情五处和军情六处分别向安德鲁和基斯·杰弗里提供了大量机密文件，协助他们编撰这两个机构的官方史。仅就安德鲁来说，他获准查阅大约40万份档案。在杰弗里的书出版一个月后，2010年10月29日，约翰·索尔斯成为历史上第一位公开发表演讲的军情六处处长。

人们不禁要问，为什么作为西方民主国家中最重视保密的英国，近年来却放松了自己的保密政策？20世纪70年代中期，因为白宫和中情局的一系列丑闻，美国才不得不加强对情报机构的监管和公开，而英国显然没有遇到过类似的压力。遗憾的是，虽然许多政府官员乐见目前的变化，但他们也没有给出明确的解释。1994年，当大法官在上议院为《情报机构法》拉票时，他提供的解释很模糊，只说“我们要向前看”。[4] 因此，英国保密政策变化的理由，在很大程度上只能留给学者们去梳理。

学术界的普遍观点是，随着冷战结束，“新的世界秩序”已不再面临全球性的安全问题和冲突威胁。因此，密不透风的保密政策已不合时宜。

---

[1] 原注：C. Andrew and O. Gordievsky, *KGB: The Inside Story of Its Foreign Operations from Lenin to Gorbachev* (London: Hodder & Stoughton, 1990).

[2] 原注：C. Andrew and V. Mitrokhin, *The Mitrokhin Archive: The KGB in Europe and the West* (London: Allen Lane, 1999).

[3] 原注：C. Andrew and V. Mitrokhin, *The Mitrokhin Archive II: The KGB and the World* (London: Allen Lane, 2005).

[4] 原注：*Lords Debates*, 9 December 1993, col. 1,028.

但是，专门研究情报立法的学者肯·罗伯逊认为，保密政策的变化是“风险管控”而非“民主化”的结果。[1] 按照他的观点，由于英国情报机构的工作内容已从调查苏联核弹头数量，转变为监控和制止毒品走私犯、人贩子、恐怖分子和有组织犯罪，所以它们必须适度公开并获得正当的法律地位，否则它们就不能使用情报信息作为证据控告那些罪犯。罗伯逊还暗示，这种做法是为了防止欧洲人权法院（European Court of Human Rights）再次做出对情报机构不利的裁决。1985 年，军情五处就曾因监督不力受到该法院的批评。当时，前军情五处官员凯西·马西特向欧洲人权法院提供证据，证明军情五处曾非法窃听压力团体 [2] 的电话，比如核裁军运动。一些政治上的“麻烦制造者”，比如全国公民自由委员会的重要成员帕特里夏·休伊特和哈里特·哈曼都在被窃听名单上。与此同时，瑞典国家安全局也因没有明确合法地位被欧洲人权法院指责。因此罗伯逊以为，所有欧洲国家都在着手针对欧洲人权法院的监管采取预防措施。

基于彼得·吉尔在这一领域的研究，本书认为，过去 20 年保密政策的宽松，应被视为 20 世纪六七十年代积极信息管理策略的结果。[3] 也就是说，信息开放不是政府的象征性姿态，而是政府意识到有选择、有限制地公开信息，在塑造公众意见方面会带来意想不到的积极效果。当政府通过协助富特编写《特别行动处在法国》来展示“开放”的时候，它其实关心的是公关问题，希望这本书有助于阻止美国和共产主义国家把协助抵抗运动的功劳抢去。同样，政府帮助哈利·辛斯利编撰英国二战情报史也是出于公关原因。换句话说，政府把英国二战期间情报工作的成就展示给外界，就是为了抵消《星期日泰晤士报》曝光菲尔比事件以及菲尔比回忆录所引发的负面影响。另外，引导舆论是政府公开“超级机密”的主要动

[1] 原注：K. Robertson, ‘Recent Reform of Intelligence in the UK’, 144–58.

[2] 译注：压力团体是指，通过经济等手段对政府施加压力，从而影响政府公共政策的利益集团。

[3] 原注：P. Gill, ‘Reasserting Control’ 313–31.

机。政府担心即便自己不公开，惯于哗众取宠的“外人”也会把这个秘密公之于众。不止于此，批准安东尼·艾登创作并出版回忆录《周而复始》显然是政府公关的案例，目的在于彰显英国在苏伊士危机中的立场。显而易见，以上信息公开的例子都是政府有意而为之。简而言之，以前的政府对外“敞开大门”都是出于公关目的。于是，人们很自然地认为，当前政府对开放的热衷或许也是出于同样的动机。

如果真如上文所说，1989 年以来保密政策的变化，是由于政府为了经营公众形象而采取积极信息管理策略，那么促使政府这样做的原因只能是《抓间谍的人》事件（*Spycatcher* Affair）。在英国保密史上，撒切尔政府对军情五处前副处长彼得·赖特回忆录（《抓间谍的人》）的误判和打压，就戏剧性和深远影响而言，只有窃听丑闻可与之相提并论。《抓间谍的人》事件可以说是政府、情报机关、文官体制以及整体官方保密制度的公关灾难（见图 25）。在该事件结束后，政府各个方面都达成共识：保密政策必须要改变，撒切尔追求绝对保密是不理智的。从此，政府再度重视起公共关系领域，不仅为了重新掌握主动权，控制像赖特一样不听话的作家，也为重树军情五处信心。

介绍该事件的书籍不计其数，其中不乏当事人的第一手描述，所以本文在此不再赘述，仅为读者梳理该事件的大致轮廓。[1] 1976 年，赖特愤然离开军情五处。他对军情五处的不满有两方面。第一个不满是，他认为军情五处已被苏联彻底渗透，他甚至怀疑已故的军情五处前处长罗杰·霍利斯也是苏联的超级间谍，但军情五处并没有重视他的意见。后来，他妄想症似的在军情五处展开肃奸活动，让许多同事不胜其扰，严重影响正常工作。所以，赖特被所有人孤立和疏远。他的第二个不满是，充斥官僚作风的规章制度让他的退休年金大打折扣，经济拮据。

在走投无路的情况下，赖特移民到澳大利亚塔斯马尼亚岛，希望在

[1] 原注：See C. Pincher, *A Web of Deception: The Spycatcher Affair* (London: Sidgwick & Jackson, 1987); M. Turnbull, *The Spycatcher Trial* (London: William Heinemann, 1988).

那里靠养马维持生计。但由于经营不善，他的养马生意濒临破产。为了筹集资金，他向自己的朋友——前军情五处军官、大银行家维克多·罗斯柴尔德透露了创作回忆录的想法。众所周知，揭露内幕信息的谍战书籍可以赚取丰厚的利润。安德鲁·博伊尔关于布朗特间谍案的那本畅销书充分证明了这一点。对于穷困潦倒的赖特来说，他当然也想分一杯羹。罗斯柴尔德为赖特的出书计划提供了不少支持。虽然他的准确动机尚不清楚，但他可能是希望通过赖特的回忆录向英国政府澄清自己从未做过苏联间谍。到1980年夏天，基于私自从军情五处私自带出来的文件，赖特完成1万字的书稿，并把该书暂时命名为《我们中间的癌细胞》。[1]但赖特的写作水平很差，而且他的健康状况每况愈下，人们开始担心他根本活不到写完全书。于是，为了加快创作进度，赖特和罗斯柴尔德决定找职业写手操刀。他们的安排是，赖特把自己掌握的苏联渗透信息口述给写手，写手以自己的名义出版这本书，但要付给赖特一半的版税收入。如此一来，赖特就能避免违反保密协定而受到审判。最后选定的写手不是别人，正是大名鼎鼎的英国记者查普曼·平彻。

平彻的工作效率很高。1980年10月，他飞赴塔斯马尼亚采访赖特9天，之后的两个月他便专心写作。1981年3月，他的作品《他们的职业是背叛》，便登上各大书店的书架。该书对霍利斯的间谍指控迫使撒切尔在下议院承认，霍利斯确实有苏联间谍嫌疑，但否认这一嫌疑已被证实。这并不是撒切尔第一次到议会谈论情报工作并且承认政府掩盖事实。早在1979年，她就曾在议会承认布朗特是剑桥间谍网的“第四人”。然而，如果撒切尔以为否认霍利斯的指控就能万事大吉，那她就大错特错了。

远在塔斯马尼亚养马场的赖特对撒切尔的否认非常不满，他决定再次发声。于是，由保罗·格林格拉斯代笔的《抓间谍的人》应运而生。格林格拉斯现在已因导演《谍影重重》系列电影闻名天下，但当时他只是格

[1] 原注：T. Bower, ‘Obituary: Peter Wright’, *Independent*, 28 April 1995.

兰纳达电视台时事系列纪录片《世界在行动》的一位年轻制作人。其实，在该书出版前的1984年7月16日，赖特在参加录制《世界在行动》纪录片之《从未存在过的间谍》(*The Spy Who Never Was*)的过程中，就已表明自己的出书意图。在该集纪录片中，赖特声称自己确定霍利斯就是苏联间谍。按照克里斯托弗·安德鲁创作的军情五处官方史中的描述，在该集节目播出之后，英国政府内部激烈讨论，商讨如何封杀赖特即将出版的新书。[1] 赖特在电视上露面，并计划出版回忆录，这公然违反了《官方保密法》。但由于英国的法律不适用于境外，所以只要他还在澳大利亚，英国政府就不能对他提起刑事诉讼。有官员建议褫夺1972年颁发给赖特的大英帝国官佐勋章，但最终还是作罢，因为政府担心赖特会借此把自己塑造成一个因信仰而被迫害的爱国者。[2]

但是，政府的压力让许多出版商对《抓间谍的人》望而却步。最终海因曼出版社顶住压力，收购了该书的版权，并打算通过其在澳大利亚的子公司出版发行。[3] 1985年9月，撒切尔指示检察总长，以违反保密协议的名义向澳大利亚提起民事诉讼。该决定立即引发了巨大争议。有媒体把它解读为政府出于政治原因再次试图掩盖不光彩的真相。1983年，年轻的外交部职员萨拉·蒂斯德尔因向《卫报》泄露一份文件而被判6个月监禁。那份文件披露，撒切尔和国防大臣迈克尔·赫塞尔廷曾指示下属官员向议会隐瞒美国装有核弹头的巡航导弹抵达伯克郡格林汉姆·科曼基地的时间。由于这一披露并未对国家安全构成威胁，所以外界批评政府处罚“凭良心”做事而又无力反抗的蒂斯德尔是小题大做、杀鸡儆猴。此外，1985年年初，因泄露有关“贝尔格拉诺将军”号的文件（“贝尔格拉诺将军”号是阿根廷巡洋舰，在1982年马岛战争中被英国潜艇击沉），国防部文员克莱夫·庞廷被政府依据《官方保密法》第

[1] 原注：Andrew, *Defence of the Realm*, p. 761.
[2] 原注：Andrew, *Defence of the Realm*, p. 762.
[3] 原注：Andrew, *Defence of the Realm*, p. 762.

二款告上法庭。文件显示，那艘阿根廷军舰在被击沉前，并非像政府所说的对英国舰队构成威胁。相反，它正在禁航区外驶离英军舰队。最后，陪审团判定庞廷无罪，理由是这次披露符合重大公共利益。[1] 事后，政府因报复曝光者而再次受到猛烈批评。

在此背景下，1986 年 11 月澳大利亚新南威尔士州最高法院开庭审理《抓间谍的人》一案，引发了“自 25 年前英国政府以淫秽为由封杀《查泰莱夫人的情人》以来最强烈的国际关注”。[2] 英国政府在这场官司中立刻败下阵来。辩方对英国政府的泄密指控不屑一顾，因为赖特在书中提到的大部分“内幕信息”——霍利斯的间谍嫌疑，以及军情五处对哈罗德·威尔逊的暗算、监视和诋毁——之前被媒体报道过，而且英国政府当时也没有因此制裁那些媒体。另外，书中提及的大部分事件至少过去了二三十年，不会对现在的情报行动构成任何威胁。对撒切尔政府更为不利的是，在审理过程中民众逐渐意识到《他们的职业是背叛》背后的信息来源就是赖特。人们还发现英国政府早已了解这个情况，并且曾从出版商那里窃取这本书的清样。因此，在该书正式出版之前英国政府本可以将之封杀，而《他们的职业是背叛》的出版意味着政府对它“睁一只眼闭一只眼”。[3]

为了挽回败局，撒切尔委派内阁秘书长罗伯特·阿姆斯特朗前往澳大利亚为政府辩护。然而这一做法引发了一个重要的宪制问题。幕僚文官本不该抛头露面，而且按照惯例他们也不需为自己政治主官的行为辩护。[4] 但是，由于连续 9 天以证人身份出席法庭审理，阿姆斯特朗成为“家喻户

[1] 原注：C. Ponting, *The Right to Know: The Inside Story of the Belgrano Affair* (London: Sphere Books, 1985).

[2] 原注：Andrew, *Defence of the Realm*, p. 763.

[3] 原注：[Anon.], ‘Of Moles and Molehunters: A Review of Counterintelligence Literature, 1972–92’, *Studies in Intelligence* (1995), 17.

[4] 原注：R. C. Austin, ‘The Wright Affair – The Wrong Response: Constitutional Aspects of the Wright Affair’, *Parliamentary Affairs*, 40:3 (1987), 319–24.

晓的名字”，也成了英国内阁的同义词。[1] 于是，左派和右派人士都批评他的愚忠以及内阁的泛政治化。自由党党魁戴维·斯蒂尔形容阿姆斯特朗是“残损货品”，被政府当作“垃圾清理员”推上一场政治审判。政治评论家科林·皮尔金顿说：“通过把自己的内阁秘书长推到聚光灯下……玛格丽特·撒切尔摧毁了文官制度中仅存的‘匿名’和‘中立’原则。”[2] 由于阿姆斯特朗并非自愿出庭作证，而且对情报机构的运作历史也不甚了解，所以他在赖特的律师马尔科姆·特恩布尔的攻击下漏洞百出。特恩布尔是悉尼当地一位谈吐直率而又雄心勃勃的年轻律师。在与他交手的那段时间里，可怜的阿姆斯特朗名誉扫地，英国的保密政策也备受嘲讽。起初，阿姆斯特朗按照传统，在法庭的询问中否认军情六处的存在。后来，他在压力下不经意间承认迪克·怀特曾担任军情六处处长。特恩布尔抓住这一点紧紧逼问，而阿姆斯特朗又滑稽地回应道，军情六处只有怀特当处长时才存在。[3] 但这还不是最糟的。在质证过程中，阿姆斯特朗毫无准备，竟然稀里糊涂地承认在《他们的职业是背叛》出版之前，自己已拥有一本。在被特恩布尔痛斥说谎之后，阿姆斯特朗承认，在他这个职位上的人有时必须“对真相吝啬一点”。这个短语后来被广泛引用，用来形容英国政府欺骗世人的做法。

当庭法官迈克尔·柯比在谈到阿姆斯特朗的证词时表示，必须“相当谨慎”地对待此事。所以当他最终裁定英国政府败诉时，没有人感到意外。在柯比看来，《抓间谍的人》只是“一个脾气暴躁的老人，对过时的间谍技术、故去的情报人员和被无数次谈及的争议问题的个人看法”。[4] 柯

---

[1] 原注：P. Hennessy, ‘Profile: Sir Robert Armstrong’, *Contemporary Record*, 1:4 (Winter, 1988), 28.

[2] 原注：C. Pilkington, *The Civil Service in Britain Today* (Manchester University Press, 1999), p. 59.

[3] 原注：Andrew, *Defence of the Realm*, p. 764.

[4] 原注：Cited in ‘Spycatcher: A Diverting Obsession’, *Times Literary Supplement*, 21 October 1988.

比在驳回英国政府的判词中指出，英国的主张，即情报人员获得的所有信息都应得到永久保护，并不成立。值得一提的是，撒切尔发起的这次诉讼反而使《抓间谍的人》名闻天下。该书的美国精装版第一次印刷量是5万册。但在悉尼审判结束后，又紧急加印了76万册以满足市场需求。[1]的确，没有什么比争议更能吸引眼球了。该书的热卖让赖特成为百万富翁，而英国政府却不得不承担全球范围内大约300万英镑的诉讼费用。[2]更讽刺的是，有报纸刊登了一幅漫画，画中几个戴着假发的律师半开玩笑地问检察总长："如果军情五处一开始就把退休金全额支付给赖特，英国政府能不能省点钱？"令人难以理解的是，撒切尔此时仍不认输。在之后一年多里，她一直试图对英国报纸实施封口令，禁止它们刊登《抓间谍的人》。这种做法是不合逻辑的，因为该书在《纽约时报》畅销书排行榜上名列第一，在英国二手书店里也随处可见。英国媒体被封口令激怒，认为政府侵犯了他们的言论自由。托尼·本恩甚至以挑衅的姿态在海德公园的演讲角当众大声朗读这本书。1988年10月13日，上议院裁定该书在国外的出版让保密没有任何意义，于是批准它在英国连载和销售。欧洲人权法院后来也判定，英国政府推迟该书的出版违反了《人权公约》。[3]

对英国政府来说，《抓间谍的人》事件是一记警钟。一味追求绝对保密往往会适得其反、自取其辱。阿姆斯特朗原本是一位受人尊敬的政治人物，人们预计他从政府退休后会顺利地接任著名的伊顿公学教务长一职。但这次事件对他是毁灭性的，不仅让他痛失伊顿公学的职位，而且他的公众形象永远被定格为"被马尔科姆·特恩布尔架到火上烤的傲慢英国佬"。[4]对军情五处而言，此事更是搬起石头砸自己的脚。它对赖特的封杀

[1] 原注：E. McDowell, 'Bestsellers from 1987's Book Crop', *New York Times*, 6 January 1988.

[2] 原注：R. Norton-Taylor, 'Press Wins Spycatcher Battle', *Guardian*, 14 October 1988.

[3] 原注：Andrew, *Defence of the Realm*, p. 765.

[4] 原注：'Moles and Molehunters', p. 51.

行动被炒得沸沸扬扬，让原本没有影响力的《抓间谍的人》成为路人皆知的畅销书。现在，全天下人都知道军情五处内部的混乱和龌龊，令它的公众形象一落千丈。除指控军情五处暗算威尔逊、指认霍利斯是内奸外，赖特在书中还揭露它对伦敦和全球许多国家都进行监控，甚至窃听英联邦会议。于是，批评者们借此呼吁成立专门机构用以监管情报机构的活动。饱尝批评的安东尼·达夫处长哀叹道："一年来，我们在面对赖特案之后扑面而来的批评谩骂时，一直保持着良好的精神状态，但这些持续不断的攻击还是会造成影响，我担心从长远来看，军情五处在许多方面都会受到损害。"[1] 概括来说，自《抓间谍的人》事件后，民众已经认为政府不应坚守保密政策了。更重要的是，该事件也体现出政府内部对保密政策产生了动摇。

很显然，改变势在必行。对赖特采取的强硬策略被证明是一场灾难。它让英国政府，尤其是情报部门，陷入了公关泥潭，付出了巨大的成本。奇怪的是，批评英国政府最激烈的居然是迪克·怀特。他说："如果由我处理此事，我敢保证那本书会悄无声息地消失。保密是一把双刃剑，一定要谨慎使用。"[2] 作为 20 世纪 70 年代内阁办公室情报协调员，怀特曾多次向政府官员强调，保密有时会带来反效果，政府应向企业一样重视公共关系的经营。正是在他的强烈建议下，辛斯利的情报史著作才得以出版。怀特认为它不仅能帮助政府避开更棘手的解密问题，还能在不光彩的内幕消息曝光后为情报机构缓颊。他希望政府能通过有计划的开放赢得民众的信任和理解，同时仍能保密。遗憾的是，撒切尔对他的远见卓识并不在意。《抓间谍的人》事件结束后，越来越多的官员开始认同怀特的观点，主张采取兼顾公关和保密的信息管理策略。所以，正是在以上错综复杂的背景下，我们才能看到过去 20 年保密政策的变化。

为了证明政府并没有直接从保密走向公开，而是重新采用兼顾保密

[1] 原注：Cited in Andrew, *Defence of the Realm*, p. 563.

[2] 原注：Cited in A. Boyle, 'Obituary: Sir Dick White', *Independent*, 23 February 1993.

与公共关系的灵活模式，下文将展示政府放松保密政策的具体过程。虽然新版《官方保密法》缩小了国家秘密的范围，但它新增了两点规定，使得它对信息的控制比以往更为严格。第一，不再允许以“公共利益”为名对泄密者辩护。后果是，检举人或媒体不能因勇于揭露政府不正当行为而受到豁免。也就是说，庞廷无罪释放的案例再也不会出现。第二，新增“未经授权发布罪”，规定无论记者是否接触过机密文件，只要他发表源自机密信息的报道，均可被起诉。简而言之，只要发布机密信息就是犯罪。[1]

当使用非正式手段无法解决问题时，政府会毫不犹豫地使用《官方保密法》。1997 年，理查德 · 汤姆林森成为叛徒乔治 · 布莱克之后第一个依据《官方保密法》遭起诉的前军情六处雇员。汤姆林森 1995 年被军情六处无理由开除。他知道自己不可能通过劳资仲裁庭讨回公道，于是怀恨离开英国。在国外，他通过接受国际媒体采访公开表达了对军情六处的不满，并着手创作回忆录。起初，军情六处试图用钱解决问题。处长助理乔治 · 坦普尔与银行谈妥了一笔 1.5 万英镑的贷款，帮助汤姆林森还清债务，甚至为他在杰基·斯图沃特[2]的一级方程式锦标赛[3]车队谋得一份美差。[4]汤姆林森接受了报价，但不久之后就变卦，给一家位于悉尼的出版社提供了一份长达 4 页的回忆录大纲。于是，他因违反《官方保密法》被捕入狱。2001 年，流亡俄罗斯的汤姆林森出版《重大突破》。这本回忆录随后也在英国销售，但版税却被英国高等法院下令冻结。直到

---

[1] 原注：T. G. Carpenter, *The Captive Press: Foreign Policy Crises and the First Amendment* (Washington, DC: Cato Institute, 1995), p. 124.

[2] 译注：杰基 · 斯图沃特（Jackie Stewart），绰号为“飞翔的苏格兰人”，是一位苏格兰籍赛车手。

[3] 译注：一级方程式锦标赛（Formula One），简称 F1，是国际汽车运动联合会（FIA）举办的最高等级的年度系列场地赛车比赛。

[4] 原注：A. Temple, ‘The Spy Who Loved Me’, *Guardian*, 2 October 2002; A. Barnett and M. Bright, ‘Jackie Stewart Teamed Up with MI6 Renegade’, *Guardian*, 27 August 2000.

2009 年 5 月军情六处才同意和解，解冻了该书的版税并承认对汤姆林森过度执法。[1]

《信息自由法》是托尼·布莱尔（Tony Blair）政府引以为傲的成就，被用来彰显他推进政治现代化、扫除不必要的保密措施以及加强官民合作的坚定决心。在 1997 年当选首相前夕，布莱尔声称它“会塑造一种新型官民关系：政府把人民视为管理国家的合法‘股东’，把赢得选举视为人民托付信任”。[2] 布莱尔的观点引发了广泛共鸣。长期领导信息自由运动（Campaign for Freedom of Information）的莫里斯·弗兰克尔称，关于这一法案的政府白皮书 [3]“令人振奋”，并承认布莱尔对信息自由的推动已经超出所有人的预期。[4] 著名社会学家安东尼·吉登斯认为，随着类似法律在其他欧洲国家纷纷出台，比如爱尔兰和土耳其，整个世界正在经历“第二波民主化浪潮”，而“秘密正在退潮”。[5] 但是，在《信息自由法》颁布 10 年后的今天，现实并不像他们当初想象的那样乐观。从一开始它就被推迟 4 年才生效。布莱尔一坐上首相宝座就改变了自己之前的立场。他在 2010 年出版的自传《旅程》中承认，该法案是他最大的遗憾之一。他在书中自责：“你这个白痴。你这个天真、愚蠢、不负责任的笨蛋。你的愚蠢根本无以言表。现在看来，你当时真是愚不可及。”[6]

当《信息自由法》2005 年终于生效后，人们发现它居然设置了许多豁免条款。情报机构被赋予“绝对豁免权”，意味着它们可以无条件地拒绝任何公开信息的要求而不用做出任何解释。另外，该法案包括一项定

[1] 原注：D. Leppard, ‘MI6 Tempts Rebel Ex-Spy Back Home’, *Sunday Times*, 31 May 2009.

[2] 原注：参见布莱尔在 1996 年 3 月 25 日信息自由运动年度颁奖典礼上的演讲。

[3] 译注：一国政府或议会正式发表的重要文件或报告书的封面有它惯用的颜色，白色的叫白皮书。政府白皮书可能是一本书，也可能是一篇文章。

[4] 原注：A. Bevins, ‘Freedom of Information Proposal Gets High Praise’, *Independent*, 12 December 1997.

[5] 原注：Cited in A. Roberts, *Blacked Out: Government Secrecy in the Information Age* (Cambridge University Press, 2006), p. 15.

[6] 原注：T. Blair, *A Journey* (London: Hutchinson, 2010), p. 516.

义模糊的条款，禁止发布“有关政府制定政策的信息”。从理论上讲，政府的所有文件都适用该条款。阿拉斯代尔·罗伯茨[1]一针见血地指出，官员们巧妙地改进了官僚程序，从而确保该法案不会削弱他们对信息的控制。[2]比如，如果查找、分类和编辑信息的成本超过600英镑，政府部门就有权拒绝公开该信息；如果查找一份文件的时间超过24小时，政府也可以拒绝民众查阅。另外，政府有权决定信息能否被豁免发布，而且这一决定过程没有法定时间限制。也就是说，政府可以通过无限期拖延来阻碍调查。令人沮丧的是，有关部门一直拒绝建立公开可查阅的信息目录或文件登记册，所以人们根本不知道哪些信息是可被查阅的，这导致很多人劳师动众却一无所获。简而言之，罗伯茨认为在政府的行政实践中隐藏着许多“潜规则”，而且一般民众很难与之抗衡，因此它们变相削弱了公众的知情权。[3]

很多情报机构宣称自己进入了开放新时代，但那些所谓的开放措施要么附带有很多限制条件，要么就只是公关宣传。里明顿的迪姆布雷比讲座对“公开政府”的支持者们来说毫无新意，反而不断强调军情五处是“现代、高效和守法的机构”，它的工作“可以与个人自由兼容”。[4]由于这场演讲正好发生在《抓间谍的人》事件结束之后，人们高度怀疑它只是一场有计划的表演，旨在展示军情五处的开放，恢复公众对它的信心。里明顿的回忆录《公开的秘密》受到同样的质疑。原因在于该书没有使用任何信件、日记或者官方文件作为参考文献，并且没有披露政府内幕信息。这本书经过两次审查：第一次是里明顿本人，她在前言中宣称自己不会泄密；第二次是一群愚笨的审查员，他们会确保书中没有秘密值得泄露。[5]另外，里明顿27年职业生涯中的重要事件在《公开的秘密》中只是一笔带

[1] 译注：阿拉斯代尔·罗伯茨（Alasdair Roberts），美国历史研究者，作家。

[2] 原注：Roberts, *Blacked Out*, p. 20.

[3] 原注：Roberts, *Blacked Out*, p. 20.

[4] 原注：www.mi5.gov.uk/ouput/director-generals-richard-dimbleby-lecture-1994.html.

[5] 原注：C. Mullin, ‘A Spy Like Us’, *Guardian*, 29 September 2001.

过，或者根本没被提及。在给《卫报》撰写该书的书评时，内政事务专责委员会（Home Affairs Select Committee）主席克里斯·穆林失望地写道，她除了在书中保证一切“完全光明正大”外[1]，对军情五处在1984年矿工罢工期间的活动没提供任何新信息。此外，令记者戴维·罗斯奇怪的是，她在书中竟然没有提到米特罗钦1992年叛逃英国，而这个事件“毫无疑问是里明顿担任处长期间反间谍行动中最为显赫的成绩”。[2]一个可能的原因是，里明顿和军情五处担心米特罗钦事件会让外界联想起长期潜伏在英国的苏联“奶奶间谍”梅利塔·诺伍德[3]。直到米特罗钦带着大批的秘密档案叛逃到英国7年后，也就是1999年安德鲁的《米特罗钦档案》出版之时，她的身份才最终暴露。或许是出于故意，里明顿虽然对米特罗钦保持沉默，但在彼得·赖特一案中她的态度却非常直率，称赖特“古怪”“偏执”，并对他的指控进行了严厉的抨击。

为庆祝成立100周年，军情五处和军情六处展现了一些开放姿态。但和以前一样，这些姿态都带有限制条件或者旨在影响舆论。以这两个机构的官方史为例，书评人指出它们基本上没有揭露任何内幕信息。历史学家菲利普·墨菲（Philip Murphy）认为，安德鲁写的军情五处官方历史“只是公开一些我们早已知道的信息”。[4]杰弗里的作品也只记录了1949年以前的事件，而回避了军情六处对菲尔比叛逃的反应以及此事给情报系统带来的损失。当然，这两位作者也无可厚非。他们利用自己对情报工作的深入了解，创造了颇具可读性和信息量的作品。只不过他们背后的雇主一直谨小慎微，生怕在书中授人以柄。总之，通过展示情报工作的无数成就，这两本书有力地纠正了外界对情报机构的误解（即保密的都是成功案例，

[1] 原注：C. Mullin, ‘A Spy Like Us’, *Guardian*, 29 September 2001.

[2] 原注：D. Rose, ‘Mission Implausible’, *Guardian*, 16 September 2001.

[3] 译注：梅利塔·诺伍德（Melita Norwood）间谍身份被曝光时已经87岁，所以被称为“奶奶间谍”。

[4] 原注：P. Murphy, ‘Review – The Defence of the Realm: The Authorised History of MI5’, *Journal of Imperial and Commonwealth History*, 38:2 (2010), 34.

公开的都是丑闻）。此外，军情五处和军情六处还试图通过这两本书向外界传递一个重要信息：情报人员实事求是、敢讲真话、政治中立、依法办事，并且尊重个人权利和隐私、对自己的行为负责、勇敢奉献，尽其所能保卫国家安全。情报系统高官们最近的几次公开露面也是出于同样的目的。不仅如此，情报机构还转变成提供平等就业机会的雇主，不再像以前那样通过校友关系网，只在牛津大学和剑桥大学以私聊的方式挑选白人男性作为候选人。2009 年 1 月 6 日，军情五处处长乔纳森·埃文斯在其伦敦办公室会见几位经过筛选的记者时声称，他手下 40% 以上的员工是女性，其中许多人是通过互联网招聘的。

两部官方史以及两位处长的公开讲话，在军情五处和军情六处亟须公关的时候发挥了作用。《抓间谍的人》事件促使情报机构公开信息，而反恐战争及其相关的全球性事件无疑确保信息公开会持续下去。冷战期间，被情报机构所针对的敌人离民众生活非常遥远。但随着纽约“9·11 恐怖袭击”，以及马德里和伦敦发生的恐怖袭击被各大媒体直播报道，民众愕然发现来自国际恐怖主义、“基地”组织及其支持者的威胁就在眼前。因此，民众对情报机构期许甚高，希望它们可以有效并且合法地消除恐怖威胁。民众尤其想要了解军情五处的反恐动态，以确保英国本土不再遭受恐怖袭击。2006 年，媒体报道“7·7 伦敦爆炸案”主谋穆罕默德·西迪克·汗其实在事发一年多前就进入了军情五处的视线。此消息一出，军情五处便遭到口诛笔伐。批评者认为此事足以证明情报机构玩忽职守。但后续调查证明，军情五处当初根本没有意识到穆罕默德是极端分子，而只是把他当成一般的诈骗犯。而且当时缺乏足够的证据和资源核实他是值得监控的“主要目标”。所以，把军情五处“鼓吹”为抵御恐怖主义的第一道防线，正是埃文斯 2009 年讲话的主要目的。他在讲话中故意透露，在英国有 2000 名恐怖分子嫌疑人被全天监控。另外，到 2011 年，军情五处扩编至 4100 人，达到“9·11 事件”发生前的 2 倍。这些有意披露是为了安抚人心，更是为了在政府财政紧缩之时争取经费。埃文斯讲话的潜台词是，如果给他更多资源，类似穆罕默德的情况就不会再发生。

官方历史想要传递的另一个信息是，军情五处和军情六处都没有政治倾向，对情报之外的事情毫无兴趣。其背景是，2003 年 3 月伊拉克战争爆发前，布莱尔政府大肆利用情报机构为出兵伊拉克背书，这让外界不再相信它们真正能够政治中立。为证明战争的必要性，政府当时发布了两份文件：第一份声称伊拉克已重启核武器项目，并且“只要萨达姆[1]愿意，伊拉克就能在 45 分钟内部署（生化）武器”；第二份指控萨达姆指示特务机关迫害伊拉克人民，并且阻碍联合国武器核查人员工作。[2] 令人瞩目的是，这两份文件居然取材于情报信息，包括军情六处的线报和联合情报委员会做出的情报评估。通过使用秘密情报来说服犹豫不定的议会和选民，这在英国政坛中前所未有。长期以来，情报在英国一直被视为神圣之物，历史上从未服务于公共政策和政府宣传。安东尼·格雷斯[3]和菲利普·戴维斯[4]一针见血地指出，布莱尔的做法在之前是不可想象的，而自从 1989 年政府逐步“开放”以后，这种现象才可能出现。[5] 的确，正是由于“开放”运动的兴起，布莱尔才敢如此行事并且肆无忌惮。

但他最终搬起石头砸自己的脚，也让情报系统遭到社会各界的批评。在萨达姆被推翻后的几个月里，联军一直没有找到大规模杀伤性武器——当初发动战争的最大借口。于是，英国在 2003 年 5 月爆发了自苏伊士运河事件以来围绕军事行动的最大政治风暴。所有人都在问一个问题：政府是否为了兜售战争而故意曲解情报，甚至编造假情报。如果是肯定的，那

[1] 译注：时任伊拉克总统，伊拉克战争后被判处绞刑。

[2] 原注：*Iraq's Weapons of Mass Destruction: The Assessment of the British Government* (London, 24 September 2002); *Iraq: Its Infrastructure of Concealment, Deception and Intimidation* (London, 7 February 2003).

[3] 译注：安东尼·格雷斯（Anthony Glees），白金汉大学安全和情报研究中心主任、政治学教授。

[4] 译注：菲利普·戴维斯（Philip Davies），英国保守党议员。

[5] 原注：A. Glees and P. Davies, *Spinning the Spies: Open Government and the Hutton Inquiry* (London: Social Affairs Unit, 2004).

么幕后主使是谁？根据知情人士（后来证明是英国著名武器专家戴维·凯利）提供的信息，英国广播公司记者安德鲁·吉利根高调指控布莱尔政府成员，尤其是首相的通信与战略主管（Director of Communications and Strategy）阿拉斯代尔·坎贝尔，故意“渲染”情报以证明出兵伊拉克的合理性。2003 年 7 月至 2004 年 7 月，为查明大规模杀伤性武器“失踪”的情报因素，英国至少进行了四次调查。[1] 第三次调查由哈顿勋爵主持，期间公开了情报机构的工作流程和许多情报信息。很多最新的机密文件被上传到互联网上，一些原本匿名的情报人员也被当众质询。可以说这次“调查风波”没有赢家，各方面的利益都受到损失。政府被证明对议会撒了谎，当初伊拉克根本没有生产大规模杀伤性武器。此外，情报机构也因屈服于“不当的”政治压力，盲目效仿国际情报界盟友，以及为政府提供夸大、不准确的情报而受到谴责。在这种背景下，人们不难理解为什么政府要调整信息管理策略，主动改善公共关系。要想重建民众对情报机构的信任，只能走开放这一条路。

纵观英国保密历史，政府为了贯彻保密政策曾与各种各样的泄密行为做过斗争。就个人泄密者而言，从兢兢业业、神通广大的记者到长戟高门、高居庙堂的官员，都曾让政府手忙脚乱。通常情况下，政府倾向于使用非正式手段，比如国防机密通知委员会或者内阁秘书长的软磨硬泡，来防止秘密泄露。但偶尔，政府也会在情急之下诉诸法律途径解决，而这通常带来灾难性后果。21 世纪，英国政府已从大量的经验教训中摸索出一条以公共关系为着眼点的信息管理策略。其中，特伦德和怀特对占领舆论高地进行的一些尝试让政府受益匪浅。有计划地公开信息不仅有助于展示政府开放的形象，还能回击恶意曝光并影响舆论走向。

至于这种积极信息管理策略能否在所谓的维基解密时代一直维持下去，人们将拭目以待。不可否认，科技进步给今天全世界的保密者带来

[1] 原注：R. J. Aldrich, ‘Whitehall and the Iraq War: The UK’s Four Intelligence Enquiries’, *Irish Studies in International Affairs*, 16:1 (2005), 73–88.

了巨大的挑战。当然，科技的进步也会有助于政府的保密工作。卫星和数字技术的发展让 24 小时不间断新闻播报成为现实，从而使记者们不愿再开展长周期、耗时间的新闻调查。当年，哈罗德·埃文斯领导一个大型研究团队，在不受干扰的情况下连续工作数月才将菲尔比事件调查清楚。如今，这种调查方式已不受青睐。媒体偏爱的是快餐式新闻，以求快速填补科技进步带来的新闻空白。此外，在同行竞争压力下，媒体要么热衷于只有观点而没有证据的“声明式新闻”，要么就只是转发政府“喂”给他们的信息。[1] 以邓肯·坎贝尔为代表的很多资深记者都认为，随着科技的进步，尤其是监控技术的发展，调查记者以及他们的消息渠道将逐渐成为“濒危物种”。[2] 的确，英国政府最近几年颁布许多法规，要求互联网和通信商必须保存民众浏览网站和拨打电话的记录。尽管这些数据在没有法官批准的情况下无法被访问，但政府还是有可能对调查记者及其联系人进行更密切的监视。另外，政府目前正在使用“自动车牌识别系统”（ANPR）追踪罪犯和逃税人，但坎贝尔担心未来该系统会被用来跟踪记者和告密者。尽管目前的科技还做不到实时监控，但当科技发展到那种程度，就意味着类似于“深喉”的情况再也不会发生。

整体来看，技术进步给保密者带来的更多是挑战。近年来新技术的出现使得涉密信息的数量大幅增长。当前政府的文件通常以电子文档的形式储存，而且通过电子信箱传递。互联网与电脑和通信产品相结合，使得人际间传播的机密信息数量呈指数级增长。当年的“哈顿调查”最让人印象深刻的一点是，大量敏感的政府内部电子邮件被公之于众。不可否认，办公技术的发展让泄密变得越来越容易。如果把维基解密泄露的“海量文件”放到过去，那么泄密者必须要用一台巨大的复印机复印一整天，然后打包装箱，用卡车才能运给接手人。现在，美国陆军情报

[1] 原注：B. Kovach, T. Rosenstiel and D. Halberstam, *Warp Speed: America in the Age of Mixed Media* (London: Brookings Institution, 1999).

[2] 原注：C. Arthur, ‘They’ve Got Your Number’, *Guardian*, 13 April 2009.

分析师布拉德利·曼宁仅仅需要打开电脑，把机密数据压缩到光盘，然后把它上传到一台连接外网的电脑上，就能向朱利安·阿桑奇泄露上万份秘密外交电报。互联网可以让这些信息瞬间传递到全世界的各个角落，而且在经过无数网站转载之后，政府根本无法彻底清除。

虽然英国政府还没有体验过维基解密的威力（该网站目前的主要目标是美国政府），但英国官员们对它一直充满恐惧并在不断寻求应对之道。可以肯定，就在本书行将付印之际，他们还在评估各种保护电子数据的方式。美国国务院的做法是拆除所有电脑的CD/DVD刻盘装置，并且安装专业软件检测电脑上异常的大批量信息下载情况。不出意外的话，英国将来也会照做。另一个让人惊异的方法，就是鼓励官员们不留文字资料，转而通过口述传递信息。维基解密让各国政府猛然发现，一切用文字记录的信息都是不安全的。所以，在布莱尔担任首相时期，“沙发式议政”逐渐兴起。也就是说，内阁大臣和他们的幕僚们更愿意以聊天的形式讨论政事，而不愿留下任何正式的演讲稿和会议记录。但文字记录的缺失不仅会影响后世历史学者的研究，同样也会给当前政府的运作带来障碍。如果政府最终被迫以这种方式来避免泄密，那么全社会都将为阿桑奇的解密事业付出高昂的代价。

致　谢

在本书的创作过程中，我获得许多同事、朋友和机构的帮助。在他们当中，我最敬佩和感激的就是我的博士生导师帕特里克·梅杰（Patrick Major）教授。在了解到我的研究兴趣是英国保密工作的隐秘历史后，他向我提供了大量的学术资料和宝贵的研究指导。如果没有他的鼓励和指导，我根本完成不了这本书的创作。我要感谢我的博士后研究导师理查德·奥尔德里奇教授。他广博的学术知识、敏锐的编辑嗅觉和敬业的工作精神（经常在清晨回复电子邮件）让我印象深刻。另外，在我与马修·琼斯（Matthew Jones）、特雷弗·麦克克里斯肯（Trevor McCrisken）、保罗·麦克加尔（Paul McGarr）、凯滕·密斯特里（Kaeten Mistry）和西蒙·威尔梅茨（Simon Willmetts）一起完成由艺术和人文研究理事会（Arts and Humanities Research Council）资助的“保密系统概况”（Landscapes of Secrecy）研究项目的过程中，我从他们身上学到了很多，他们对我的职业生涯产生了巨大影响。我还要感谢我的博士考官菲利普·墨菲教授和克里斯托弗·里德（Christopher Read）教授，以及我在华威大学历史和政治系的所有同事。在过去10年里，他们为我提供了令人奋进的研究环境。

我要感谢间谍故事作家查普曼·平彻。他不仅为这本书写了序言，还邀请我到他位于金特伯里的家中讨论我的创作。在我们的讨论过程中，他会在前门上挂着一个“钓鱼去了”的牌子，以免被打扰。可以说在平彻的家里，我的这本书才真正成型。我要感谢平彻的洞察力、丰富多彩的小插图和他提供给我的私人文件，也要感谢他用历史学家吉本的格言提醒我："历史不仅应该是教育，而更应该是娱乐"。的确，英国保密历史中不乏令人忍俊不禁的故事。多亏了他的明智建议，我才没有把它们束之高阁。

在此，我还要感谢学术界的许多朋友和同事，感谢他们睿智的建议、善意的提醒以及其他方面的帮助。这些人是：克里斯托弗·安德鲁、彼得·吉尔、安德鲁·哈蒙德（Andrew Hammond）、迈克尔·赫尔曼（Michael Herman）、罗伯特·约翰逊（Robert Johnson）、克里斯托弗·墨菲、戴维·罗巴尔（David Robarge）、威廉·鲁普（William Rupp）和尼古拉斯·威尔金森。我要感谢哈罗德·埃文斯爵士，他在纽约一辆出租车后座接受了我的长时间采访，向我详细地介绍克罗斯曼事件的过程。我还要感谢约翰·内勒、戴维·雷诺兹、安德鲁·苏蒂和戴维·文森特等学者。遗憾的是，我没有机会亲自见到这些学者，而我在本书中经常引用他们的著作。没有他们的早期研究，我对一些事件的理解就会大打折扣。

我还要感谢为我提供大量帮助的图书馆和档案馆。我书中所用的很多材料都来自全球各地的图书馆和档案馆，它们分别是：洛杉矶电影艺术与科学学院（Academy of Motion Picture Arts and Sciences）、牛津大学博德利图书馆（Bodleian Library）、剑桥大学丘吉尔学院（Churchill College）、得克萨斯州哈利兰塞姆中心（Harry Ransom Center）、伦敦上议院档案办公室（House of Lords Records Office）、波士顿霍华德·戈特利布档案研究中心（Howard Gotlieb Archival Research Center）、华盛顿特区劳因格图书馆（Lauinger Library）、华盛顿特区国会图书馆（Library of Congress）、伦敦利德尔·哈特军事档案中心（Liddell Hart Centre for Military Archives）、印第安纳州莉莉图书馆（Lilly Library）、伦敦经济学院（London School of Economics）、考文垂现代档案中心（Modern Records Centre）、英国国家档案馆（National Archives [UK]）、美国国家档案馆（National Archives [US]）、阿伯里斯特威斯威尔士国家图书馆（National Library of Wales）、

普林斯顿西利·马德手稿图书馆（Seely G. Mudd Manuscript Library）、牛津大学三一学院（Trinity College）、牛津大学伍斯特学院（Worcester College）、伯明翰大学特色馆藏（University of Birmingham Special Collections）、洛杉矶华纳兄弟档案馆（Warner Bros. Archives）、英国奇切斯特市西萨塞克斯郡档案馆（West Sussex Record Office）。我非常感谢这些机构的工作人员，他们协助我寻找众多档案文件中隐藏的“珍宝”，为我的研究提供了极大帮助。

我要感谢剑桥大学出版社的迈克尔·沃森（Michael Watson）一直以来给予的帮助。他在本书内容、论点和风格方面提供了很多睿智的建议，并在我写作的瓶颈期提供了急需的鼓励。我要感谢媒体界的朋友克洛伊·豪厄尔（Chloe Howell），他为本书的正式出版做了大量工作。我也要感谢一些匿名读者，他们的评论让我受益匪浅。还有文字编辑帕特·哈珀（Pat Harper），他高超的编辑技巧让我的书增色不少。最后，我要感谢我的父母。他们在我痴迷于写作的时候，给予了我足够的耐心。

参考文献

未公开的政府文件

Modern Records Centre, University of Warwick (MRC).

The National Archives (*formerly the Public Record Office*), Kew, Surrey (TNA).

US National Archives, College Park, Maryland.

West Sussex Record Office, Chichester.

私人文件：来自英国

Amery, Julian. Liddell Hart Centre for Military Archives, King's College London.

Beesly, Patrick. Churchill College, Cambridge (CCC MLBE).

Bray, Jeremy. Churchill College, Cambridge (CCC BRAY).

Childers, Erskine. Trinity College, Cambridge.

Eden, Anthony. Cadbury Research Library, University of Birmingham (UBL AP).

Hankey, Maurice. Churchill College, Cambridge (CCC HANKEY).

Hart, Liddell. Liddell Hart Centre for Military Archives, King's College London (KCL LH).

Hyde, Montgomery. Churchill College, Cambridge (CCC HYDE).

Lloyd, Selwyn. Churchill College, Cambridge (CCC SELO).

Lloyd George, David. House of Lords Records Office, London (HLRO LG).

Masterman, John. Worcester College, Oxford (WC JMP).

Pincher Chapman. (not yet open to the public).

Suez Oral History Project, Liddell Hart Centre for Military Archives, King's College London.

Sylvester, Albert James. National Library of Wales, Aberystwyth (NLW).

Ward, Dame Irene. Bodleian Library, Oxford.

Wigg, George. London School of Economics, London (LSE WIGG).

私人文件：来自美国

Atlee Phillips, David. Library of Congress, Washington, DC.
Bundy, William. Seely, G. Mudd Manuscript Library, Princeton University.
Cave Brown, Anthony. Lauinger Library, Georgetown University Special Col- lections, Washington, DC (GU ACBP).
De Courcy, Kenneth. Hoover Institution, Stanford University.
Dulles, Allen. Seely G. Mudd Manuscript Library, Princeton University.
Farago, Ladislas. Howard Gotlieb Archival Research Center, Boston Univer-sity (HGARC LFP).
Forgan, J. Russell. Hoover Institution, Stanford University.
Helms, Richard. Lauinger Library, Georgetown University, Washington, DC.
King, Cecil. Howard Gotlieb Archival Research Center, Boston University.
Mailer, Norman. Harry Ransom Center, Austin, Texas.
Pearson, J. Manuscripts Department, Lilly Library, Indiana University, Bloomington.
Production Code Administration Records, Academy of Motion Picture, Arts and Sciences, Los Angeles.
Russell, L. Manuscripts Department, Lilly Library, Indiana University, Bloomington.
Warner Bros. Archives, University of Southern California, Los Angeles.

公开出版的文件、报告、日记和传记

Amery, J., *Sons of the Eagle: A Study in Guerrilla War* (London: Macmillan, 1948).
Amory, M. (ed.), *The Letters of Ann Fleming* (London: Collins Harvill, 1985).
Annan, N., *Our Age: Portrait of a Generation* (London: Weidenfeld & Nicol-son, 1990).
Attlee, C., *As It Happened* (New York: Viking Press, 1954).
Azeau, H., *Le Piége de Suez* (Paris: R. Laffont, 1964).
Baden-Powell, B. F. S., *War in Practice: Some Tactical and Other Lessons of the Campaign in South Africa* 1899–1902 (New York: Kessinger Publish- ing, 1903, reprinted 2007).
Barnes, J., *The Great War Trek: With the British Army on the Veldt* (New York: D. Appleton, 1901).
Bar-Zohar, M., *Suez Ultra Secret* (Paris: Fayard, 1964).
Beesly, P., *Very Special Intelligence: The Story of the Admiralty's Operational Intelligence Centre* 1939–45 (London: Doubleday, 1977).
Bertrand, G., *Enigma ou la plus grande enigma de la guerre* (Paris: Libraire Plon, 1973).
Blair, T., *A Journey* (London: Hutchinson, 2010).
Blunt, W. S., *My Diaries: Being a Personal Narrative of Events* 1888–1914 *Part Two* (New York:

Alfred A. Knopf, 1921).

Braithwaite, W., *Ambulance Wagon: Being the Memoirs of William J. Braithwaite*, ed. H. Bunbury (London: Methuen, 1957).

Bromberger, M. and S., *The Secrets of Suez* (London: Pan Books, 1957).

Buckmaster, M., *Specially Employed: The Story of British Aid to French Patriots of the Resistance* (London: Batchworth, 1952).

They Fought Alone: The Story of British Agents in France (London: Odhams, 1958).

Castle, B., *The Castle Diaries* 1964–70 (London: Macmillan, 1984).

Churchill, P., *Of Their Own Choice: An Account of the Author's Secret Mission to France During the Second World War* (London: Hodder & Stoughton, 1952).

The Spirit in the Cage: An Account of the Author's Experiences as a Prisoner of War (London: Hodder & Stoughton, 1954).

Churchill, W., *Ian Hamilton's March* (New York: Longmans, Green and Co., 1900).

The Gathering Storm (Boston: Houghton Mifflin, 1948).

Clark, W., *From Three Worlds: Memoirs* (London: Sidgwick & Jackson, 1986).

Crossman, R., *The Diaries of a Cabinet Minister,* 3 vols., Volume I: *Minister of Housing* (London: Jonathan Cape, 1975).

The Diaries of a Cabinet Minister, 3 vols., Volume II: *Lord President of the Council and Leader of the House of Commons* (London: Hamish Hamilton, 1976).

Dalton, H., *Call Back Yesterday: Memoirs* 1887–1931 (London: Muller, 1953).

Davies, N., *Flat Earth News* (London: Vintage Books, 2009).

Dayan, M., *Story of My Life* (New York: Morrow, 1976).

Deane, J. R., *Departmental Committee on Section* 2 *of the Official Secrets Act* 1911, Cmnd. 5104 (4 vols. London: HMSO, September 1972).

The Strange Alliance: The Story of Our Efforts at Wartime Co-operation with Russia (London: John Murray 1947).

Dulles, A., *The Craft of Intelligence* (New York: Harper & Row, 1963).

Eden, A., *The Memoirs of Sir Anthony Eden: Full Circle* (Boston: Houghton Mifflin, 1960).

Eisenhower, D., *The White House Years: Mandate for Change* 1953–6 (Garden City: Doubleday, 1963).

The White House Years: Waging Peace 1956–61 (Garden City: Doubleday, 1966).

European Resistance Movements 1939–1945*: Presentations at the First International Conference on the History of the Resistance Movements* (London: Pergamon Press, 1964).

Evans, H., *Good Times, Bad Times* (New York: Atheneum, 1984).

My Paper Chase (London: Abacus, 2009).

Firmin, S., *Crime Man: Experiences as a Crime Reporter* (London: Hutchin- son, 1950).

Foot, M. R. D., *Memories of an SOE Historian* (Barnsley: Pen & Sword Military Books, 2008).

Gleichen, E., *A Guardsman's Memories* (London: William Blackwood, 1932).

Halifax, Viscount, *Fullness of Days* (New York: Dodd, Mead, 1957).

Hankey, M., *The Supreme Command: Volume II* (London: George Allen, 1961).

Heath, E., *The Course of My Life* (London: Hodder & Stoughton, 1998).

Hoare, S., *Ambassador on Special Mission* (London: Collins, 1946).

Nine Troubled Years (London: Collins, 1954).

Howard, M., *Captain Professor: A Life in War and Peace* (London: Con- tinuum, 2006).

Information and the Public Interest, Cmnd. 4089 (London: HMSO, June 1969).

Iraq: Its Infrastructure of Concealment, Deception and Intimidation (London, 7 February 2003).

Iraq's Weapons of Mass Destruction: The Assessment of the British Govern- ment (London, 24 September 2002).

Jones, T., *Whitehall Diary*, ed. K. Middlemas, 3 vols. (Oxford University Press, 1969–71).

King, C., *The Cecil King Diaries* 1965–70 (London: Jonathan Cape, 1972).

Le Queux, W., *Spies of the Kaiser* (Abingdon: Routledge, new edn. 1996).

Things I Know about Kings, Celebrities and Crooks (London: Eveleigh Nash and Grayson, 1923).

Lloyd, S., *Suez* 1956*: A Personal Account* (London: Cape, 1978).

Lloyd George, D., *War Memories*, 6 vols. (London: Odhams, 1938).

Mackenzie, C., *My Life and Times: Octave Seven,* 1931–8 (London: Chatto & Windus, 1968).

Macmillan, H., Memoirs, 6 vols., Volume iv: *Riding the Storm* 1956–1959 (London: HarperCollins, 1971).

Marshall, B., *The White Rabbit* (London: Evans Bros, 1952).

Marvin, C., *Our Public Offices* (2nd edn, London, 1880).

McLachlan, D., *Room* 39*: Naval Intelligence in Action* 1939–45 (London: Atheneum, 1968).

Meyer, C., *Facing Reality: From World Federalism to the CIA* (New York: Harper & Row, 1980).

Millar, G., *Horned Pidgeon* (London: William Heinemann, 1946).

Milne, A., *DG: Memoirs of a British Broadcaster* (London: Hodder & Stoughton, 1988).

Montagu, E., *Beyond Top Secret Ultra* (London: Coward, McCann & Geo- ghegan, 1977).

Morrison, I., *Grandfather Longlegs: The Life and Gallant Death of Major H. P. Seagrim* (London: Faber & Faber, 1947).

Moss, S., *Ill Met by Moonlight* (London: George G. Harrap, 1950).

Nutting, A., *No End of a Lesson: The Story of Suez* (London: Constable, 1967).

Paget, A., 'Some Experiences of a Commandant: Prisoners of War at Dead- wood Camp', *Longman's Camp* (October 1901).

Pape, R., *Boldness Be My Friend* (London: Elek, 1953).

Philby, K., *My Silent War: The Soviet Master Spy's Own Story* (New York: Grove Press, 1968).

Pineau, C., *The Civil Service, Report of the Committee* 1966–68, Cmnd. 3638 (London: HMSO, 1968).

Report of the Committee of Privy Councillors on Ministerial Memoirs, Cmnd. 6386 (London: HMSO, December 1975).

Suez 1956 (Paris: R. Laffont, 1976).

Rimington, S., *Open Secret: The Autobiography of a Former Director-General of MI*5 (London: Hutchinson, 2001).

Robertson, G., *The Justice Game* (London: Chatto & Windus, 1998).

Security Procedures in the Public Service, Cmnd. 1681 (London, April 1962).

Final Report of the Senate Select Committee to Study Government Operations with Respect to Intelligence Activities, United States Senate: Together with Additional, Supplemental, and Separate Views, 6 vols. (Washington: GPO, 1976). 23 April 1976.

Simon, J., *Retrospect: The Memoirs of the Rt Hon. Viscount Simon* (London: Hutchinson, 1952).

Smyth, H., *Atomic Energy for Military Purposes: The Official Report on the Development of the Atomic Bomb under the United States Government,* 1940–1945 (Princeton, 1945).

Stead, W. T., 'Government by Journalism', *Contemporary Review* (1886).

Stevenson, F., *The Years That Are Past* (London: Hutchinson, 1967).

Third Report from the Defence Committee, Session 1979–80, *The D-Notice System*, HC 773 (August 1980).

Thomas, J., *No Banners: The Story of Alfred and Henry Newton* (London: W. H. Allen, 1955).

White Paper on the D-Notice System, Cmnd. 3312 (1967).

Whitehall Confidential? The Publication of Political Memoirs, HC 689-*I* (London: HMSO, 25 July 2006).

Whitwell, J., *British Agent* (London: Frank Cass, 1996).

Williams, M., *Inside Number* 10 (London: Weidenfeld & Nicolson, 1972). Wilson, H., *The Labour Government* 1964–70*: A Personal Record* (London: Weidenfeld & Nicolson, 1971).

二手文献

Addison, P. and Jones, H. (eds.), *A Companion to Contemporary Britain* (Oxford: Wiley-Blackwell, 2005).

Aitken, J., *Officially Secret* (London: Weidenfeld & Nicolson, 1971).

Aldrich, R. J., *Espionage, Security and Intelligence in Britain* 1945–1970 (Manchester University Press, 1998).

GCHQ: The Uncensored Story of Britain's Most Secret Intelligence Agency (London: Harper Press, 2010).

The Hidden Hand: Britain, America and Cold War Secret Intelligence (London: Overlook Press, 2002).

'Never-Never Land and Wonderland? British and American Policy on Intelligence Archive', *Contemporary Record*, 8:1 (Summer 1994), 132–50.

'Policing the Past: Official History, Secrecy and British Intelligence since 1945', *English Historical Review*, 119: 483 (September 2004), 922–53.

'The Secret State', in Addison, P. and Jones, H. (eds), *A Companion to Contemporary Britain* (Oxford: Wiley-Blackwell, 2005), pp. 333–50.

'Whitehall and the Iraq War: The UK's Four Intelligence Enquiries', *Irish Studies in International Affairs*, 16:1 (2005), 73–88.

Ambrose, S., 'Reviewed Work: SOE in France: An Account of the Work of the Special Operations Executive in France, 1940–44', *American Historical Review*, 74:3 (February 1969), 1,005–6.

Andrew, C., 'Churchill and Intelligence', *Intelligence and National Security*, 3:3 (July 1988), 181–93.

The Defence of the Realm: The Authorised History of MI5 (London: Allen Lane, 2009).

'Intelligence, International Relations and Under-Theorisation', *Intelligence and National Security*, 19:2 (Summer 2004), 170–84.

Secret Service: The Making of the British Intelligence Community (London: Heinemann, 1985).

Andrew, C. and Aldrich, R. J., 'The Intelligence Services in the Second World War', *Contemporary British History*, 13:4 (Winter 1999), 130–69.

Andrew, C. and Dilks, D. (eds.), *The Missing Dimension: Governments and Intelligence Communities in the Twentieth Century* (London: Palgrave Macmillan, 1984).

Andrew, C. and Gordievsky, O., *KGB: The Inside Story of Its Foreign Operations from Lenin to Gorbachev* (London: Hodder & Stoughton, 1990).

Andrew, C. and Mitrokhin, V., *The Mitrokhin Archive: The KGB in Europe and the West* (London: Allen Lane, 1999).

The Mitrokhin Archive II: The KGB and the World (London: Allen Lane, 2005).

Austin, R. C., 'The Wright Affair – The Wrong Response: Constitutional Aspects of the Wright Affair', *Parliamentary Affairs*, 40:3 (1987), 319–24.

Bagehot, W., *The English Constitution* (3rd edn, London, 1882).

Barker, A. J., *Suez: The Seven-Day War* (New York: Praeger, 1964).

Baston, L., 'The D-Notice Affair', *Labour History*, 1 (Autumn 2003), 21–2.

Baylen, J., 'George Moore, W. T. Stead, and the Boer War', *Studies in English*, 3 (1962), 49–60.

Bennett, R., 'FORTITUDE, ULTRA and the "Need to Know"', *Intelligence and National Security*, 4:3 (July 1988), 482–502.

'ULTRA and Some Command Decisions', *Journal of Contemporary History*, 16:1 (January 1981), pp. 131–52.

Ultra in the West: The Normandy Campaign 1944–45 (London: Charles Scribners, 1979).

Bernstein, C. and Woodward, B., *All the President's Men* (New York: Simon & Schuster, 1974).

Bickers, R., 'The Business of a Secret War: Operation "Remorse" and SOE Salesmanship in Wartime ...', *Intelligence and National Security*, 16:4 (December 2001), 11–36.

Bond, B., *The Unquiet Western Front: Britain's Role in Literature and History* (Cambridge University Press, 2002).

Booth, N., *ZigZag: The Incredible Wartime Exploits of Double Agent Eddie Chapman* (London: Piatkus, 2007).

Boston, R., 'From Inkwells to Computers', *British Journalism Review*, 5:63 (1994), 63–5.

Boyd, K., *Encyclopedia of Historians and Historical Writing: Volume I* (London: Fitzroy Dearborn, 1999).

Brien, J., 'Sir Arthur Conan Doyle and W. T. Stead: The Novelist and the Journalist', *Albion: A Quarterly Journal Concerned with British Studies*, 2:1 (1970), 3–16.

Brook-Shepherd, G., *Iron Maze: The Western Secret Services and the Bolsheviks* (Basingstoke: Macmillan, 1998).

Bross, J., 'Review: SOE in France', *Studies in Intelligence*, 11:2 (Spring 1967).

Bublitz, R., 'Review: Room 39: A Study in Naval Intelligence by D. McLachlan', *Military Affairs*, 33:1 (April 1969), 278.

Bunyan, T., *Political Police in Britain* (London: Quartet Books, 1976).

Burke, P., *What Is Cultural History?* (London: Polity Press, 2004).

Butterfield, H., *History and Human Relations* (London: Longman, 1951).

Cabell, C., *The History of* 30 *Assault Unit: Ian Fleming's Red Indians* (London: Pen & Sword, 2009).

Calvocoressi, P., *Suez: Ten Years On* (London: British Broadcasting Corpor- ation, 1967).

Top Secret Ultra (New York: Littlehampton, 1980).

Campbell, D., 'Official Secrecy and British Libertarianism', *Socialist Register*, 16 (1979), 75–87.

Campbell, J. P., 'An Update on the Interpretation of the Ultra Documentation', *Archivaria*, 26 (September 1988), 184–8.

Carlton, D., *Anthony Eden: A Biography* (London: Allen Lane, 1981).

Carpenter, T. G., *The Captive Press: Foreign Policy Crises and the First Amendment* (Washington, DC: Cato Institute, 1995).

Cave Brown, A., *Bodyguard of Lies* (London: HarperCollins, 1976).

Chester, N., *The Administrative System* 1780–1870 (Oxford University Press, 1981).

Childers, E. B., *The Road to Suez: A Study of Western–Arab Relations* (London: MacGibbon & Kee, 1962).

Churchill, R., *The Rise and Fall of Sir Anthony Eden* (London: MacGibbon & Kee, 1959).

Clare, J. D., 'Interpretation of Haig', www.johndclare.net/wwi3_HaigHistorio graphy.htm.

Clarke, I. F., *Voices Prophesying War* (Oxford University Press, 1966).

Conboy, M., *The Press and Popular Culture* (Gateshead: Sage, 2001).

Craddock, P., *Know Your Enemy: How the Joint Intelligence Committee Saw the World* (London: John Murray, 2002).

Cranfield, G. A., *The Press and Society: From Caxton to Northcliffe* (London: Longman, 1978).

Creevy, M., 'A Critical Review of the Wilson Government's Handling of the D- Notice Affair 1967', *Intelligence and National Security*, 14:3 (Autumn 1999), 209–27.

Crossman, R., 'The Real English Disease', *New Statesman*, 24 September 1971, p. 1.

Cullather, N., *Secret History: The CIA's Classified Account of Its Operations in Guatemala,* 1952–54 (Stanford University Press, 1999).

Curry, J., *The Security Service* 1908–45 (London: Public Record Office Publi- cations, 1999).

Danchev, A., *Oliver Franks: Founding Father* (Oxford: Clarendon Press, 1993). Deutsch, J., '"I was a Hollywood Agent": Cinematic Representations of the Office of Strategic Services in 1946', *Intelligence and National Security*, 13:2 (1998), 85–99.

Dorril, S. and Ramsay, R., *Smear: Wilson and the Secret State* (London: HarperCollins, 1992).

Drewry, G. and Butcher, T., *The Civil Service Today* (Oxford: Wiley-Blackwell, 1988).

Dutton, D., *Anthony Eden: A Life and a Reputation* (London: Arnold, 1997).

Egerton, G., 'The Lloyd George "War Memoirs": A Study in the Politics of Memory', *Journal of Modern History*, 60:1 (March 1988), 55–94.

(ed.), *Political Memoir: Essays on the Politics of Memory* (London: Frank Cass, 1994).

Emmott, B. (ed.), *Changing Times: Leading Perspectives on the Civil Service in the 21st Century and Its Enduring Values* (London: Palgrave, 1999).

Epstein, L., *British Policy in the Suez Crisis* (Urbana: University of Illinois Press, 1964).

Farago, L., *Burn after Reading: The Espionage History of World War II* (New York: Macfadden-Bartell, 1963).

The Game of the Foxes: The Untold Story of German Espionage in the United States and Great Britain During World War II (New York: David McKay, 1971).

Finer, H., *Dulles over Suez: The Theory and Practice of His Diplomacy* (Chicago: Quadrangle Books, 1964).

Fleming, I., *The Diamond Smugglers* (London: Jonathan Cape, 1957).

Foley, M., *The Rise of the British Presidency* (Manchester University Press, 1993).

Foot, M. R. D., *SOE in France* (London: HMSO, 1966).

SOE in the Low Countries (London: St Ermin's Press, 2001).

Fraser, P., 'Cabinet Secrecy and War Memoirs', *History*, 70:230 (1985), 397–409.

French, D., 'Sir Douglas Haig's Reputation, 1918–1928: A Note', *Historical Journal*, 28:4 (1985), 953–60.

'Spy Fever in Britain, 1900–1915', *Historical Journal*, 21:2 (June 1978), 355–70.

Furedi, F., 'Wikileaks: This Isn't Journalism – It's Voyeurism', www.spiked- online.com/index.php/site/article/9953.

Gerth, H. H. and Mills, C. W., *Essays in Sociology* (London: Routledge, 1946).

Gill, P., 'Allo, Allo, Allo, Who's in Charge Here Then?', *Liverpool Law Review*, 9:2 (1987), 189–201.

'Reasserting Control: Recent Changes in the Oversight of the UK Intelligence Community', *Intelligence and National Security*, 11:2 (1996), 313–31.

Glees, A. and Davies, P., *Spinning the Spies: Open Government and the Hutton Inquiry* (London: Social Affairs Unit, 2004).

Goodman, M., 'Who Is Trying to Keep What Secret from Whom and Why? MI5–FBI Relations and the Klaus Fuchs Case', *Journal of Cold War Studies*, 7:3 (2005), 124–46.

Goodman, M. and Pincher, C., 'Research Note: Clement Attlee, Percy Sillitoe and the Security Aspects of the Fuchs Case', *Contemporary British His- tory*, 19:1 (2005), 67–77.

Ferguson, N., *Virtual History: Alternatives and Counterfactuals* (New York: Basic Books, 1998).

Grafton, A., *The Footnote: A Curious History* (Harvard University Press, 1999).

Grey J. (ed.), *The Last Word? Essays on Official History in the US and British Commonwealth* (Westport: Praeger, 2003).

Hahn, P. L., 'Suez', *Reviews in American History*, 20:4 (December 1992), 567–74.

Hain, P., *Political Trials in Britain* (London: Allen Lane, 1984).

Hart, P. and Steel, N., *Passchendaele: The Sacrificial Ground* (London: Cassell, 2001).

Heclo, H. and Wildavsky, A., *The Private Government of Public Money* (Basingstoke: Palgrave, 1981).

Hedley, P. and Aynsley, C., *The D-Notice Affair* (London: Michael Joseph, 1967).

Hennessy, P., *Hidden Wiring: Unearthing the British Constitution* (London: Weidenfeld & Nicolson, 1995).

The Prime Minister: The Office and Its Holders since 1945 (London: Pen- guin, 2000).

'Profile: Sir Robert Armstrong', *Contemporary Record*, 1:4 (Winter, 1988).

The Secret State: Whitehall and the Cold War (London: Penguin, 2003).

Whitehall (London: Secker & Warburg, 1989).

Hiley, N., 'Decoding German Spies: British Spy Fiction 1908–18', *Intelligence and National Security*, 5:4 (October 1990), 55–79.

Hinsley, H., 'The Enigma of Ultra', *History Today*, 43:9 (September 1993), 15–20.

Hooper, D., *Official Secrets: The Use and Abuse of the Act* (London: Secker & Warburg, 1987).

Howard, M., 'Reflections on Strategic Deception', in Louis, R. W. (ed.), *Adventures with Britannia* (Oxford: I. B. Tauris, 1994), pp. 235–46.

Howarth, P., *Undercover: The Men and Women of the Special Operations Executive* (London:

Routledge, 1980).

Hoy, H., 40 *OB: Or How the War Was Won* (London: Hutchinson, 1932).

Hyde, M., *The Quiet Canadian: The Secret Service Story of Sir William Stephenson* (London: H. Hamilton, 1962).

Inglis, F., *Culture* (London: Polity Press, 2004).

Jaconelli, J., 'The Franks Report on Section 2 of the Official Secrets Act 1911', *Modern Law Review*, 36:1 (January 1973), 68–72.

James, R. R., *Anthony Eden* (London: Weidenfeld & Nicolson, 1986).

Jeffery, K., *MI6: The History of the Secret Intelligence Service* (London: Bloomsbury, 2010).

Jeffreys-Jones, R., 'The Role of British Intelligence in the Mythologies Underpin- ning the OSS and Early CIA', *Intelligence and National Security*, 15:2 (2000), 5–19.

'Why Was the CIA Established in 1947', *Intelligence and National Security*, 12:1 (1997), 21–40.

Jenks, J., *British Propaganda and News Media in the Cold War* (Edinburgh University Press, 2006).

Johnson, L., *Strategic Intelligence*, Volume i (Westport, CT: Greenwood, 2007).

Johnson, P., *The Suez War* (London: MacGibbon & Kee, 1957).

Jones, G., 'The Lloyd George War Memoirs', *Transactions of the Honourable Society of Cymmrodorion*, 14 (2008), 127–43.

Jones, R. V., 'Alfred Ewing and Room 40', *Notes and Records of the Royal Society of London*, 34:1 (1979), 65–90.

Judd, A., *The Quest for Mansfield and the Founding of the British Secret Service* (London: HarperCollins, 1999).

Kahn, D., *The Codebreakers: The Story of Secret Writing* (New York: Macmillan, 1967).

Keegan, J., *Intelligence in War: Knowledge of the Enemy from Napoleon to Al-Qaeda* (London: Key Porter Books, 2003).

Kellner, P., 'The Lobby, Official Secrets and Good Government', *Parliamentary Affairs*, 36:1 (1983), 275–81.

Kellner, P. and Hunt, C., *The Civil Servants: An Inquiry into Britain's Ruling Class* (London: Macdonald, 1980).

Kimball, W. F., 'Openness and the CIA', *Studies in Intelligence*, 44:2 (2000), 63–7.

Kovach, B., Rosensteil, T. and Halberstam, D., *Warp Speed: America in the Age of Mixed Media* (London: Brookings Institution, 1999).

Kozaczuk, W., *Bitwa o Tajemnice. Sluzby wywiadowcze Polski i Rzeszy Niemieckiej* 1922–1939 (Warsaw: Ksiazka i Wiedza, 1967).

Lamb, R., *The Failure of the Eden Government* (London: Sidgwick & Jackson, 1987).

Langhorne, R., 'Professor Sir Harry Hinsley: An Appreciation', *Diplomacy and Statecraft*, 9:2 (July 1998), 212–21.

Lashmar, P., 'Mr. Waldegrave's Need to Know', *History Today*, 44 (August 1994).

Leigh, D., *The Frontiers of Secrecy* (London: Junction Books, 1980).

Leigh, D. and Harding, L., *Wikileaks: Inside Julian Assange's War on Secrecy* (London: Guardian Books, 2011).

Lewin, R., 'Sir Basil Liddell Hart: The Captain Who Taught the Generals', *International Affairs*, 47:1 (January 1971), 79–86.

Ultra Goes to War (London: Book Club Associates, 1978).

Lowe, R., 'Official History', www.history.ac.uk/makinghistory/resources/ articles/official_history.html.

Macintyre, B., *Agent ZigZag: The True Wartime Story of Eddie Chapman: Lover, Traitor, Hero, Spy* (London: Bloomsbury Publishing, 2007).

Mackenzie, W. J., *The Secret History of SOE: Special Operations Executive,* 1940–1945 (London: St Ermin's Press, 2000).

Mandler, P., 'Reviewed Work: *The Culture of Secrecy: Britain* 1832–1998 by D. Vincent', *American Historical Review*, 105:3 (June 2000), 1,013–14.

Margach, J., *The Abuse of Power: The War between Downing Street and the Media from Lloyd George to Callaghan* (London: W. H. Allen, 1978).

Marsh, D., Richards, D. and Smith, M. J., *Changing Patterns of Governance in the United Kingdom: Reinventing Whitehall?* (London: Palgrave, 2001).

Middlemas, R. K., 'Cabinet Secrecy and the Crossman Diaries', *Political Quar-terly*, 47:1 (January 1976), 39–51.

Morley, J., *The Life of Gladstone* (London: Macmillan, 1908).

Mowat, C., *Britain Between the Wars* 1918–1940 (London: Methuen, 1955).

Moynihan, D. P., *Secrecy: The American Experience* (New Haven: Yale University Press, 1999).

Murphy, C. J., 'The Origins of *SOE in France*', *Historical Journal*, 46:4 (2003), 935–52.

Security and Special Operations: SOE and MI5 during the Second World War (Basingstoke: Palgrave, 2006).

Murphy, P., 'Review – The Defence of the Realm: The Authorised History of MI5', *Journal of Imperial and Commonwealth History*, 38:2 (2010), 340–4.

'Telling Tales Out of School: Nutting, Eden and the Attempted Suppression of *No End of a Lesson*', in Smith, S. C. (ed.), *Reassessing Suez* 1956*: New Perspectives on the Crisis and Its Aftermath* (Aldershot: Ashgate, 2008), pp. 195–214.

Naylor, J., *A Man and an Institution: Sir Maurice Hankey and the Cabinet Secretariat* (Cambridge University Press, 1984).

O'Sullivan, D., *Dealing with the Devil: Anglo-Soviet Intelligence Cooperation in the Second World War* (New York: Peter Lang, 2009).

Palmer, A., 'The History of the D-Notice Committee', in Andrew, C. and Dilks, D. (eds), *The Missing Dimension: Governments and Intelligence Communities in the Twentieth Century* (London: Palgrave Macmillan, 1984), pp. 227–49.

Parish, J. and Pitts, R., *The Great Spy Pictures* (Metuchen: Scarecrow Press, 1974).

Pearson, J., *The Life of Ian Fleming* (London: Companion Book Club, 1966).

Pilkington, C., *The Civil Service in Britain Today* (Manchester University Press, 1999).

Pincher, C., *The Giant Killer* (London: Weidenfeld & Nicolson, 1967).

Inside Story: A Documentary of the Pursuit of Power (London: Sidgwick & Jackson, 1978).

Not With a Bang (London: Four Square, 1965).

Treachery: Betrayals, Blunders and Cover-ups: Six Decades of Espionage against America and Great Britain (New York: Random House, 2009).

A Web of Deception: The Spycatcher Affair (London: Sidgwick & Jackson, 1987).

Piper, L., *The Tragedy of Erskine Childers: Dangerous Waters* (London: Hambledon and London, 2003).

Ponting, C., *The Right to Know: The Inside Story of the Belgrano Affair* (London: Sphere Books, 1985).

Secrecy in Britain (Oxford: Wiley-Blackwell, 1990).

Powers, T., *The Man Who Kept the Secrets: Richard Helms and the CIA* (New York: Alfred Knopf, 1979).

Reynolds, D., *In Command of History: Churchill Writing and Fighting the Second World War* (London: Penguin, 2005).

'Official History: How Churchill and the Cabinet Office Wrote *The Second World War*', *Historical Research*, 78:201, 400–22.

'The Ultra Secret and Churchill's War Memoirs', *Intelligence and National Security*, 20:2 (June 2005), 209–24.

Richards, B., *Secret Flotillas: Clandestine Sea-Lines to France and French North Africa* (London: HMSO, 1996).

Richardson, P., *A Bomb in Every Issue: How the Short, Unruly Life of Ramparts Magazine Changed America* (New York: New Press, 2009).

Robbins, K., *Politicians, Diplomacy and War in Modern British History* (London: Hambledon Continuum, 1994).

Roberts, A., *Blacked Out: Government Secrecy in the Information Age* (Cambridge University Press, 2006).

Public Secrets: A Study in the Development of Government Secrecy (London: Macmillan, 1982).

'Recent Reform of Intelligence in the UK: Democratisation or Risk Man- agement?', *Intelligence and National Security*, 13:2 (Summer 1998), 313–31.

(ed.), *War, Resistance and Intelligence: Essays in Honour of M. R. D. Foot* (London: Pen & Sword Books, 1999).

Rogers, A., *Secrecy and Power in the British State: A History of the Official Secrets Act* (London: Pluto Press, 1997).

Roseveare, H., *The Treasury: The Evolution of a British Institution* (London: Allen Lane, 1969).

Roskill, S., *Hankey: Man of Secrets*, 3 vols. (London: Collins, 1970–74), Volume iii: 1931–1963.

Rowat, D. C. (ed.), *Administrative Secrecy in Developed Countries* (New York: Columbia University Press, 1979).

Rubin, M., 'What Is Cultural History Now?', in Cannadine, D. (ed.), *What Is History Now?* (London: Palgrave, 2002), pp. 80–94.

Ryan, W. M., 'The Invasion Controversy of 1906–08: Lieutenant-Colonel Charles à Court Repington and British Perceptions of the German Menace', *Military Affairs*, 44:1 (February 1980), 8–12.

Sampson, A., *The New Anatomy of Modern Britain* (London: Hodder & Stoughton, 1971).

Scott, L. and Jackson, P., 'The Study of Intelligence in Theory and Practice', *Intelligence and National Security*, 19:2 (Summer 2004), 139–69.

Seaman, M., 'A Glass Half Full – Some Thoughts on the Evolution of the Study of the SOE', *Intelligence and National Security*, 20:1 (March 2005), 27–43.

'Good Thrillers, But Bad History', in Robertson, K. G. (ed.), *War, Resistance and Intelligence: Essays in Honour of M. R. D. Foot* (London: Pen & Sword Books, 1999), pp. 119–33.

(ed.), *Special Operations Executive: A New Weapon of War* (London: Routledge, 2006).

Seed, D., 'Erskine Childers and the German Peril', *German Life and Letters*, 45:1 (January 1992), 66–73.

Shils, E., *The Torment of Secrecy: The Background and Consequences of American Security Policies* (London: Heinemann, 1956).

Smith, S. C. (ed.), *Reassessing Suez* 1956*: New Perspectives on the Crisis and Its Aftermath* (Aldershot: Ashgate, 2008).

Spufford, M., *Contrasting Communities: English Villagers in the Sixteenth and Seventeenth Centuries* (Cambridge University Press, 1974).

Stafford, D., *Churchill and Secret Service* (London: Abacus, 1997).

The Silent Game: The Real World of Imaginary Spies (Athens, GA: University of Georgia Press, 1989.

Stock, E., 'Reviewed Work: *No End of a Lesson* by Anthony Nutting', *Political Science Quarterly*, 84:1 (March 1969), 136–7.

Suttie, A., *Rewriting the First World War: Lloyd George, Politics and Strategy* (Basingstoke: Palgrave Macmillan, 2005).

Taylor, A. J. P., *English History,* 1914–1945 (Oxford University Press, 1965).

Theakston, K., *The Civil Service Since* 1945 (Oxford: Blackwell, 1995).

'Evelyn Sharp', *Contemporary British History*, 7:1 (Summer 1993), 132–48.

The Labour Party and Whitehall (London: Routledge, 1992). Thomas, H., *The Suez Affair* (London: Weidenfeld & Nicolson, 1967).

Thomas, R. M., *Espionage and Secrecy: The Official Secrets Act* 1911–1989 *of the United Kingdom* (London: Routledge 1991).

Thompson, E. P., *Customs in Common* (New York: New Press, 1993).

'The Secret State', *Race and Class*, 20 (1979), 219–42.

Writing by Candlelight (London: Merlin Press, 1980).

Thorpe, D. R., *Eden: The Life and Times of Anthony Eden* (London: Random House, 2003).

Thurlow, R., *The Secret State: British Internal Security in the Twentieth Century* (Oxford: Wiley-Blackwell, 1994).

Travers, T., 'The Relativity of War: British Military Memoirs from the Cam- paigns of Marlborough to the First World War', in Egerton, G. (ed.), *Political Memoir: Essays on the Politics of Memory* (London: Frank Cass, 1994), pp. 151–66.

Trotter, D., 'The Politics of Adventure in the Early British Spy Novel', *Intelli- gence and National Security*, 5:4 (October 1990), 30–54.

Turnbull, M., *The Spycatcher Trial* (London: William Heinemann, 1988).

Valero, L., 'We Need Our New OSS, Our New General Donovan, Now .. .: The Public Discourse over American Intelligence, 1944–53', *Intelligence and National Security*, 18:1 (Spring 2003), 91–118.

Vincent, D., *The Culture of Secrecy: Britain* 1832–1998 (Oxford University Press, 1997).

'The Origins of Public Secrecy in Britain', *Transactions of the Royal Historical Society*, 6th series, 1 (1991), 229–48.

Warber, G., '"Collusion" and the Suez Crisis of 1956', *International Affairs* (April 1979), 226–39.

Wark, W., 'In Never-Never Land? The British Archives on Intelligence', *His- torical Journal*, 35:1 (March 1992), 195–203.

'"Our Man in Riga": Reflections on the SIS Career and Writings of Leslie Nicholson', *Intelligence and National Security*, 11:4 (October 1996), 625–44.

Weber, M., *From Max Weber: Essays in Sociology*, ed. and trans. H. H. Gerth and C. W. Mills (London: Routledge, 1991).

West, N., *Secret War* (London: Hodder & Stoughton, 1992).

(ed.), *Faber Book of Espionage* (London: Faber & Faber, 1993).

(ed.), *The Guy Liddell Diaries* Volume i: 1939–42 (London: Routledge, 2005).

(ed.), *The Guy Liddell Diaries* Volume ii: 1942–45 (London: Routledge, 2005).

Wight, M., 'Brutus in Foreign Policy: The Memoirs of Sir Anthony Eden', *International Affairs*, 36:3

(July 1960), 209–309.

Wilkinson, N., *Secrecy and the Media: The Official History of the D-Notice System* (London: Routledge, 2009).

Williams, D. G. T., 'Case and Comment: The Crossman Diaries', *Cambridge Law Journal*, 35:1 (April 1976), 1–3.

'Official Secrecy in England', *Federal Law Review*, 3 (1968–9), 20–50.

Wilsnack, R. W., 'Information Control: A Conceptual Framework for Socio-logical Analysis', *Urban Life*, 8:4 (January 1980), 467–99.

Wilson, D. (ed.), *Secrets File: The Case for Freedom of Information in Britain Today* (London: Heinemann, 1984).

Winterbotham, F. W., *The Ultra Secret* (London: Weidenfeld & Nicolson, 1974).

Wylie, N., 'SOE and the Neutrals', in Seaman, M. (ed.), *Special Operations Executive: A New Weapon of War* (London: Routledge, 2006), pp. 157–78.

英汉对照表

Aaron Wildavsky 亚伦·威尔达维斯基
Abwehr 阿勃维尔
Acting Secretary 代理秘书
Admiralty's Operational Intelligence Centre 海军部作战情报中心
Agadir crisis 阿加迪尔危机
Alan Clark 艾伦·克拉克
Alan Hodge 艾伦·霍奇
Alan Judd 艾伦·贾德
Alan Ladd 艾伦·拉德
Alan Nunn May 艾伦·纳恩·玛雅
Alan Patrick Herbert 艾伦·帕特里克·赫伯特
Alasdair Milne 阿拉斯代尔·米尔恩
Alasdair Roberts 阿拉斯代尔·罗伯茨
Alastair Burnet 阿拉斯代尔·布尔内特
Alastair Campbell 阿拉斯代尔·坎贝尔
Albert Glazier 阿尔伯特·格拉泽
Albert James Sylvester 阿尔伯特·詹姆斯·西尔维斯特
Alec Douglas-Home 亚历克·道格拉斯 - 霍姆
Alex Danchev 亚历克斯·丹切夫
Alexander Cadogan 亚历山大·卡多根
Alfred Friendly 阿尔弗雷德·弗兰德利
Allen Dulles 艾伦·杜勒斯
Anatoliy Golitsyn 阿纳托利·戈利岑
Andreis Deinum 安德烈斯·德伊纳
Andrew Bonar Law 安德鲁·博纳·劳
Andrew Carnegie 安德鲁·卡内基
Andrew Gilligan 安德鲁·吉利根
Andrew Mearns 安德鲁·默恩斯
Andrew Suttie 安德鲁·苏蒂
Ann Rogers 安·罗杰斯
Anne Rogers 安妮·罗杰斯
Anthony Barber 安东尼·巴伯
Anthony Blunt 安东尼·布朗特
Anthony Cave Brown 安东尼·卡夫·布朗
Anthony Duff 安东尼·达夫
Anthony Eden 安东尼·艾登
Anthony Giddens 安东尼·吉登斯
Anthony Glees 安东尼·格雷斯
Anthony Grafton 安东尼·格拉夫顿
Anthony Howard 安东尼·霍华德
Anthony Nutting 安东尼·纳丁
Anthony Part 安东尼·帕特
Anthony Sampson 安东尼·桑普森
Archibald Rowlands 阿奇博尔德·罗兰兹
Arthur Askew 亚瑟·艾斯丘
Arthur Christiansen 阿瑟·克里斯琴森
Arthur Conan Doyle 阿瑟·柯南·道尔
assistant naval attaché 助理海军武官
At the End of the Day《长日将尽》
Atomic Energy Research Establishment 英国原子

英汉对照表

能科学研究院
Austin Chamberlain 奥斯丁・张伯伦
Ayios Nikolaos 阿伊奥斯・尼古拉斯
Aylmer Haldane 艾默・霍尔丹
Baghdad Pact《巴格达条约》
Barbara Castle 芭芭拉・卡斯尔
Barbara Salt 芭芭拉・索尔特
Basil Liddell Hart 巴兹尔・利德尔・哈特
Battle of Passchendaele 帕斯尚尔战役
Battle of the Coral Sea 珊瑚海海战
Bay of Pigs 猪湾事件
Beaverbrook Newspapers 比弗布鲁克报团
Ben-Gurion 本 - 古里安
Bernard Hill 伯纳德・希尔
Bernard Levin 伯纳德・莱文
Bitwa o Tajemnice《秘密战》
Blackwood's Magazine《布莱克伍德杂志》
Bletchley Park 布莱切利庄园
Blue Pencil Admiral《蓝色铅笔海军上将》
Bob Woodward 鲍勃・伍德沃德
Bodyguard of Lies《兵不厌诈》
Boldness Be My Friend《勇气，做我的朋友吧》
Born for Sacrifice《为牺牲而生》
Bradley Manning 布拉德利・曼宁
Brendan Bracken 布伦丹・布雷肯
Brian Roberts 布莱恩・罗伯茨
British Agent《英国特工》
British Expeditionary Force（BEF）英国远征军
British Security Co-ordination（BSC）英国安全协调局
Bruce Page 布鲁斯・佩奇
Bryan Cartledge 布赖恩・卡特里奇
Burke Trend 伯克・特伦德
Burn after Reading《阅后即焚》
Cabinet Office Advisory Group on Security and Intelligence Records 内阁办公室安全与情报档案咨询小组
Cabinet Office 内阁办公室
Cabinet Secretariat 内阁秘书处
Cabinet Secretary 内阁秘书长
Campaign for Freedom of Information 信息自由运动
Campaign for Nuclear Disarmament 核裁军运动
Canadian Atomic Energy Board 加拿大原子能委员会
Carl Bernstein 卡尔・伯恩斯坦
Carve Her Name with Pride《女英烈传》
Cathy Massiter 凯西・马西特
Celebrities of the Army《陆军名人》
Central Intelligence Agency（CIA）（美）中央情报局，简称中情局
Chancellor of the Exchequer 英国财政大臣
Chapman Pincher 查普曼・平彻
Charge of the Light Brigade 轻骑兵冲锋事件
Charles à Court Repington 查尔斯・考特・雷平顿
Charles Fenby 查尔斯・芬比
Charles Marvin 查尔斯・马文
Charles Morris 查尔斯・莫里斯
Charles Parnell 查尔斯・帕内尔
Charles Wintour 查尔斯・温图尔
Chester Kerr 切斯特・科尔
Chester Wilmot 切斯特・威尔默特
Chicago Sun《芝加哥太阳时报》
Chicago Tribune《芝加哥论坛报》
Chief of the Imperial General Staff（CIGS）帝国总参谋长
Chris Mullin 克里斯・穆林
Christian Pineau 克里斯蒂安・比诺
Christine Keeler 克莉丝汀・基勒
Christopher Addison 克里斯托弗・艾迪生
Christopher Andrew 克里斯托弗・安德鲁
Christopher Ewart-Biggs 克里斯托弗・尤尔特 -

比格斯
Christopher Hitchens 克里斯托弗·希钦斯
Christopher Murphy 克里斯托弗·墨菲
Christopher Soames 克里斯托弗·索姆斯
Christopher Wilson 克里斯托弗·威尔逊
CIA's Office of National Estimates 中央情报局国家评估办公室
civil servant 文官，即“事务官”，区分与内阁共进退的“政务官”
Civil Service Commission 文官委员会
Clement Attlee 克莱门特·艾德礼
Clifford Heathcote-Smith 克利福德·希斯柯特-史密斯
Clive Loehnis 克莱夫·洛尼斯
Clive Ponting 克莱夫·庞廷
Clive Wigram 克莱夫·威格拉姆
Cloak without Dagger《只有斗篷，没有匕首》
Colin Coote 科林·库特
Colin Gubbins 科林·格宾斯
Colin McColl 科林·麦考尔
Colin Pilkington 科林·皮尔金顿
Combined Intelligence Priorities Committee 联合情报优先目标委员会
Commander-in-Chief of the British Army 英国陆军总司令
Committee for the Control of Official Histories 官方历史控制委员会
Committee on Departmental Records 部门档案委员会
Committee on Public Records 公共档案委员会
Compton Mackenzie 康普顿·麦肯齐
Cord Meyer 库尔德·梅尔
Cornelius Ryan 科尼利厄斯·瑞恩
Crabb Affair 克拉布事件
Crime Man《罪人》
Crispin Aubrey 克里斯平·奥布里
Crossman Affair 克罗斯曼事件
crown servants 皇家公仆
Crowther-Hunt 克劳瑟-亨特
Cuban Missile Crisis 古巴导弹危机
Curtis Brown 柯蒂斯·布朗
Cyril Field 西里尔·菲尔德
Daily Express《每日快报》
Daily Herald《每日先驱报》
Daily Mail《每日邮报》
Daily Mirror《每日镜报》
Daily News《每日新闻》
Daily Sketch《每日见闻报》
Daily Telegraph《每日电讯报》
Daily Worker《工人日报》
Daniel Ellsberg 丹尼尔·埃尔斯伯格
Daniel Schorr 丹尼尔·施克尔
Dardanelles Campaign 达达尼尔海峡战役
Dardanelles Commission 达达尼尔海峡战事调查委员会
David Astor 戴维·阿斯特
David Atlee Phillips 戴维·阿特利·菲利普斯
David Boulton 戴维·博尔顿
David Cameron 戴维·卡梅伦
David Carlton 戴维·卡尔顿
David Chip 戴维·奇普
David Dilks 戴维·迪克斯
David Dutton 戴维·达顿
David Irving 戴维·欧文
David Kahn 戴维·卡恩
David Kelly 戴维·凯利
David Kilmuir 戴维·基尔穆尔
David Leigh 戴维·林奇
David Leitch 戴维·雷奇
David Lloyd George 戴维·劳合·乔治
David Maxwell Fyfe 戴维·麦克斯威尔·菲夫
David Owen 戴维·欧文

David Petrie 戴维·皮特里
David Reynolds 戴维·雷诺兹
David Rose 戴维·罗斯
David Seale 戴维·希尔
David Steel 戴维·斯蒂尔
David Vincent 戴维·文森特
David Winnick 戴维·温尼克
David Wise 戴维·怀斯
Dean MacKenzie 迪恩·麦肯齐
Death Be Not Proud《死神，你休要得意》
Decision in Government《政府的决策》
Deep Throat 深喉
Defence Notice（D-Notice）国防机密通知
Denis Greenhill 丹尼斯·格林希尔
Denis Hamilton 丹尼斯·汉密尔顿
Denis Healey 丹尼斯·希利
Deputy Undersecretary at the Foreign Office（英）外交部副大臣
Derek Marks 德里克·马克斯
Dick White 迪克·怀特
Director of Communications and Strategy 通信与战略主管
Director of Counter-Espionage 反间谍主任
Director of Military Intelligence 军事情报局局长
Director of Military Operations at the War Office（英）陆军部军事行动主管
Director of Naval Intelligence（DNI）海军情报局局长
Directorate of Forward Plans 前瞻计划理事会
Directorate of Military Operations 军事行动指挥部
Dmitry Medvedev 德米特里·梅德韦杰夫
D-Notice Affair 国防机密通知事件
D-Notice Committee 国防机密通知委员会
D-Notice Secretary 国防机密通知机要秘书
Dolnytsin Affair 多尼思汀事件
Donald Maclean 唐纳德·麦克林
Donald McLachlan 唐纳德·麦克拉克伦
Double-Cross System 双十字计划
Douglas Cairns 道格拉斯·凯恩斯
Douglas Dodds-Parker 道格拉斯·多兹 - 帕克
Douglas Haig 道格拉斯·黑格
Douglas Hurd 道格拉斯·赫德
Downing Street Committee on Security 英国安全委员会
Downing Street deputy press secretary 英国政府新闻部副秘书长
Drew Middleton 德鲁·米德尔顿
Dulles over Suez《苏伊士危机中的杜勒斯》
Duncan Campbell 邓肯·坎贝尔
Duncan Sandys 邓肯·桑蒂斯
Duncan Wilson 邓肯·威尔森
Duty Private Secretary 当值私人秘书
Dwight David Eisenhower 德怀特·戴维·艾森豪威尔
Eamon de Valera 阿蒙·德瓦勒拉
Echo《回声报》
Economist《经济学人》
Eddie Boxshall 埃迪·柏克绍
Eddie Chapman 埃迪·查普曼
Edgar Lansbury 埃德加·兰斯伯里
Edinburgh Review《爱丁堡评论》
Edward Bridges 爱德华·布里奇斯
Edward Carson 爱德华·卡森
Edward Grey 爱德华·格雷
Edward Hale 爱德华·黑尔
Edward Heath 爱德华·希斯
Edward Pickering 爱德华·皮克林
Edward Proctor 爱德华·普洛克特
Edward Shils 爱德华·希尔斯
Edward Travis 爱德华·特拉维斯
Eleanor Philby 埃莉诺·菲尔比
Elizabeth Nicholas 伊丽莎白·尼古拉斯

Emmanuel Shinwell 伊曼努尔・辛韦尔
Enigma 恩尼格玛
Eric Geddes 埃里克・格迪斯
Eric Tullet 埃里克・杜莱
Ernest Bevin 欧内斯特・贝文
Ernest Swinton 欧内斯特・斯温顿
Erskine Childers 厄斯金・柴德斯
Ethel Gee 埃塞尔・吉
Ethel Rosenberg 伊塞尔・罗森伯格
European Court of Human Rights 欧洲人权法院
European Economic Community 欧洲经济共同体
Evelyn Sharp 伊夫林・夏普
Evening News《晚间新闻》
Ewen Montagu 伊文・蒙塔古
Facing Reality《面对现实》
Fashoda Incident 法绍达冲突
Federal Bureau of Investigation（FBI）(美) 联邦调查局
Fidel Castro 菲德尔・卡斯特罗
First Amendment 美国宪法第一修正案
First Athenian Memories《第一雅典人回忆》
First Lord of the Admiralty 英国海军大臣
Fleet Street 舰队街，或译英国新闻界
Foreign Office/Foreign and Commonwealth Office（FO/FCO）英国外交部 / 外交和联邦事务部
Foreign Secretary 外交大臣
Frances Stevenson 弗朗西斯・史蒂文森
Francis Harry Hinsley 弗朗西斯・哈利・辛斯利
Francis Noel Baker 弗朗西斯・诺埃尔・贝克
Franco-Prussian War 普法战争
Frank Church 弗兰克・丘奇
Frank Cooper 弗兰克・库珀
Frank Furedi 弗兰克・弗雷迪
Frank Glover 弗兰克・格洛弗
Frank Newsam 弗兰克・纽萨姆
Frank Owen 弗兰克・欧文
Franks Committee 弗兰克斯委员会
Franks Report《弗兰克斯报告》
Fred Feldcamp 弗雷德・费尔德坎普
Freddie Morgan 弗雷迪・摩根
Frederick Brundrett 弗雷德里克・布伦德里特
Frederick Elwyn Jones 弗雷德里克・埃尔温・琼斯
Frederick Maurice 弗雷德里克・莫里斯
Frederick Winterbotham 弗雷德里克・温特博瑟姆
Freedom of Information Act《信息自由法》
Fritz Lang 弗里茨・朗
Full Circle《周而复始》
Gallipoli Memories《加里波利回忆》
Gamal Abdel Nasser 贾迈勒・阿卜杜勒・纳赛尔
Gary Cooper 加里・库珀
Gavin Drewry 加文・德鲁里
GCHQ（Government Communications Headquarters）政府通信总部
GCHQ: The Negative Asset《英国政府通信总部：消极资产》
Geoffrey Blundell-Brown 杰弗里・布伦德尔 - 布朗
Geoffrey Marshall 杰弗里・马歇尔
Geoffrey Prime 杰弗里・普莱姆
Geoffrey Robertson 杰弗里・罗伯逊
Geoffrey Tuttle 杰弗里・塔特尔
George Blake 乔治・布莱克
George Brown 乔治・布朗
George Campbell 乔治・坎贝尔
George Chesney 乔治・切斯尼
George Cornewall Lewis 乔治・科沃尔・刘易斯
George Egerton 乔治・埃格顿
George Lansbury 乔治・兰斯伯里
George Orwell 乔治・奥威尔
George Skouras 乔治・斯库拉斯
George Starr 乔治・斯塔尔
George Temple 乔治・坦普尔

George Thomson 乔治·汤姆森
George Ward 乔治·沃德
George Wigg 乔治·威格
Gerald Charles 杰拉尔德·查尔斯
Gerald Gardiner 杰拉尔德·加德纳
Gerald Long 杰拉尔德·朗
Gestapo 盖世太保
Globe《环球报》
Gordon Brook-Shepherd 戈登·布鲁克-谢泼德
Gordon Welchman 戈登·威尔士曼
Government Code and Cypher School（GC & CS）政府代码和密码学校
Graham Greene 格雷厄姆·格林
Greek Memories《希腊回忆》
Guardian《卫报》
Gustave Bertrand 古斯塔夫·伯特兰
Guy Burgess 盖伊·伯吉斯
Guy Hughes 盖伊·休斯
Guy Liddell 盖伊·利德尔
Guy Millard 盖伊·米拉德
Guy Mollet 居伊·摩勒
Hapelin machine 哈普林密码机
Harman Grisewood 哈曼·格雷斯伍德
Harold Caccia 哈罗德·卡西亚
Harold Evans 哈罗德·埃文斯
Harold MacMillan 哈罗德·麦克米伦
Harold Scott 哈罗德·斯科特
Harold Wilson 哈罗德·威尔逊
Harriet Harman 哈里特·哈曼
Harry Hinsley 哈里·辛斯利
Harry Houghton 哈里·霍顿
Harry Ree 哈里·雷
Hartley Shawcross 哈特利·肖克罗斯
Harvey Druitt 哈维·德鲁伊特
Hastings Banda 海斯廷斯·班达
Head of the Civil Service 文官事务大臣
Head of the Home Civil Service 英国国内文官事务大臣
Hebert Butterfield 赫伯特·巴特菲尔德
Hector McNeil 赫克托·麦克尼尔
Helen Kruger 海伦·克鲁格
Henri Déricourt 亨利·德里库
Henri Michel 亨利·米歇尔
Henry Azeau 亨利·阿齐奥
Henry Bunbury 亨利·班伯里
Henry Campbell-Bannerman 亨利·坎贝尔-班纳曼
Henry de Wolf Smyth 亨利·德沃尔夫·史密斯
Henry Hardman 亨利·哈兹曼
Henry James 亨利·詹姆斯
Henry Kerby 亨利·克尔比
Henry Roseveare 亨利·罗斯维尔
Henry Sturge 亨利·斯图奇
Henry Templer Alexander 亨利·坦普尔勒·亚历山大
Henry Tizard 亨利·蒂扎德
Henry Wilson 亨利·威尔逊
Herbert Asquith 赫伯特·阿斯奎斯
Herbert Bowden 赫伯特·鲍登
Herbert Hart 赫伯特·哈特
Herbert Morrison 赫伯特·莫里森
Herbert Samuel 赫伯特·塞缪尔
Herman Finer 赫尔曼·芬纳
Hilary Brett-Smith 希拉里·布莱特-史密斯
Hillary Clinton 希拉里·克林顿
His/Her Majesty's Government（HMG）女王陛下政府，通常译作英皇政府
His/Her Majesty's Stationery Office（HMSO）英国文书局
Historical Journal《历史杂志》
History of the Second World War《第二次世界大战回忆录》

History Today《今日历史》
Home Affairs Select Committee 内政事务专责委员会
Home Office（HO）英国内政部
Home Secretary 内政大臣
House of Lords Record Office（英）上议院档案办公室
Howard Roman 霍华德・罗曼
Hubert Gough 休伯特・高夫
Hubert Llewellyn Smith 休伯特・卢埃林・史密斯
Hugh Cudlipp 休・卡德利普
Hugh Dalton 休・道尔顿
Hugh Fraser 休・弗雷泽
Hugh Gaitskell 休・盖茨克尔
Hugh Heclo 休・赫克罗
Hugh Hoy 休・霍伊
Hugh Johnstone 休・约翰斯顿
Hugh Sinclair 休・辛克莱
Hugh Thomas 休・托马斯
Hugo Young 雨果・杨
human intelligence（HUMINT）人力情报
Humphrey Appleby 汉弗莱・阿普比
Ian Bancroft 伊恩・班克罗夫特
Ian Fleming 伊恩・弗莱明
In Command of History《掌控历史》
In My Three Years with Eisenhower《我与艾森豪威尔的三年时光》
In My Way《以我的方式》
Information Commissioner 信息督查员
Inside Number 10《10 号秘事》
Inside the Company《中情局内幕》
Intelligence and National Security《情报与国家安全》
Intelligence and Security Committee（ISC）情报与安全委员会
Intelligence Digest《情报文摘》
Intelligence Services Act《情报机构法》
International Affairs《国际事务》
International Diamond Security Organization 国际钻石安全组织
Irene Ward 艾琳・沃德
Ivone Kirkpatrick 伊冯・柯克帕里特克
J. Edgar Hoover 埃德加・胡佛
J. Russell Forgan 拉塞尔・福根
Jack Agazarian 杰克・阿加扎里安
Jack Beasley 杰克・比斯利
Jack Hawkins 杰克・霍金斯
Jack Nelson 杰克・尼尔森
Jack Seely 杰克・赛利尔
Jackie Stewart 杰基・斯图沃特
Jacqueline Nearne 杰奎琳・尼尔内
James Alfred Ewing 詹姆斯・阿尔弗雷德・尤因
James Butler 詹姆斯・巴特勒
James Cagney 詹姆斯・卡格尼
James Callaghan 詹姆斯・卡拉汉
James Dunnett 詹姆斯・邓尼特
James Edmonds 詹姆斯・埃德蒙兹
James Helmore 詹姆斯・赫尔默
James Hutchison 詹姆斯・哈奇森
James Margach 詹姆斯・马加奇
James Parish 詹姆斯・帕里什
James Thomas 詹姆斯・托马斯
James Stephen 詹姆斯・斯蒂芬
Jan Smuts 扬・史末资
Janet Elliot 珍妮特・艾略特
Janet Morgan 妮特・摩根
Jasper Maskelyne 贾斯珀・马斯基林
Jean Overton Fuller 让・奥弗顿・富勒
Jeremy Bentham 杰里米・边沁
Jeremy Bray 杰里米・布雷
Jock Kane 乔克・凯恩

John Anderson 约翰・安德森
John Barry 约翰・巴里
John Berry 约翰・贝里
John Bross 约翰・布罗斯
John Buchan 约翰・巴肯
John Campbell 约翰・坎贝尔
John Carvel 约翰・卡维尔
John Cockcroft 约翰・科克罗夫特
John Connell 约翰・康奈尔
John Coote 约翰・库特
John Curry 约翰・库里
John Deane 约翰・迪恩
John Drew 约翰・德鲁
John Fisher 约翰・费舍尔
John Foster Dulles 约翰・福斯特・杜勒斯
John French 约翰・弗朗奇
John Godfrey 约翰・戈弗雷
John Hunt 约翰・亨特
John Inglis 约翰・英格力斯
John Jellicoe 约翰・杰利科
John Jenks 约翰・詹克斯
John Junor 约翰・朱诺
John Major 约翰・梅杰
John Marriott 约翰・马里奥特
John Masterman 约翰・马斯特曼
John Maynard Keynes 约翰・梅纳德・凯恩斯
John McCone 约翰・麦凯恩
John Naylor 约翰・内勒
John Pearson 约翰・皮尔森
John Philby 约翰・费尔比
John Profumo 约翰・普罗夫莫
John Rennie 约翰・兰尼
John Sackur 约翰・萨克尔
John Sawers 约翰・索尔斯
John Sinclair 约翰・辛克莱
John Strachley 约翰・斯特拉克利
John Stuart Mill 约翰・斯图尔特・穆勒
John Whitwell 约翰・惠特韦尔
John Widgery 约翰・威杰里
John Young 约翰・杨
Joint Intelligence Committee（JIC）联合情报委员会
Joint Staff Mission 联合参谋团
Jonathan Aitken 乔纳森・艾特肯
Jonathan Evans 乔纳森・埃文斯
Journalist《新闻记者》
Julian Assange 朱利安・阿桑奇
Keith Hancock 基思・汉考克
Keith Jeffery 基思・杰弗里
Keith Robbins 基思・罗宾斯
Ken Robertson 肯・罗伯森
Kenneth de Courcy 肯尼斯・德库西
Kevin Theakston 凯文・西亚克斯顿
KGB: The Inside Story《克格勃：内幕消息》
Kim Philby 金・菲尔比
King Lear《李尔王》
Kingsley Martin 金斯利・马丁
Kinsey Report《金赛性学报告》
Klaus Fuchs 克劳斯・福克斯
Ladislas Farago 拉迪斯拉斯・法拉格
Lady Chatterley's Lover《查泰莱夫人的情人》
Laurence Grand 劳伦斯・格兰德
Laurence Helsby 劳伦斯・赫斯比
Lawrence Burgis 劳伦斯・伯吉斯
Le Monde《世界报》
Le Piege de Suez《苏伊士陷阱》
Leo Amery 利奥・艾默里
Leonard Downie 伦纳德・唐尼
Leonard Hooper 伦纳德・霍珀
Leslie Nicholson 莱斯利・尼克尔森
Leslie R. Groves 莱斯利・格罗夫斯
Lew Allen 卢・艾伦

Lewis Namier 路易斯·纳米尔
Lionel Heald 莱昂内尔·海德
Lister Stead 李斯特·斯特德
Litzi Friedmann 利兹·弗里德曼
London Controlling Section 伦敦控制小组
London Evening News《伦敦晚报》
London Evening Standard《伦敦标准晚报》
London Gazette《伦敦公报》
London Signals Intelligence Board 伦敦信号情报委员会
London to Ladysmith via Pretoria《从伦敦途经比勒陀利亚到莱迪史密斯》
Longue Durée 朗格·杜尔
Louis de Rochement 路易斯·德罗奇门
Lyman Kirkpatrick 莱曼·柯克帕特里克
Lyndon B. Johnson 林登·约翰逊
Magna Carta《大宪章》
Malcolm Rifkind 马尔科姆·里夫金德
Malcolm Turnbull 马尔科姆·特恩布尔
Manchester Evening News《曼彻斯特晚间新闻》
Manhattan Project 曼哈顿计划
Manny Shinwell 曼尼·辛韦尔
Mansfield Cumming 曼斯菲尔德·卡明
Marcia Williams 玛西娅·威廉姆斯
Marcus Oliphant 马库斯·奥列芬特
Margaret Thatcher 玛格丽特·撒切尔
Mark Hosenball 马克·霍森巴尔
Mark Seaman 马克·希曼
Marmaduke Hussey 马默杜克·赫西
Mars Jones 马尔斯·琼斯
Martin Furnival Jones 马丁·弗尼瓦尔·琼斯
Martin Wight 马丁·怀特
Mathew Wellsian 马修·威尔森
Matthew Creevy 马修·克里维
Maurice Buckmaster 莫里斯·巴克马斯特
Maurice Challe 莫里斯·查勒
Maurice Frankel 莫里斯·弗兰克尔
Maurice Green 莫里斯·格林
Maurice Hankey 莫里斯·汉基
Maurice Oldfield 莫里斯·奥德菲尔德
Max Aitken 马克斯·艾特肯
Max Weber 马克斯·韦伯
McMahon Act《麦克马洪法》
Melita Norwood 梅利塔·诺伍德
Melvyn Bragg 梅尔文·布莱格
Merlyn Rees 梅林·里斯
Messrs Churchill 梅塞尔·丘吉尔
Methods of Barbarism《野蛮的方法》
MI5: The Security Service《军情五处：安全机构》
Michael Burke 迈克尔·伯克
Michael Cummings 迈克尔·卡明斯
Michael Foot 迈克尔·富特
Michael Frayn 迈克尔·弗莱恩
Michael Goodman 迈克尔·古德曼
Michael Halls 迈克尔·霍尔
Michael Heseltine 迈克尔·赫塞尔廷
Michael Howard 迈克尔·霍华德
Michael Kirby 迈克尔·柯比
Michael Pitts 迈克尔·皮茨
Michal Goleniewski 米哈尔·格列涅夫斯基
Michel Bar-Zohar 米歇尔·巴尔-佐哈尔
Military College of Science 军事科学学院
Minister of State for Foreign Affairs（英）外交事务国务大臣
Ministry of Defence（MoD）（英）国防部
Ministry of Economic Warfare 经济战争部
Minutes of the Imperial War Cabinet《帝国战时内阁会议纪要》
Mirror《镜报》
Mohammed Sidique Khan 穆罕默德·西迪克·汗
Montgomery Hyde 蒙哥马利·海德
Morning Post《晨报》

Mosquito bomber 蚊式轰炸机
Munich Agreement《慕尼黑协定》
My Paper Chase《力争上游》
My Silent War《我的无声战争》
National Council for Civil Liberties 全国公民自由委员会
National Salvage Board 国家救助委员会
National Seaman's Union（英）国家海员工会
National Security Agency（NSA）（美）国家安全局
National Student Association 国家学生协会
Naval Intelligence Division 海军情报局
Neville Chamberlain 内维尔・张伯伦
New Chronicle《新纪事报》
New Republic《新共和国周刊》
New Statesman《新政治家》
New Statesmen and Nation《新政治家与国家》
New York Times《纽约时报》
News of the World《世界新闻报》
Nicholas Bodlington 尼古拉斯・博林顿
Nicholas Elliot 尼古拉斯・艾略特
Nicholas Wilkinson 尼古拉斯・威尔金森
Nigel West 奈杰尔・韦斯特
Nikita Khrushev 尼基塔・赫鲁晓夫
Nikolai Bulgain 尼古拉・布尔加宁
Nordpol Affair 诺德波尔事件
Norman Brook 诺曼・布鲁克
Norman Chester 诺曼・切斯特
Norman Denning 诺曼・丹宁
Norman Mott 诺曼・莫特
North Atlantic Treaty Organisation（NATO）北大西洋公约组织，简称北约
Northcote–Trevelyan Report《诺斯科特—杜威廉报告》
Nouvel Observateur《新观察家》
Observer《观察家报》
Odd Starheim 奥德・斯塔海姆
Odette Sansom 奥黛特・桑索姆
Office of Strategic Services（OSS）（美）战略情报局
Office of the Parliamentary Counsel 议会法律顾问办公室
Official Information Act（OIA）《官方信息法》
Official Secrets Act《官方保密法》
Oleg Gordievsky 奥列格・戈迪耶夫斯基
Oliver Franks 奥利弗・弗兰克斯
one-time pads 一次性密钥
Open Secret《公开的秘密》
Operation Ajax 阿贾克斯行动
Operation Bodyguard 保镖行动
Operation Claret 深红行动
Operation Fortitude 坚韧行动
Operation Mincemeat 肉馅行动
Operation Monkey 猴子行动
Operation Remorse 悔恨行动
Operation Shamrock 三叶草行动
Operation Torch 火炬行动
Oreste Pinto 奥莱斯特・平托
Otis Pike 奥蒂斯・派克
Our Public Offices《我们的公共办公室》
Outlook《展望》
Pall Mall Gazette《波迈公报》
Parliamentary Undersecretary of State at the Foreign Office 议会外交事务副办公室
Patricia Hewitt 帕特里夏・休伊特
Patricia Hornsby-Smith 帕特里夏・霍恩斯比 - 史密斯
Patrick Beesly 帕特里克・比斯利
Patrick Dean 帕特里克・迪安
Patrick Gordon Walker 帕特里克・戈登・沃克
Patrick Howarth 帕特里克・豪沃思
Patrick Ryan 帕特里克・瑞恩
Patrick Seale 帕特里克・西尔
Patrick Spens 帕特里克・司本斯

Paul Gore-Booth 保罗・戈尔布斯
Paul Greengrass 保罗・格林格拉斯
Paul Johnson 保罗・约翰逊
Pavel Kuznetsov 帕维尔・库兹涅佐夫
Peace News《和平新闻》
peacock syndrome 孔雀综合征
Percy Collick 珀西・科利克
Percy Cradock 珀西・柯利达
Percy Sillitoe 珀西・西利托
Permanent Secretary at the Foreign Office（英）外交部常务大臣
Permanent Secretary at the Ministry of Housing 住房部常务大臣
Permanent Secretary to the Board of Education 教育部常务大臣
Permanent Secretary to the Home Office 内政部常务大臣
Permanent Secretary to the Treasury 财政部常务大臣
Permanent Undersecretary at the MoD（英）国防部常务副大臣
Perry Fellwock 佩里・费沃克
Peter Calvocoressi 彼得・卡沃科雷西
Peter Churchill 彼得・丘吉尔
Peter Fleming 彼得・弗莱明
Peter Gill 彼得・吉尔
Peter Hennessy 彼得・亨尼斯
Peter Keller 彼得・凯勒
Peter Kellner 彼得・凯尔纳
Peter Kruger 彼得・克鲁格
Peter Mandler 彼得・曼德勒
Peter Marychurch 彼得・马力丘奇
Peter Shore 彼得・索尔
Peter Smithers 彼得・史密瑟斯
Peter Thomas 彼得・托马斯
Peter Wilkinson 彼得・威尔金森
Peter Wright 彼得・赖特
Philip Agee 菲利普・阿吉
Philip Davies 菲利普・戴维斯
Philip de Zulueta 菲利普・德祖鲁塔
Philip Kelly 菲利普・凯利
Philip Knightley 菲利普・奈特利
Philip Murphy 菲利普・墨菲
Philip Snowden 菲利普・斯诺登
Phoney War 虚假战争
Pickaxe Operations 鹤嘴锄行动
Plan Diabolo 扯铃计划
Political Adventure《政治冒险记》
Political Warfare Executive（PWE）政治作战部
Private Eye《私家侦探》
Privateer《私掠船》
Privy Council 枢密院
Profumo Affair 普罗夫莫事件
Public Record Office Act《公共档案馆法》
Public Record Office（PRO）(英) 公共档案馆
Public Records Act《公共档案法》
Radcliffe Committee 拉德克利夫委员会
Rafael Calzada 拉菲尔・卡尔萨达
Railway Gazette《铁路公报》
Ralph Bennett 拉尔夫・班尼特
Ramparts《堡垒》
Ramsay MacDonald 拉姆齐・麦克唐纳
Randolph Churchill 伦道夫・丘吉尔
Raymond Fletcher 雷蒙德・弗莱彻
Reginald Malding 雷金纳德・马尔丁
Reginald McKenna 雷金纳德・麦凯纳
Reginald Smith 雷金纳德・史密斯
Réseaux Buck 巴克情报小组
Richard Burton 理查德・伯顿
Richard Crossman 理查德・克罗斯曼
Richard Haldane 理查德・霍尔丹
Richard Helms 理查德・赫尔姆斯

Richard J. Aldrich 理查德·奥尔德里奇
Richard Lamb 理查德·兰姆
Richard Langhorne 理查德·朗霍尔
Richard Nixon 理查德·尼克松
Richard Pape 理查德·佩普
Richard Tomlinson 理查德·汤姆林森
Richard Way 理查德·韦
Richard Welch 理查德·韦尔奇
Richmond Walton 里士满·沃尔顿
Riding the Storm 1956–1959《乘风破浪：1956—1959》
Robert Armstrong 罗伯特·阿姆斯特朗
Robert Blake 罗伯特·布莱克
Robert Carr 罗伯特·卡尔
Robert E. Scott 罗伯特·斯科特
Robert Gates 罗伯特·盖茨
Robert Hanbury 罗伯特·汉伯里
Robert Harling 罗伯特·哈林
Robert J. Lamphere 罗伯特·兰菲尔
Robert Lawson 罗伯特·劳森
Robert Lowe 罗伯特·劳
Robert Maxwell 罗伯特·麦克斯韦尔
Robert Menzies 罗伯特·孟席斯
Robert Morant 罗伯特·莫兰特
Robert Rhodes James 罗伯特·罗兹·詹姆斯
Robert Sheldon 罗伯特·谢尔顿
Robin Brook 罗宾·布鲁克
Robin Denniston 罗宾·丹尼斯顿
Robin Furneaux 罗宾·弗诺
Robin Higham 罗宾·海厄姆
Roger Fulford 罗杰·富尔福德
Roger Hesketh 罗杰·赫斯基
Roger Hollis 罗杰·霍利斯
Ron Knowles 罗恩·诺尔斯
Ronald Lewin 罗纳德·勒温
Ronald Mansbridge 罗纳德·曼斯布里奇
Royal Air Force（RAF）英国皇家空军
Rudyard Kipling 拉迪亚德·吉卜林
Russell Harty 拉塞尔·哈蒂
Sam Silkin 山姆·西尔金
Samuel Hoare 塞缪尔·霍尔
Samuel Silkin 塞缪尔·西尔金
Sanity《理智》
Sarah Tisdall 萨拉·蒂斯德尔
Saturday Review《周六评论》
Scotland Yard 苏格兰场，代称伦敦警察厅
Second Moroccan Crisis 第二次摩洛哥危机
Secrecy and the Media《保密和媒体》
Secret Intelligence Service（SIS）（英）秘密情报局，也称军情六处（MI6）
Secretary of State for Air 空军大臣
Secretary of State for Defence 国防大臣
Secretary of State for War 陆军大臣
Secretary of the Imperial Policy Group 帝国政策集团大臣
Secretary to the War Council 战争委员会秘书
Secrets of the British Secret Service《英国特勤局探秘》
security officer 安全官
Sefton Delmer 塞夫顿·德尔默
Selwyn Lloyd 塞尔文·劳埃
Senate Intelligence Committee 参议院情报委员会
Serge Bromberger 谢尔盖·布隆伯格
Service de Documentation Exterieure et de Contre-Espionnage 国外情报与反间谍局
Sèvres Protocol《塞夫勒协议》
Seymour Hersh 西摩·赫什
Sherman Kent 谢尔曼·肯特
Sidney Reilly 西德尼·赖利
Siegfried Sassoon 西格夫里·萨松
signals intelligence（SIGINT）信号情报
Silvio Berlusconi 西尔维奥·贝卢斯科尼
Soames Affair 索姆斯事件

SOE in France《特别行动处在法国》
Solly Zuckerman 索利·朱克曼
Soviet military intelligence（GRU）格鲁乌
Soviet Ministry of Information 苏联信息部
Soviet secret service/security police（KGB）苏联国家安全委员会（克格勃）
Special Air Service（SAS）(英) 特种空勤团
Special Boat Section 特别舟艇团
Special Operations Branch 特别行动科
Special Operations Executive（SOE）(英) 特别行动处，也称特殊行动执行局
Spectator《旁观者》
Spencer Ewart 斯宾塞·伊沃特
Sphere《星球报》
Spies of the Kaiser《德国皇帝的间谍》
Stanley Baldwin 斯坦利·鲍德温
Stanley Firmin 斯坦利·菲尔曼
Statesman and Nation《政治家与国家》
Stella Rimngton 斯特拉·里明顿
Stephen Ambrose 斯蒂芬·安布罗斯
Stephen Roskill 斯蒂芬·罗斯基尔
Stewart Menzies 斯图尔特·孟席斯
Stuart Hall 斯图亚特·霍尔
Studies in Intelligence《情报研究》
Sub-Committee of Imperial 帝国防务小组委员会
Suez Ultra Secret《苏伊士的超级机密》
Suez: Ten Years On《十年间的苏伊士》
Sunday Express《星期日快报》
Sunday Times《星期日泰晤士报》
Tactical Strike/Reconnaissance 2 aircraft（TSR-2）战术打击 / 侦察 -2 攻击机
Tam Dalyell 塔姆·达里尔
Telegraph《每日电讯报》
Terry Young 特里·杨
The Battle of Dorking《杜金战役》
The Big Breach《重大突破》
The Breach of Official Trust Bill《违反官方信托法案》
The Breeding of Farmyard Animals《农场动物的喂养》
The Climate of Treason《叛变之季》
The Codebreakers《破译者：人类密码史》
The Counterfeit Spy《假冒间谍》
The Course of My Life《我的一生》
The Craft of Intelligence《情报术》
The Crossman Diaries《克罗斯曼日记》
The Culture of Secrecy《保密文化》
The Diaries of a Cabinet Minister《一位内阁大臣的日记》
The Double Cross System in the War of 1939 to 1945《二战期间的双十字计划》
The English Constitution《英国宪法》
The Espionage Establishment《间谍机构》
The Frontiers of Secrecy《保密战线的前沿》
The Game of the Foxes《狐狸游戏》
The Gathering Storm《风云紧急》
The Great Boer War《伟大的布尔战争》
The Hidden Hand《幕后之手》
The Invasion of 1910《1910 年入侵英伦》
The Journey《旅程》
The Labour Government 1964–1970: A Personal Record《个人记录下的工党政府：1964—1970》
The Life of Ian Fleming《伊恩·弗莱明的一生》
The Longest Day《最长的一天》
The Man Who Never Was《谍海浮尸》
The Mare's Nest《无稽之谈》
The Mitrokhin Archive《米特罗欣档案》
The National Archives（TNA）国家档案馆
The OSS and I《我与战略情报局》
The Public Documents Act《公共文件法》
The Quiet Canadian《那个安静的加拿大人》

The Riddle of the Sands《沙岸之谜》
The Rise and Fall of Sir Anthony Eden《安东尼·艾登爵士兴衰录》
The Secret History of SOE《特别行动处秘史》
The Secret State:Whitehall and the Cold War《秘密国家：白厅和冷战》
The Secrets of Suez《苏伊士的秘密》
The Security Service（MI5）英国军情五处
The Siege of London《伦敦之围》
The Spy I Loved《我的间谍爱人》
The Spycatcher《抓间谍的人》
The Strange Alliance《奇怪的联盟》
The Struggle for Europe《为欧洲而战》
The Suez Affair《苏伊士运河事件》
The Suez War《苏伊士战争》
The Supreme Command《最高司令部》
The Times《泰晤士报》
The Torment of Secrecy《保密的折磨》
The Tragedy of Lord Kitchen《基奇纳勋爵的悲剧》
The Ultra Secret《超极机密》
The War in South Africa: Its Causes and Conduct《在南非的战争：起源与行为》
The Whig Interpretation of History《辉格党人的历史诠释》
The White House Years《白宫往事》
The World Crisis《第一次世界大战回忆录》
Their Finest Hour《最光辉的时刻》
Their Trade Is Treachery《他们的职业是背叛》
They Came to Spy《他们来当间谍》
They Fought Alone《他们独自战斗》
Thomas Barnes 托马斯·巴恩斯
Thomas Carlyle 托马斯·卡莱尔
Thomas Hardy 托马斯·哈代
Thomas Jones 托马斯·琼斯
Thomas Padmore 托马斯·帕德莫尔
Thomas Powers 托马斯·鲍尔斯
Thomas Ross 托马斯·罗斯
Time Out《地铁娱乐指南》
Tom Jones 汤姆·琼斯
Tommy Robertson 汤米·罗伯逊
Tony Benn 托尼·本恩
Tony Blair 托尼·布莱尔
Tony Bunyan 托尼·邦扬
Tony Butcher 托尼·布彻
Tory Central Office 保守党中央办公室
Traveller《旅行者》
Trevor McCrisken 特雷弗·麦克克里斯肯
Tristan Jones 特里斯坦·琼斯
Truth about the Navy《海军真相》
Turlough O'Brien 图尔洛夫·奥布莱恩
Turn of the Tide《潮起潮落》
UK Civil《英国公民》
Ultra in the West《西方超级机密》
US State Department Historical Advisory Committee 美国国务院历史咨询委员会
Vasili Mitrokhin 瓦西里·米特罗钦
Very Special Intelligence《极为特别的情报》
Victor Rothschild 维克多·罗斯柴尔德
Violet Bonham Carter 维奥莱特·伯翰·卡特
Violette Szabo 奥莱特·萨博
Vladimir Petrov 弗拉基米尔·彼得罗夫
Vladimir Putin 弗拉基米尔·普京
Walter Bagehot 沃尔特·巴杰特
Walter Christmas 沃尔特·科莱斯特马斯
Walter Monkton 沃尔特·芒克顿
Walter Pforzheimer 沃尔特·普福尔茨海默
War Cabinet 战时内阁
War Office 陆军部
Warren Kimball 沃伦·金伯尔
Wartime Evasion and Escape Service（MI9）英国军情九处
Washington Post《华盛顿邮报》

Water on the Brain《脑积水》
Weekly News《每周新闻》
Westminster Gazette《威斯敏斯特公报》
Westminster system of government 威斯敏斯特政府体制
Whitehall 白厅，或译英国政府
Whitney Shepardson 惠特尼・谢泼森
Who's Who《名人录》
Wilfred Owen 威尔弗雷德・欧文
Wilfred Scawen Blunt 威尔弗雷德・斯考文・布朗特
William Armstrong 威廉・阿姆斯特朗
William Ash 威廉・阿什
William Beveridge 威廉・贝弗里奇
William Braithwaite 威廉・布雷斯韦特
William Byles 威廉・拜尔斯
William Clarke 威廉・克拉克
William Cook 威廉・库克
William Deakin 威廉・迪肯
William Goodenough Hayter 威廉・古迪纳夫・海特
William Guernsey 威廉・格恩西
William Haley 威廉・海利
William J. Donovan 威廉・多诺万
William Le Queux 威廉・勒奎克斯
William Mackenzie 威廉・麦肯齐
William Martin 威廉・马丁
William McIndoe 威廉・麦金多伊
William O'Brien 威廉・奥布赖恩
William Penney 威廉・彭尼
William Robertson 威廉・罗伯逊
William Stephenson 威廉・史蒂芬森
William Thomas Stead 威廉・托马斯・斯特德
William Waldegrave 威廉・瓦德格雷夫
William Whitelaw 威廉・怀特劳
Wings of Destiny《命运之翼》
Winston Churchill 温斯顿・丘吉尔
Wire《火线》
Władysław Kozaczuk 弗拉迪斯瓦夫・科扎祖克
Zimmerman Telegram 齐默尔曼电报

译后记

从“强硬铁腕”到“委婉变通”

——英国现代保密制度演变史

本书作者是英国华威大学政治与国际研究学院教授克里斯托弗·莫兰。基于海量的史料，他生动描述了英国政府长期以来对保密工作的执着，所采取的保密政策和手段，重点展现了二战后英国政府现代保密制度的发展沿革。

作为史学著作，本书首先带领读者回顾了从维多利亚时期至今英国政府在保密问题上面临的挑战。可以说每次重大历史事件发生后，英国政府内外都会出现泄密者。无论是否故意泄密，他们都给英国保密制度造成了不小的麻烦。比如，第二次世界大战结束后，不少战时官员（如丘吉尔、劳合·乔治等）试图出版自己的回忆录，想借此展示自己的功绩，并获取高额版税。然而，这些回忆录或自传往往涉及二战期间英国或盟军的机密内容，例如“超级机密”和“双十字计划”。同样，在苏伊士运河事件结束后，我们也看到前首相安东尼·艾登为了洗刷自己的政治污点而坚持出版自传《周而复始》，置英国保密制度于不顾。更有甚者，就连英国内阁秘书长莫里斯·汉基和军情五处处长珀西·西利托在卸任后也要出版自己的回忆录，记录自己的工作点滴。再如，舰队街孜孜以求、挖掘机密并向公众进行报道的记者们，其中最有名的莫过于查普曼·平彻，莫兰博士在书中第二部分用了大量的篇幅、翔实的史料，评析了平彻与白厅之间的交锋，其调查得到了平彻本人的肯定。

更为重要的是，莫兰博士在书中还向我们展示了英国政府对待保密问题的态度和保密手段的演变过程。在维多利亚时期，对待现任或者卸任政府官员，英国政府最常用的手段是“绅士般地劝说”。这一工作通常由内阁秘书长承担，他会和风细雨般地向可能的泄密者“动之以情，晓之以理”，力图让他们知难而退，从而对书稿做出修改，删除涉密内容。在爱国感召之外，起始于1250年的《枢密院议员宣誓书》，1889年制定、1911年修订的《官方保密法》，以及现如今仍在使用中的国防机密通知制度，对于以上泄密者起到不同程度的约束。英国政府也会强拳出击，对不合作的泄密者发出通牒，甚至将其告上法庭。然而，书中通过史实向读者揭示，强硬手段的使用往往适得其反，使英国政府陷入被动。

随着英国“开放政府”运动的兴起，英国保密体制面临前所未有的挑战。莫兰博士在书中向我们展示了英国政府的应对之策：“如果你不能击败你的敌人，那么就加入他们。”具体而言，政府改变了过去被动应对的策略，而是主动资助听话的历史学者撰写出版官方历史著作，对秘密进行选择性解密，垄断秘密解读权，从而达到政治目的并且掩盖真正的机密。正如丘吉尔所说：“打赢了战争、创造了历史之后，还要抢着去当第一个记录和解释历史的人。”《特别行动处在法国》就是其中的典型案例。为了与社会主义阵营争夺二战欧洲敌后工作的话语权，更为了避免国内外“好事者”挖掘二战敌后工作的秘闻，英国政府主动委托M. R. D. 富特就特别行动处在法国的行动著书立传。虽然由于富特在书中对某些军官出言不逊而招来不少麻烦，但创作官方史书这一方法依旧被英国政府认可。

美国情报界刊物《情报研究》评价本书“资料翔实且证据充分，对文献领域做出了杰出贡献”。美国《读者文摘》杂志评价说：“这是一本兼具权威性和可读性的著作。”“作为一位职业学者，莫兰在书中不仅表现出历史学家的严谨，也展现了其文学叙事天赋。”中央情报局首席历史学家戴维·罗巴吉认为，“本书以颇具吸引力的方式，探讨了一个老牌民主国家在开放社会中如何保守政府秘密这一棘手的问题。对于研究情报问责制的人士来说，本书是必读书目。在国际社会对泄密和信息安全之讨论方兴未艾的背景下，本书的出版非常及时。”

本书译者孟宇鸿和刘畅均为河南开封传媒科技学院英语专业讲师，刘煜为体制内基层干部。孟宇鸿负责序言、前言及第一至第五章的翻译工作，刘畅负责第六至第九章及后记的翻译工作，刘煜负责资料搜集和调研工作。三人结合专业兴趣，共同翻译此书，甚是荣幸。翻译期间做了大量的查证，但受时间、条件和水平所限，本书难免存在不妥之处，敬请读者不吝赐教。

孟宇鸿　刘　畅　刘　煜

2022 年 5 月

国家安全与保密参考书目

情报与反情报丛书

《以目标为中心的网络建模》 [美] 罗伯特·克拉克 [丹] 威廉·米切尔
《情报欺骗：反欺骗与反情报》 [美] 罗伯特·克拉克 [丹] 威廉·米切尔
《情报搜集：技术、方法与思维》 [美] 罗伯特·克拉克
《情报搜集的五大科目》 [美] 马克·洛文塔尔 罗伯特·克拉克
《情报分析：复杂环境下的思维方法》 [美] 韦恩·霍尔 加里·西腾鲍姆
《战略情报：情报人员、管理者和用户手册》 [澳] 唐·麦克道尔
《分析情报：国家安全从业者视角》 [美] 罗杰·乔治 詹姆斯·布鲁斯
《情报分析案例·实操版：结构化分析方法的应用》 [美] 萨拉·毕比 伦道夫·弗森
《情报分析案例：结构化分析方法的应用》 [美] 萨拉·毕比 伦道夫·弗森
《情报分析：结构化分析方法》 [美] 小理查兹·J.霍耶尔 伦道夫·弗森
《情报研究与分析入门》 [美] 杰罗姆·克劳泽 简·戈德曼
《战略情报的批判性思维》 [美] 凯瑟琳·弗森 伦道夫·弗森
《情报搜集技术》 [美] 罗伯特·克拉克
《情报：从秘密到政策》 [美] 马克·洛文塔尔
《情报分析心理学》 [美] 小理查兹·J.霍耶尔
《情报分析：以目标为中心的方法》 [美] 罗伯特·克拉克

国家战略预警研究译丛

（“十三五”国家重点图书出版规划项目）

《情报与突然袭击：战略预警案例研究》 [美] 埃里克·J.达尔
《减少不确定性：情报分析与国家安全》 [美] 冯稼时
《珍珠港：预警与决策》 [美] 罗伯塔·沃尔斯泰特
《预警情报手册（完整解密版）：国家安全威胁评估》 [美] 辛西娅·格拉博
《先发制人：国际冲突的先制与预防》 [美] 迈克尔·多伊尔
《突然袭击：被袭国的视角》 [以] 伊弗雷姆·卡姆

国家安全译丛

《现代英国保密史：国家秘密与国家治理》 [英] 克里斯托弗·莫兰
《秘密与泄密：美国国家保密的困境》 [美] 拉胡尔·赛加尔
《美国政府保密史：制度的诞生与进化》 [美] 戴维·弗罗斯特
《数据与监控：信息安全的隐形之战》 [美] 布鲁斯·施奈尔
《21世纪犯罪情报：公共安全从业者指南》 [美] 理查德·赖特
《恐怖主义如何终结：恐怖活动的衰退与消亡》 [美] 奥德丽·克罗宁
《国家安全与情报政策研究：美国安全体系的起源、思维和架构》 [美] 伯特·查普曼
《秘密情报与公共政策：保密、民主和决策》 [美] 帕特·霍尔特
《网络战：信息空间攻防历史、案例与未来》 [美] 保罗·沙克瑞恩
《全民监控：大数据时代的安全与隐私困境》 [英] 约翰·帕克
《骗中骗：克格勃与中情局的无声战争》 [美] 爱德华·爱泼斯坦
《情报术：间谍大师杜勒斯论情报的搜集处理》 [美] 艾伦·杜勒斯
《谁来监管泄密者？：国家安全与新闻自由的冲突》 [美] 盖里·罗斯

其 他

《希特勒的间谍：纳粹德国军事情报史》（全译本，上下册） [美] 戴维·卡恩
《破译者：人类密码史》（全译本，上下册） [美] 戴维·卡恩
《偷阅绅士信件的人：美国黑室创始人雅德利传》 [美] 戴维·卡恩
《大西洋密码战："捕获"恩尼格玛》 [美] 戴维·卡恩
《间谍图文史：世界情报战 5000 年》（精装彩印） [美] 欧内斯特·弗克曼
《斯诺登档案：世界头号通缉犯的内幕故事》（修订版） [英] 卢克·哈丁
《二战后的美国对外政策》 [美] 史蒂文·胡克 约翰·斯帕尼尔
《金融情报学》 王幸平

……后续新品，敬请关注……